Autorität und internationale Ordnung

Autorität und internationale Ordnung

Aufsätze zum Völkerrecht

Herausgegeben von

Christoph Schreuer

Universität Salzburg

DUNCKER & HUMBLOT / BERLIN

Gedruckt 1979 bei Buchdruckerei Bruno Luck, Berlin 65
Printed in Germany
ISBN 3 428 04419 3

Vorwort

Äußerer Anlaß für die Veröffentlichung dieser Sammlung von Aufsätzen ist das zehnjährige Bestehen des Instituts für Völkerrecht und ausländisches öffentliches Recht an der Universität Salzburg, welches im Juni 1969 errichtet wurde. Der Kreis der in diesem Band vertretenen Autoren umfaßt gegenwärtige und frühere Mitarbeiter dieses Instituts sowie Personen, welche in einem besonderen Naheverhältnis zum Institut stehen. Diese Gruppe besteht aus Professoren, Assistenten und studentischen Mitarbeitern.

Die vorliegende Sammlung repräsentiert selbstverständlich nicht eine „Schule" im Sinne eines einheitlichen dogmatischen und thematischen Grundkonzepts. Dennoch wird ein aufmerksamer Leser bei einigen Aufsätzen gewisse Gemeinsamkeiten im theoretischen Ansatz und in der Methode feststellen, wie sie sich aus einer jahrelangen engen Zusammenarbeit und wissenschaftlichen Auseinandersetzung ergeben.

Ein besonderes Anliegen war uns die Teilnahme Dr. Helmuth Merlins an diesem Gemeinschaftsprojekt. Dr. Merlin und seine Frau haben durch ihre großzügige Unterstützung bei der Errichtung und beim Aufbau des Instituts ganz entscheidend dazu beigetragen, daß die Ausstattung des Salzburger Völkerrechtsinstituts die Voraussetzungen für erfolgreiche wissenschaftliche Arbeit bietet. Jeder der einmal an diesem Institut gearbeitet hat, ist ihnen zu Dank verpflichtet. Leider hat Dr. Merlin das Erscheinen dieser Sammlung nicht mehr erlebt. Er verstarb im Dezember 1978 kurz nach der Übersendung seines Beitrags. So ist dieser Band gleichzeitig auch seinem Andenken gewidmet.

Die Drucklegung dieser Sammlung wurde durch eine Zuwendung aus der Stiftung des Salzburger Rechtsanwalts Dr. Walter Vavrovsky ermöglicht. Professor Dr. J. Broermann und den Mitarbeitern des Verlags Duncker & Humblot sind wir für Hilfe und Zusammenarbeit verbunden.

C. S.

Inhaltsverzeichnis

Wolfram Karl: Vertragsauslegung — Vertragsänderung 9

Herbert Miehsler: Zur Autorität von Beschlüssen internationaler Institutionen 35

Christoph Schreuer: New Haven Approach und Völkerrecht 63

Henn-Jüri Uibopuu: Gedanken zu einem völkerrechtlichen Staatsbegriff. 87

Helmuth M. Merlin: Das souveräne Fürstentum Liechtenstein aus der Sicht des Völkerrechts 111

Bruno Simma: Zur bilateralen Durchsetzung vertraglich verankerter Menschenrechte: Aktivlegitimation und zulässige Mittel nach allgemeinem Völkerrecht 129

Wahé H.Balekjian: Die „gemischten" Verträge der Europäischen Wirtschaftsgemeinschaft 155

Hans-Joachim Schütz: Die Ausnahmeklausel der nationalen Verteidigung im Verfahren vor dem Internationalen Gerichtshof: Eine „exceptio universalis"? 173

Paul J. Perterer: Didaktischer Versuch einer simulierten Vertragsverhandlung im Rahmen der Übungen aus Völkerrecht in Salzburg im Wintersemester 1977/78 205

Peter Putzer: Das Völkerrecht an der Alten Salzburger Universität (1622 - 1810) 209

Peter F. Cichocki: Das Salzburger Institut für Völkerrecht und ausländisches öffentliches Recht 1969 - 1979 229

Mitarbeiterverzeichnis 239

Vertragsauslegung — Vertragsänderung

Von *Wolfram Karl*

I. Einleitung

Spricht man von Vertragsauslegung, so denkt man gewöhnlich an eine Tätigkeit, die auf die rein erkenntnismäßige Feststellung des Vertragsinhalts gerichtet und in ihren Auswirkungen auf den zu entscheidenden Einzelfall beschränkt ist[1]. Mit der Vertragsänderung hingegen meint man eine Umgestaltung des Vertragsinhalts, die sich nicht auf einen einzelnen Fall beschränkt, sondern auch die künftigen Fälle der Vertragsanwendung bestimmt[2]. Betrachtet man die Auslegung genauer und berücksichtigt überdies die verschiedenen praktischen Auslegungsbegriffe (Auslegung also, wie sie von Anwendungsorganen im Rahmen ihrer Kompetenz gehandhabt wird), so erkennt man auch an der auslegenden Tätigkeit Elemente der Vertragsänderung, wodurch die Unterscheidung relativiert wird. Wertlos wird die Unterscheidung dadurch nicht, da sie zumindest in der Regel Unterschiede in der Rechtsschöpfungskompetenz und in der Autorität von Rechtsschöpfungsakten bezeichnet[3].

---

[1] Auslegung ist „... Feststellung der Tragweite und des normativen Gehalts des Vertrags." Bernhardt, Die Auslegung völkerrechtlicher Verträge, insbesondere in der neueren Rechtsprechung internationaler Gerichte 32 (1963); „... l'opération intellectuelle qui consiste à déterminer le sens d'un acte juridique, à en préciser la portée et à en éclairer les points obscurs ou ambigus". Rousseau, Droit international public, Bd. I 241 (1970). Die Zahl der Schriften zur Auslegung ist Legion. Aus der Reihe der hingegen seltenen Monographien seien, neben Bernhardt, erwähnt: De Visscher Ch., Problèmes d'interprétation judiciaire en droit international public (1963); McDougal/Lasswell/Miller, The Interpretation of Agreements and World Public Order (1967); Sur, L'interprétation en droit international public (1974); Köck, Vertragsinterpretation und Vertragsrechtskonvention (1977); mit Blickrichtung auf die authentische Auslegung Voicu, De l'interprétation authentique des traités internationaux (1968). Besonders erwähnt sei, wegen seines besonderen Bezugs zur Wiener Vertragsrechtskonvention (siehe Fn. 32), auch der umfangreiche Artikel Yasseens, L'interprétation des traités d'après la Convention de Vienne sur le droit des traités, 151 RdC 1 ff. (1976 III).

[2] Hiermit wird die Vertragsänderung im materiellen Sinn angesprochen, die unabhängig von der Änderung des Vertragstexts verlaufen kann.

[3] Dazu im einzelnen unter III. und IV. Vgl. auch die Feststellung der International Law Commission (ILC): „Although the line may sometimes be blurred between interpretation and amendment of a treaty ... legally the processes are distinct." ILC-Entwurf 1966 zur Vertragsrechtskonvention samt Kommentar, YBILC 177 ff., 236 (1966 II).

II. Zur Vertragsauslegung im allgemeinen

Auslegung wird gewöhnlich mit Gerichten in Zusammenhang gebracht und auch im Völkerrecht vorwiegend als eine Tätigkeit empfunden, die von internationalen Gerichten und Schiedsgerichten zur Entscheidung von Rechtsstreitigkeiten entfaltet wird[4]. In der Tat leisteten diese den größten Beitrag zur Entwicklung der Auslegungsgrundsätze, aber Auslegung ist die Voraussetzung jeglicher Vertragsanwendung und keineswegs nur eine Sache internationaler Gerichte. Häufiger sogar werden Verträge durch Außenministerien und andere staatliche Behörden, durch staatliche Gerichte und internationale Organe (etwa die Sekretariate internationaler Organisationen) ausgelegt. Diese jurisdiktionellen, administrativen, exekutiven, organisationellen Auslegungsformen oder wie immer man sie bezeichnet[5], teilen mit der sog. wissenschaftlichen Auslegung das Ziel, den Vertragsinhalt zu erhellen[6]. Sie stehen zudem aber unter einem besonderen praktischen Gesichtspunkt, der durch das fernere Ziel der Auslegung gegeben ist. Im Falle internationaler Gerichte ist es gewöhnlich die Streitentscheidung zwischen Staaten; im Falle administrativer Behörden und *staatlicher* Gerichte hingegen ist es oft einfach die Rechtskonkretisierung, vergleichbar der Anwendung staatlicher Rechtsvorschriften. Oft auch werden Verträge ausgelegt, um Anleitung für eigenes Handeln zu gewinnen oder um den durch den Vertrag belassenen Handlungsspielraum zu ermitteln[7]. Alle diese ferneren Zielsetzungen des Interpreten sollten die zunächst bloß erkenntnismäßige Aufgabe der Auslegung nicht verdunkeln[8]. Sie werden allerdings in der Praxis und auch in der Lehre nicht immer scharf von dieser abgesetzt[9].

---

[4] Offen im Titel zum Ausdruck kommend bei Bernhardt und De Visscher (Fn. 1); weniger explizit bei McDougal/Lasswell/Miller (Fn. 1), was ihnen die Kritik Falks einträgt: On Treaty Interpretation and the New Haven Approach etc., 8 Virginia JIL 323 ff. (1967 - 68).

[5] Auf die terminologische Frage sei hier nicht eingegangen. Einteilungen nach dem *locus interpretandi*, die zugleich Aufschluß über die jeweils typische Fragestellung geben, finden sich etwa bei Ehrlich, L'interprétation des traités, 24 RdC 34 ff. (1928 IV); Rousseau (Fn. 1) 241 ff.; Bernhardt (Fn. 1) 43 ff.; Voicu (Fn. 1) 63 ff.; Reuter P., Introduction au droit des traités 101 ff. (1972).

[6] Vgl. Ehrlich „Toute interprétation doit rechercher la vérité." (Fn. 5) 39.

[7] Die Art des Organs ist wohl in der Regel bezeichnend für seine interpretatorische Zielsetzung, aber nicht unbedingt. So übt der EFTA-Rat, ein im wesentlichen politisches Organ, unter Umständen gem. Art. 31 der EFTA-Konvention eine richterliche Funktion aus.

[8] Zu diesem gemeinsamen Nenner vgl. Virally im Vorwort zu Voicu (Fn. 1) S. VIII: „... C'est donc une opération intellectuelle avant d'être une opération juridique ...", sowie Reuter (Fn. 5) 102: „La variété des entités chargées d'interpréter un traité ... n'entraîne pas sur le plan des principes des différences dans la manière dont l'interprétation doit être conduite; ce qui varie seulement d'un cas à un autre, c'est l'étendue de la compétence des agents et les effets de l'interprétation."

Einen besonderen Platz in der Auslegung nimmt die *authentische Auslegung* ein. Ihr Kennzeichen ist die Bindewirkung für die Zukunft. Innerhalb der authentischen Auslegung kann zwischen der *autoritativen*[10] Auslegung durch beauftragte Organe und *eigentlicher* authentischer Auslegung unterschieden werden, die durch die Vertragsparteien vorgenommen wird. Der „gewöhnlichen" Auslegung entspricht die authentische Auslegung insofern, als in ihr die Rechtserkenntnis eine Rolle spielt, was vorwiegend bei der beauftragten Auslegung der Fall ist. Doch liegt das Schwergewicht gewöhnlich anderswo, nämlich bei der Information über den Vertragsinhalt oder bei dessen bewußter Gestaltung[11].

Die Erkenntnis des Vertragsinhalts umfaßt meist das Verstehen eines Vertragstexts als Ausdruck des von den Parteien Gewollten[12]. Sie steht insofern unter der Fragestellung allgemeiner Hermeneutik, der es um die Ermittlung von Gedachtem[13] und die Überwindung der durch die Unvollkommenheit der Sprache bedingten Schwierigkeiten der Kommunikation über Zeit und Raum geht[14]. Aber Vertragsauslegung er-

---

[9] Dies kann zu ungerechtfertigter Vermischung verschiedener Auslegungsarten führen. Gefahr besteht vor allem, daß Besonderheiten der *richterlichen* Auslegung, die nur einen Sonderfall der Auslegung darstellt, auf andere Auslegungsarten übertragen werden. Davor warnt Rosenne, Interpretation of Treaties etc., 5 Columbia Journal of Transnational Law 226 (1966). In diesem Sinn auch Giraud, Modification et terminaison des traités collectifs, 49 Annuaire Inst.dr.i. 60 (1961 I); De Visscher (Fn. 1) 22; Falk, der die Bedeutung des „decision-making locus" betont (Fn. 4) 345.

[10] So auch im deutschen Sprachgebrauch für bindende Auslegung anderer Provenienz als des ausgelegten Rechtssatzes. Vgl. Nawiasky, Allgemeine Rechtslehre, 2. Aufl. 121 (1948); Schäffer, Verfassungsinterpretation in Österreich 49 (1971) in Fn. 45; Zemanek, Verhandlungen der Deutschen Gesellschaft f. VR 1969, Berichte, Heft 10, S. 201 (1971).

[11] Siehe auch unter III. D. und IV. B.

[12] „Meist", da nicht immer ein Vertragstext abgefaßt wurde. Gegenstand der Auslegung ist der Vertragstext als Niederschlag des Parteiwillens. Vgl. für viele Bernhardt (Fn. 1) 32. Allgemeiner Larenz: In der Jurisprudenz gehe es um das Verstehen sprachlicher Äußerungen, des ihnen zukommenden normativen Sinns, Methodenlehre der Rechtswissenschaft, 3. Aufl. 181 (1975).

[13] Grundlage des Auslegens ist, „daß ein Geist zu einem andern Geiste spricht" (Betti, Allgemeine Auslegungslehre als Methodik der Geisteswissenschaften 61 (1967). Juristische Auslegung unterscheidet sich insofern nicht von allgemeiner Hermeneutik, als sie die Gedanken des Urhebers des Rechtssatzes berücksichtigt (vgl. ebend. 632).

[14] Die Sprache als Kommunikationsmittel ist von Natur aus unvollkommen. Auslegung ist daher *nicht allein* deshalb nötig, weil dem Textverfasser vermeidbare Fehler unterlaufen sind, wie Köck meint. Vgl. (Fn. 1) S. 75 in Fn. 73. „In all fields of experience, not only that of rules, there is a limit, inherent in the nature of language, to the guidance which general language can provide", sagt Hart, The Concept of Law 123 (1961/1972). Und: „. . . uncertainty at the borderline is the price to be paid for the use of general classifying terms in any form of communication concerning matters of fact" (ebendort 125). Neben einem Begriffskern gibt es daher einen Begriffshof, dessen Erfassung ungewiß ist: Begriffe sind in diesem Sinn „open textured" (eben-

schöpft sich nicht darin[15]. Als Teil normativer Auslegung hat sie primär die Vertragsbedeutung im Rahmen der Rechtsordnung, *den normativen Vertragssinn*, zu suchen und erst sekundär und gewissermaßen im Auftrag der Rechtsordnung ist es ihr aufgegeben, den tatsächlichen Parteiwillen zu erforschen[16]. Damit ist nicht gesagt, daß der Parteiwille im Rahmen der Vertragsauslegung geringzuachten wäre, da ja die primäre Funktion des völkerrechtlichen Vertrags in der Verwirklichung der Vorstellungen und Ziele der Vertragsparteien liegt[17]. Doch schon von allem Anfang an greift die Rechtsordnung sinngebend ein, indem sie z. B. einem Vertrag schlechtweg die Rechtsgültigkeit verweigert[18] oder als vertragsbegründenden Konsens das annimmt, was Treu und Glauben und das Prinzip des Vertrauensschutzes nahelegen[19].

Zur *Methode* der Vertragsauslegung herrscht alles andere als Einigkeit[20]. Im großen und ganzen lassen sich zwei, allenfalls drei Orientierungen feststellen, die wenigstens zum Teil auch durch unterschiedliche Vertragstypen bedingt erscheinen[21]. Nach einer *subjektiven* Auslegungskonzeption steht die Ermittlung des Parteiwillens im Vordergrund. Sie ist psychologisch und empirisch ausgerichtet, was sich darin äußert, daß ihre Auslegungskriterien als Indizien verstanden werden, die die Absichten, Vorstellungen und Erwartungen der Vertragsparteien mehr oder minder deutlich „beweisen“[22]. Während die subjektive

dort 124). Ganz ähnlich auch Larenz (Fn. 12) 182. Außerdem ist die Sprache einem ständigen Wandel unterworfen und ändern Begriffe, insbes. auch Rechtsbegriffe, ihre Bedeutung über die Zeit (vgl. Hummer, „Ordinary“ versus „Special“ Meaning, 26 ÖZÖR 88 ff. (1975).

[15] Heftig gegen die Gleichsetzung von juristischer und allgemeiner Auslegung De Visscher (Fn. 1) 15. Zur Unterscheidung siehe auch Betti (Fn. 13) 258 ff. und 601 ff., sowie Lüderitz, Auslegung von Rechtsgeschäften 8 ff. (1966).

[16] Vgl. Bernhardt (Fn. 1) 32 und besonders deutlich Larenz: „Ziel der Gesetzesauslegung kann demnach nur sein die Ermittlung des heute rechtlich maßgeblichen, also eines normativen Sinns des Gesetzes.“ (Fn. 12) 305. Ebenso Favre: „Ce qu'il faut souligner tout d'abord, c'est que la déclaration de volonté des parties n'acquiert sa validité juridique que dans la mesure où l'ordonnancement juridique l'approuve.“ L'interprétation objectiviste des traités internationaux, 17 Schweiz. JIR 77, (1960).

[17] Vgl. für viele Bernhardt (Fn. 1) 34 ff. Allgemein zur Funktion des Rechtsgeschäfts vgl. Lüderitz: „In Rechtsgeschäften sanktioniert die Rechtsordnung individuelle Entscheidungen von Rechtssubjekten.“ (Fn. 15) 312.

[18] z. B. bei fehlerhaftem Abschluß oder bei Verstoß gegen zwingendes Recht.

[19] Die Erklärung geht dem tatsächlichen, inneren Willen vor, wobei man diese jedoch nicht auf den Text beschränken darf. Vielmehr sind alle Umstände des Vertragsabschlusses einzubeziehen. Siehe dazu insbes. J. Müller, Vertrauensschutz im Völkerrecht 151 ff. (1971) und Bernhardt (Fn. 1) 15 ff.

[20] Darstellungen verschiedener Auffassungen bei Bernhardt oder Köck (beide Fn. 1).

[21] Vgl. Bernhardt (Fn. 1) 22. Zur Unterscheidung von Vertragstypen siehe vor allem die französische Völkerrechtsdoktrin, z. B. Rousseau (Fn. 1) 292 ff.

Auslegungsmethode mit ihrer Betonung des Staatswillens dem Souveränitätsgedanken besonders verpflichtet ist[23], rückt bei einer *objektiven* Auslegungskonzeption die Rechts- und Ordnungsidee in den Vordergrund[24]. Sie ist daher auch für bestimmte Vertragstypen — Status-, Organisations-, Ordnungsverträge — besonders geeignet[25]. Nach der objektiven Auslegungsmethode besitzen verschiedene Vertragselemente wie der Vertragstext, der Zusammenhang, Ziel und Zweck des Vertrags ein eigenes Gewicht, das von einem empirisch erfahrbaren Parteiwillen unabhängig ist. Ihre Gefahr liegt — und hierin unterscheidet sie sich nicht von der subjektiven Auslegungsmethode mit ihrer einseitigen Betonung des Parteiwillens — in der Verabsolutierung eines einzelnen Elements, etwa wenn im Zuge einer „textuellen" Auslegung auf die gewöhnliche Wortbedeutung abgestellt wird, womit man die Sprache als Ausdrucksmittel zweifellos überschätzt[26]. Auch besteht innerhalb der objektiven Auslegung eine gefährliche Tendenz zur Mechanisierung des Auslegungsvorgangs, die auf der irrigen Vorstellung beruht, daß Auslegung sich in einem geschlossenen System von Regeln organisieren lasse[27]. Richtig verstanden verlangt objektive Auslegung aber ein Auswählen und Abwägen von Wertgesichtspunkten, die dem Vertrag und der Rechtsordnung zu entnehmen sind[28].

---

[22] Bezeichnend Lüderitz (Fn. 15) 321 ff. Zum Unterschied von Beweis und Auslegung siehe aber De Visscher (Fn. 1) 31 ff.; wie dieser in der Zivilistik schon Danz, Die Auslegung der Rechtsgeschäfte, 3. Aufl. 35 ff. (1911).

[23] Dazu Müller (Fn. 19) 135 f.

[24] So prononciert etwa Favre, der die logische Priorität der Rechtsordnung, ihre Ergänzungsfunktion und die Geltung von Zielen, Werten und Postulaten herausstreicht, die die Rechtsordnung durchwalten, wie Treu und Glauben und die Rechtsgewißheit (Fn. 16) 77, 79 ff., 89. Dazu vgl. auch Müller (Fn. 19) 145 ff. und Wengler, Völkerrecht, Bd. 1 354 ff. (1964).

[25] Zur Auslegung dieser Verträge vgl. z. B. McNair, The Functions and Differing Legal Character of Treaties, 11 BYIL 100 ff. (1930); Ch. De Visscher, L'interprétation judiciaire des traités d'organisation internationale, 41 Riv.dir. int. 177 ff. (1958); Lang, Les règles d'interprétation codifiées par la Convention de Vienne sur le Droit des Traités et les divers types de traités, 24 ÖZÖR 113 ff. (1973).

[26] Vgl. Lüderitz: Objektive Auslegung solle nicht als Ausdrucksherrschaft mißverstanden werden, sie sei vielmehr Interessen- und Rechtsherrschaft (Fn. 15) 7. Besonders temperamentvoll zog McDougal gegen die Textherrschaft zu Felde, die er mit der WVK (siehe Fn. 32) etabliert sieht. The International Law Commission's Draft Articles Upon Interpretation: Textuality Redivivus, 61 AJIL 992 ff. (1967). — offenbar aber zu Unrecht, wie Hummer zeigte. (Fn. 14) 112. Siehe auch Fn. 14 und unten III. A.

[27] Vgl. Falk's Kritik des „mechanical approach" (Fn. 4) 332 f.; De Visscher: „... la logique judiciaire stimule chez l'interprète des opérations mentales dont l'infinie diversité et la souplesse défient toute systematisation." (Fn. 1) 19; Larenz: Interpretation und alles, was an sie anschließe, sei keine Tätigkeit, die allein nach festgelegten Regeln vollzogen werden könne. (Fn. 12) 229. Siehe auch im Text bei Fn. 47 ff.

[28] Vgl. Betti (Fn. 13) 641.

Ziel und Zweck des Vertrags sind sowohl nach einer subjektiven als auch einer objektiven Auslegungskonzeption wichtige Erkenntnismittel des Vertragssinns. Die sogenannte *teleologische* Methode ist daher zumindest teilweise von subjektiver und objektiver Methode umfaßt[29]. Sie eignet sich in besonderer Weise für eine evolutive Auslegung, für die Anpassung des Vertrags an neue und unvorhergesehene Umstände und Bedürfnisse. Allerdings kann diese Methode leicht über die Grenzen der Auslegung hinausführen. Vertragsziele sind ja gewöhnlich auf verschiedene Weise und zu verschiedenen Graden zu verwirklichen. Teleologische Auslegung nach einem abstrakten Vertragsziel ohne Rücksicht auf andere normative Gegebenheiten wäre daher wohl oft Legislation und nicht mehr Auslegung[30].

Jede dieser Methoden enthält eine Teilwahrheit, jede kann aber auch falsch sein. Denn der Vertragssinn ist weder identisch mit der Parteienabsicht, noch auch völlig unabhängig von ihr, sondern das Ergebnis eines nicht zu normierenden gedanklichen Prozesses, welcher sowohl subjektive als auch objektive Momente einzubeziehen hat[31]. In diesem Sinn begnügte sich auch die Wiener Vertragsrechtskonvention (WVK) mit der Aufzählung allgemein anwendbarer Auslegungsgesichtspunkte und überließ deren Bewertung dem Interpreten[32]. Wollte man ihr daher eine bestimmte Auslegungsmethode entnehmen, so bestünde diese wohl nur in der Kombination aller bisher genannten[33].

Mit der Methodenfrage verbunden, darüber hinaus aber auch weichenstellend für die Interpretationslehre überhaupt ist die Frage, ob die Auslegung den Vertrag als eine *statische*, mit seinem Abschluß fixierte Ordnung begreifen soll oder als eine *dynamische* Ordnung, deren Inhalt jeweils neu zu ermitteln ist. Auch nach der statischen Konzeption können Veränderungen der vertraglichen Norm erfaßt werden, doch bedarf es hierzu der Konstruktion vertragsändernder Tatbestände (etwa einer zusätzlichen, stillschweigenden Parteienvereinbarung). Nach einer dynamischen Konzeption hingegen ist der Vertragsinhalt nicht mit dem Abschluß festgeschrieben, sondern einem ständigen Prozeß der Anpassung an die Erwartungen der Vertragsparteien

[29] Vgl. Jacobs, Varieties of Approach to Treaty Interpretation etc., 18 ICLQ 319 (1969).

[30] Vgl. Bernhardt: „So sehr der aus dem Vertrag erkennbare Zweck zu respektieren und ihm zum Erfolg zu verhelfen ist, so wenig kann gegenwärtig die zweckmäßigste Regelung eines Gegenstandes grundsätzlich als vertraglich vereinbart gelten." (Fn. 1) 97. Vgl. auch den ILC-Entwurf (Fn. 3) 219 Para. 6.

[31] Vgl. Larenz (Fn. 12) 305.

[32] Art. 31 bis 33 des Wiener Übereinkommens über das Recht der Verträge vom 23. Mai 1969, UNDoc.A/CONF. 39/27 (kurz WVK). Siehe dazu den Kommentar der ILC (Fn. 3) 218 ff.

[33] Vgl. Yasseen (Fn. 1) 16.

und die Anforderungen der Rechtsordnung unterworfen. Vertragsänderungen werden dabei nicht unbedingt als solche identifiziert, aber in der Auslegung berücksichtigt. Diese Konzeption findet ihre Entsprechung in der Auslegungsmethode, die nicht mehr historisch gebunden ist, sondern normative Gesichtspunkte in ihrer aktuellen und selbständigen Bedeutung zu würdigen weiß[34]. So findet z. B. auch eine Vertragspraxis Anerkennung, die sich unabhängig von einem seinerzeitigen Vertragswillen allmählich im Zuge der Anwendung eines Vertrags entwickelt hat. Sie wird einer späteren Auslegung zugrundegelegt, ohne daß ihre im Grunde vertragsändernde Rolle als Vertragsänderung ausgewiesen würde[35].

Auch unter dem dynamischen Verständnis von Vertrag und Auslegung verschlingen sich also Vertragsauslegung und Vertragsänderung. Was nun aber untersucht werden soll, ist die vertragsändernde Wirkung, die der Auslegungsakt selbst ausübt. Hierzu scheint es sinnvoll, zwischen einer inhaltlichen und einer geltungsmäßigen Seite der Vertragsänderung zu unterscheiden.

III. Auslegung: Änderung unter dem Aspekt des Vertragsinhalts

A. Vorbemerkung. Der Wortlaut als Unterscheidungskriterium?

Es muß kaum gesagt werden, daß Vertragsänderung in dem hier gebrauchten Sinn nicht Änderung des Vertrags*texts*, sondern Änderung des Vertrags*inhalts* bedeutet, die auch stillschweigend und formlos vor sich gehen kann. Vertragsänderung wird zudem in einem weiten und untechnischen Sinn als jede Form der Abweichung von einem als gegeben vorgestellten Vertragsinhalt verstanden, umfaßt somit auch die Vertragsergänzung, die nicht im Widerspruch zum Vertragsinhalt steht, sondern die vertragliche Regelung vervollständigt oder erweitert.

Bevor auf die Änderungssituationen im Bereich der Auslegung eingegangen wird, sei geprüft, ob der *Wortlaut eines Vertrags* tatsächlich die Grenze zwischen Auslegung und Änderung markiert, wie mitunter zu hören ist. Daß der Wortlaut als wichtigstes Mittel vertraglicher Sinngebung auch für die Abgrenzung von Auslegung und Änderung Bedeutung hat, kann man kaum bestreiten. Er ist aber nur ein approximatives Kriterium, das jeweils der Überprüfung im konkreten Fall bedarf[36]. Manchmal liegt der Vertragssinn *jenseits* der Wortbedeutung

---

[34] Vgl. Bernhardt (Fn. 1) 131 f.; McDougal/Lasswell/Miller (Fn. 1) 132 ff. und passim; Müller (Fn. 19) 180 f.; Cot, La conduite subséquente des parties à un traité, 70 RGDIP 652 (1966) („Un traité n'est pas destiné à figer une situation, mais à régir les relations entre des entités vivantes.").

[35] Siehe IV. C.

[36] Dazu in extenso Bernhardt (Fn. 1) 58 ff. Weiters De Visscher (Fn. 1) 52 ff.; ILC-Entwurf (Fn. 3) 220 Para. 11; Yasseen (Fn. 1) 25 ff.

— dann würde nicht die Abweichung, sondern die wortgetreue Auslegung eine Vertragsänderung darstellen. Häufig ist auch *innerhalb* des Vertragswortlauts Vertragsänderung möglich.

Wer sich auf den Wortlaut beruft, unterstellt in der Regel eine standardisierte Bedeutung bzw. einen Bedeutungskreis. Diese mag dem allgemeinen Sprachgebrauch oder einem technischen, insbesondere auch juristischen, Sprachgebrauch entnommen sein und läßt sich wohl mit dem Verständnis umschreiben, das ein heutiger unbeteiligter, aber sachkundiger Interpret mit dem Wortlaut verbindet[37]. Zum Widerspruch zwischen Wortlaut und Vertragssinn sei zunächst auf den Satz „falsa demonstratio non nocet" hingewiesen. Er hat auch im Völkerrecht Gültigkeit und erlaubt eine Auslegung, die zum Vertragswortlaut im Widerspruch steht[38]. Gleich verhält es sich mit einer individuellen Wortbedeutung, der Bedeutung also, die die Vertragsparteien tatsächlich mit dem verwendeten Wort verbunden haben. Denn diese ist maßgebend, auch wenn sie der allgemeinen oder fachlichen Wortbedeutung widerspricht[39]. Widersprüche zwischen Wortlaut und Vertragssinn können schließlich auch aus der Veränderung von Recht und Sprache seit Vertragsabschluß resultieren[40]. Wenn die allgemeine Wortbedeutung sich änderte, der vertragliche Gebrauch aber derselbe blieb, so hat sich alles andere, nur nicht der Vertrag geändert!

Umgekehrt kann ein Vertrag auch innerhalb seines Wortlauts geändert werden, wenn man diesen als Rahmen betrachtet, in welchem sprachlich (logisch-grammatikalisch) mehrere Sinngebungen Platz fin-

---

[37] Vgl. Hummer (Fn. 14) 96 ff. und 109. Nie kann ein Vertrag aus sich heraus ausgelegt werden, dazu bedarf es einer gewissen Sachkenntnis. Vgl. Hruschka, Das Verstehen von Rechtstexten 45 (1972). Der hermeneutische Zirkel, der überhaupt erst ein Sinnverständnis ermöglicht (vgl. Larenz (Fn. 12) 308), wird freilich durch die Kenntnis der Sache abgekürzt.

[38] Vgl. dazu Larenz, Allgemeiner Teil des deutschen Bürgerlichen Rechts, 2. Aufl. 278 (1972); in Beschreibung des gemeinrechtlichen Satzes und speziell für das Völkerrecht den *Timor-Fall*, 9 AJIL 240 ff. (1915), sowie Strupp/Schlochauer, Wörterbuch des Völkerrechts, Bd. 3 444 (1962), und De Visscher (Fn. 1) 57.

[39] Es ist erforderlich, zwischen einem allgemeinen, einem besonderen (d. h. technischen, juristischen) und einem individuellen Sprachgebrauch zu unterscheiden (Vgl. Lüderitz (Fn. 15) 133 und 136). Vgl. auch Hummer (Fn. 14) 96 ff., der wohl zutreffend den Art. 31 Abs. 4 WVK im Sinne eines individuellen Sprachgebrauchs versteht. Damit wird die scheinbar textuelle Haltung der WVK wohl stark abgeschwächt (ebend. 112).

[40] Vgl. dazu Bernhardt, der feststellt, daß Schrifttum und Praxis dem Sprachgebrauch zur Zeit des Vertragsabschlusses den Vorzug geben (Fn. 1) 74 f. Die Resolution des Institut de Droit international zur Frage des intertemporalen Rechts (Session Wiesbaden 1975) überläßt die Bestimmung des maßgeblichen Zeitpunkts allerdings der Auslegung. 56 Ann. Inst. dr. i. 539 (1975).

den[41]. Ist nur eine davon die richtige, so wäre die Wahl jeder anderen sprachlich möglichen eine Vertragsänderung, auch wenn sie sich innerhalb des Vertragswortlauts bewegte. Diese Auffassung hat freilich zur Voraussetzung, daß es bei mehreren sprachlich möglichen Textverständnissen eine richtige Deutung geben kann, was von der Wiener Schule mit Kelsen und Merkl bestritten wurde[42]. Doch scheint deren Auffassung, die einem besonders engen Wissenschaftsbegriff entsprang und die Rechtslehre auf eine bloße Rechtsformenlehre beschränkte[43], heute überwunden, da auch eine „neuere Wiener Schule" aufbauend auf Nawiasky den Zweck im Recht und in der Rechtsnorm neu entdeckte und der Rechtsformenlehre eine Rechtsinhaltslehre an die Seite stellte[44]. Auslegung wurde damit wieder zur Rechtswerterkenntnis[45]. Sie führt *in den sprachlichen Rahmen hinein* zu einem oder zu mehreren „richtigen" Vertragsverständnissen[46]. Abweichung von diesen aber ist Vertragsänderung, auch wenn sie sich innerhalb der sprachlich möglichen Wortbedeutung hält.

B. Vertragsänderung als Folge des Erkenntnisvorgangs

Im allgemeinen geht der Interpret an den auszulegenden Vertrag zunächst mit der Absicht heran, eine gegebene Vertragsbedeutung zu erkennen. Der Erkenntnisvorgang ist durch den vorhandenen Rechts-

---

[41] Vgl. Merkl, Zum Interpretationsproblem, 42 Zeitschrift f. d. Privat- u. Öff. Recht der Gegenwart 553 (1916); Kelsen, The Law of the United Nations S. XIV (1951); und ders., Reine Rechtslehre, 2. Aufl. 348 (1960); Hexner, Teleological Interpretation etc., in Festschrift Kelsen (Law, State, and International Legal Order 123 ff. (1964); Schachter, Interpretation of the Charter in the Political Organs of the United Nations, ebend. 274; Hart (Fn. 14) 124; Larenz (Fn. 12) 307 ff.

[42] Für sie macht die Rechtserkenntnis am vertraglichen Wortlaut halt; jede weitere Sinnbestimmung sei konstitutive Sinngebung und dem Ermessen des praktischen Interpreten überlassen (Vgl. Kelsen und Merkl (Fn. 41), zusammenfassend beurteilt von Schäffer (Fn. 10) 7 ff.

[43] Vgl. Nawiasky (Fn. 10) 4 ff.; Schäffer (Fn. 10) 11.

[44] Vgl. Nawiasky ebend.; Winkler, Wertbetrachtung im Recht und ihre Grenzen 40 (1969); Schäffer (Fn. 10) 19 ff.

[45] Vgl. Schäffer, auf Winkler aufbauend: „Beschreibung bzw. Vollziehung der positiv vorgegebenen Rechtsinhalte samt den darin eingeschlossenen und sich in ihnen manifestierenden Wertungen stehen unter der Anforderung der *gebundenen Werterkenntnis* und *nachvollziehenden Wertung.*" (Fn. 10) 21. Siehe auch Winkler (Fn. 44) 15, 40 f.; völlig übereinstimmend De Visscher (Fn. 1) 14 f.

[46] Daß es eine „richtige" Auslegung gäbe, wurde von Kelsen bestritten. The Law of the United Nations S. XIII f. (1951). Es kann sie aber geben, wenngleich mit Vorbehalt. Vgl. Larenz; „Wenn auch jede einzelne Auslegung durch ein Gericht oder durch die Rechtswissenschaft notwendig den Anspruch erhebt, „richtige" Auslegung im Sinne zutreffender, durch einsehbare Gründe hinreichend gestützte Erkenntnis zu sein, so gibt es doch keine ‚absolut richtige' Auslegung in dem Sinne, daß sie sowohl abschließend, wie für alle Zeiten gültig sei." (Fn. 12) 301. Betont sei, daß es in diesem Sinn auch mehrere richtige Auslegungen geben kann.

stoff (Rechtssätze, Rechtsprinzipien, Werte, Beweismittel usw.) geleitet. Er ist insofern auch gebunden, doch ergeben sich aus der Natur des Erkenntnisvorgangs zwangsläufig Änderungen eines als gegeben vorgestellten Vertragsinhalts. Die Auslegung ist zwar durch den Rechtsstoff geleitet, sie hängt jedoch wesentlich von der persönlichen Wahl und Überzeugung des Interpreten ab. Er sieht sich auf jeder Stufe eines oft komplexen Erkenntnisprozesses vor verschiedene Möglichkeiten der Bewertung, vor Unsicherheiten im Bedeutungsgehalt der Begriffe gestellt. Wenn er nach seiner Überzeugung entscheidet, gehen notgedrungen subjektive Momente in seine Entscheidung ein[47]. Der Interpret beschränkt sich auch nicht darauf, die Ideen der Vertragsschöpfer „nachzudenken". Denn er sieht den Vertrag jeweils in einem neuen Zusammenhang, mit neuen Erfahrungen, im Hinblick auf neue Sachverhalte, die die Vertragsschöpfer und die bisherigen Interpreten nicht vor Augen hatten, und er denkt ihre Gedanken im Hinblick darauf zu Ende[48]. Ziel des Interpreten ist die Rechtserkenntnis, seine Arbeit besteht im Ordnen und Bewerten des vorhandenen Rechtsstoffes, das Ergebnis ist aber oft eine Veränderung, die sich gleichsam hinter seinem Rücken abspielt[49].

C. Vertragsänderung durch ergänzende und korrigierende Auslegung

Der Auslegungsvorgang selbst ist durch Ergänzung und Korrektur gekennzeichnet. Ausgehend vom Vertragstext wird der maßgebliche Vertragssinn in einem „hermeneutischen Zirkel" gefunden, wobei fortschreitend und immer wieder zurückkehrend von einem zum anderen Auslegungsmittel die jeweils frühere und vorläufige Meinung über den Vertragssinn ergänzt und korrigiert wird[50]. Von ergänzender oder korrigierender Auslegung in einem technischen Sinn spricht man aber erst, wenn der maßgebliche Vertragsinhalt im Vertragstext nur unzureichend oder überschießend[51] zum Ausdruck kommt oder wenn sich im

---

[47] Vgl. De Visscher (Fn. 1) 33; Bernhardt (Fn. 1) 51; Hart (Fn. 14) 124; Falk, der von der „openness of the interpretative situation" spricht (Fn. 4) 334; J. Ipsen, Richterrecht und Verfassung 24 (1975); sowie den ILC-Entwurf (Fn. 3) 218 Para. 4.

[48] Vgl. De Visscher (Fn. 1) 29, beruhend auf Radbruch, Rechtsphilosophie, 5. Aufl. 211 (1956), sowie Larenz, Methodenlehre der Rechtswissenschaft 2. Aufl. 344 (1969).

[49] Vgl. Larenz (Fn. 12) 300 und De Visscher („L'assujettissement du fait à la norme va de pair avec une adaptation de la norme au fait." (Fn. 1) 28).

[50] Zum hermeneutischen Zirkel siehe (fußend auf Heidegger) Gadamer, Wahrheit und Methode, 3. Aufl. 250 ff. (1972) und 275 ff.; Betti (Fn. 13) 219 ff. und 613 ff.; Larenz (Fn. 12) 183 ff.; Lüderitz (Fn. 15) 4; Schäffer (Fn. 10) 16. De Visscher spricht anschaulich von einer „pensée en mouvement" (Fn. 1) 51; vgl. auch den ILC-Entwurf (Fn. 3) 219 f.

[51] „Lücke" ist auch bei exzessivem Wortlaut gegeben. Dann fehlt eben die notwendige Einschränkung (vgl. Larenz' verdeckte Lücke, die durch teleologische Reduktion zu schließen wäre. (Fn. 12) 377 ff.

Wege erkenntnismäßiger Auslegung keine oder keine akzeptable Antwort finden läßt. Dann hat man es mit einer *Lücke* zu tun, womit das Stichwort für eine auch im Völkerrecht sehr komplexe und kontroversielle Fragestellung gefallen ist[52].

1. *Lücke und Lückenfüllung*

Eine Lücke ist zunächst in Anlehnung an die Terminologie von Canaris und anderen die „planwidrige Unvollständigkeit" eines Vertrags[53], wobei der Maßstab von der *geltenden* Rechtsordnung, zunächst also durch den Vertrag, die ihm zugrundeliegende Regelungsabsicht, seine Teleologie, dann aber auch durch die Prinzipien der Rechtsordnung gesetzt wird[54]. Lücken in diesem Sinn liegen etwa vor, wenn eine Vertragsbestimmung ohne ihre Ergänzung gar nicht angewendet werden könnte[55], wenn eine notwendige Regelung überhaupt fehlt[56] oder wenn der Vertragswortlaut, gemessen an der Regelungsabsicht, zu eng oder zu weit ist[57]. Lückenfüllung muß nicht, kann dabei aber durchaus noch im Bereich der Rechtserkenntnis liegen, wobei Mittel und Konstruktionen wie die notwendige Implikation[58], die stillschweigende Parteienabsicht und Vertragsvoraussetzung[59], ergänzende Regeln aus anderen Instrumenten und Rechtsquellen[60] und die Analogie[61] eine wichtige

---

52 Zur Lückenproblematik im Völkerrecht siehe H. Lauterpacht, Some Observations on the Prohibition of „Non Liquet" and the Completeness of the Law, in Symbolae Verzijl 196 f. (1958); Siorat, Le problème des lacunes en droit international (1958); Stone, Non liquet and the function of law in the international community, 35 BYIL 124 ff. (1959); Tammelo, On the logical openness of legal orders, 8 Am. J. Comp. L. 187 ff. (1959); Salmon, Quelques observations sur les lacunes du droit international public, 3 Revue belge dr. i. 440 ff. (1967); Bogdan, General Principles of Law and the Problem of Lacunae in the Law of Nations, 46 Nordisk Tidsskrift for International Ret, 37 ff. (1977); Bleckmann, Analogie im Völkerrecht, 17 Archiv d. VR 161 ff. (1977). Zur Frage im staatlichen Recht z. B. Canaris, Die Feststellung von Lücken im Gesetz (1964) und Larenz (Fn. 12) 354 ff.

53 Vgl. Canaris (Fn. 52) 30 und passim; Larenz (Fn. 12) 358 verweisend auf andere.

54 Vgl. Canaris (Fn. 52) 198 und Larenz (Fn. 12) 358. Liegt der Beurteilungsmaßstab nicht im geltenden Recht, so liegt nur ein rechtspolitischer Fehler vor (Canaris, ebend. 32 f.; Larenz, ebend. 358 f.). Doch sind dem geltenden Recht auch allgemeine Rechtsprinzipien zuzurechnen, wie etwa — bei rechtsetzenden Verträgen — der Gleichheitssatz (vgl. unten Fn. 61).

55 Vgl. die Normlücke bei Canaris (Fn. 52) 198 und Larenz (Fn. 12) 356.

56 Vgl. die Regelungslücke bei Canaris (Fn. 52) 198 f. und Larenz (Fn. 12) 357.

57 Hier wirkt etwa ein positiver Gleichheitssatz (teleologische Extension) oder ein negativer (teleologische Reduktion).

58 Dazu sehr ausführlich Bernhardt (Fn. 1) 97 ff.

59 Gerade Selbstverständliches wird meist gar nicht ausgesprochen.

60 Also z. B. aus anderen Verträgen zum Gegenstand, Völkergewohnheitsrecht, allgemeinen Rechtsprinzipien. Dahm spricht von internen oder unechten

Rolle spielen. Diese Form der Lückenfüllung kann weit über den vertraglichen Wortlaut hinausführen, wie z. B. der *Reparations for Injuries-Fall* zeigt[62]. Nicht mehr nur um Rechtserkenntnis, sondern um Rechtsschöpfung handelt es sich, wenn über die vertragliche Regel hinaus auch die insgesamt festgestellte Rechtslage ergänzt oder korrigiert wird. Bei dieser Form von Lückenfüllung ist zwischen *Rechtslücken* und *politischen Lücken* zu unterscheiden: Eine Rechtslücke stellt eine in sich unvollständige Rechtslage dar, in der sich also auf eine Rechtsfrage trotz Ausschöpfung aller Erkenntnismittel keine rechtlich eindeutige Lösung finden läßt[63]. Eine politische Lücke besteht hingegen bei einer zwar vollständigen, aber politisch unbefriedigenden Rechtslage[64].

Bei der Annahme einer *Rechtslücke* hat Vorsicht zu walten, da erstens Stillschweigen des Vertrags auch „beredtes Schweigen" sein kann (in dem Sinn, daß ein nicht ausdrücklich erfaßter Sachverhalt nicht erfaßt werden sollte) und da zweitens die Frage auch dem rechtsfreien Raum angehören könnte[65]. Die grundsätzliche Möglichkeit einer echten Rechtslücke kann aber nicht bestritten werden, denn weder die „Geschlossenheit der Rechtsordnung" noch ein „allgemeines negatives Freiheitsprinzip" sind für das Völkerrecht haltbar, wie zuletzt wieder Bleckmann zeigte[66]. Nicht immer ist staatliche Handlungsfreiheit die Lösung, da es

---

Lücken, wenn sie durch Normen des geltenden Rechts ausgefüllt werden können. (Völkerrecht Bd. 1 (1958) 45).

[61] Zur Analogie siehe insbes. Bleckmann (Fn. 52). Grundlage ist das Postulat der Gerechtigkeit, Gleichartiges rechtlich gleich zu behandeln (ebend. 173), Widerpart der Analogie ist das Prinzip staatlicher Handlungsfreiheit. Sie hat ihren Platz vor allem bei rechtsetzenden Verträgen, bei welchen subjektive Kriterien hinter objektiven zurücktreten (177). Auch für De Visscher ist die Analogie ein normales Verfahren richterlicher Begründung. (Fn. 1) 39. Vgl. auch Dahm (Fn. 60) 46.

[62] ICJ Reports 1949, 174 ff. Der IGH sprach den Vereinten Nationen das Recht zu, Ansprüche ihrer Beamten gegenüber einem Schädigerstaat zu vertreten, obwohl in der Charta darauf kein Hinweis zu finden ist: „Under international law, the Organization must be deemed to have those powers which, though not expressly provided in the Charter, are conferred upon it by necessary implication as being essential to the performance of its duties." (182)

[63] Vgl. Larenz (Fn. 12) 360 f.

[64] Siehe Fn. 54.

[65] Vgl. Dahm (Fn. 60) 45 f.; Larenz (Fn. 12) 354 f.; Canaris (Fn. 52) 40 ff.

[66] (Fn. 52) 169 ff. Zur Problematik siehe auch Salmon (Fn. 52) 441 f. Bogdan (Fn. 52) 38; Siorat (Fn. 52) 31 ff. Vertreter einer inhaltlichen Geschlossenheit der Rechtsordnung sind z. B. Kelsen, Reine Rechtslehre (Fn. 41) 251 ff. und Guggenheim, Traité de Droit international public, Bd. 1 264 ff. (1967), wobei ein negatives Freiheitsprinzip die entscheidende Rolle spielt. Die *logisch notwendige* Geschlossenheit der Rechtsordnung wurde von Tammelo widerlegt (Fn. 52). Gegen ein allgemein gültiges negatives Freiheitsprinzip auch nur *als Rechtssatz* vgl. Bleckmann und Salmon wie angegeben, Bogdan (Fn. 52) 39, Virally, La pensée juridique 170 f. (1960), Betti (Fn. 13) 664 ff.; Canaris (Fn. 52) 49.

eben Fragen des internationalen Lebens gibt, in denen staatliche Handlungsfreiheit unerträglich wäre, in denen ein unabweisbares Verkehrsbedürfnis und eine allgemeine Rechtsüberzeugung nach einer Regelung rufen, ohne daß diese auch nur ansatzweise in der Rechtsordnung zu finden wäre[67]. Eben diese Lage kann bei der Auslegung völkerrechtlicher Verträge auftreten, wenn regelungsbedürftige Fragen bewußt offengelassen und etwa durch Formelkompromisse kaschiert wurden (wobei staatliche Handlungsfreiheit nicht die Lösung sein kann). Sie ist auch gegeben, wenn nach Ausschöpfung aller Erkenntnismittel eine Vertragsbestimmung dunkel bleibt oder wenn Antinomien im Vertrag nicht gelöst werden können[68]. Dann hat man es mit Rechtslücken zu tun, die, wenn überhaupt, so nur in freier Rechtsfindung, nach Billigkeit oder Zweckmäßigkeit oder nach irgendwelchen „Kunstregeln" zu füllen sind[69]. Wenn von Lücken die Rede ist, handelt es sich aber wohl meist um *politische*, insbesondere rechtspolitische Lücken. Die vertragliche Rechtslage würde dann zwar eine Antwort auf die gestellte Frage gestatten, diese wird aber als unbefriedigend empfunden[70].

2. *Kompetenz zur Lückenfüllung*

Rechtslücken und politische Lücken sind in erster Linie von den *Vertragsparteien* zu füllen, sei es in offenen Verhandlungen, sei es in einem stillen kommunikativen Prozeß durch die tastende Entwicklung einer gemeinsamen Praxis[71]. Ob auch ein einzelner Interpret, etwa ein internationales Organ oder ein internationales Gericht, zur Füllung solcher Lücken berechtigt ist, ist eine Frage seiner *Kompetenz* und im Grunde keine hermeneutische Frage[72]. *Internationalen Verwaltungsorganen*

---

[67] An Fragen, die dem Recht angehören, aber rechtlich weitgehend ungeregelt sind, nennt Salmon das Weltraumrecht, Kernenergierecht, Beschränkung von Kernwaffen und Kernversuchen u. a. (Fn. 52) 452. Bleckmann spricht von „notwendigem" Völkerrecht, für das die Grundprinzipien zur Ableitung einer Lösung fehlen. Dies sei auch gegeben, wenn so unterschiedliche Theorien vertreten werden, daß sich ein einheitlicher Rechtssatz des Völkergewohnheitsrechts nicht ermitteln lasse. (Fn. 52) 173. Vgl. auch Larenz (Fn. 12) 360.

[68] Das äußerliche Vorhandensein einer Norm schließt die Rechtslücke nicht aus. Vgl. Dahm (Fn. 60) 46.

[69] Vgl. die technisch-formalen Auslegungsregeln bei Bernhardt (Fn. 1) 175 ff.

[70] Vgl. hier vor allem Salmons „lacunes d'expérience" (Fn. 52) 450. Ein besonderer Fall sind seine „lacunes de convenance", wobei eine Lücke fingiert wird, um eine neue Regel einführen zu können. Ebend. 451.

[71] Siehe unten III. E. und IV. C.

[72] Allerdings ist sie in der Praxis immer mit dieser verbunden. Auch die Auslegungsregeln sind nur zum Teil der Rechtserkenntnis zuzuordnen, zum Teil aber dienen sie der Rechtsschöpfung. Vgl. Wengler, für den die Wahl der Interpretationsregeln praktisch offenbar stark von der Stellung abhängt, die ein Gericht gegenüber den politischen Instanzen der Völkerrechtsordnung

wird unter dem Mantel teleologischer Auslegung ein vergleichsweise hohes Maß an legislativer Lückenfüllung zugestanden, obgleich man mit Hexner in deren Handeln wohl teilweise auch die Vorwegnahme eines präsumptiven Parteienkonsenses erblicken kann[73]. *Internationale Gerichte* hingegen stehen unter einem strikteren Auftrag, nach bestehendem Recht zu entscheiden, soweit sie nicht ausnahmsweise zur Entscheidung ex aequo et bono ermächtigt wurden[74]. Ist ihnen daher sonst die Füllung von Rechtslücken und politischen Lücken verwehrt?

Für die Lückenfüllungskompetenz internationaler Gerichte wird ein angebliches *non liquet-Verbot* bemüht, wonach es Gerichten verboten sei, eine Entscheidung aus dem Grund zu verweigern, „that the law is non-existent, controversial, or uncertain, or lacking in clarity"[75]. Stimmt es aber, daß das Recht von Natur aus unvollständig ist, so liegt in diesem Satz (mit den Worten Stone's) in Wahrheit eine „law-creative competence of courts over States"[76]. Ob Gerichte, wie Lauterpacht annimmt[77], unter dem non liquet-Verbot Lücken füllen müssen oder ob sie, wie Stone meint, zur Lückenfüllung nur berechtigt sind[78], kann dahingestellt bleiben. Die Seltenheit oder das Fehlen von non liquet-Entscheidungen erlaubt jedenfalls den Schluß, *daß Gerichte tatsächlich auch Rechtslücken schließen*[79]. Allerdings scheinen sie kaum bereit, po-

---

genießt (Fn. 24) 358. Über den Zusammenhang zwischen Kompetenz- und Methodenproblematik siehe auch Ipsen: Die Methodenlehre müsse sich in ihren Aussagemöglichkeiten an den richterlichen Kompetenzen orientieren. Kernproblem sei die richterliche Zuständigkeit. (Fn. 47) 47 ff. Die kompetenzielle Seite der Lückenfüllung wird auch von Siorat herausgearbeitet („compétence d'attribution" und „compétence de droit commun"). (Fn. 52) 440, 445.

[73] Hexner (Fn. 41) 126.

[74] Vgl. Art. 38 IGH-Statut. Daß dabei dennoch unbewußt Recht erzeugt wird — siehe oben III. B. Daß dies auch bewußt ohne besondere Ermächtigung geschieht, siehe unten im Text. Zur Frage der „judicial legislation" im Sinne der Beschränkung siehe H. Lauterpacht, The Development of International Law by the International Court 75 ff. (1958); Stone (Fn. 52) 149 ff.

[75] Lauterpacht (Fn. 52) 199, basierend auf Art. 12 Abs. 2 der *ILC-Draft Convention on Arbitral Procedure* (YBILC 1953 II 208 ff.), welcher lautet: „The tribunal may not bring in a finding of *non liquet* on the ground of the silence or obscurity of international law or of the *compromis*." Das non liquet-Verbot kann auch sonst vertraglich festgelegt sein — vgl. Salmon (Fn. 52) 453, — wird jedoch von manchen aus dem allgemeinen Völkerrecht abgeleitet. Vgl. Lauterpacht (Fn. 52) 206; De Visscher (Fn. 1) 22 f.

[76] Stone (Fn. 52) 132.

[77] Siehe oben Fn. 75.

[78] Stone (Fn. 52) 135, 138 ff. Außerdem gegen ein non liquet-Verbot im Völkerrecht Tammelo (Fn. 52) 190 f.; Salmon (Fn. 52) 444 f.; Bogdan (Fn. 52) 52; Siorat (Fn. 52) insbes. 439 ff. Im staatlichen Recht mag es existieren.

[79] Sie sind dazu auch berechtigt. Vgl. Stone: „. . . This practice reveals clear support for a rule that international law does not prohibit a court from deciding a case even if it finds absence or obscurity of pre-existing law." (Fn. 52) 159.

litische Lücken zu füllen. Jedenfalls hat es der IGH wiederholt abgelehnt, einer unbefriedigenden Vertragslage abzuhelfen, wobei er dem Tenor seines Gutachtens im *Friedensverträge-Fall* folgte: „It is the duty of the Court to interpret the Treaties, not to revise them"[80].

3. *Lückenfüllung als versteckte Vertragsänderung*

Die Füllung von Rechtslücken und politischen Lücken spielt sich gewissermaßen in den Nischen der Rechtserkenntnis ab, sie ist nur in geringem Maße legislatorisch und daher auch schwer als schöpferische Veränderung des Vertragsinhalts zu erkennen. Der Interpret selbst ist in dieser Beziehung auch nicht verläßlich[81], denn für ihn ist es „Auslegung", solange er sich kraft seiner Aufgabe, Stellung, bisherigen Entscheidungspraxis oder nach seinem Auslegungskodex zu der getroffenen Entscheidung ermächtigt fühlt. Daß er dabei nicht oder nicht ausschließlich durch rechtliche Gesichtspunkte geleitet ist, beunruhigt ihn gewöhnlich nicht. So mag als bloße Vertragsanwendung gelten, was in Wahrheit bereits Fortentwicklung und in diesem Sinne auch Vertragsänderung ist. Hinzu tritt das Bestreben des Interpreten, seinen Anteil an der Rechtsschöpfung zu verhüllen: Soweit nur irgend möglich, wird die Entscheidung als die dem bestehenden Recht entsprechende, als die einzig richtige und mögliche dargestellt[82]. Handelte er anders, würde er die rhetorische Kraft seiner Entscheidung unnötig schwächen. Lücken werden daher gewöhnlich nur aufgezeigt, wenn der Interpret sich zu ihrer Füllung außerstande sieht; in anderen Fällen füllt er sie, ohne davon zu sprechen[83]. Unter dem Mantel der Auslegung vollzieht sich in Wahrheit Vertragsänderung.

D. Vertragsänderung durch (förmliche) authentische Auslegung

Was zur Vertragsänderung im Rahmen erkenntnismäßiger oder lückenfüllender Auslegung gesagt wurde, trifft auch auf die *autoritative Auslegung* durch beauftragte internationale Organe zu. Auch hier fin-

---

[80] ICJ Reports 1950, 221 ff., 229. Vgl. auch das *Südwestafrika-Urteil* 1966, wo das Gericht ausführt: „If, on a correct legal reading of a given situation, certain alleged rights are found to be non-existent, the consequences of this must be accepted. The Court cannot properly postulate the existence of such rights in order to avert those consequences. This would be to engage in an essentially legislative task, in the service of political ends the promotion of which, however desirable in itself, lies outside the function of a court-of-law." (ICJ Reports 1966, 36).

[81] Die Feststellung einer Lücke, die der Interpret rechtsschöpfend füllen müßte, hängt ja von ihm selbst ab. Vgl. Salmon (Fn. 52) 458.

[82] Vgl. Sørensen, Les sources du droit international 228 (1946); Bogdan (Fn. 52) 53.

[83] Vgl. Salmon (Fn. 52) 454 („En fait, les tribunaux sont très discrets sur ce point, ils ne parlent jamais de lacunes; ils les comblent sans le dire.")

det also unter dem Mantel bloßer Rechtsanwendung Vertragsänderung statt. In noch größerem Maße freilich entfernt man sich mit der *eigentlichen authentischen Auslegung* von einem gegebenen Vertragsinhalt. Diese ist ja von vornherein nicht auf Rechtserkenntnis, sondern auf Klarstellung oder Änderung des Rechts gerichtet[84]. Klarstellung selbst schon bedeutet Änderung, da bisher offene Möglichkeiten der Sinngebung ausgeschlossen werden[85]. Durch authentische Auslegung werden aber auch Lücken gefüllt und wird der Vertrag darüberhinaus einem neuen, anderen Parteienwillen angepaßt[86]. Aus einem allgemeinen Sprachverständnis heraus wäre vielleicht zu sagen, daß eine authentische Auslegung zumindest einem der hauptsächlichen Auslegungskriterien (wie Wortlaut, Vertragsabsicht, Ziel und Zweck des Vertrags) entsprechen sollte, wobei das teleologische Kriterium noch ein sehr weites Feld möglicher Vertragsänderung offenläßt[87]. Erfahrungsgemäß werden zudem aber auch Vertragsänderungen als authentische Auslegungen hingestellt, die keinem der genannten Kriterien entsprechen (insbesondere aus dem praktischen Grund leichterer Durchführbarkeit gegenüber einer förmlichen Vertragsrevision)[88]. Insgesamt ist festzuhalten, daß mit authentischen Auslegungen gewöhnlich immer und mitunter recht weitgehende Vertragsänderungen einhergehen.

E. Vertragsänderung durch die „spätere Praxis"

Aus der alltäglichen Anwendung von Verträgen, aus gelegentlichen Stellungnahmen zum Vertragsinhalt und aus Gerichts- und Verwaltungsentscheidungen nationalen oder internationalen Ursprungs entwickelt sich häufig eine Vertragspraxis, deren faktische Bedeutung für die künftige Art der Vertragsanwendung kaum überschätzt werden kann. Diese „spätere Praxis", wie sie bezugnehmend auf den Zeitpunkt des Vertragsabschlusses genannt wird (subsequent practice, pratique ultérieure), enthält eine Auslegung des Vertrags, die auf mehreren oder vielen einzelnen, aber voneinander abhängigen und einander verstär-

---

84 Zur authentischen Auslegung insgesamt siehe oben unter II. und unten unter IV. B. Umfassend Voicu (Fn. 1).

85 „En fixant ce qui était flottant, en fermant ce qui était ouvert, l'interprétation modifie nécessairement", sagt Virally in Voicu (Fn. 1) S. X.

86 Vgl. Voicu (Fn. 1) 88, 110 f., 191; De Visscher (Fn. 1) 123. Nach einer traditionellen Auffassung wird mit der authentischen Auslegung eine historische Parteienabsicht kundgetan, woraus ihre Rückwirkung abzuleiten wäre. Vgl. z. B. Schwarzenberger, Myths and Realities of Treaty Interpretation, in Agrawala, Essays on the Law of Treaties 79 f. (1972), doch ist diese Auffassung wenig realistisch. Auch die Rückwirkung ist keinesfalls unbestritten (vgl. die oben Genannten).

87 Siehe unter II.

88 Vgl. Voicu (Fn. 1) 88; Bernhardt (Fn. 1) 45; Degan, L'interprétation des accords en droit international 19 (1963); Haraszti, Some Fundamental Problems of the Law of Treaties (1973) 45; Hexner (Fn. 41) 126.

kenden Auslegungsakten beruht[89]. Sie ist das Ergebnis eines ständigen Kommunikationsprozesses zwischen den Vertragsanwendern, der sich in der Hauptsache stillschweigend und mit den Mitteln impliziter Äußerung zum Vertragsinhalt abspielt.

Abweichungen der Praxis von einem vorgegebenen Vertragsinhalt folgen schon aus den Unsicherheiten des Erkenntnisvorgangs, denen Gerichte und Verwaltungsbehörden bei der Vertragsauslegung ausgesetzt sind[90]. Abweichungen ergeben sich aber auch aus der Notwendigkeit, Lücken im Vertrag zu füllen, die von den Vertragsparteien bewußt oder unbewußt offengelassen wurden und sich oft erst im späteren Verlauf der Vertragsanwendung ergeben[91]. Hier kann zunächst auf das verwiesen werden, was zur Lückenfüllung im Rahmen zentralisierter Rechtsanwendung (durch internationale Gerichte und Verwaltungsorgane) gesagt wurde[92]. Diese Lückenfüllung vollzieht sich aber auch tastend in einer Vielzahl von Einzelentscheidungen, denen dann in der Summe eine „Auslegung" entnommen werden kann. Als Motor der Entwicklung wirkt zum Teil die *Autorität* vorangegangener Entscheidungen (vgl. IV. B.), vor allem dann, wenn die Vertragsanwendung in den Händen von Gerichten oder untergeordneten Verwaltungsorganen liegt. In dem Bereich freieren Handelns politischer Organe spielt jedoch das politische Prinzip der *Reziprozität* die Hauptrolle, wobei nach dem Grundsatz des „do ut des" eigenes Verhalten jeweils am Verhalten der anderen Vertragspartei(en) orientiert wird[93]. Ist eine „spätere Praxis" somit zum Teil die Summe der Ansichten zu einem gegebenen Vertragsinhalt, so beruht sie in nicht geringerem Maße auch auf Willensentscheidungen der Vertragsanwender[94]. Die Entwicklungsmöglichkeiten

---

[89] Siehe aus der Fülle des Schrifttums vor allem Cot (Fn. 34) 632 ff.; dann auch etwa Fitzmaurice's Analysen der Judikatur des IGH in 28 BYIL 1 ff. (1951) und 33 BYIL 203 ff. (1957); Spenders Sondervotum zum *Expenses-Fall* ICJ Reports 1962, 187 ff.; Bernhardt (Fn. 1) 126 ff.; McDougal/Lasswell/Miller (Fn. 1) 132 ff.; Müller (Fn. 19) 171 ff.; Yasseen (Fn. 1) 47 ff.; sowie den ILC-Entwurf (Fn. 3) 221 Para. 15.

[90] Siehe oben III. B.

[91] Vgl. Iklé, Strategie und Taktik des diplomatischen Verhandelns 47 f. (1965); Müller (Fn. 19) 188; Bernhardt, Ungeschriebenes Völkerrecht, 36 ZaöRV 54 (1976).

[92] Siehe oben III. C.

[93] Zur Rolle der Reziprozität siehe Verdroß/Simma, Universelles Völkerrecht 63 (1976) und die dort angegebene Literatur.

[94] Und zwar Willensentscheidungen 1. im vertraglich belassenen Freiheitsraum, 2. bei der Auswahl einer Vertragsauslegung im Zweifel, 3. bei bewußt vertragswidriger „Auslegung", die die Zustimmung der Vertragspartner vorwegnimmt und 4. schließlich dann, wenn sich der Interpret einer seiner Meinung nach unrichtigen Auslegung anschließt, da sie ihm konveniert und er sich aus Reziprozitätsgründen dazu berechtigt fühlt. Gerichte sind zu solcher Reziprozitätspolitik kaum bereit — vgl. Kronauer, Die Auslegung von Staatsverträgen durch das Schweizerische Bundesgericht 101 f. (1972).

durch die „spätere Praxis" sind unbegrenzt, zumal das Völkerrecht auch regelrechte Vertragsänderungen durch „spätere Praxis", ja selbst die Vertragsbeendigung durch *desuetudo* anerkennt[95]. Doch werden ohnedies auch weitgehende Abweichungen von einem gegebenen Vertragsinhalt noch als „Auslegung" akzeptiert, wie das jüngste *Namibia-Gutachten* des IGH in der Frage der Abstimmungsmodalität des UN-Sicherheitsrats zeigt[96].

IV. Auslegung: Änderung unter dem Aspekt der Fortwirkung

A. Vorbemerkung. Der Begriff der Autorität

Als zweites Charakteristikum der Vertragsänderung wurde (neben der Abweichung von einem gegebenen Vertragsinhalt) ihre Wirkung pro futuro vorgestellt. Während der einzelne Auslegungsakt mit seinen Rechtswirkungen gewöhnlich auf den konkreten Fall beschränkt ist, bindet die Vertragsänderung alle künftigen Interpreten in allen künftigen Auslegungssituationen. Nur in der Sonderform der authentischen Auslegung wird die Vertragsänderung auch in dieser geltungsmäßigen Beziehung erreicht[97]. Zwischen Vertragsänderung und „gewöhnlicher" Auslegung aber scheint zunächst noch eine unüberbrückbare Kluft zu herrschen.

---

[95] Für die Anerkennung einer Vertragsänderung durch die „spätere Praxis" siehe den *Französisch-amerikanischen Luftverkehr-Fall*, Schiedsspruch vom 22. 12. 1963, 38 ILR 182 ff. (1969). Aus dem Schrifttum siehe Cot (Fn. 34); Casanovas la Rosa, La modificación de los acuerdos internacionales por la práctica posterior, 21 Rev. Esp. Der. Intern. 328 ff. (1968); Menzione, La modificazione dei trattati per via della condotta successiva delle parti, 25 Diritto Internazionale 440 ff. (1971). Siehe auch den ILC-Entwurf (Fn. 3) 236 zu Art. 38. Zwar wurde ein entsprechender Artikel nicht in die WVK aufgenommen, doch scheint die Frage damit nicht negativ beantwortet.

Für die Desuetudo siehe etwa den *Yuille, Shortridge & Co.-Fall*, Schiedsspruch des Hamburger Senats vom 21. 10. 1861, Lapradelle/Politis, Recueil des arbitrages internationaux, Bd. 2, 113; den *Österr.-deutschen Handelsvertrag-Fall*, österr. VerfGH vom 13. 3. 1973, Slg. 7014/1973. Aus dem Schrifttum etwa McNair, The Law of Treaties 516 ff. (1961); Giraud (Fn. 9) 49 ff.; Capotorti, L'extinction et la suspension des traités, 134 RdC 517 ff. (1971 III). In der WVK scheint die Desuetudo durch Art. 54 teilweise erfaßt. Vgl. auch ILC-Entwurf (Fn. 3) 249.

[96] ICJ Reports 1971, 16 ff. Dabei stieß sich der IGH nicht am offenen Widerspruch zwischen Art. 27 Abs. 3 UN-Charta und der Praxis, welche in der Stimmenthaltung ständiger Sicherheitsratsmitglieder kein Hindernis für das gültige Zustandekommen von Sicherheitsratsresolutionen erblickte (22). Vgl. aus der früheren Judikatur des IGH den *Schiedsspruch des spanischen Königs-Fall* (Honduras v. Nicaragua), ICJ Reports 1960, 192 ff., worin er eine Vertragsbestimmung akzeptierte, „as interpreted by the two national arbitrators", ohne sie geprüft zu haben (206); sowie den *Tempel-Fall*, ICJ Reports 1962, 6 ff., worin eine stillschweigend akzeptierte Vermessungskarte als maßgeblicher Inhalt einer Grenzvereinbarung angesehen wurde, obwohl sie dieser möglicherweise widersprach.

[97] Siehe unter IV. B.

Entschließt man sich dazu, die Dichotomie von Rechtsverbindlichkeit und völliger Unverbindlichkeit durch das Kontinuum der *Autorität* zu ersetzen, wie nun zunehmend geschieht[98], so gelangt man zu einer realistischeren Sicht der Dinge. Wer würde nicht etwa den Urteilen des IGH beträchtlichen Einfluß auf künftige Vertragsauslegung zubilligen, auch wenn diese formell nur die Streitparteien und nur im entschiedenen Fall binden? Wer würde die „spätere Praxis" als unerheblich abtun, selbst wenn sie nicht rechtsverbindlich im strengen Sinn des Wortes wäre? Mit dem Begriff der Autorität gelingt es, auch diese Zwischenstadien bis hin zur absoluten Rechtsverbindlichkeit zu erfassen. Die Unterscheidung zwischen Vertragsauslegung und Vertragsänderung wird damit aber zu einer bloß relativen. Die scheinbar unüberbrückbare Kluft weicht gleitenden Übergängen.

B. Die Autorität einzelner Auslegungsakte

Einzelne hervorstechende Auslegungsakte, die unabhängig von einer Vertragspraxis insgesamt bewertet werden können, sind etwa ausdrückliche Auslegungserklärungen oder -verträge der Vertragsparteien, Urteile und Gutachten internationaler Gerichte und Schiedsgerichte, sowie Entscheidungen internationaler Organe zur Auslegung ihrer Satzung. Keiner besonderen Erörterung bedürfen die zuerst genannten Akte authentischer Vertragsauslegung, da sie nach dem Grundsatz „eius est interpretare cuius condere" formell bindendes Vertragsrecht erzeugen[99]. Unproblematisch sind auch die generell-abstrakten offiziellen Auslegungen durch internationale Organe, denen in der Praxis und im Schrifttum Bindung oder Quasi-Bindung zuerkannt wird[100]. Problematisch sind jedoch einzelne Fallentscheidungen, denen das Völkerrecht eine formelle fallüberschreitende Bindewirkung versagt. Wenn dort von Präzedenzwirkung gesprochen wird, so hat man es mit einer Autorität wechselnden Grades zu tun[101].

---

[98] Vgl. Verdroß/Simma (Fn. 93) 320. Grundlegend Schreuer, Die Behandlung internationaler Organakte durch staatliche Gerichte 71 ff. (1977); ders., The Authority of International Judicial Practice in Domestic Courts, 23 ICLQ 681 ff. (1974); Neuhold, Internationale Konflikte — Verbote und erlaubte Mittel ihrer Austragung 45 f. und 50 f. (1977); Miehsler, Grundsätze und Ziele der internationalen Raumordnung 26 ff. (1977).

[99] Vgl. Virally in Voicu (Fn. 1) S. XI; De Visscher (Fn. 1) 20 f.; Bernhardt (Fn. 1) 44; siehe auch unter III. D.

[100] z. B. gemäß Art. IX Weltbank-Satzung oder Art. XXIX (früher Art. XVIII) IMF-Satzung. Dazu Schreuer, Internationale Organakte (Fn. 98) 116.

[101] Vgl. Art. 59 des IGH-Statuts, der das Fehlen einer Bindung über den entschiedenen Fall und die beteiligten Parteien hinaus feststellt. Zum Präzedenzfall im Völkerrecht vgl. Sørensen (Fn. 82) 153 ff.; Kaplan/Katzenbach, Die politischen Grundlagen des Völkerrechts, in Kaplan/Katzenbach/Tunkin, Modernes Völkerrecht, Form oder Mittel der Außenpolitik 145 ff. (1965); H. Lauterpacht (Fn. 74) 8 ff.; Verdroß/Simma (Fn. 93) 319 ff.; Schreuer, Authority (Fn.

Die Autorität (oder Präzedenzwirkung) einzelner Auslegungsentscheidungen beruht auf ordnungspolitischen Zielen, die im Grunde für jede Rechtsordnung gültig sind. Sie bewirkt die Vorhersehbarkeit des Rechts, Rechtssicherheit, Stabilität und Kontinuität[102]. Indem ein System an Präjudizien festhält, bestätigt es sich selbst und trägt es zu seiner eigenen Sicherung bei[103]. Darüber hinaus wirkt auch der Gerechtigkeitsgrundsatz für die Stabilisierung von Auslegungen, insofern er nämlich aufträgt, Gleiches gleich zu behandeln[104]. Freilich sind dies keine absolut geltenden Erwägungen, denn die bessere Einsicht in das Recht und die Notwendigkeit ständiger Anpassung an sich ändernde Gegebenheiten rechtfertigen, ja gebieten ein Abweichen vom Präjudiz[105]. Festgehalten sei auch, daß die Autorität nur in einem bestimmten System wirkt, dem sich der vorangehende wie auch der folgende Interpret gleichermaßen verpflichtet fühlt. Dies ist insofern von Bedeutung, als die Völkerrechtsordnung zu ihrem „Betrieb" auch auf staatliche Organe angewiesen ist, die in Konfliktfällen mit nationalen Autoritäten oft diesen den Vorzug geben. *Staatlichen* Präzedenzfällen fehlt deswegen zwar nicht von vornherein jede völkerrechtliche Autorität, doch wird diese kritischer zu prüfen sein als etwa die Autorität *internationaler* Gerichtsentscheidungen[106].

Das Maß der Autorität einzelner Auslegungsakte läßt sich bisher nur recht beiläufig bestimmen[107]. Allgemeine autoritätsbestimmende Faktoren sind — keinesfalls erschöpfend — die Art, Funktion und der Rang des vorentscheidenden Organs, sowie die Nachdrücklichkeit seiner Äußerung und deren Effektivität. Nach den *Merkmalen des Organs* stehen die Weltgerichtshöfe an der Spitze verfügbarer Autorität. Ein hohes Maß an Autorität eignet auch den Auslegungen durch zentrale Beurteilungsinstanzen vertraglicher Ordnungen, wie z. B. der Kommission und des Gerichtshofs für Menschenrechte in Straßburg. Zunehmend berufen

98) 683; Fitzmaurice, Some Problems Regarding the Formal Sources of International Law, in Symbolae Verzijl 169 (1958).

102 Auch im kontinentalen Rechtskreis, der zum Unterschied vom angloamerikanischen kein *stare decisis* kennt, hat man dies erfaßt. Vgl. Esser, Vorverständnis und Methodenwahl 195 (Athenäum 1972); Lüderitz (Fn. 15) 373 ff.; Larenz (Fn. 12) 421 ff.; Schreuer, Authority (Fn. 98) 682.

103 Kaplan/Katzenbach (Fn. 101) 146.

104 Larenz (Fn. 48) 409.

105 Esser (Fn. 102) 195; Lauterpacht (Fn. 74) 19; Larenz (Fn. 12) 422 f. Dies gilt übrigens auch für das anglo-amerikanische Recht trotz seines *stare decisis*. Vgl. Schreuer, Authority (Fn. 98) 682.

106 Vgl. Verdroß/Simma (Fn. 93) 322. Zur Doppelfunktion siehe Scelle, Le phénomène juridique du dédoublement fonctionnel, in Festschrift Wehberg, Rechtsfragen der Internationalen Organisation 324 (1956); Wiebringhaus, Das Gesetz der funktionellen Verdoppelung, 2. Aufl. (1955).

107 Siehe Versuche bei Miehsler (Fn. 98) 26 ff.; Schreuer, Authority (Fn. 98) 696 ff.

sich auch staatliche Gerichte bei der Auslegung der Europäischen Menschenrechtskonvention auf deren Auslegungen[108]. Auch die Auslegungen der Gründungsinstrumente internationaler Organisationen durch deren Verwaltungs- oder Gerichtsorgane besitzen ein hohes Maß an Autorität. Erwähnt seien nur die Vorabentscheidungen des Gerichtshofs der Europäischen Gemeinschaften[109].

Die Autorität einer Auslegungsentscheidung wird natürlich auch durch die *Nachdrücklichkeit* ihrer Äußerung beeinflußt, wofür entscheidend sein kann, ob diese in Form einer Entscheidung oder eines Gutachtens ergangen ist. (Für die Fortwirkung in künftigen Fällen scheinen Gutachten aber beinahe größere Autorität zu besitzen, da sie gewöhnlich abstrakt formuliert sind und die Reinigung von konkreten Fallelementen unterbleiben kann[110].) Maßgeblich ist auch die Zahl der Stimmen, die hinter einer Äußerung stehen[111]. Es leuchtet auch ein, daß die *Effektivität* einer Auslegung deren Autorität beeinflußt. Nichts vermag die Autorität einer Entscheidung mehr zu heben als ihre regelmäßige Beachtung im Zuge einer ständigen Judikatur oder Praxis. Umgekehrt wird die Autorität durch Nichtbeachtung geschwächt[112].

Eine *abstrakte* Bewertung dieser autoritätsbestimmenden Faktoren scheint bisher nicht versucht worden zu sein und scheint auch nur beschränkt möglich. Letztlich hat der Interpret im einzelnen Fall zu entscheiden, ob er sich der Autorität einer Präzedenzentscheidung beugt oder nicht[113]. Für die vorliegende Analyse kann jedoch festgehalten werden, daß Auslegungsakten die Tendenz innewohnt, sich in künftigen Beurteilungen des Vertrags fortzupflanzen. Wurde sohin (unter III.) festgestellt, daß Auslegung auch Vertragsänderung in inhaltlicher Beziehung bedeuten kann, so ist nun auch in geltungsmäßiger Beziehung eine gewisse Affinität zu bemerken.

---

[108] Vgl. Schreuer, Internationale Organakte (Fn. 98) 105 ff., sowie den Entscheid des kantonalen Verwaltungsgerichts Zürich vom 29. 4. 1975, in Schweiz. JBIR 32 (1976) 85 ff.; österr. VfGH vom 15. 10. 1976 in EuGRZ 4 (1977) 54 ff.

[109] Allgemein zur Präzedenzwirkung von Vorabentscheidungen vgl. Schreuer, Internationale Organakte (Fn. 98) 111 ff. Die formelle Bindewirkung bestreitet Tomuschat, Die gerichtliche Vorabentscheidung nach den Verträgen über die europäische Gemeinschaft 184 und Fn. 642 (1964). Trabucchi bejaht sie: L'effet 'erga omnes' etc., 10 Rev. trim. dr. eur. 56 ff. (1974).

[110] Zur Autorität von Rechtsgutachten des IGH vgl. Schermers, International Institutional Law, Bd. 2 551 (1972); zum inhärenten Beachtungsanspruch siehe Miehsler (Fn. 98) 30 f.

[111] Vgl. Miehsler (Fn. 98) 28 f.

[112] Vgl. Schreuer, Authority (Fn. 98) 704 f.; Miehsler (Fn. 98) 30 f.

[113] Vgl. im Text bei Fn. 105 und insbes. Schreuer, Authority (Fn. 98) 695.

C. Die Autorität der „späteren Praxis"

Die in der „späteren Praxis" zu einem Vertrag enthaltene Auslegung besitzt nicht nur faktisch großes Gewicht für jeden weiteren Akt der Vertragsanwendung[114], sondern auch rechtlich im Sinne der Autorität. Seit jeher stützen sich internationale Gerichte und Schiedsgerichte bei der Auslegung von Verträgen auf die Art und Weise, in der der Vertrag bisher gehandhabt wurde. „... l'exécution des engagements est, entre Etats comme entre particuliers, le plus sûr commentaire du sens de ces engagements ...", würdigte der Ständige Schiedshof die Bedeutung der Praxis im *Russisch-Türkischen Streifall von 1912*[115]. Über ihre grundsätzliche Beachtlichkeit herrscht auch in der Lehre Übereinstimmung[116]. Schließlich fand die „spätere Praxis" auch ausdrückliche Erwähnung in der Auslegungsregel der WVK[117].

Für die Autorität der „späteren Praxis" lassen sich eine Reihe von Gesichtspunkten ins Treffen führen, die je nach Art und Beschaffenheit der Praxis mehr oder weniger zutreffend sind. Zum ersten ist die „spätere Praxis" ein Indikator für die *ursprüngliche Vertragsabsicht*, da man mit einiger Berechtigung annehmen kann, daß bei der Vertragsanwendung dieser früheren Absicht gefolgt wurde. Diese Deutung stützt sich auf eine umfangreiche Judikatur und eine starke Lehrmeinung[118], zu Recht wurden jedoch ihr Ausschließlichkeitsanspruch und ihre Überdehnung bekämpft, die in Fiktionen münden[119]. Oft kommt man der Wahrheit näher, wenn man in einer Vertragspraxis nicht den histori-

---

[114] Faktisch ist die „spätere Praxis" als die der Entscheidung vorangehende Vertragspraxis eine Orientierungshilfe, sie prägt das Vorverständnis des Interpreten, sie besitzt auch insofern eine gewisse Strahlkraft, als sie eigene Gedankenarbeit erspart — legitim im Sinne der Arbeitsökonomie.

[115] RIAA 11, 421 ff., 433. Zur Judikatur siehe ansonsten die Übersichten im Harvard-Entwurf (Draft Convention on the Law of Treaties), Suppl. zu 29 AJIL 653 ff., 966 ff. (1935); Cot (Fn. 34), Bernhardt (Fn. 1) 126 ff.; McDougal/Lasswell/Miller (Fn. 1) 132 ff.; Müller (Fn. 19) 172 ff.; ILC-Entwurf (Fn. 3) 221 Para. 15.

[116] Siehe Fn. 89. Unterschiede bestehen allerdings in der Deutung und Gewichtung (siehe anschließend im Text).

[117] Art. 31 Abs. 3 lit. b WVK.

[118] Vgl. z. B. McNair (Fn. 95) 424; Lauterpacht (Fn. 74) 170; Bernhardt (Fn. 1) 131; De Visscher (Fn. 1) 124; Schwarzenberger, International Law, Bd. 1 532 (1957); Haraszti (Fn. 88) 143; Cot (Fn. 34) 638 f.; Seidl-Hohenveldern, Völkerrecht, 3. Aufl. 83 (1975). Aus der umfangreichen Judikatur etwa der Ständige Schiedshof im *Nordatlantik-Fischerei-Fall*, 11 RIAA 167 ff., 200 f.; der StIG im *Friedensvertrag von Neuilly-Fall*, PCIJ Series A Nr. 3, S. 8 f. (1924); im *Mossul-Fall*, PCIJ Series B Nr. 12, S. 24 (1925); der IGH im *Korfukanal-Fall* (Merits), ICJ Reports 1949, 4 ff., 25; im *Schiedsspruch des spanischen Königs-Fall* (Fn. 96) 209; im *Tempel-Fall* (Fn. 96) 32 f.; außerdem der Schiedsspruch im *Französisch-amerikan. Luftverkehr-Fall* (Fn. 95) 245 ff.; und im *Italienisch-amerikan. Luftverkehr-Fall*, Schiedsspruch v. 17. 7. 1965, 45 ILR 393 ff., 419 (1972).

[119] Vgl. Bernhardt (Fn. 1) 131; Cot (Fn. 34) 647.

schen, sondern einen *späteren Parteienkonsens* sucht, der sich erst im Laufe der Vertragsanwendung eingestellt hat[120]. Ihm trägt der Interpret Rechnung, indem er der Praxis z. B. einen stillschweigenden Auslegungsvertrag — ein pactum tacitum — entnimmt[121] oder sie vertragsbezüglichem Völkergewohnheitsrecht zuordnet, wodurch der Vertrag bindend interpretiert worden sei[122]. Aber auch unabhängig von solchen Konstruktionen besitzt eine Vertragspraxis Autorität, da sie in gewissem Maße die aktuellen Erwartungen, Auffassungen und Präferenzen der Vertragsparteien widerspiegelt[123].

Daß dem Parteienverhalten ein tatsächlicher Wille zugrunde liegt, wird man oft bezweifeln können. Doch zählt in der Rechtsgeschäftslehre nicht der tatsächliche, sondern ein juristischer Wille, der in der Willens*erklärung* zum Ausdruck kommt. Die „spätere Praxis" besitzt insofern Autorität, als sie als schlüssige *Erklärung* eines rechtsgeschäftlichen Willens gilt, auf die man vertrauen durfte: Das Fehlen eines tatsächlichen Willens wird durch das Verkehrsschutz- und das Vertrauensschutzprinzip wettgemacht[124]. Mit der Akquieszenz, dem Estoppel und der „admission" besitzt das Völkerrecht aber auch Konstruktionen, die dem *Verhalten direkt* und haftungsartig Rechtserheblichkeit zumessen. Auch dahinter stehen die Prinzipien des Verkehrs- und des Vertrauensschutzes. Zusätzlich ist aber auch ein Konsistenzprinzip wirksam, das ein

[120] Vgl. im Text oben bei Fn. 91; vgl. Cot (Fn. 34) 647 ff.

[121] Vgl. Cot (Fn. 34) 654 ff.; Müller (Fn. 19) 184. Bezeichnend das Schiedsgericht im *Französisch-amerikan. Luftverkehr-Fall* (Fn. 95) 253: „Thus an analysis of the conduct of the Parties leads the Tribunal to conclude that, as a result of the attitude adopted by the French authorities on and after May 14, 1955, the right to serve Tehran via Paris, Rome, Beirut and Damascus had been established ... But the Tribunal also believes that it should once again state that, in its opinion, it was not by virtue of the Agreement of March 27, 1946, but rather by virtue of an agreement that implicitly came into force at a later date, that the right in question was in fact accorded ..."

[122] Vgl. Cot (Fn. 34) 655; Müller (Fn. 19) 183 f. Es handelt sich um partikuläres Gewohnheitsrecht, wobei die Praxis sowohl die Rechtsüberzeugung indiziert, als auch Übung im Sinne des zweiten Elements des Gewohnheitsrechts darstellt.

[123] Vgl. McDougal/Lasswell/Miller (Fn. 1) 143 f.: „In a given case any factor, including the subsequent actions of the parties, may be of paramount importance in determining the relevant expectations ..." Die „contemporary expectations" hätten dabei Vorrang vor den „expectations at the time of commitment". Vgl. auch Richter Dillard in seinem Sondervotum zum *Namibia-Fall* (Fn. 96) 153 f.: „... the subsequent conduct of the parties is clearly a legitimate method of giving meaning to the Article in accordance with the expectations of the parties ..." Ohne besondere Konstruktion auf dem Konsens basierend auch die Fälle zur sog. „practical construction", z. B. der *Pigeon River-Fall*, US Supr. Court v. 15. 1. 1934 in Hackworth, Digest of International Law, Bd. 5, 263 f. (1943).

[124] Vgl. Fn. 19; Müller (Fn. 19) 105 ff. zur Ablösung des Willensdogmas durch das Vertrauensprinzip und zur vertraglichen Bindung aus schlüssigem Verhalten (108 ff.); Bentz, Le silence comme manifestation de volonté en droit international public, 67 RGDIP 55 ff. (1963).

„venire contra factum proprium" untersagt oder zumindest erschwert[125]. In allen diesen Fällen wird die Haltung der Vertragspartner nicht nur, aber auch an ihrer Vertragspraxis abgelesen[126].

Autorität besitzt eine „spätere Praxis" auch als Ordnungsfaktor. Sie repräsentiert die Vertragswirklichkeit und damit einmal ein faktisches Gleichgewicht widerstreitender Parteieninteressen und ein andermal den Entwicklungsstand, den eine integrative Ordnung erreicht hat. Auch dafür fühlt sich der Interpret gewöhnlich verantwortlich, was ihn veranlaßt, praxiskonforme Lösungen vorzuziehen. Weiß er doch, daß jedes Überspannen eines abstrakten Vertragsziels Ordnung und Gleichgewicht gefährdet und im Ergebnis oft gegenteilige Wirkungen zeitigt[127]. Sieht man die „spätere Praxis" stärker als Produkt juristischer Entscheidung, so kann ihre Autorität schließlich auch auf die Präzedenzwirkung zurückgeführt werden, die unter IV. B. dargestellt wurde.

Der Autoritätsgrad der „späteren Praxis" läßt sich nicht allgemein bestimmen, er hängt vielmehr von ihrer konkreten Beschaffenheit und Schlüssigkeit ab. Je einheitlicher, umfassender und konstanter eine bestimmte Praxis ist und je eindeutiger sie den Vertragsparteien zuge-

---

[125] Vgl. Müller (Fn. 19) 113; Bowett, Estoppel before International Tribunals and its Relation to Acquiescence, 33 BYIL 176 ff. (1957); Dominicé, A propos du principe de l'estoppel en droit des gens, in Recueil d'études de droit international en hommage à Paul Guggenheim 327 ff. (1968); Barale, L'acquiescement dans la jurisprudence internationale, 11 AFDI 389 ff. (1965); Cahier, Le comportement des Etats comme source de droits et d'obligations, in Festschrift Guggenheim (s. o.) 237 ff.

[126] Vgl. z. B. den *Maas-Fall*, PCIJ Series A/B Nr. 70, S. 25 (1937), wo ein vorangehendes niederländisches Verhalten den StIG zur Feststellung veranlaßt: „In these circumstances, the Court finds it difficult to admit that the Netherlands are now warranted in complaining of the construction and operation of a lock of which they themselves set an example in the past."; den *Schiedsspruch des span. Königs-Fall* (Fn. 96) 213; den *Tempel-Fall* (Fn. 96) 32: „... Thailand is now precluded by her conduct from asserting that she did not accept ..."; den *Franz.-amerikan. Luftverkehr-Fall* (Fn. 95) 249: „This course of conduct may, in fact, be taken into account ... as a possible source of a subsequent modification, arising out of certain actions or certain attitudes, having a bearing on the juridical situation of the Parties and on the rights that each of them could properly claim."

[127] Vgl. Touscoz, Le principe d'effectivité dans l'ordre international 165 ff. (1964); Sørensen (Fn. 82) 228; Cot (Fn. 34) 648 f., 652; De Visscher, Les effectivités du droit international public 77 (1967); Fitzmaurice, insbes. mit seiner Theorie des „emergent purpose" und Lauterpacht: Vgl. Fitzmaurice, Hersch Lauterpacht — The Scholar as a Judge, 39 BYIL 141 (1963). Zur Judikatur vgl. das Sondervotum Lauterpachts im *Südwestafrika-Gutachten* 1955 (zur Abstimmungsfrage) ICJ Reports 1955, 90 ff.: „A proper interpretation of a constitutional instrument must take into account not only the formal letter of the original instrument but also its operation in actual practice in the light of the revealed tendencies in the life of the Organization." 106; vgl. auch die durch die Praxis temperierte teleologische Auslegung im *Reparations for Injuries-Fall*, ICJ Reports 1949, 174 ff., 180; vgl. auch den *Expenses-Fall* (Fn. 89) 160 und 162.

rechnet werden kann, desto größer ist im allgemeinen ihre Autorität, desto schlüssiger nämlich zeigt sie einen übereinstimmenden Willen und eine allgemeine Rechtsüberzeugung der Vertragsparteien an[128], desto größer ist auch ihr Gewicht im Sinne des Vertrauensschutzprinzips, der Ordnungsidee usw. Daß diese Autorität auf einer gleitenden Skala liegt, wurde nicht immer erkannt. Zum einen nämlich maß man der „späteren Praxis“ absolute Rechtsverbindlichkeit zu, indem man sie, wie erwähnt, einem pactum tacitum oder einer gewohnheitsrechtlichen Norm zugrundelegte. Zum andern meinte man, sie auf die Rolle eines subsidiären Auslegungsfaktors beschränken zu müssen, der nur bei unklarem Vertragstext oder zur Bestätigung einer sonstwie gefundenen Auslegung verwendet werden durfte[129]. Zu Recht hat Cot diese Auffassung bekämpft, da sie der variablen Autorität der „späteren Praxis“ nicht gerecht wird[130].

Glücklicherweise erlaubt die schon erwähnte Auslegungsregel der WVK eine differenziertere Bewertung. Gemäß Art. 31 Abs. 3 lit.b ist „jede spätere Übung bei der Anwendung des Vertrags, aus der die Übereinstimmung der Vertragsparteien über seine Auslegung hervorgeht“, „zu berücksichtigen“. Die Bewertung liegt beim Interpreten, der der Praxis im einen Fall eine bindende Auslegungsübereinkunft entnehmen mag[131] und sie im andern Fall in den Schmelztiegel verschiedener Auslegungselemente wirft, aus welchem in Form einer „single combined operation“ die rechtlich relevante Auslegung entsteht[132]. Handelt es sich dabei immerhin um eine Praxis, der ein gemeinsamer Wille oder eine gemeinsame Auffassung der Vertragsparteien zu entnehmen sein

---

[128] Vgl. ILC-Entwurf (Fn. 3) 222 Para. 15: „The value of subsequent practice varies according as it shows the common understanding of the parties as to the meaning of the terms.“

[129] Vgl. das *ILO/Landwirtschaft-Rechtsgutachten* des StIG, PCIJ Series B Nr. 2, S. 39 (1922) und seine Urteile im *Serbischen Anleihen-Fall*, PCIJ Series A Nr. 20 S. 38 (1929) und im *Brasilianischen Anleihen-Fall*, PCIJ Series A Nr. 21 S. 119 (1929); Spender in seinem Sondervotum zum *Expenses-Fall* (Fn. 89) 189; Monaco in seinem Sondervotum zum *Italien.-amerikan. Luftverkehr-Fall* (Fn. 118) 426. Beschreibend Cot, L'interprétation de l'accord franco-américain relatif au transport aérien international, 10 AFDI 352 ff., 370 (1964).

[130] Cot (Fn. 34) 653: „Car la conduite subséquente des Parties se manifeste d'une manière plus ou moins impérieuse. Hésitante, contradictoire ou inspirée par le souci d'améliorer sa propre position, elle n'a guère de valeur probatoire. Constante, elle guide l'interprète dans sa tâche. A partir d'un certain degré de consistance, elle se transforme insensiblement en source d'une obligation juridique .... Il n'est pas logique, s'agissant d'un même phénomène, de lui assigner un rang subsidiaire dans une hypothèse, une valeur impérative dans l'autre ...“ Vgl. auch den ILC-Entwurf (Fn. 3) 222 Para. 15; Müller (Fn. 19) 178.

[131] Siehe die systematische Stellung neben den förmlichen Auslegungsverträgen des Art. 31 Abs. 3 lit. a WVK und Yasseen (Fn. 1) 52.

[132] Vgl. ILC-Entwurf (Fn. 3) 219 f., Para. 8. Dazu siehe oben im Text unter II. bei Fn. 34 (statische und dynamische Auslegungskonzeption).

muß, so erlaubt Art. 32 WVK auch, schwächere Autoritätsgrade zu berücksichtigen, ohne daß eine scharfe Trennungslinie gezogen würde[133].

V. Schluß

Als Resümee aus den Kapiteln III. und IV. ergibt sich die Feststellung, daß Vertragsauslegung oft eine Änderung des Vertrags bewirkt oder ihr zumindest nahe kommt. Abweichungen von einem als gegeben vorgestellten Vertragsinhalt ergeben sich bei „gewöhnlicher" Auslegung aus der Unsicherheit des Erkenntnisvorgangs und aus der Lückenfüllung im Rahmen beanspruchter Lückenfüllungskompetenz. Sie folgen bei der förmlichen authentischen Auslegung aus der Präzisierung des Vertrags selbst und aus seiner Anpassung an die gegenwärtigen Parteienabsichten. Abweichungen ergeben sich schließlich auch aus einer Vielzahl von Einzelentscheidungen im Rahmen eines stillschweigenden kommunikativen Prozesses zwischen den Vertragsanwendern, also durch die „spätere Praxis" zum Vertrag. Die Autorität der einzelnen Auslegungsentscheidung und der Praxis insgesamt bewirkt, daß diese Abweichungen sich in den künftigen Auslegungsentscheidungen fortsetzen. Auslegung nähert sich so der Vertragsänderung; sie fällt mit ihr zusammen, wenn die Rückkehr zum ursprünglichen Vertragsinhalt ausgeschlossen wäre. Dies ist der Fall, wenn der Vertragsinhalt durch förmliche authentische Auslegung in bindender Weise festgestellt wurde oder eine Vertragspraxis besteht, die der Interpret für sich als bindend erachtet.

---

[133] Gem. Art. 32 WVK können *ergänzende Auslegungsmittel* herangezogen werden, um die sich unter Anwendung des Art. 31 ergebende Bedeutung zu bestätigen oder die Bedeutung zu bestimmen, wenn die Auslegung nach Art. 31 entweder a) die Bedeutung mehrdeutig oder dunkel läßt oder b) zu einem offensichtlich sinnwidrigen oder unvernünftigen Ergebnis führt. Dazu kann auch eine Praxis gehören, die nicht die Anforderungen des Art. 31 Abs. 3 lit. b erfüllt. Vgl. Yasseen (Fn. 1) 52 letzter Satz. Vgl. auch den ILC-Entwurf 1964, YBILC 1964 II 204 Para. 13: „The practice of individual States in the application of a treaty, on the other hand, may be taken into account only as one of the „further" means of interpretation..." Der Eindruck, es handle sich in diesem Fall um streng getrennte Auslegungsstadien, wird durch den ILC-Entwurf (Fn. 3) 220 Para. 10, widerlegt.

Zur Autorität von Beschlüssen internationaler Institutionen*

Von *Herbert Miehsler*

I. Das Bedürfnis nach erweiterter Fragestellung

Viele Juristen — österreichische ganz besonders — sind gewohnt, als Rechtsordnung ein System von Normen zu bezeichnen, die in einem von der Verfassung vorgesehenen Verfahren erzeugt worden sind und deren Beachtung erzwungen werden kann.[1] Daß eine Rechtsnorm, wenn und solange sie dem Normenbestand angehört, von den Adressaten beachtet und insbesondere von den Staatsorganen vollzogen werden muß, ist ebenso bekannt, wie es die Verfahrensweisen sind, mit deren Hilfe ihre Zugehörigkeit zum Normenbestand geprüft werden kann. Gerade in diesem Zusammenhang aber gibt es Erscheinungen im Rechtsleben, denen trotz ihrer großen praktischen Bedeutung und theoretischen Problematik von der rechtswissenschaftlichen Forschung gerade hierzulande gern ausgewichen wird. Zu diesen Erscheinungen gehören einmal die von den Behörden immer wieder oder regelmäßig teils geduldete teils selbst geübte *tatsächliche Nichtbeachtung* von Rechtsvorschriften und zum anderen die *tatsächliche Beachtung* formell nicht verbindlicher Beschlüsse internationaler Institutionen sowie anderer ohne gesetzliche Grundlage, aber unter offizieller Mitwirkung höchster Staatsorgane und Funktionäre der einflußreichsten Interessenverbände getroffener Entscheidungen. So werden etwa die Nichtbeachtung des für österreichische Staatsbürger bestehenden Verbotes, Adelsprädikate zu führen,[2] und der Auftritt der Wiener Sängerknaben während der Schulferien[2a] geduldet sowie eine ältere sanitätsrechtliche Vorschrift zur Ver-

* Dieser Aufsatz ist die in einigen Punkten geänderte und mit Anmerkungen ausgestattete Fassung eines Vortrages, den ich am 18. Mai 1978 bei der 200-Jahr-Feier der Rechtswissenschaftlichen Fakultät der Universität Graz zu halten die Ehre hatte.

[1] H. Kelsen, Reine Rechtslehre² 31 ff. (1960) und R. Walter, Österreichisches Bundesverfassungsrecht 5 f. (1972).

[2] §§ 1 und 2 des Gesetzes über die Aufhebung des Adels, der weltlichen Ritter- und Damenorden und gewisser Würden, StGBl. 1919/211, sowie §§ 1, 2 und 5 der hierzu erlassenen Vollzugsanweisung, StGBl. 1919/237.

[2a] Obwohl § 7 Abs. 2 lit. c des Bundesgesetzes über die Beschäftigung von Kindern und Jugendlichen, BGBl. 1948/146 idF BGBl. 1976/390, die Beschäftigung schulpflichtiger Kinder während der Schulferien *ausnahmslos* verbietet, finden gerade in dieser Zeit Aufführungen in Wien und ausgedehnte Tourneen statt.

meidung der Bestattung Scheintoter[3] nicht beachtet. Andererseits werden beispielsweise Einladungen internationaler Institutionen zur Zeichnung von Kapitalanteilen durch innerstaatliche Rechtsakte vollzogen[4] sowie Teile der österreichischen Rechtsordnung durch Preisabsprachen der Paritätischen Kommission[5] und durch die Raumordnungsziele der Österreichischen Raumordnungskonferenz[6] inhaltlich bestimmt oder wesentlich beeinflußt. Diese Beispiele aus dem österreichischen Erfahrungsbereich haben nicht den Zweck, gewissermaßen durch eine mit leichter Hand hingeworfene Parenthese vom eigentlichen Gegenstand abzulenken. Gerade das Gegenteil ist der Fall. Denn im Grunde sind es dieselben Erscheinungen und zum Teil dieselben prinzipiellen Fragen, vor denen Staatsrechtler und Völkerrechtler, die einen seltener, die anderen häufiger, stehen. Ein wichtiger Unterschied freilich liegt in der genossenschaftlichen Struktur des Völkerrechts. Sie zwingt den Internationalisten zu sorgfältigerer und regelmäßigerer Beobachtung des tatsächlichen Verhaltens der Teilnehmer am internationalen Verkehr und zu einer bisweilen stärker soziologisch orientierten Beurteilung seiner Wirkungen.[7] Das gilt nicht nur in Bezug auf die klassischen Völkerrechtsquellen Vertrag und Gewohnheit, sondern auch und in steigendem Maß für Beschlüsse internationaler Institutionen, unter denen die nicht rechtsverbindlichen Beschlüsse[8] schon deshalb Aufmerksamkeit verdienen, weil die Forschung sie lange Zeit vernachlässigt hat. Ihr Gewicht in der internationalen Wirklichkeit abzuschätzen, ist aber nicht nur theoretisch interessant, sondern auch praktisch sehr wichtig.[9] Denn

---

[3] Bei der Bereinigung des nö. Landesrechts wurde festgestellt, daß sowohl das Hofdekret vom 25. 2. 1797, P. G. S. Nr. 32, als auch der Durchführungserlaß des NÖ. Statthalters vom 23. 1. 1877, Z. 10.614, nach denen Tote für die Dauer von 48 Stunden in während des Winters geheizten Leichenkammern aufzubewahren und ihre Hände durch ein Seil mit einer Glocke zu verbinden sind, — obgleich beide formell in Kraft — jedenfalls seit dem Ende des 2. Weltkrieges nicht mehr angewendet werden. — Vgl. im Einzelnen E. Mayrhofer/A. Graf Pace, Handbuch für den politischen Verwaltungsdienst[5] III 517 f. (1897).

[4] C. Schreuer, Beschlüsse internationaler Organe im österreichischen Staatsrecht, 37 ZaöRV 468-503, hier 490 f. (1977). — Weitere Beispiele bei C. Schreuer, Die Behandlung internationaler Organakte durch staatliche Gerichte 222 ff. (1977).

[5] K. Korinek, Organisation und rechtliche Konstruktion der Paritätischen Kommission, 17 Wirtschaftspolitische Blätter 58 - 60 (1970).

[6] H. Miehsler, Die österreichische Raumordnungskonferenz — aus der Sicht der Länder, 3 Zeitschrift für Verwaltung 369 - 377, hier 375 (1978).

[7] R. A. Falk, On the Quasi-Legislative Competence of the General Assembly, 60 AJIL 782 - 791 (1966) spricht 782 von der Notwendigkeit einer „. . . more sociologically grounded re-interpretation of the basis of obligation in international law."

[8] H. J. Hahn, Funktionenteilung im Verfassungsrecht europäischer Organisationen 74 ff. (1977) nennt sie „Beschlüsse von unbestimmter rechtlicher Beschaffenheit."

gerade gegenüber den nicht rechtsverbindlichen Beschlüssen internationaler Institutionen herrscht große Unsicherheit, ob überhaupt und wenn, in welchem Ausmaß sie Entscheidungen und Handlungen auf nationaler wie internationaler Ebene determinieren können. Diese Frage entsteht auf internationaler Ebene für jene Staatsorgane und Personen, die an der Arbeit einer internationalen Institution mitwirken oder sie zu beurteilen haben, sie entsteht auf nationaler Ebene für alle, die mit einem solchen Beschluß in Berührung kommen und das sind nicht nur die Organe der Gesetzgebung von Bund und Ländern, die obersten Organe der Gerichtsbarkeit und Verwaltung, sondern oft genug auch untere Instanzen und sogar Individuen.[10]

Völkerrechtlich nicht verbindliche Beschlüsse internationaler Institutionen sind Gegenstand dieser Untersuchung. Damit ist jede völkerrechtlich nicht verbindliche Willensäußerung einer internationalen Institution ohne Rücksicht auf ihre Form gemeint.[11] Unter internationalen Institutionen werden alle zwischenstaatlichen internationalen und supranationalen Organisationen sowie Staatenkonferenzen und andere zwischenstaatliche Organe, wie Vergleichskommissionen oder Schiedsgerichte, verstanden. Als Beachtung schließlich wird die Tatsache bezeichnet, daß Teilnehmer am internationalen Verkehr sich, ohne dazu völkerrechtlich verpflichtet zu sein, aus anderen Gründen dem Beschluß einer internationalen Institution fügen. Die knappen Hinweise auf die Tatsache, daß rechtlich nicht verbindliche Beschlüsse internationaler Institutionen im internationalen wie im staatlichen Rechtsleben auf verschiedene Weise und in verschiedenem Maße beachtet werden, zeigen die Notwendigkeit, über die alte Dichotomie zwischen rechtlich verbindlichen und rechtlich nicht verbindlichen Beschlüssen internationaler Institutionen insoweit hinauszukommen, als die letzteren unter die Lupe genommen werden sollen, um in der Vergrößerung Einzelheiten zu erkennen, die — von wenigen Ausnahmen abgesehen — bisher nicht in Betracht gezogen wurden. Das ist nicht nur zur Beantwortung der Frage nötig, in welchem Maß solche Beschlüsse Entscheidungen und Handlungen auf nationaler wie internationaler Ebene determinieren, es ist auch deshalb wichtig, weil gerade aus dieser grauen Zone der Übergang zu den klassischen Formen des Völkerrechts erfolgen kann.

Zur Beschreibung der Wirkungen, die von völkerrechtlich nicht verbindlichen Beschlüssen internationaler Institutionen tatsächlich aus-

[9] Golsong, Das Problem der Rechtsetzung durch internationale Organisationen (insbesondere im Rahmen der UN), 10 Berichte der Deutschen Gesellschaft für Völkerrecht 1 - 50, hier 4 (1971).

[10] Schreuer, Internationale Organakte (Fn. 4) passim.

[11] Der Vollständigkeit und Genauigkeit halber ist anzumerken, daß es auch gemischte Beschlüsse gibt (z. B. die Richtlinien im Recht der EG) und Aussagen sich deshalb auch auf Teile von Beschlüssen beziehen können.

gehen können, wird die *Autorität* als neue Kategorie eingeführt. Durch sie wird der rechtlichen Bindung nichts von ihrer Bedeutung genommen, denn die Autorität dient in diesem Zusammenhang nur dazu, für Beschlüsse internationaler Institutionen ohne völkerrechtliche Bindung differenziertere Aussagen als bisher über beabsichtigte und tatsächliche Unterschiede im Beachtungsanspruch und in der Wirksamkeit möglich zu machen. Autorität darf nicht statisch, sie muß als Prozeß verstanden werden: In einer bestimmten internationalen Lage faßt ein Organ einer internationalen Institution unter bestimmten Umständen und mit bestimmten in die Zukunft gerichteten Absichten einen Beschluß. Von hier aus tritt der Beschluß in sein weiteres Schicksal ein. Wer nach der Autorität eines bestimmten völkerrechtlich nicht verbindlichen Beschlusses fragt, hat alle jene Umstände und Vorgänge, welche seine Bedeutung fördern oder schmälern können, in Betracht zu ziehen; die Umstände, die den Beschluß herbeigeführt haben, die Vorgänge der Beschlußfassung und die mit dem Beschluß verfolgten Absichten sowie schließlich das weitere Schicksal des Beschlusses.

Langfristiges Ziel der wissenschaftlichen Beschäftigung mit der Autoritätsfrage muß die Entwicklung eines Werkzeuges zur Messung der Autorität völkerrechtlich nicht verbindlicher Beschlüsse internationaler Institutionen sein. Ein solches Werkzeug müßte jedem Rechtsanwender die Beurteilung erlauben, in welchem Maß ein bestimmter Beschluß einer internationalen Institution Entscheidungen und Handlungen auf nationaler und internationaler Ebene determiniert oder in Zukunft determinieren kann oder — anders ausgedrückt — welcher Entscheidungs- und Handlungsspielraum gegenüber diesem Beschluß besteht.

Forschungsergebnisse der letzten Jahre[12] haben den Weg für die weitere Arbeit gezeigt. In einem nächsten Schritt muß versucht werden, eine Liste von Indikatoren (Variablen) zusammenzustellen, mit deren Hilfe die für die Autorität eines völkerrechtlich nicht verbindlichen Beschlusses einer internationalen Institution maßgeblichen Tatsachen möglichst lückenlos erfaßt werden können. Das allein genügt aber nicht, denn zur Beurteilung des Ausmaßes der Autorität führt der Weg über die Operationalisierung und Verknüpfung der Indikatoren. Dort liegen die bislang weder methodisch noch praktisch gelösten Aufgaben der Forschung. Die Anregungen, die diese Arbeit enthält, sind nicht mehr als ein tastender Versuch, den Problemen auf eine bestimmte Art näherzukommen.

---

[12] Vor allem S. M. Schwebel (Ed), The Effectiveness of International Decisions (1971); Schreuer, Internationale Organakte (Fn. 4); derselbe, The Authority of International Judicial Practice in Domestic Courts, 23 ICLQ 681 - 708 (1974); derselbe, Recommendations and the Traditional Sources of International Law, 20 GermanYIL 103 - 118 (1977).

II. Stand der Forschung

Die Zahl universeller und regionaler Organisationen wie auch Umfang und Bedeutung ihrer Tätigkeiten, die mit der Zeit fast alle Lebensbereiche erfaßt haben, sind die Ursachen für das wachsende Interesse der Forschung an diesem Teil des internationalen Rechts. Durch die Schlußakte der Konferenz über Sicherheit und Zusammenarbeit in Europa (KSZE) erhielt es einen neuen Impuls. Zu den besonders oft behandelten oder wenigstens berührten Fragen gehört die der (rechtlichen) Bedeutung völkerrechtlich nicht verbindlicher Beschlüsse internationaler Institutionen. Vollständige Darstellung des Schrifttums im einzelnen und Auseinandersetzung mit den verschiedenen Standpunkten[13] ist nicht beabsichtigt, wohl aber die Zusammenfassung der wichtigsten Forschungsergebnisse zu drei Kategorien. Dabei erweist sich einerseits die Unklarheit vieler Aussagen, welche auf eine oft beträchtliche und in der Sache gewiß begründete Unsicherheit im Umgang mit diesen neuen Erscheinungen zurückzuführen ist, als hinderlich;[14] andererseits aber läßt sich doch, trotz großen Beharrungsvermögens älterer Auffassungen, eine der Entwicklung der internationalen Institutionen folgende stetige Differenzierung der Fragestellung erkennen.

A. Völkerrechtliche Bindung versus Unverbindlichkeit

Das Gemeinsame an den Autoren dieser Kategorie ist, trotz großer Unterschiede im Detail, die Annahme eines geschlossenen völkerrechtlichen Rechtsquellensystems. Sie gehen — ausdrücklich oder stillschweigend — davon aus, daß Artikel 38 des IGH-Statuts alle Typen von Völkerrechtsquellen enthalte. Das hat vor allem im älteren Schrifttum zunächst nur zu der Fragestellung geführt, ob ein Beschluß einer internationalen Institution in diesem Rechtsquellensystem unterzubringen ist.[15] Darüber hinaus gehen die immer noch sehr lapidaren Feststellungen, daß Beschlüsse dieser Art, wenn auch rechtlich unverbindlich,

---

[13] Folgende Arbeiten enthalten Zusammenfassungen: E. Schwelb, Neue Etappen der Fortentwicklung des Völkerrechts durch die Vereinten Nationen, 13 ArchVR 1 - 52 (1966/67); F. Ermacora, Das Problem der Rechtsetzung durch Internationale Organisationen (insbesondere im Rahmen der UN), 10 Berichte der Deutschen Gesellschaft für Völkerrecht 51 - 95 (1971), hier 59 ff., 73 ff., 82 f. und 86 ff.; Golsong (Fn. 9) 14 ff.

[14] Für daraus entstandene Mißverständnisse und falsche Interpretationen der Thesen anderer Autoren ersuche ich um Nachsicht.

[15] C. Eagleton, Palestine and the Constitutional Law of the United Nations, 42 AJIL 397 - 399, hier 397 (1948); H. Kelsen, The Law of the United Nations 98 f. und 459 (1950); A. Verdroß, Völkerrecht[3] 437 ff. (1955) und derselbe, Völkerrecht[4] 437 ff. (1959); in beiden Auflagen wendet sich Verdroß jedoch auf 22 gegen den Rechtspositivismus, der „... die *rechtlichen Pflichten* aus dem normativen Teppich herauslösen will, *in welchem das Recht mit den anderen sozialen Normen verwoben ist*“ (Hervorhebung hinzugefügt).

doch politische[16] oder moralische[17] Bedeutung haben oder solche Wirkungen entfalten können.

Die unbestrittenen tatsächlichen Wirkungen wurden indessen im Lauf der Zeit von vielen Autoren immer genauer betrachtet und als Folge einer begrenzten „rechtlichen Bedeutung“ dieser völkerrechtlich nicht verbindlichen Beschlüsse internationaler Institutionen zu erklären versucht. So sei ein Beschluß jedenfalls nach Treu und Glauben in Erwägung zu ziehen[18] und seine Nichtbeachtung gegenüber der Institution zu begründen;[19] auch könne ein Staat bei seiner Befolgung die Vermutung rechtmäßigen Handelns beanspruchen.[20] Ferner hätten solche Beschlüsse Bedeutung als Programm künftiger Zusammenarbeit,[21] als Auslegungsakte[22] und Hilfsmittel zur Feststellung von Rechtsnormen.[23] Eine weitere Rolle spielten sie bei der Entstehung von Völkergewohnheitsrecht[24], Vertragsrecht[25] und allgemeinen Rechtsgrundsätzen[26].

---

[16] A. Verdroß, Völkerrecht 154 (1937); C. Eagleton, International Government[3] 321 (1957) sagt nur „... they carry much weight, and great pressure may be put behind them“; L. Goodrich/E. Hambro, Charter of the United Nations[2] 151 f. (1949); D. H. N. Johnson, The Effect of Resolutions of the General Assembly of the United Nations, 32 BYIL 97 - 122 (1955/56) sieht auf 11 ff. die politische Wirkung darin, daß ein Mitgliedstaat durch Nichtbeachtung eines Beschlusses den Verlust der Freundschaft und des Verständnisses anderer Mitglieder riskiert.

[17] D. W. Bowett, The Law of International Institutions 42 (1963); Separatvotum von Sir Hersh Lauterpacht, *International Status of South-West-Africa*, I.C.J. Reports 1955, 120 f.

[18] Separatvotum H. Klaestad, *International Status of South-West-Africa*, I.C.J. Reports 1955, 88 und Sir Hersh Lauterpacht (Fn. 17) 120. Ferner A. Malintoppi, Le racommandazioni internazionali 361 ff. (1958).

[19] B. Conforti, Le Rôle de l'accord dans le système des Nations Unies, 142 RdC 203 - 288, hier 265 (1974-II).

[20] Conforti (Fn. 19) 262.

[21] Für die KSZE-Schlußakte vgl. K. Skubiszewski, Der Rechtscharakter der KSZE-Schlußakte, R. Bernhardt/I. von Münch/W. Rudolf (Hgb) Drittes Deutsch-Polnisches Juristen-Kolloquium I 13 - 30, hier 27 ff. (1977).

[22] Schwelb (Fn. 13) 48, L. di Qual, Les effets des Résolutions des Nations Unies 238 ff. (1967), G. Arangio-Ruiz, The Normative Role of the General Assembly of the United Nations and the Declaration of Principles of Friendly Relations, 137 RdC 419 - 742, hier 503 (1972-III) und A. Verdroß/B. Simma, Universelles Völkerrecht 331 f. (1976) lehnen eine authentische Interpretation ab, während dagegen Golsong (Fn. 9) 18 ff. diese unter bestimmten Umständen für möglich hält.

[23] Johnson (Fn. 16) 116; die Qual (Fn. 22) 243 ff.; Golsong (Fn. 9) 28 ff.; Verdroß/Simma (Fn. 22) 333; D. W. Bowett, The Law of International Institutions[3] 41 (1975).

[24] A. Verdroß, Kann die Generalversammlung der Vereinten Nationen das Völkerrecht weiterbilden?, 26 ZaöRV 690 - 697, hier 694 (1966); di Qual (Fn. 22) 249 ff.; Schwelb (Fn. 13) 51; Golsong (Fn. 9) 38 allgemein; Arangio-Ruiz (Fn. 22) 471; Verdroß/Simma (Fn. 22) 296 f. und 328.

[25] Golsong (Fn. 9) 38 allgemein; Arangio-Ruiz (Fn. 22) 426.

[26] K. Zemanek, The United Nations and the Law of Outer Space, 19 YBWA 199 - 222, hier 207 ff. (1965); Golsong (Fn. 9) 38 allgemein; Arangio-Ruiz (Fn. 22) 495.

Über die Annahme begrenzter rechtlicher Bedeutung gehen jene Auffassungen zum Teil hinaus, die in dauernder Mißachtung solcher Beschlüsse mit direkten politischen[27] oder rechtlichen[28] Sanktionen bedrohte Verletzungen der Loyalitätspflicht gegenüber den Grundsätzen und Zielen der Institutionen sehen. Jene Autoren schließlich, die eine direkte rechtliche Bindung durch förmliche Annahme[29], Aquieszenz und Estoppel[30] oder gar Konsens[31] für möglich halten, stehen an der Schwelle zu einer offeneren Beurteilung des Systems der völkerrechtlichen Rechtsquellen.

B. Beschlüsse internationaler Institutionen als eigene Rechtsquelle des Völkerrechts

Schon vor längerer Zeit ist die Frage gestellt worden, ob angesichts der Tätigkeit internationaler Institutionen und der Wirkungen dieser Tätigkeit „...eine scharfe Unterscheidung zwischen Rechtserzeugung im formellen Sinn und der Anerkennung von neuen Regeln des Völkerrechts“[32]beibehalten werden kann, da mit ihr die Vielfalt der neuen Erscheinungen nicht genügend erklärt werden könne. Nicht alle, die diese Frage stellten, konnten sich dazu entschließen, sie zu bejahen und den theoretisch schwerwiegenden Schritt zur Offenheit des völkerrechtlichen Rechtsquellensystems zu tun[33]. Für jene, die ihn getan haben, bildet den Verpflichtungsgrund von Beschlüssen internationaler Institutionen — soweit sie nicht unter einen der traditionellen Verpflichtungs-

---

[27] Sir Hersh Lauterpacht (Fn. 17) 118 und 120 f.

[28] A. Verdroß, Völkerrecht[5] 522 (1964) und R. Monaco, Lezioni di Organizzazione Internazionale I 234 f. (1965).

[29] I. Detter, Law Making by International Organizations 211 (1965) und Verdroß (Fn. 28) 522. — *Advisory Opinion concerning the Frontier Dispute between Turkey and Iraq* (November 21, 1925), PCIJ Series B 12, 27: „There is nothing to prevent the Parties from accepting obligations and from conferring on the Council powers wider than those resulting from the strict terms of Article 15, and in particular from substituting, by an agreement entered into in advance, for the Council's power to make a mere recommendation, the power to give a decision which, by virtue of their previous consent, compulsorily settles the dispute“.

[30] Grundlegend dazu J. P. Müller, Vertrauensschutz im Völkerrecht 88 ff. und 244 ff. (1971); s. ferner Conforti (Fn. 19) 271 ff.; J. A. Frowein, Der Beitrag der internationalen Organisationen zur Entwicklung des Völkerrechts, 36 ZaöRV 147 - 167, hier 155 (1976).

[31] Verdroß/Simma (Fn. 22) 333; Frowein (Fn. 30) 165 f.; M. Virally, L'organisation Mondiale 187 f. (1972).

[32] W. Friedmann, The Changing Structure of International Law 137 (1964). Deutsches Zitat bei Schwelb (Fn. 13) 5.

[33] G. Dahm, Die völkerrechtliche Verbindlichkeit von Empfehlungen internationaler Organisationen, 12 Die öffentliche Verwaltung 361 - 367, hier 362 (1959); Detter (Fn. 29) 207 f.; Schwelb (Fn. 13) 45; wohl auch Ermacora (Fn. 13) 95, These 17; M. Krökel, Die Bindungswirkung von Resolutionen des Sicherheitsrates der Vereinten Nationen gegenüber Mitgliedstaaten 20 (1977).

gründe fallen — ein rechtserzeugender internationaler Konsens[34] oder ein für die Funktion internationaler Institutionen typisches und in diesen entwickeltes Rechtserzeugungsverfahren[35], aus dem jedoch Beschlüsse von verschiedenem rechtlichem Gewicht hervorgehen können[36].

C. Völkerrechtliche Bindung oder Autorität von Beschlüssen internationaler Institutionen

Ein alter Vorwurf[37] lautet, das Schrifttum, das zu den beiden vorangegangenen Kategorien gehört, gehe bei Beurteilung einer Regel nur davon aus, ob diese in einen engeren oder weiteren Kanon von Völkerrechtsquellen eingeordnet werden kann, komme so nur zu der Diagnose völkerrechtlicher Verbindlichkeit oder Unverbindlichkeit und könne deshalb die Frage, in welchem Maß ein bestimmter Beschluß einer internationalen Institution eine bestimmte Entscheidung oder Handlung auf nationaler oder internationaler Ebene determiniert, nicht oder nicht mit der nötigen Genauigkeit beantworten. Die an diesen Vorwurf geknüpfte Aufforderung, die Grundlagen der Verpflichtung im Völkerrecht neu zu studieren und dabei auch soziologische Betrachtungsweisen anzuwenden, ist zwar regelmäßig an den passenden Stellen — wenn auch in der Mehrzahl der Fälle mit Ablehnung — zitiert worden, hat aber vorerst keinen breiten Widerhall gefunden. In der Fortentwicklung dieser Gedanken können zwei Richtungen beobachtet werden, die, obgleich in ihren theoretischen Ansätzen grundverschieden, in ihren Untersuchungen ähnlich vorgehen.

Die eine Gruppe von Autoren setzt den traditionellen völkerrechtlichen Rechtsquellenformalismus insofern fort, als der Beschluß einer internationalen Institution zunächst danach beurteilt wird, ob er im (jeweils für richtig gehaltenen) Kanon der Völkerrechtsquellen unterzubringen ist. Mißlingt die Einordnung[38], begnügen sich diese Autoren nicht mit der Feststellung, der Beschluß sei völkerrechtlich unverbind-

---

[34] B. Simma, Methodik und Bedeutung der Arbeit der Vereinten Nationen für die Fortentwicklung des Völkerrechts, W. A. Kewenig (Hgb) Die Vereinten Nationen im Wandel 79 - 102, hier 97 ff. (1975); mit gut begründeter Zurückhaltung C. Tomuschat, Die Charta der wirtschaftlichen Rechte und Pflichten der Staaten, 36 ZaöRV 444 - 491, hier 485 ff. (1976); ebenfalls mit Zurückhaltung, aber doch in deutlicher Anerkennung der Entwicklung, insbesondere in bezug auf die Formulierung von Prinzipien, R. Monaco, Fonti e pseudo fonti del diritto internazionale, 61 Rivista di diritto internazionale 740 - 758 (1978).

[35] R. Y. Jennings, Recent Developments in the International Law Commission: Its Relation to the Sources of International Law, 13 ICLQ 385 - 397 (1964).

[36] M. Virally, La valeur juridique des recommandations des organisations internationales, 2 AFDI 66 - 96 (1956), spricht 95 von einem „... instrument juridique par excellence d'une collaboration ..."

[37] Falk (Fn. 7) 782.

lich, entfalte aber diese oder jene rechtlichen Nebenwirkungen, sondern treten in die weitere — nunmehr soziologisch orientierte — Untersuchung von Art und Ausmaß sozialer Bindungen aus diesem Beschluß ein[39].

Die andere Gruppe von Autoren bricht mit dem traditionellen Rechtsbegriff[40]. Für sie ist Recht kein System in einem standardisierten Verfahren einmal gesetzter und sodann anzuwendender Normen. Recht entstehe, wandle sich (nach Inhalt wie Ausmaß der Bindung) und vergehe vielmehr in einem dauernden Prozeß sozialer Interaktion zwischen allen Teilnehmern mit der Folge, daß jede einzelne Handlung oder Unterlassung — wenn auch in verschiedenem Grade — ihre Spur im Recht hinterläßt und deshalb wichtig ist[41]. Da in einer solchen Rechtstheorie kein einfacher Aussagenzusammenhang zwischen formeller

---

[38] An diesem Punkt berührt sich unsere Frage mit jener unverbindlicher Abmachungen im zwischenstaatlichen Verkehr. Dazu F. Münch, Unverbindliche Abmachungen im zwischenstaatlichen Bereich, Mélanges offerts à Juraj Andrassy 214 - 224 (1968); M. Rotter, Die Abgrenzung zwischen völkerrechtlichem Vertrag und außerrechtlicher zwischenstaatlicher Abmachung, Internationale Festschrift für Alfred Verdroß zum 80. Geburtstag 413 - 434 (1971); W. Wengler, Rechtsvertrag, Konsensus und Absichtserklärung im Völkerrecht, 31 Juristenzeitung 193 - 197 (1976); T. Schweisfurth, Rechtsnatur, Verbindlichkeit und Völkerrechtliche Relevanz der KSZE-Schlußakte — Ein Diskussionsbeitrag zum Phänomen der außerrechtlichen (non-legal) zwischenstaatlichen Abmachung, 36 ZaöRV 681 - 726 (1976); E. Lauterpacht, Gentlemen's Agreements, Festschrift F. A. Mann 381 - 398 (1977).

[39] O. Y. Asamoah, The Legal Significance of the Declarations of the General Assembly of the United Nations (1966); G. Rosner Lande, The Effect of the Resolutions of the United Nations General Assembly, R. S. Wood (Ed) The Process of International Organization 199 - 220 (1971); H. G. Schermers, International Institutional Law II 492 ff. (1972); Schweisfurth (Fn. 38) 697 ff.; J. Delbrück, Die völkerrechtliche Bedeutung der Schlußakte der Konferenz über Sicherheit und Zusammenarbeit in Europa, R. Bernhardt/I. von Münch/W. Rudolf (Hgb) Drittes Deutsch-Polnisches Juristen-Kolloquium 31 - 50 (1977); H. Miehsler, Grundsätze und Ziele der internationalen Raumordnung in Bezug auf Österreich 18 f. und 26 ff. (1977); H. Neuhold, Internationale Konflikte — verbotene und erlaubte Mittel ihrer Austragung 45 ff. (1977).

[40] Der völlig andere Rechtsbegriff dieser Autoren und leider auch die schwer verständliche Terminologie vieler von ihnen führen oft zu Mißverständnissen; dafür bietet Arangio-Ruiz (Fn. 22) 463 und 465 f., bei allem Respekt vor seiner ansonsten außerordentlich kenntnisreichen und anregenden Arbeit, ein drastisches Beispiel.

[41] Allgemein zum sog. New-Haven-Approach: E. Suzuki, The New Haven School of International Law: An Invitation to a Policy-Oriented Jurisprudence, 1 Yale Studies in World Public Order 1 - 48 (1974); M. S. McDougal, International Law, Power and Policy: A Contemporary Conception, 82 RdC 133 - 259 (1953-I); H. D. Lasswell/M. S. McDougal, Criteria for a Theory about Law, 44 Southern California Law Review 362 - 394 (1971). — Speziell zur Autorität findet sich ein Hinweis bei M. S. McDougal/H. D. Lasswell/W. M. Reisman, The World Constitutive Process of Authoritative Decision, 19 Journal of Legal Education 253 ff., hier 415 f. (1967). Dem New-Haven-Approach sehr nahe, jedoch ohne auf ihn jemals Bezug zu nehmen, steht J. Esser, Vorverständnis und Methodenwahl in der Rechtswissenschaft (1970).

Rechtsquelle und Bindung hergestellt werden kann, kommt der Frage nach den Grundlagen der Verpflichtung im Völkerrecht zentrale Bedeutung zu[42]. Fünf Elemente werden für die Verpflichtung kraft Völkerrechts als maßgeblich angesehen:[43]

1. Formulierung und Bezeichnung eines Verhaltenserfordernisses für entsprechende Umstände;
2. ein Hinweis darauf, daß diese Bezeichnung von Personen herrührt, deren Befugnis (Autorität oder rechtmäßige Rolle) zur Ausübung dieser Funktion anerkannt ist, und sie im Einklang mit für diesen Zweck als richtig angenommenen Verfahrensweisen erfolgte;
3. ein Hinweis auf die Fähigkeit und Bereitschaft der Betroffenen, das bezeichnete Verhaltenserfordernis tatsächlich wirksam zu machen;
4. die Mitteilung dieses Verhaltenserfordernisses an die Zielgruppe;
5. die Erzeugung eines Widerhalls bei der Zielgruppe — sowohl psychologisch als auch im Verhalten selbst — der darauf hindeutet, daß das bezeichnete Verhaltenserfordernis als autoritativ (im Sinne von 3.) angesehen und seine künftige Beachtung in einem beträchtlichen Ausmaß für wahrscheinlich gehalten wird.

Der im theoretischen Ansatz gelegene fundamentale Unterschied zwischen den beiden in dieser Kategorie zusammengefaßten Forschungsrichtungen tritt selbst in einer epigrammatischen Darstellung deutlich hervor. Die Unterschiede in der Arbeitsmethode sind — soweit sie bisher entwickelt wurden — allerdings gering, da beide wegen der Zahl und Verschiedenheit der maßgeblichen Fakten sowie der Notwendigkeit individueller Beurteilung jedes Einzelfalles, Aussagen über Tatsache und Ausmaß einer Bindung nur mit Hilfe von Indikatoren[44] machen können.

III. Indikatoren zur Beurteilung der Autorität völkerrechtlich nicht verbindlicher Beschlüsse internationaler Institutionen

A. Allgemeines

Der knappe Überblick über den Stand der Forschung hat gezeigt, daß jene Autoren, die sich nicht mit der Feststellung begnügen, ein Beschluß einer internationalen Institution sei völkerrechtlich unverbindlich, entfalte aber allenfalls völkerrechtliche Nebenwirkungen, Art und Ausmaß seiner Autorität auf den Einfluß verschiedener Indikatoren zurückführen wollen. Die in der dritten Kategorie (oben II. C.) zuletzt genannte

---

[42] O. Schachter, Towards a Theory of International Obligation, Schwebel (Fn. 12) 9 - 31, insb. 10 f.

[43] Wörtliche Übersetzung aus Schachter (Fn. 42) 17.

[44] Bei den in dieser Kategorie angeführten Autoren finden sich folgende Indikatoren: Zeitpunkt und Umstände, Satzung der Institution, Absichten und Ziele, Charakteristik des Votums, Sprache des Beschlusses, Form und rechtlicher Status des Beschlusses, Adressaten, Erwartungen, Macht zur Durchsetzung und tatsächliche Beachtung.

Gruppe von Autoren sieht diese Indikatoren als Variable an und meint, daß grundsätzlich die Bedeutung jeder Variablen für jeden einzelnen Beschluß einer internationalen Institution, dessen Autorität festgestellt werden soll, gesondert ermittelt werden muß. Daß die Variablen außerdem auch zueinander in Beziehung stehen und durch Kumulation, Neutralisation oder Konflikt einen höheren oder niedrigeren Grad von Autorität bewirken können, wird nicht übersehen. Allerdings wurde dieses Phänomen bisher nicht systematisch erforscht.[45] Im Anschluß an die bisherigen Forschungsergebnisse geht es — wenigstens zunächst — nicht um ein geschlossenes System von Variablen, sondern um eine Liste, die es erlaubt, aus Umständen, Wesen und Schicksal eines solchen Beschlusses *alle* Tatsachen zu ermitteln, die für seine Autorität von Bedeutung sind. Die treffende Bezeichnung der Indikatoren und die Vermeidung von Überschneidungen sind weniger wichtig als ihre Vollzähligkeit. Freilich steht man auch in diesem Punkt noch am Anfang; die hier zur Diskussion gestellte Liste ist zwar im Bestreben zusammengestellt worden, alle maßgeblichen Indikatoren zu erfassen, doch kann die Erreichung dieses Ziels nicht beansprucht werden.

Die Liste der Indikatoren ist daher nur als Check-list zu verstehen. Die Gliederung der Indikatoren ist kein Versuch, ein Variablen-System zu bilden, etwa gar Zusammenhänge oder Abhängigkeiten anzudeuten, sie hat aber möglichste Übersichtlichkeit zum Ziel.

B. Die Umstände, die zu einem Beschluß einer internationalen Institution geführt haben

Jeder Beschluß einer internationalen Institution entsteht in einer bestimmten Lage der internationalen Beziehungen, worunter nicht nur die zwischenstaatlichen Verhältnisse zu verstehen sind, sondern auch die Verhältnisse in internationalen Institutionen, vor allem in jener, deren Organ den Beschluß gefaßt hat. Von allen diesen Umständen und Tendenzen beeinflussen indessen nur bestimmte das Zustandekommen eines Beschlusses und seine Autorität. So kann eine bestimmte Situation dazu führen, daß in einem Beschluß geltendes Völkerrecht wiederholt, interpretiert oder konkretisiert wird; auch können bestimmte Umstände das Bedürfnis nach Formulierung von Zielen, die vom Völkerrecht abweichen, oder nach Festlegung neuer Verhaltensstandards — allenfalls sogar spontan — entstehen lassen. Ferner wird es Beschlüsse geben, die auf Anweisung eines politischen Organs und Vorbereitung durch Experten beruhen, also Teile einer planvollen Entwicklung innerhalb einer Institution sind; gerade in solchen Fällen können Einflüsse

[45] R. Higgins, Compliance with United Nations Decisions on Peace and Security and Human Rights Questions, Schwebel (Fn. 12) 32 - 50, hier 35, 41 und 48.

anderer internationaler Institutionen hinzutreten oder gar Teil der Planung sein.[46] Manche der in diesen Beispielen aufgezählten Tatsachen, welche Zustandekommen und Autorität eines Beschlusses beeinflussen, sind auch für andere Indikatoren von Bedeutung, doch lassen sich Überschneidungen — wie hier mit Willensbildung, Abstraktionsgrad und Autoritätsanspruch — nicht vermeiden, wenn die für die Autorität bedeutsamen Tatsachen möglichst vollständig erfaßt werden sollen.

C. Der Beschluß einer internationalen Institution

1. *Verfahren(sfragen)*

a) Form

Die Form hat für die Qualifikation von Handlungen in der internationalen Arena erhebliche Bedeutung. Für die völkerrechtlichen Verträge ist dies bekannt, denn das Völkerrecht knüpft an die Tatsachen der Willenseinigung vertretungsbefugter Organe über den Austausch von Leistungen oder über künftige Verhaltensweisen die Rechtsverbindlichkeit. Dabei ist von der traditionellen Formfreiheit so viel übriggeblieben, daß die strenge Einhaltung üblich gewordener und in die Wiener Vertragsrechtskonvention aufgenommener äußerer Formen nicht Voraussetzung der Rechtsverbindlichkeit ist.[47] An die Vertragsform einer erzielten Willensübereinstimmung schließen ferner verfassungsrechtliche Folgen an, nämlich bestimmte Verfahren zur Eingliederung des Vertrags in das innerstaatliche Normengefüge.

Anders ist das mit Beschlüssen internationaler Institutionen. Der Vertrag ist gewissermaßen eine der Urformen, in der Völkerrechtssubjekte sich völkerrechtlich binden. Beschlüssen internationaler Institutionen kommt eine rechtliche Bindung aber prinzipiell nur dann zu, wenn diese Wirkung in der Satzung ausdrücklich vorgesehen[48] oder auf gewohnheitsrechtliche Ergänzung der Satzung zurückzuführen ist. Der Mangel der Rechtsnormqualität bei anderen Typen internationaler Organakte sollte aber nicht zu dem Schluß verführen, daß ihnen jede Autorität fehlt und sie für das Handeln eines Staatsorgans alle in gleicher Weise unmaßgeblich sind. Die Tatsache, daß solche Akte in der Form von Entschließungen, Richtlinien, Empfehlungen, Stellungnahmen oder Erklärungen abgefaßt, vielleicht durch informellen Konsens[49] entstanden, vielleicht bloß als Beratungsergebnisse in Sitzungsprotokollen fest-

---

[46] Vgl. die parallelen Bemühungen von Europarat und OECD um Maßnahmen auf dem Gebiet des grenzüberschreitenden Umweltschutzes.

[47] Art. 3 lit. a der Wiener Vertragsrechtskonvention, 8 ILM 679 ff. (1969).

[48] H. J. Hahn/A. Weber, Die OECD — Organisation für wirtschaftliche Zusammenarbeit und Entwicklung 95 f. (1976).

gehalten[50] oder Schlußerklärungen internationaler Konferenzen und formloser Treffen sind, erlaubt für sich allein noch keine Aussage über den Grad ihrer Autorität. Möglicherweise aber ergibt eine breitere empirische Untersuchung, daß jedem dieser Handlungstypen nur die Eignung zu einem bestimmten Maß an Autorität innewohnt. Jedenfalls ist die Form — zusammen mit anderen Indikatoren — für die Einordnung eines Beschlusses in das Feld der hier beschriebenen Autoritätsprüfung einzubeziehen.

b) Organ

Die Stellung, die ein Organ im Gesamtaufbau einer internationalen Institution einnimmt, beeinflußt die Autorität seiner Beschlüsse. Ferner ist anhand der in der Satzung ausdrücklich verankerten und der kraft „implied powers"[51] erweiterten Kompetenzen zu beurteilen, welche Bedeutung einem *Hauptorgan*[52] im Verhältnis zu den Mitgliedern zukommt. Bei Prüfung dieser beiden Elemente können beträchtliche und bisweilen überraschende Bedeutungsunterschiede zwischen den Hauptorganen zutage treten. So liegt in vielen Spezialorganisationen der Vereinten Nationen (z. B. WHO, ICAO, UPU) das Schwergewicht der Entscheidungen nicht bei der Generalversammlung, sondern beim Rat, dem nicht alle Mitgliedstaaten angehören.[53]

Von den Hauptorganen sind die *Hilfsorgane* zu unterscheiden. Ein Hilfsorgan erhält für gewöhnlich nur den Auftrag, „sein" Hauptorgan zu unterstützen und insbesondere dessen Entscheidungen vorzubereiten. Arbeiten der Hilfsorgane haben daher im allgemeinen geringere Autorität als Beschlüsse der Hauptorgane. Das ist auf regionaler Ebene etwa in der OECD für das Verhältnis zwischen Industrie-Komitee und Rat oder im Europarat für das Verhältnis zwischen dem Komitee für die Zusammenarbeit in Kommunal- und Regionalfragen und dem Ministerkomitee oder dem Komitee für Raumordnung und Gebietskörperschaften und der Parlamentarischen Versammlung festzustellen. Aber auch zwischen den Hilfsorganen gibt es Unterschiede. So ist für die Autorität

---

[49] G. F. FitzGerald, The International Civil Aviation Organization — A Case Study in the Implementation of Decisions of a Functional International Organization, Schwebel (Fn. 12) 156 - 205, hier 164 f. und 190 f.

[50] FitzGerald (Fn. 49) 159 und J. P. Dobbert, Decisions of International Organizations — Effectiveness in Member States. Some Aspects of the Law and Practice of FAO, Schwebel (Fn. 12) 206 - 276, hier 211.

[51] I. Seidl-Hohenveldern, Das Recht der Internationalen Organisationen einschließlich der supranationalen Gemeinschaften[2] 215 f. (1971) und Schermers (Fn. 39) I 154 ff. sowie die dort angegebene weiterführende Literatur.

[52] Als Hauptorgan ist jedes in der Satzung einer Internationalen Institution genannte (allenfalls so bezeichnete) Organ anzusehen.

[53] FitzGerald (Fn. 49) 190 und 399.

eines Beschlusses nicht ohne Bedeutung, ob in Aufgabenstellung und Zusammensetzung des Hilfsorgans die politische oder die Expertenfunktion stärker betont ist.[54] Allerdings kann auch den Beschlüssen eines Expertenkomitees seiner Aufgabe und Unabhängigkeit wegen Autorität zukommen, wie dies bei dem Expertenkomitee der Internationalen Arbeitsorganisation zur Prüfung der Anwendung von Konventionen und Empfehlungen und dem Komitee unabhängiger Experten für die Europäische Sozial-Charta der Fall ist.[55]

Als weiterer Typus sind die *Sonderorgane* zu nennen. Sie werden von einem Hauptorgan einer internationalen Institution zur Erfüllung bestimmter Spezialaufgaben geschaffen. Daß sie in ihrem Tätigkeitsbereich relativ selbständig sind, wirkt sich auch auf die Autorität ihrer Beschlüsse aus. Die bei den Hilfsorganen festgestellten Differenzierungen nach Aufgabenstellung und Zusammensetzung gelten hier in ähnlicher Weise. Als Beispiel aus den Vereinten Nationen mögen die Konferenz für Handel und Entwicklung (UNCTAD)[56] und das Umweltprogramm (UNEP)[57] dienen.

Ferner können — was allerdings nicht die Regel ist — *politische Organe spezieller Art* in bestimmten Fragen ein Maß an Autorität haben, das sich jenem von Hauptorganen internationaler Institutionen nähert. Dies gilt in besonderem Maß für die Konferenzen von Ressortministern.[58] Die Gründe für das Gewicht von Beschlüssen solcher Organe liegen auf der Hand, da ihren Mitgliedern als Ressortchefs auf nationaler Ebene große Autorität zukommt, die zum Beispiel in ihrer unmittelbaren Einflußmöglichkeit auf Gesetzgebung und Vollziehung zum Ausdruck kommt.

Schließlich ist zu bedenken, daß auch *Zusammensetzung des Organs und Stimmrecht* die Autorität beeinflussen können. Der Beschluß eines Organs, in dem alle Mitgliedstaaten vertreten sind, kann anders zu beurteilen sein als jener eines Exekutivrates, der nur von einem Teil der

[54] In der Europäischen Konferenz der Gemeinden und Regionen ist das politische Element stärker betont. Vgl. CM, Res (61) 20 vom 13. September 1961, idF CM, Res (75) 4 vom 19. Feber 1975: Charter of the Conference of Local and Regional Authorities of Europe. — Dieses Organ hieß früher Europäische Gemeindekonferenz (European Conference of Local Authorities).

[55] Internationales Arbeitsamt (Hgb), Der Einfluß der Übereinkommen und Empfehlungen der Internationalen Arbeitsorganisation 47 ff. (1977); Council of Europe (Ed), Manual of the Council of Europe 168 ff. (1970); K. Fuchs, Die praktischen Auswirkungen der Europäischen Sozialcharta, Europarat (Hgb) Die Europäische Sozialcharta (1978).

[56] Geschaffen durch GA, Res 1995 (XIX) vom 30. Dezember 1964. — Vgl. dazu auch D. Dicke, Die administrative Organisation der Entwicklungshilfe durch die Vereinten Nationen 139 ff. (1972).

[57] GA, Res 2997 (XXVII) vom 15. Dezember 1972, 12 ILM 433 ff. (1973).

[58] CM, Res (71) 44 vom 16. Dezember 1971, On Conferences of Specialised Ministers.

Mitgliedstaaten beschickt wird; im letzteren Fall mögen auch die Kriterien der Auswahl (z. B. geographischer Proporz) von Bedeutung sein. Zu beachten ist aber nicht nur, ob ein Organ von allen oder, wenn nicht, von welchen Staaten es gebildet wird, sondern auch, welche Stellung die Staatenvertreter im Entsendestaat bekleiden. Einen gewissen Einfluß auf die Autorität kann auch die Art des Stimmrechts, wie one-state-one-vote, absolutes Veto einzelner Mitglieder oder Stimmwägung (nach Größe, nach Anteilsrechten) ausüben.

c) Umstände der Willensbildung

Die Autorität eines Beschlusses einer internationalen Institution wird auch durch Art und Umstände seines Zustandekommens beeinflußt. Zuerst sollte auf das *Verfahren der Stimmabgabe* gesehen werden, da das Abstimmungsverhältnis von diesem in aller Regel stark beeinflußt wird. So spiegeln geheime Abstimmungen die Überzeugungen und Absichten der Votanten deutlicher wider als offene[59] und bei offenen Abstimmungen macht es einen Unterschied, ob die Stimmabgabe durch Handzeichen oder Knopfdruck, durch Akklamation, schlichten Konsens oder einzeln auf Namensaufruf (roll-call) erfolgt.

Der zweiten Orientierung dient das *Stimmenverhältnis.* Isoliert man die Beurteilung vom Verfahren der Stimmabgabe, so haben einstimmig gefaßte Beschlüsse meistens mehr Autorität als solche, die mit Stimmenmehrheit beschlossen worden sind.[60] Gleichwohl können auch andere Elemente als das Verfahren der Stimmabgabe diese Aussage relativieren, etwa die Leerformelhaftigkeit des Entwurfes.

Bei Beschlüssen, die mit Stimmenmehrheit gefaßt wurden, spielt auch die *Zusammensetzung von Mehrheit und Minderheit* eine Rolle. Von Interesse ist der Standpunkt der Großmächte und derjenigen, für die die Sache wichtig ist, insbesondere jener, die durch den Beschluß belastet werden sollen.[61]

2. *Inhalt*

a) Gegenstand

Beschlüsse internationaler Institutionen, deren Autorität näherer Prüfung bedarf, beziehen sich entweder auf den internen organisatorischen Bereich der Institution oder auf die Außenwelt, d. h. auf Mitglied-

[59] Schwebel (Fn. 12) 493.

[60] Higgins (Fn. 45) 38.

[61] FitzGerald (Fn. 49) 190; Higgins (Fn. 45) 42 und 45; dazu gehören auch jene, für die ein solcher Beschluß die Wirkung eines Präzedenzfalles haben könnte. Deshalb kommt es auch oft zu Erklärungen, wie sie sonst nur zu Verträgen abgegeben werden (z. B. Vorbehalte).

staaten, andere internationale Institutionen und bisweilen sogar auf Nichtmitglieder.[62] Beschlüsse, die interne organisatorische Fragen betreffen, erreichen — sofern sie nicht überhaupt rechtsverbindlich sind[63] — in aller Regel ein hohes Maß an Autorität.

Bei nach außen gerichteten Beschlüssen wird es einmal darauf ankommen, in welchem Verhältnis der Gegenstand zu den Aufgaben der Institution steht. Ein Beschluß, der den Kernbereich der Zuständigkeit einer internationalen Institution betrifft, wird vom Gegenstand her mehr Autorität haben, als ein Beschluß über eine Angelegenheit, deren Zugehörigkeit zum Aufgabengebiet der Institution zweifelhaft oder gar bestritten ist. In den Kernbereich der Zuständigkeit der Vereinten Nationen fällt die Erhaltung von Weltfrieden und internationaler Sicherheit durch Sicherheitsrat und Generalversammlung, bestritten ist dagegen die Zuständigkeit technischer Sonderorganisationen zur Maßregelung von Mitgliedstaaten aus Gründen, die außerhalb ihrer satzungsmäßigen Aufgaben liegen, wie etwa die Maßregelung Südafrikas wegen seiner Politik der Rassentrennung. Zum anderen wird von Bedeutung sein, ob ein Beschluß geltendes Völkerrecht wiederholt, interpretiert oder ergänzt, ob er neue Verhaltensstandards oder eine Abkehr vom Status quo enthält.

b) Zweck

Internationale Institutionen haben fortwährend an der Erreichung ihres Satzungszweckes zu arbeiten. Bei der Ausführung der satzungsgemäßen Aufgaben wird auch mit jedem Beschluß ein Zweck verfolgt. Betrachtet man die Einzelzwecke, so lassen sich gewisse Typen unterscheiden. Die Erklärung von Grundsätzen hat die Bildung eines Bewußtseins und die Einleitung einer langfristigen Entwicklung innerhalb und außerhalb der Institution, oft mit der Absicht eines Vertragsabschlusses, zum Ziel. Man denke an die Allgemeine Erklärung der Menschenrechte,[64] die Europäische Wassercharta,[65] die Erklärung der Stockholmer Konferenz über die menschliche Umwelt[66], die Erklärung über Grundsätze des Völkerrechts betreffend freundschaftliche Beziehungen und Zusammenarbeit zwischen Staaten im Einklang mit der Satzung

---

[62] FitzGerald (Fn. 49) 158.

[63] Das ist der Regelfall, vgl. Art. 16 des Statuts des Europarates. — Allgemein hiezu R. Bernhardt/H. Miehsler, Qualifikation und Anwendungsbereich des internen Rechts Internationaler Organisationen, 12 Berichte der Deutschen Gesellschaft für Völkerrecht (1973).

[64] GA, Res 217 A (III) vom 10. Dezember 1948.

[65] Europarat: CM, Res (67) 10 vom 26. Mai 1967. Der endgültige Wortlaut weicht in unwesentlichen Details ab.

[66] Final Documents of the UN Conference on the Human Enviroment, 11 ILM 1416 ff. (1972).

der Vereinten Nationen[67] und die Erklärung über die Errichtung einer neuen Weltwirtschaftsordnung.[68] Demgegenüber verfolgt eine andere Gruppe von Beschlüssen den Zweck, das Verhalten — vor allem der Mitgliedsländer — in bestimmten Fragen zu beeinflussen. In diese Gruppe gehören Beschlüsse gegen die Rassentrennungspolitik in Südafrika, den Einsatz von Atomwaffen[69] und gegen Wettbewerbsverzerrungen durch öffentliche Aufträge. In eine dritte Gruppe gehören jene Beschlüsse, durch die ein bestimmtes konkretes Problem gelöst werden soll, wie das bei der Aufforderung zur Einstellung von Kampfhandlungen und der Entsendung von Truppenkontingenten durch die Vereinten Nationen der Fall ist.[70] Schließlich gibt es Beschlüsse, die internen organisatorischen Zwecken und der Interpretation der Satzung dienen.

Die Satzung jeder internationalen Institution hat ihre eigene Hierarchie von Zwecken, die sich direkt auf die Autorität ihrer Beschlüsse auswirkt. Deshalb kann zwar nicht allgemein gesagt werden, welche von den gebildeten Gruppen zu höherer Autorität bestimmt ist und welche zu geringerer, doch erleichtert die Gruppenbildung das Erkennen der Zweckkategorien und damit auch den Schluß auf die Autorität.

c) Abstraktionsgrad

Die Beschäftigung mit dem Zweck eines Beschlusses einer internationalen Institution führt in die Nähe des Indikators Abstraktionsgrad. Schon beim Zweck zeigte sich, daß Beschlüsse internationaler Institutionen sehr verschiedene Abstraktionsniveaus haben können. Die Reihe beginnt bei der Erklärung von Grundsätzen und führt über Ziele und Standards zu Beschlüssen, die auf ganz konkrete Maßnahmen gerichtet sind.

Die Unbestimmtheit, in der ein Beschluß abgefaßt ist, kann verschiedene Ursachen haben. Ein hoher Abstraktionsgrad kann bewußt gewählt worden sein, um einen Dissens auf konkreterer Stufe zu verschleiern.[71] Eine solche Vorgangsweise wird um so wahrscheinlicher, je

[67] GA, Res 2625 (XV) vom 24. Oktober 1970, 9 ILM 1292 ff. (1970). — Vgl. dazu Neuhold (Fn. 39).

[68] GA, Res 3201 (S-VI) vom 9. Mai 1974, 13 ILM 715 ff. (1974).

[69] Falk (Fn. 7) 787 und die dort erwähnte GA, Res 1653 (XVI) vom 28. November 1961.

[70] Higgins (Fn. 45) 42 und H. Miehsler, Völkerrechtliche Probleme des Umweltschutzes, Wiener Symposium Umwelt und Gesellschaft 288 - 310, hier 303 (1976).

[71] Die wichtigste Wurzel der Leerformeldiskussion liegt in dem von Popper zur Abgrenzung der empirischen Wissenschaften entwickelten Kriterium der Falsifizierbarkeit, vgl. K. R. Popper, The Logic of Scientific Discovery[3] 40 ff. (1972). — Unmittelbar zur Leerformelproblematik vgl. E. Topitsch, Über Leerformeln — Zur Pragmatik des Sprachgebrauchs in Philosophie und poli-

größer und inhomogener der Kreis der Mitglieder ist. Die Verkündung abstrakter Grundsätze kann aber auch auf der Einsicht beruhen, daß bestimmte Aufgaben nicht mit einem Schlag erledigt werden können, sondern nur eine schrittweise Annäherung an Problemlösungen zum Ziel führen kann, wobei der jeweils nächste Schritt zu konkreteren Aussagen niedersteigt. Ähnliches gilt auch für die Richtlinien im Recht der Europäischen Gemeinschaften. Die Wichtigkeit dieses Ansatzes hat sich bei den Menschenrechten ebenso gezeigt wie im Umweltschutz. Was nun die Autorität angeht, so steht sie meist in verkehrter Proportion zum Grad der Abstraktion, d. h. je höher dieser ist, desto geringer ist die Autorität. Je allgemeiner Grundsätze und Ziele sind, desto größer ist der Entscheidungsspielraum, der den Adressaten zu ihrer Verwirklichung, aber auch zu ihrer Umgehung, verbleibt.

d) Autoritätsanspruch

Partner völkerrechtlicher Verträge können — von den Fällen gerechtfertigter Nichterfüllung abgesehen[72] — grundsätzlich voneinander die Einhaltung der Vertragspflichten nach Treu und Glauben erwarten. Das folgt aus der Eigenart der Verträge und wird insbesondere wegen der möglichen Rechtsfolgen einer Verletzung von Vertragspflichten im allgemeinen beachtet.

Erwartungen solcher Art können zwar mit dem Beschluß einer internationalen Institution, der nicht aufgrund der Satzung oder organisationsinterner Gewohnheit Rechtsnormcharakter hat, nicht verbunden werden, doch knüpft das beschließende Organ bestimmte andere Verhaltenserwartungen an ihn, für deren Ausmaß der für ihn erhobene Beachtungsanspruch von beträchtlicher Bedeutung ist. Auf diesen Beachtungsanspruch deuten sowohl die Bezeichnung als auch der Wortlaut des Beschlusses hin. Der Grad des Beachtungsanspruches, der schon in der Benennung zum Ausdruck kommt, kann — je nach Organisation und Satzung — von der *Entscheidung* (decision) über die *Entschließung* (resolution), *Erklärung* (declaration, meist von Grundsätzen) und *Empfehlung* (recommendation) bis hin zur *Stellungnahme* (opinion) und internen *Richtlinie* (order) reichen.

tischer Theorie, Probleme der Wissenschaftstheorie — Festschrift für V. Kraft 233 - 264 (1960); G. Degenkolbe, Über logische Struktur und gesellschaftliche Funktionen von Leerformeln, 17 Kölner Zeitschrift für Soziologie und Sozialpsychologie 327 - 338 (1965); M. Schmid, Leerformeln und Ideologiekritik (1972). — Die von den genannten Autoren vertretene Auffassung, Leerformeln seien nutzlos, ja sogar gefährlich, wird nicht für alle Bereiche geteilt. U. Brösse, Ziele in der Regionalpolitik und in der Raumordnungspolitik 28 ff. (1972) billigt ihnen die Aufgabe zu, komplexe Probleme darzustellen, dem Interessenausgleich und der Koordination zu dienen, das System zu tragen und schließlich, Richtlinien zur Konkretisierung zu geben. Dies mag auch für weite Teile der Tätigkeiten internationaler Institutionen gelten.

[72] Verdroß/Simma (Fn. 22) 406 ff.

Weiteren Aufschluß über den mit einem Beschluß verbundenen Beachtungsanspruch kann sein Wortlaut geben, insbesondere die Stringenz der Schlußformel. Für die Beurteilung gradueller Unterschiede werden daher auch jene Teile der Schlußformel maßgeblich sein, in denen das internationale Organ seine eigene Haltung ausdrückt, wenn es etwa *hinweist* (draws the attention to), *erinnert* (reminds), *meint* (considers), *einlädt* (invites), *empfiehlt* (recommends), *bekräftigt* (affirms), *neuerlich bekräftigt* (reaffirms), *ersucht* (requests), *auffordert* (calls upon), *drängt* (urges) oder *anordnet* (directs).[73]

e) Kontrollmechanismen

Haben Beschlüsse internationaler Institutionen den Charakter von Rechtsnormen, so kann die Erfüllung in ihnen enthaltener Rechtspflichten mit den im allgemeinen Völkerrecht und im internen Recht der jeweiligen Institutionen vorgesehenen Mitteln kontrolliert werden. Eine Rechtskontrolle dieser Art, die von der Feststellung rechtswidrigen Verhaltens bis zum Rechtsbefehl auf Wiedergutmachung reichen kann, steht bei Beschlüssen, denen ein solcher Rechtsnormcharakter fehlt, nicht zur Verfügung. Wohl aber gibt es andere Arten der Kontrolle, für deren Wirkungsgrad die Beschaffenheit des Kontrollmechanismus von wesentlicher Bedeutung ist. Oft haben die Mitgliedstaaten nur die Möglichkeit, aufgrund selbst beschaffter Informationen das Verhalten eines anderen Mitgliedstaates in bezug auf einen Akt der Organisation durch Befassung eines ihrer Organe zu kontrollieren. In manchen Fällen wird die Kontrolle dadurch erleichtert, daß mit der Sammlung und Verteilung von Informationen die Organisation beauftragt ist. Dichter ist das Netz der Kontrolle, wenn jeder Mitgliedstaat verpflichtet ist, in regelmäßigen Abständen über die Befolgung eines Beschlusses zu berichten, wenn diese Berichte allen Mitgliedstaaten zur Kenntnis gebracht werden und in einem politischen Organ der Organisation zu behandeln sind. Noch einen Schritt weiter geht die Einschaltung regierungsunabhängiger Experten, welche die Staatenberichte vor ihrer Behandlung in einem politischen Organ bewerten.[74] Zum Kontrollmechanismus gehören schließlich die Mittel, die dem politischen Organ der Organisation bei Erfüllung seiner Funktion zur Verfügung stehen. Hier kann der Bogen von der einfachen Empfehlung über die förmliche Aufforderung zur Beachtung eines Aktes, Sanktionen finanzieller Natur bis zu Entziehung des Stimmrechts und Ausschluß reichen. Den beiden letzten

[73] Beispiele bei FitzGerald (Fn. 49) 159. Obwohl methodisch ganz anders orientiert, finden sich wichtige Beispiele auch bei Krökel (Fn. 33) 131 ff.

[74] Internationales Arbeitsamt (Fn. 55) 47 ff. und Conclusions of the Committee of Independent Experts on the European Social Charter (I/1969-70, II/1971, III/1973, IV/1975). — Dazu allgemeiner A. Cassese, Il controllo internazionale (1971) und Hahn (Fn. 8) 74 ff.

Sanktionen kommt allerdings mehr präventive Bedeutung zu. Die Beschaffenheit des Kontrollmechanismus beeinflußt die Autorität des Aktes, da ein Mitgliedstaat sowohl der Organisation als auch seinen Partnern gegenüber bestimmte Verhaltenserwartungen erfüllen muß. Mit der Strenge des Kontrollmechanismus wächst die Wahrscheinlichkeit, daß zumindest Verstöße größeren Ausmaßes dem Kontrollorgan nicht verborgen bleiben und der Verletzerstaat unter erheblichen Druck gerät, solche Verstöße zu unterlassen oder ihre Folgen zu beseitigen.

D. Das weitere Schicksal des Beschlusses einer internationalen Institution, insbesondere die Reaktionen auf ihn

1. Bekanntheit

Die Autorität des Beschlusses einer internationalen Institution hängt sehr wesentlich von seiner Bekanntheit ab. Es ist nützlich, hier zwischen der Bekanntheit innerhalb der Institution und seiner Verbreitung außerhalb, d. h. bei den Mitgliedsländern, in ihren Dienststellen, ja sogar in der Öffentlichkeit, zu unterscheiden. Dies erleichtert die Herstellung des Zusammenhanges mit den Indikatoren „Adressaten" und „öffentliche Meinung". Ein erstaunlich hohes Maß an Verbreitung bis hin in die Bevölkerung wurde der Allgemeinen Erklärung der Menschenrechte und den Schlußakten der Konferenz für Sicherheit und Zusammenarbeit in Europa (KSZE) zuteil, andere kaum weniger wichtige Beschlüsse, wie die Ergebnisse der Stockholmer Konferenz über die menschliche Umwelt und verschiedene Beschlüsse zur neuen Weltwirtschaftsordnung kamen an deren Publizität nicht heran. Innerhalb einer internationalen Institution sind deren Beschlüsse bekannt, wenngleich es auch hier Unterschiede gibt, die für die Autorität bezeichnend sein können. Die Verbreitung in den Dienststellen der Mitgliedsländer liegt hauptsächlich in deren eigener Hand, die durch die staatliche Kontaktstelle zur betreffenden internationalen Institution zu erfolgen hat. Große Hindernisse bestehen bei der Verbreitung in der Öffentlichkeit. Sie liegen teils bei den Institutionen selbst, denen es — oft nicht ohne Absicht — an einer wirkungsvollen Abteilung für Öffentlichkeitsarbeit fehlt, teils bei den staatlichen Stellen und teils bei den Redaktionen der nationalen Zeitungen, Rundfunk- und Fernsehanstalten, die die Materie kompliziert finden und deshalb kein Interesse ihrer Abnehmer erwarten.

2. Adressaten[75]

Als Adressaten von Beschlüssen internationaler Intitutionen kommen andere Organe der Institutionen, Mitgliedstaaten (einzeln, in Gruppen

---

[75] Hiezu grundlegend Schreuer, Internationale Organakte (Fn. 4) 261 ff.

oder alle), andere internationale Institutionen, Nichtmitgliedstaaten und ausnahmsweise sogar Individuen in Betracht. Die Autorität gegenüber anderen Organen derselben Institution wird von dem Verhältnis, in dem Beschlußorgan und adressiertes Organ zueinander stehen und von ihrer politischen Bedeutung innerhalb der Institution abhängen. Bei den Mitgliedstaaten mögen Zahl und Bedeutung einen Unterschied machen, bei anderen internationalen Institutionen ist auf die Vereinbarung über die Zusammenarbeit zu sehen, gegenüber Nichtmitgliedstaaten und Individuen wird die Autorität nur gering sein.[76]

3. *„Öffentliche Meinung"*

Im Zusammenleben der Staaten und Völker werden manche Probleme als wichtig und einer raschen Lösung bedürftig empfunden, bei anderen ist das nicht der Fall. Solche Urteile sind nach Zeit und Ort verschieden. Sie werden durch eine *internationale öffentliche Meinung* bestimmt, deren Bildung oft, aber nicht notwendigerweise unter dem Einfluß der maßgeblichen Mitglieder in den internationalen Institutionen erfolgt.[77] Eine wichtige Rolle kommt hier der internationalen Öffentlichkeitsarbeit und der Tätigkeit der Medien zu. Die Bedeutung der internationalen öffentlichen Meinung für die Autorität eines Beschlusses sollte nicht unterschätzt werden. Die Palette der Erinnerungen an sie reicht von der Mahnung an das Gewissen bis zum massiven politischen Druck.[78]

Daneben spielt auch die *nationale öffentliche Meinung* eine Rolle.[79] Sie wird vor allem von der Regierung beeinflußt; ob und wie stark andere Gruppen, wie Opposition, Interessenverbände und organisierte private Gruppen an ihrer Bildung mitwirken, hängt von der Regierungsform und den internen politischen Verhältnissen ab.

Steht die nationale öffentliche Meinung zur internationalen im Gegensatz, so schwächt dies die Autorität eines Beschlusses. Besteht dagegen die Überzeugung von der Wichtigkeit auch in der öffentlichen Meinung der Mitgliedsländer, so kann das die Autorität beträchtlich erhöhen. In einem solchen Fall hat die Autorität eine doppelte Wurzel. Einmal rührt sie aus der Überzeugung der am Zustandekommen des Beschlusses beteiligt Gewesenen her, eine dringliche Aufgabe im Interesse der Allgemeinheit zu erfüllen, zum anderen wird der Akt in ein

[76] Higgins (Fn. 45) 35 f.; R. Bindschedler, Das Problem der Beteiligung der Schweiz an Sanktionen der Vereinten Nationen, besonders im Falle Rhodesiens, 28 ZaöRV 1 - 15 (1968).

[77] Frankreich ist bekanntlich lange Zeit der Europäischen Menschenrechtskonvention ferngeblieben und hat sich dadurch über die von allen Mitgliedsstaaten des Europarats getragene öffentliche Meinung hinweggesetzt.

[78] Higgins (Fn. 45) 39.

[79] Higgins (Fn. 45) 45 f.

Klima der nationalen öffentlichen Meinung hineingeboren, das seine Aussichten auf Verwirklichung wesentlich steigert.

4. Partikularinteressen versus Gemeinschaftsinteressen[80]

Jeder Mitgliedstaat einer internationalen Institution kann bei Verfolgung seiner nationalen Interessen mit Zielen oder Maßnahmen in Konflikt kommen, die in Beschlüssen der Institution enthalten sind. Zur Lösung solcher Konflikte werden die Partikularinteressen den Gemeinschaftsinteressen gegenübergestellt und die Vorteile aus der Befriedigung der einen gegen die Nachteile aus der Verletzung der anderen abgewogen. Das Ergebnis beeinflußt die Autorität des Beschlusses. Als Beispiele sind die Fortsetzung und Steigerung des Handels mit Rhodesien durch die Bundesrepublik Deutschland und die Schweiz nach der Embargoresolution des Sicherheitsrates[81] und die Nichtratifizierung der beiden Europäischen Niederlassungsabkommen durch Österreich und die Schweiz zum Zweck der besseren Kontrolle des Ausländergrunderwerbs zu nennen.

5. Bestätigung in anderen Beschlüssen

Regeln die Partner eines völkerrechtlichen Vertrags denselben Gegenstand neu, dann tritt der jüngere Vertrag an die Stelle des älteren. Waren an dem älteren Vertrag noch andere Partner beteiligt, so bleibt gegenüber diesen der ältere Vertrag bestehen.[82] Diese Derogationsregel gilt jedoch nicht unumschränkt, sie wird beispielsweise auf Verträge zur friedlichen Beilegung von Streitigkeiten nicht angewandt, um den Konfliktsparteien die Wahl zwischen allen von ihnen jemals in Auge gefaßten Möglichkeiten zu lassen.[83] An diesen letzten Gedankengang ist bei den Beschlüssen internationaler Institutionen anzuknüpfen. Die inhaltliche Wiederholung eines früheren Beschlusses bedeutet seine Bestätigung und Verstärkung. Das gilt nicht nur für die Wiederholung und Konkretisierung eines früheren Beschlusses durch dasselbe Organ, sondern für gleichartige Beschlüsse verschiedener Organe einer Institution, ja sogar verschiedener Institutionen.[84] Als Beispiele mögen die Beschlüsse über den Stadtverkehr durch die Europäische Raumordnungsministerkonferenz und die Europäische Verkehrsministerkonferenz[85]

---

[80] Grundlegend hiezu Schreuer, Internationale Organakte (Fn. 4) 308 ff.

[81] Higgins (Fn. 45) 35 f. und 45.

[82] Verdroß/Simma (Fn. 22) 397 ff.

[83] H. Miehsler, The European Convention for the Peaceful Settlement of Disputes, Um Recht und Freiheit — Festschrift von der Heydte 335 - 361, hier 342 f. (1977).

[84] Dobbert (Fn. 50) 456.

und die reichhaltige Praxis der Generalversammlung der Vereinten Nationen[86] genügen.

6. *Ausmaß der Beachtung*

Für die Autorität eines internationalen Aktes ist seine Beachtung von größter Bedeutung. Das fängt bei den Verträgen an. Ein nichtbeachteter Vertrag kann — unter der Voraussetzung, daß vom Partner (von den Partnern) trotz Kenntnis nichts dagegen unternommen wird — durch desuetudo seine Rechtsverbindlichkeit verlieren. Ähnlich ist es auch mit den Beschlüssen internationaler Institutionen. Würden sie trotz Gelegenheit nicht angewandt, hätte das ein Verblassen ihrer Autorität zur Folge. Fortbestand und Steigerung ihrer Autorität hängen davon ab, wie oft, wie weitgehend und von wem sie beachtet werden. Die Beurteilung hat sich auf die Praxis zu stützen, auf die Anstrengungen der Adressaten und ihrer Akteure auf internationaler und staatlicher Ebene, die Ausführung des Beschlusses zu bewirken. Darunter sind einerseits die Bemühungen der internationalen Institution selbst[87] und andererseits Engagement und Tätigkeit der Adressaten außerhalb der Institution[88] zu verstehen.

7. *Kurswert der internationalen Institution*

Jedes Individuum nimmt in seiner Gesellschaft einen Platz ein, d. h. es hat dort Aufgaben zu erfüllen und es hat in Verbindung damit gesellschaftliches Ansehen. Dieses gesellschaftliche Ansehen, dessen Grad von verschiedenen Umständen abhängt, steht aber nicht für sich allein, es beeinflußt auch die Einschätzung der Handlungen des Individuums. Die Ideen und Taten einer Person, die in ihrer Umgebung nichts gilt, teilen

---

[85] Europäische Verkehrsministerkonferenz: CM, Res (69) 27 vom 6. Dezember 1969; CM, Res (71) 23 vom 16. Dezember 1971. — Europäische Raumordnungsministerkonferenz: Res (73) 1 vom 27. September 1973; Res (76) 1 vom 23. Oktober 1976.

[86] S. A. Bleicher, The Legal Significance of Re-Citation of General Assembly Resolutions, 63 AJIL 444 - 478 (1969).

[87] Vor allem das Sekretariat der Institution, aber auch alle anderen Organe, denen im „follow-up" eine Funktion zukommt; vgl. dazu auch Hahn (Fn. 8) 74 ff. — Hierher gehört auch die interessante Entwicklung der EG-Richtlinie von gestufter Verbindlichkeit (verbindlich hinsichtlich des Ziels, unverbindlich hinsichtlich Form und Mittel) zu immer größerer Konkretheit, die sie schließlich sogar unmittelbar anwendbar machen kann; dazu H. P. Ipsen, Europäisches Gemeinschaftsrecht 455 ff. (1972) und A. Bleckmann, Europarecht[2] 53 ff. (1978).

[88] Hier wird es sich in der Regel der Fälle um die Umsetzung in die staatliche Sphäre handeln, um die Herbeiführung innerstaatlicher Vollziehbarkeit, sei es durch Erlassung von Rechtsvorschriften, sei es auf andere Weise. Meist werden Mitgliedstaaten betroffen sein, in Ausnahmefällen jedoch auch Nichtmitglieder.

— dank der vereinfachenden Kraft des Vorurteils — in der Regel das Schicksal ihres Urhebers. Nicht wesentlich anders steht es in der internationalen Arena mit Staaten und internationalen Institutionen. Deshalb ist es unerläßlich, bei Beurteilung der Autorität rechtlich nicht verbindlicher Beschlüsse den Kurswert der Institution in Betracht zu ziehen. Als Beispiele sei der spürbare Bedeutungsverlust der EFTA genannt, der durch die Erweiterung der EG auf ihre Kosten eingetreten ist, das schwankende, zur Zeit wieder höhere Ansehen des Europarates und die je nach dem Aufgabengebiet sehr unterschiedliche Einschätzung der Vereinten Nationen.

IV. „Messung" der Autorität

A. Die hauptsächlichen Schwierigkeiten

Die Liste von sechzehn Hauptindikatoren, von denen einer die Umstände erfaßt, die zum Beschluß geführt haben, acht den Beschluß selbst und sieben sein weiteres Schicksal betreffen, und die schon jetzt Möglichkeiten zur Unterteilung zeigen, ist nicht als endgültig zu betrachten. Sie wird durch weitere systematische Erforschung der Praxis internationaler Institutionen auf Vollständigkeit und Aussagefähigkeit zu prüfen sein. Die Liste der Indikatoren — ob unbereinigt oder bereinigt — kann aber auch deshalb kein Endpunkt der Forschung sein, weil aus dem mit ihrer Hilfe zusammengetragenen Material allein noch keine präzise Antwort auf die Frage nach Art und Ausmaß der Autorität gewonnen werden kann. Gerade diese Antwort aber ist das Ziel des ganzen Unternehmens. Seiner Erreichung stellen sich drei große Hindernisse entgegen.

1. Materialfülle

Die Bemühungen der Forschung beschränkten sich bisher auf die Untersuchung einzelner für die Autorität maßgeblicher Faktoren[89], einzelner Organe[90], einzelner Typen von Beschlüssen[91] oder erstreckten sich zwar auf das ganze Phänomen, handelten es aber — wie das auch hier geschieht — nur an Beispielen ab.[92] Eine Beschränkung des Arbeitsfeldes lag nahe, weil mit den bisherigen Mitteln eine vollständige Erfassung der Beschlußpraxis und die Analyse aller Indikatoren entweder an der Unzulänglichkeit des Materials oder an seiner Fülle zu scheitern drohte.

[89] Bleicher (Fn. 86).

[90] Krökel (Fn. 33).

[91] Asamoah (Fn. 39) u. a.

[92] Schachter (Fn. 42), Higgins (Fn. 45) u. v. a.

Zur Prüfung und Ergänzung der Indikatorenliste wäre es vertretbar, die Untersuchung auf aussagekräftige Typen von Institutionen einzuschränken. Auf universeller Ebene kämen die Vereinten Nationen, eine Finanz- und — wegen der größeren strukturellen Unterschiede — zwei technische Organisationen in Betracht, auf regionaler Ebene der Europarat und je eine Wirtschafts-, Finanz- und Verteidigungsorganisation. Die Auswahl wäre neben sachlichen auch nach praktischen Gesichtspunkten zu treffen, unter denen Zugänglichkeit des Materials, Kooperationsbereitschaft und Erreichbarkeit der Institution eine Rolle spielen können. Das Material aus diesen Organisationen wäre um die — im großen und ganzen bekannten — Besonderheiten in anderen Institutionen zu ergänzen.

2. Zusammenhänge zwischen Indikatoren

Bei Anwendung der Indikatorenliste auf einzelne Beschlüsse internationaler Institutionen zeigt sich, daß zwischen verschiedenen Indikatoren Beziehungen bestehen. So besteht zweifellos ein Zusammenhang zwischen den Umständen, die zu einem Beschluß geführt haben, einerseits sowie den Umständen der Willensbildung, dem Abstraktionsgrad, dem Autoritätsanspruch und den Kontrollmechanismen andererseits. Weniger komplex ist die Wechselbeziehung zwischen den Indikatoren Bekanntheit und Ausmaß der Beachtung, da nur beachtet werden kann, was dem, der es beachten soll, bekannt ist. Ferner besteht ein Zusammenhang zwischen der Form und dem Autoritätsanspruch, da die Form eines der wichtigsten Ausdrucksmittel für den Autoritätswillen ist. Als letztes Beispiel sei schließlich die Beziehung zwischen Autoritätsanspruch und Kontrollmechanismen erwähnt; ein starker Autoritätsanspruch mag in einem strengen Kontrollmechanismus ,seine Ergänzung finden. Doch schon an diesen vier Beispielen ist zu sehen, daß solcherart eingeschränkte Verknüpfungen gefährlich sind, weil sie zur bisherigen — auf wenige und nicht notwendigerweise entscheidende Kriterien verengten — Beurteilungsweise zurückführen. So könnte — um an das letzte Beispiel anzuknüpfen und sein Ungenügen zu zeigen — sowohl für die Ausgestaltung des Kontrollmechanismus als auch für den Beachtungsanspruch der Indikator Adressaten den Ausschlag gegeben haben, wenn nämlich der Beschluß gegen einen Staat oder eine Minderheit von Staaten ohne erhebliches politisches und wirtschaftliches Potential gerichtet war. Diese Gefahr ist auch bereits erkannt worden:

> It is, of course, not possible to say that resolutions adressed to one member are more or less likely to secure compliance than resolutions adressed to the membership at large — *it is the interplay of all the variables which determine compliance.*[93]

[93] Higgins (Fn. 45) 35, Hervorhebung hinzugefügt.

Das letzte Beispiel zeigte eine Beziehung zunächst zwischen den Indikatoren Autoritätsanspruch und Kontrollmechanismen, die, durch den Indikator Adressaten ergänzt, zu einem Dreiecksverhältnis erweitert wird, in dem der Indikator Adressaten dominiert. Das bedeutet nichts anderes, als daß zwischen den Indikatoren nicht nur Beziehungen sondern auch Abhängigkeiten bestehen, daß es nicht nur horizontale sondern auch vertikale Strukturen gibt. Der Versuch an mehreren Beschlüssen zeigt, daß auch diese vertikalen Strukturen von Fall zu Fall verschieden sein können. Mehr läßt sich beim heutigen Stand der Forschung nicht sagen. Ob hinter den wechselnden Strukturen eine Gesetzmäßigkeit steht und ob sie — sollte es sie geben — für die Antwort auf die Autoritätsfrage zu brauchen ist, bleibt vorläufig offen.

3. *Vergleich der Indikatoren*

Mit den traditionellen Untersuchungsmethoden wird es kaum möglich sein, wesentlich genauere Aussagen über die Autorität rechtlich nicht verbindlicher Beschlüsse internationaler Institutionen zu machen, als es Schachter und Higgins gelungen ist. Bei der Fülle von Variablen, deren jede einzelne das Maß der Autorität auf ihre Weise und noch dazu von Fall zu Fall verschieden stark beeinflußt, ist das Bild, das die beiden Autoren gezeichnet haben, trotz seiner Bruchstückhaftigkeit höchst eindrucksvoll, doch kann es zu einem vollständigen Portrait der Autorität von Beschlüssen offenbar nur dann ergänzt werden, wenn es gelingt, die Indikatoren vergleichbar zu machen.

B. Faktorenanalyse

Die drei Haupthindernisse, die Autorität von Beschlüssen internationaler Institutionen, deren rechtliche Beschaffenheit unbestimmt ist, genauer als bisher zu erfassen und zu interpretieren, lassen sich höchstwahrscheinlich mit einer Multivariatenanalyse überwinden. Von den verschiedenen multivariaten statistischen Verfahren scheint sich die Faktorenanalyse zur Lösung der vorliegenden Probleme am besten zu eignen.[94] Sie geht von der statistischen Beobachtung aus, daß von einer größeren Zahl Variablen nur wenige eine bestimmte Struktur von Tatsachen maßgeblich beeinflussen und erklären. Sie dient dazu, Beziehungen und Abhängigkeiten zwischen einer größeren Zahl von Variablen aufzudecken und diese Variablen aufgrund der festgestellten Interdependenzen in einem relativ komplizierten — nur mit Hilfe elektronischer Datenverarbeitung durchführbaren — Rechenverfahren auf wenige untereinander nicht mehr abhängige Faktoren zu reduzieren. Diese Faktoren können dann verbal interpretiert werden.

---

[94] K. Überla, Faktorenanalyse[2] 81 ff. (1971).

Bisher wurden im völkerrechtlichen Schrifttum nur einzelne Zusammenhänge zwischen bestimmten Indikatoren aufgezeigt; die Struktur ihrer Interdependenzen kann daher nicht als erforscht und bekannt gelten. Dies macht eine möglichst umfassende Berücksichtigung von Tatsachen nötig, weil jede Auswahl von Indikatoren und Daten die Reduktion auf Faktoren und damit die Aussage über die Struktur der Autorität beeinflußt.[95] Da es zunächst nicht um eine allgemeine Hypothese sondern darum geht, die strukturellen Zusammenhänge zwischen für die Autorität maßgeblichen Indikatoren festzustellen und diese auf einige wenige Faktoren zu reduzieren, könnte der Materialflut durch Beschränkung einer ersten Untersuchung auf nur eine internationale Institution entgangen werden. Für die oft schwierige Quantifizierung einzelner Indikatoren (Bekanntheit, öffentliche Meinung, Partikularinteressen versus Gemeinschaftsinteressen u. a.) werden im Schrifttum Wege gezeigt.[96]

Die Reduktion auf eine relativ geringe Zahl für die Autorität eines Beschlusses maßgeblicher und aussagefähiger Faktoren wäre von außerordentlichem praktischem Nutzen und könnte vielleicht auch die Weiterbildung der Theorie der internationalen Institutionen beeinflussen.

---

[95] Überla (Fn. 94) 3 f.

[96] R. J. Rummel, Applied Factor Analysis 207 ff. (1970).

New Haven Approach und Völkerrecht

Von *Christoph Schreuer*

I. Einleitung

Kaum eine andere methodologische Auseinandersetzung im Völkerrecht hat jemals eine so tiefgreifende Kontroverse und eine derart grundlegende gegenseitige Ablehnung gezeigt wie die Debatte um den vor allem an der Yale Law School unter der Führung von *Myres S. McDougal* und *Harold D. Lasswell* entwickelten rechtstheoretischen Ansatz.[1] Während sich diese Schule in den Vereinigten Staaten einer wachsenden Beliebtheit erfreut und immer weitere Verbreitung findet, stößt sie bei den meisten europäischen Völkerrechtlern auf eine Ablehnung, deren Heftigkeit selbst für engagierte Wissenschaftler ungewöhnlich ist. Eine Analyse der Gründe für diese feindselige Haltung zeigt, daß sie fast stets nicht auf einer fundierten meritorischen Ablehnung sondern auf der Unkenntnis der wesentlichen Elemente des New Haven Approach beruht. Allerdings wäre es oberflächlich und ungerecht, die Schuld dafür ausschließlich in einer Unwilligkeit zu suchen, sich mit neuen rechtstheoretischen und methodologischen Ideen auseinanderzusetzen. Für den in der traditionellen Gedankenwelt ausgebildeten Juristen bringt die Beschäftigung mit dem New Haven Approach sehr erhebliche Verständnis- und Anpassungsschwierigkeiten. Die Gründe dafür liegen sowohl in dem neuartigen rechtstheoretischen Ansatz[2] als auch in der ungewohnten Terminologie dieser Schule. Daß diese Schwierigkeiten mehr kulturell bedingt sind als aus Methode und Sprache selbst herrühren, zeigt die Tatsache, daß Personen, welche dieser Schule in ihrer Ausbildung von Anfang an ausgesetzt sind, keine größeren Verständnisschwierigkeiten zeigen, als Studenten, welche nach traditionellen juristischen Gesichtspunkten unterwiesen werden.

Zu welchem Urteil immer man letztlich über den New Haven Approach kommen mag, die Tatsache bleibt bestehen, daß es sich dabei

[1] Neben „New Haven Approach" werden auch die Bezeichnungen „Law Science and Policy" (L.S.P.) und „Policy Oriented Jurisprudence" gebraucht. Der Begriff „World Public Order" findet sich häufig in den Titeln der Arbeiten dieser Schule.

[2] Eingehende Auseinandersetzungen mit anderen rechtstheoretischen Schulen finden sich bei McDougal, Lasswell & Reisman [14] und bei Morison [27]. Die Nummern in eckigen Klammern beziehen sich stets auf das angeschlossene Literaturverzeichnis.

heute um eine nicht zu übersehende und von einem großen und ständig wachsenden Kreis von Völkerrechtlern akzeptierte Methode handelt. Eine unreflektierte Zurückweisung der unter ihrem Einfluß entstandenen Arbeiten müßte notgedrungen zu einer Provinzialisierung der wissenschaftlichen Auseinandersetzung führen.

Die Absicht des vorliegenden Aufsatzes ist es, die anfänglichen Schwierigkeiten bei der ernsthaften Beschäftigung mit dieser Schule überwinden zu helfen. Zu diesem Zweck sollen die wichtigsten rechtstheoretischen Gedanken und Begriffe erläutert werden. Es wird dabei weder eine Propagierung dieser Methode noch eine kritische Auseinandersetzung mit ihren Ideen angestrebt. Ebensowenig ist es möglich, in diesem Rahmen allen rechtsphilosophischen und rechtstheoretischen Einzelheiten des New Haven Approach gerecht zu werden. Es soll lediglich ein Einstieg für den deutschsprachigen Juristen geboten werden, welcher die Lektüre der Arbeiten dieser Schule im Original ermöglichen oder erleichtern soll. Vereinfachungen und Abkürzungen sind dabei unvermeidlich. Ein Literaturverzeichnis mit einer Auswahl wichtiger grundsätzlicher Arbeiten zu diesem Thema findet sich im Anhang.

Ein wesentlicher Grund für die bislang überwiegend amerikanische Verbreitung des New Haven Approach liegt sicherlich in seinen stark amerikanischen ideengeschichtlichen Grundlagen. Die sogenannten Realisten haben einen nachhaltigen Einfluß auf McDougal in seiner Jugend ausgeübt [3], [34] S. 708. Das „American realist movement" war eine Reaktion auf die normative Jurisprudenz und konzentrierte seine Aufmerksamkeit statt auf Regeln auf das tatsächliche Verhalten der Entscheidungsorgane, vornehmlich der Gerichte. Die Faktenorientierung der Realisten und die Betonung des Entscheidungsspielraumes des Richters führten zwar zu wichtigen Einsichten, waren aber im Ergebnis oft negativ oder destruktiv [33] S. 548. Das Zusammentreffen mit Harold D. Lasswell, welcher wichtige Einflüsse aus den modernen Sozialwissenschaften mitbrachte [33] S. 539, sowie die bewußte Entwicklung einer wertorientierten Rechtsphilosophie [5], führten schließlich zur Erarbeitung einer neuen Rechtstheorie. Sie baut auf der funktionellen Betrachtungsweise der Realisten über den Entscheidungsprozeß auf, bereichert sie aber gleichzeitig durch eine disziplinierte und systematische wertorientierte Dogmatik, verbunden mit einer rigorosen Erforschung der wesentlichen sozialen Umstände. Obwohl keineswegs auf das Völkerrecht beschränkt, stellt der internationalrechtliche Teil des Schrifttums dieser Schule den wesentlichen Schwerpunkt der Arbeit dar.

II. Der Standort des Beobachters

Eine der Grundforderungen des New Haven Approach ist die Klärung des Standorts des Beobachters *(establishment of observational standpoint)* [14] S. 199. Sie gründet sich auf die Erkenntnis, daß die Rollen und Funktionen verschiedener Personen, welche juristische Aussagen machen, unterschiedlich sind. Typische solche Rollen sind die des wissenschaftlichen Beobachters *(scholarly observer)*, des Entscheidungsträgers *(authoritative decision-maker)*, einer interessierten Partei oder eines Advokaten. Der wissenschaftliche Beobachter löst sich von den subjektiven Elementen konkreter Fälle und beschäftigt sich vor allem mit der Ergründung allgemeiner Rechtsfragen. Der Entscheidungsträger hat vor allem die Beantwortung konkreter Sachprobleme im Auge. Die interessierte Partei und der Advokat verfolgen primär Spezialinteressen. Sie alle bedienen sich zwar juristischer Argumente und Theorien, doch in ganz unterschiedlichem Sinne. Zwar beschäftigen sich auch Entscheidungsträger, Partei und Advokat mit Erkenntnisproblemen und auch der Wissenschaftler kann durch seine Äußerungen einen Einfluß auf Entscheidungen ausüben, der wesentliche funktionelle Unterschied bleibt jedoch bestehen. Für den Wissenschaftler ist es daher unbedingt nötig, sich so weit wie möglich von den subjektiven Kriterien der einzelnen Teilnehmer am Entscheidungsprozeß zu lösen und ein theoretisches Konzept zu finden, in welchem Allgemeininteressen im Vordergrund stehen und anhand dessen die Rationalität von Forderungen und Entscheidungen beurteilt werden kann.

Mit der Standortbestimmung im Zusammenhang steht auch die Unterscheidung zwischen Theorien im Recht und Theorien über das Recht *(theories of law — theories about law)*. Theorien im Recht dienen der Rechtfertigung bestimmter Ansprüche und Entscheidungen. Sie sind oft vage, enthalten Postulate und Fiktionen. Ihre Auswahl hängt weitgehend von der erwarteten Wirkung auf die Adressaten ab. Demgegenüber dient eine Theorie über das Recht der systematischen wissenschaftlichen Erkenntnis. Sie entscheidet über die Ziele der Untersuchung, die Wahl der Methode und der Detailfragen. Der Schaffung einer solchen Theorie über das Recht ist es nicht förderlich, die traditionelle juristische Gedankenwelt und Terminologie, die meist ganz speziellen Zwecken dient, zu übernehmen [27] S. 6. Die technische Rechtssprache der Theorien im Recht versagt häufig bei der systematischen Beschreibung theoretischer Gesamtzusammenhänge. Darin liegt auch der Grund für die oft heftig kritisierte „Metasprache" des New Haven Approach. Eine Metasprache dient der Beschreibung von Vorgängen und Zusammenhängen, welche ihrerseits stark an eine Sprache gebunden sind. Die Übernahme der Terminologie und Gedankenwelt des Objekts der Untersuchung erscheint dabei nicht sinnvoll. Niemand nimmt etwa Anstoß daran, daß der Kaufmann einerseits und der Nationalökonom andererseits sich unterschiedlicher Begriffe und Ideen bedienen [12] S. 486.

Die von McDougal, Lasswell und anderen Autoren gebrauchte Terminologie stellt den damit nicht vertrauten Leser zunächst vor erhebliche Probleme [23] S. 10. Ihre Komplexität und ihre Vielfalt an neuen Begriffen sind verwirrend und abschreckend. Der Grund für diese Schwierigkeiten liegt jedoch nicht in einer sprachlichen Affektiertheit oder der Freude an obskuren wissenschaftlichen Ausdrücken, sondern in der Komplexität des Untersuchungsgegenstandes und der umfassenden Weise seiner Beschreibung. Versuche einer „Übersetzung" in einfachere traditionelle Rechtssprache haben bisher lediglich gezeigt, daß die Autoren solcher Versuche den Inhalt mißverstanden haben [20] S. 50, 60.

Auch soziale Zusammenhänge können kompliziert und vielschichtig sein und sich einer Erfassung durch einfache Erklärungen entziehen. In den Worten von Richard Falk [17] S. 658:

> It would not occur to anyone to complain about Einsteinian theories of physical reality on the ground that they were abstruse and not readily susceptible to lay understanding. Well, it is time that we appreciate that theories about social reality are also likely to be comparably complicated if they are to render service. Our expectations seem quite wrong. Why should a reader be entitled to grasp McDougal's ideas on international law without special effort and training? It is an insidious form of anti-intellectualism to insist that legal analysis can always be carried on in a fashion that allows its meaning to be evident to the uninitiated or hurried reader.

III. Der rechtstheoretische Rahmen

A. Ausgewogenheit von Vorstellungen und Vorgängen

Eine der wichtigsten Forderungen des New Haven Approach ist ein Ausgleich zwischen einer zu abstrakten konzeptualistischen Rechtsauffassung und einer zu faktisch behavioristischen *(balanced emphasis upon perspectives and operations)*. Während die Normativisten einseitig Regeln, also abstrakte Vorstellungen *(perspectives)* als das Wesensmerkmal des Rechts betonen, konzentrieren sich die Realisten auf tatsächliche Vorgänge *(operations)* [27] S. 14. Beide Ansätze scheinen dem New Haven Approach in ihrer Einseitigkeit verfehlt. Das Recht ist vielmehr ein Entscheidungsprozeß, der sowohl von abstrakten Vorstellungen als auch von konkreten Vorgängen bestimmt ist.

Die normativistische Vorstellung von der Regel als dem einzig bestimmenden Faktor der Rechtsordnung erscheint unzutreffend, da sie die Ungewißheiten und Mehrdeutigkeiten der Regeln übergeht und das Element des Entscheidungsspielraums und der Wahl zwischen mehreren Möglichkeiten bei der Entscheidung minimalisiert [7] S. 143. Regeln bieten nur scheinbar eine sichere Lösung. McDougal beschreibt die einseitige Konzentration auf abstrakte Regeln als normativ unklar *(normative-ambiguous)*, da hierbei unterschiedslos auf frühere Entscheidungen, auf erwartete Entscheidungen und auf wünschenswerte Lösungen Bezug genommen wird [4] in [1] S. 119, [11] S. 117. Nicht selten treten diese normativ unklaren Regeln und Begriffe in Paaren von komplementären Gegensätzen *(complementary opposites)* auf, die einander widersprechen [26] S. 84, [33] S. 559. Beispiele sind etwa „internationale Angelegenheit — Souveränität", „Aggression — Selbstverteidigung", „pacta sunt servanda — rebus sic stantibus". Der Hinweis auf solche Regeln und Prinzipien kann das Element der Wahl, welches rechtlichen Entscheidungen immanent ist, nicht beseitigen, wohl aber es verschleiern und die wahren Gründe für die Auswahl der angewendeten Norm verbergen.

In gleicher Weise wird jedoch auch der ausschließlich auf das Entscheidungsverhalten, vor allem der Richter, orientierte „Realismus" abgelehnt [4] in [1] S. 84, [12] S. 496. Die Techniken der Vorhersage richterlichen Verhaltens ohne einen rechtstheoretischen und rechtspolitischen Rahmen werden als ebenso steril verurteilt wie die Derivation von Regeln:

> Scholarship which would be creative, must look behind technical formulas and authoritative procedures to the conditions that importantly determine which formulas and procedures are in fact employed. [9] S. 14.

B. Das Recht in seinem sozialen Kontext

Ein weiteres wichtiges Charakteristikum des New Haven Approach ist die Erfassung des Rechts nicht als isoliertes Phänomen sondern als Bestandteil des umfassenden Sozialprozesses [24]. Er umfaßt sämtliche Beziehungen und Wechselwirkungen von Personen innerhalb staatlicher Gemeinschaften und über Staatsgrenzen hinweg. Innerhalb dieses weltweiten Sozialprozesses *(world social or community process)* sind die Teilnehmer bestrebt, gewisse Werte zu erlangen und maximieren [9] S. 6. Diese Werte spielen in der Rechtstheorie des New Haven Approach eine entscheidende Rolle. Sie treten einerseits als Zielwerte *(scope values)* auf, also als angestrebte Ereignisse *(preferred events)*, andererseits aber auch als Basiswerte *(base values)*, also als Mittel, derer sich die Teilnehmer zur Erreichung ihrer Ziele bedienen, [7] S. 168. Dabei werden acht typische Kategorien solcher Werte *(value categories)* beschrieben, [6] in [1] S. 949, [23] S. 22: Macht *(power)*, also die wirksame Teilnahme an wichtigen Entscheidungen in Staat, Politik, etc., Vermögen *(wealth)*, also die Verfügung über Herstellung und Verbrauch von Wirtschaftsgütern und Dienstleistungen, Wissen *(en-*

lightenment), also Zugang zu Informationen auf deren Grundlage rationale Entscheidungen getroffen werden können, Fertigkeit *(skill)*, also die Fähigkeit, vorhandene Talente in Beruf und anderen Tätigkeiten einzusetzen, Wohlbefinden *(well-being)*, der Genuß von körperlicher Gesundheit und ansprechenden Lebensverhältnissen, Zuneigung *(affection)*, also die Ausgestaltung angenehmer zwischenmenschlicher Beziehungen, Ansehen *(respect)*, also persönliche Anerkennung und schließlich Integrität *(rectitude)*, also die Teilnahme an der Schaffung und Beachtung von Maßstäben verantwortungsvollen Verhaltens einschließlich Ideologie und Religion. Diese Kategorien haben selbstverständlich keine mystische und unabänderliche Geltung sondern stellen lediglich nützliche Hilfsmittel bei der systematischen Erfassung und Beschreibung sozialer Vorgänge dar. Sie führen jedoch weg von einseitigen Erklärungen sozialer Vorgänge, die nur einen dieser Werte in den Vordergrund stellen, wie etwa Machtpolitik oder Materialismus. Diese Werte werden mit der Hilfe von Institutionen angestrebt, das sind spezialisierte Praktiken und Einrichtungen für die Schaffung und Verteilung dieser Werte *(shaping and sharing of values)*, also etwa Regierung, Partei (Macht), Wirtschaftsunternehmen (Vermögen), Schulen, Universitäten (Wissen) usw.

Innerhalb des auf die verschiedensten Werte ausgerichteten Sozialprozesses interessiert sich der Jurist vor allem für den Machtprozeß *(power process)*, [6] in [1] S. 950, wenngleich dieser selbstverständlich auch mit den anderen Werten in ständiger Wechselwirkung steht. Dieser Machtprozeß ist gekennzeichnet durch effektive Entscheidungen, welche mit Hilfe empfindlicher Verluste und erheblicher Vorteile *(severe deprivations and high indulgences)* durchgesetzt werden.

C. Das Recht als autoritativer und effektiver Entscheidungsprozeß

Ein Teil der effektiven Entscheidungen gründet sich nicht bloß auf Macht sondern auch auf Autorität *(authority)*. Eine Entscheidung ist autoritativ, wenn sie in Übereinstimmung mit den Erwartungen einer Rechtsgemeinschaft *(community expectations)* darüber steht, wer zu entscheiden hat, nach welchen Verfahren dies zu geschehen hat und auf Grund welcher inhaltlicher Kriterien. In den Augen des New Haven Approach ist Recht daher nur ein effektiver *und* autoritativer Entscheidungsprozeß *(process of authoritative and controlling decisions)* [25], [26]. Autorität ohne Effektivität ist Illusion, Effektivität ohne Autorität Willkür. Mit der Synthese von Autorität und Effektivität distanziert sich diese Schule sowohl von jenen Theorien, welche, wie die Normativisten, den Faktor der Autorität in den Vordergrund stellen als auch von Theorien der reinen Machtpolitik, für die nur die Effektivität entscheidend ist [33] S. 568.

Der hier gebrauchte Begriff der Autorität ist selbstverständlich erheblich weiter als der traditionelle Begriff der Bindung und nicht auf formale Kriterien der Erzeugung von Normen durch bestimmte offizielle Organe und Verfahren beschränkt. Der Begriff der Effektivität ist nicht von institutionellen Sanktionsmechanismen abhängig sondern paßt durchaus auch in ein horizontales, von Reziprozitäten und Retaliationen getragenes System. Effektivität muß nicht notwendigerweise von Macht getragen sein, sondern kann auf jeder der oben angeführten Kategorien von Werten beruhen.

Der autoritative Entscheidungsprozeß wird durch ständige Ansprüche der Teilnehmer, auf welche mit Entscheidungen reagiert wird, in Gang gehalten *(process of claims and decisions)*. Dabei sind die Begriffe der Entscheidung und des Entscheidungsorgans in einem weiten Sinn zu verstehen und keineswegs auf bestimmte „amtliche" Vorgänge und offizielle Institutionen beschränkt. Entscheidung ist hier jede Wahl zwischen mehreren Möglichkeiten, welche unter Berücksichtigung autoritativer Vorstellungen und mit Aussicht auf Durchsetzung getroffen wird [11] S. 119. Die hier gebrauchte Rechtsauffassung als Entscheidungsprozeß beruht also nicht auf strukturellen sondern auf funktionellen Vorstellungen [33] S. 569. Sie lehnt daher das Konzept der traditionellen drei Gewalten (Gesetzgebung, Rechtsprechung, Verwaltung) ab [20] S. 56 und bedient sich zur Untersuchung des autoritativen Entscheidungsprozesses typischer Entscheidungsfunktionen *(decision functions, authority functions)*, welche erheblich über die üblichen Fragen von Rechtsetzung und Rechtsanwendung hinausgehen [13] S. 131. Einer ungefähren zeitlichen Abfolge entsprechend können diese Entscheidungsfunktionen wie folgt beschrieben werden:

1. Information *(intelligence)*, das ist das Sammeln, Verarbeiten und Weiterleiten von Nachrichten, welche für rationale Entscheidungen nötig sind einschließlich der Planung. Diese Tätigkeit wird von den verschiedensten Personen und Einrichtungen auf die verschiedenste Weise ausgeübt. Zu den „offiziellen" Arten der Ausübung dieser Funktion gehört die Sammlung und Weitergabe von Informationen durch Diplomaten, durch Spione, durch die Tätigkeit internationaler Organe (Berichte, fact-finding, Beobachter) und bei der Tatsachenfeststellung durch Gerichte. Nicht „offiziell" wird diese Funktion etwa auch von den Massenmedien und Universitäten ausgeübt, wobei die Grenze zwischen offiziell und nicht offiziell bisweilen fließend ist. Auch politische Parteien, pressure groups und andere Machtgruppierungen verfolgen diese Tätigkeit. Im Bereich der Wirtschaft spielt diese Tätigkeit auch für Banken und sonstige Unternehmungen eine Rolle. Bei der Ausübung dieser Funktion bedienen sich die

entsprechenden Akteure fast aller Basiswerte (Macht, Vermögen, Wissen, Fertigkeit, Zuneigung, Integrität).

2. Befürwortung, Empfehlung *(promotion, recommendation)*, das ist die Förderung und das aktive Eintreten für bestimmte Lösungen und Entscheidungen. Auch diese Funktion kann „offiziell" verfolgt werden, etwa durch Staaten im internationalen Verkehr insbesondere auch in internationalen Organen. Ein großer Teil der Tätigkeit heutiger internationaler Organisationen konzentriert sich auf diese Funktion des Empfehlens und Förderns, wobei die Grenze zur Rechtsetzung *(prescription)* nicht immer völlig klar ist. Auch nichtoffizielle Akteure wie Interessengruppen, Massenmedien usw. nehmen an dieser Tätigkeit teil. Dabei wird häufig die Grenze zwischen Information und Befürwortung durch eine gezielte Darstellung stark verwischt. Auch hier können alle Basiswerte eingesetzt werden, wobei vor allem Zuneigung (Gruppenloyalität, Patriotismus), Ansehen (Prestige) und Integrität (Verfolgung ideologischer Zielsetzungen) eine wichtige Rolle spielen. Die Funktion der Befürwortung ist oft stark symbolabhängig wobei durch den Gebrauch attraktiver Symbole (Vaterland, Friede, Freiheit, Gerechtigkeit) weitere Basiswerte mobilisiert werden sollen. Dabei ist es oft schwierig, die hinter solchen Symbolen verborgenen tatsächlich verfolgten Sonderinteressen zu erkennen.

3. Rechtsetzung *(prescription)*, das ist die Festlegung autoritativer allgemeiner Verhaltensregelungen, welche effektiv sind. Diese Funktion ist vor allem an „offizielle" Akteure gebunden. Typische Fälle sind Vertragsabschluß, die Bildung von Gewohnheitsrecht, also die Schaffung von Erwartung der Gemeinschaft, welche sich aus bisherigen Verhaltensmustern, die mit Autoritätsvorstellungen verbunden sind, herleiten. Hinzu kommt auch eine rechtsetzende Tätigkeit internationaler Organe. Fragen, welche in diesem Zusammenhang auftreten, sind insbesondere die tatsächliche Beteiligung an dieser Funktion, also etwa ob Gewohnheitsrecht nur durch Staatsorgane gebildet wird und in welchem Ausmaße Gerichte rechtsetzende Funktionen ausüben. Der hier gebrauchte Begriff der Rechtsetzung entspricht nicht dem herkömmlichen Begriff der Legislative. Er ist nicht organisatorisch sondern funktionell zu verstehen und ist daher nicht an bestimmte Institutionen oder Verfahren gebunden. Es geht dabei nur um das Ergebnis, nämlich die Entstehung von Vorstellungen und Erwartungen bei der Zielgruppe bezüglich Autorität und Effektivität der getroffenen Regelung. Die Rechtsquellenkategorien des Art. 38 des IGH-Statuts werden dabei als zu eng empfunden. Der Prozeß, welcher zu autoritativen und effektiven Regelungen führt, ist erheblich weiter aber auch uneinheitlicher als in Art. 38 wieder-

gegeben. Von den Basiswerten sind bei dieser Funktion alle, vor allem Macht, Wissen, Fertigkeiten, Ansehen und Integrität von Bedeutung.

4. Anrufung *(invocation)*, das ist die Berufung auf Rechtsvorschriften, also die provisorische Charakterisierung konkreter Sachverhalte in bezug auf Rechtsvorschriften, verbunden mit der Forderung nach Anwendung oder Durchsetzung. Durch diese Tätigkeit soll der Anwendungsmechanismus in Gang gesetzt werden. Diese Funktion kann in einer wenig organisierten Arena, etwa im diplomatischen Verkehr oder in Verhandlungen ausgeübt werden oder auch vor höchst organisierten und spezialisierten Organen wie Gerichten. Auch hier kommt der Einsatz sämtlicher Basiswerte in Betracht.

5. Anwendung *(application)*, das ist die Durchsetzung des Rechts in konkreten Fällen oder die Umwandlung von autoritativen Vorschriften in effektive Ereignisse. Auch Anwendung kann sich in den verschiedensten Formen je nach dem Grad der Organisation der Arena und der „offiziellen" Beteiligung abspielen. Sie reicht von nationalen und internationalen Gerichten über internationale Organisationen, Parlamente, diplomatischen Verkehr bis zu einer einseitigen Anwendung. Der oft geäußerten Vorliebe für gerichtliche Organe wird in der Staatenpraxis nur in sehr beschränktem Maße entsprochen. Der größte Teil der Fälle von Anwendung ist nicht organisiert. Die Anwendung ist bisweilen aus mehreren Phasen zusammengesetzt. Einer ursprünglichen Anwendung kann eine Überprüfung der Erstentscheidung folgen. Das Ergebnis einer Anwendung ist regelmäßig eine Umverteilung von Werten (Macht, Vermögen etc.), die Wirkung oft ein künftiges Verhalten, welches der angewendeten Vorschrift entspricht.

   Ein Kernproblem der Funktion der Anwendung ist der Begriff der Sanktion. Sanktionen müssen keineswegs durch Zentralorgane mittels amtlicher Machtausübung auferlegt werden. Im überwiegend horizontalen System internationaler Beziehungen stellt das Regulativ von Reziprozitäten und Retaliationen *(reciprocities and retaliations)* und der Wunsch nach stabilen und voraussehbaren Beziehungen ein wichtiges Motiv bei der Anwendung dar. Auch bei der Anwendung spielen alle Basiswerte, vor allem Macht, Ansehen und Integrität eine Rolle.

6. Beendigung *(termination)*, das ist die Aufhebung obsoleter Vorschriften und damit verbundener Zustände und die Regelung der Probleme, die aus einer unerwarteten Veränderung in der Verteilung von Werten entstehen können *(amelioration)*. Während die formelle Seite der Beendigung von Vorschriften oft ähnlich oder

gleich wie bei der Rechtsetzung ist, können durch eine Nichterfüllung berechtigter Erwartungen auf Grund früherer Vorschriften empfindliche Verluste aber auch unerwartete Vorteile für einzelne Personen oder Gruppen eintreten. Die besondere Wichtigkeit, aber auch Problematik dieser Funktion im Völkerrecht liegt im Fehlen zuständiger organisierter Legislativorgane. Oft wird das Recht vor allem zur Aufrechterhaltung des *status quo* bemüht. Die Anpassung des Rechts an den sozialen Wandel ist aber ein ganz wesentliches Element seiner Funktionsfähigkeit. Die Funktion der Beendigung ist im Völkerrecht traditionellerweise unorganisiert. In neuerer Zeit gibt es jedoch Anzeichen für eine intensivere Befassung internationaler Organisationen, etwa bei der Dekolonisierung oder den Versuchen der Schaffung einer neuen Weltwirtschaftsordnung. Auch bei der Beendigung können alle Basiswerte eine Rolle spielen, bei der Entschädigung für den Verlust von Werten *(amelioration for value deprivations)* steht traditionellerweise Vermögen als Basiswert im Vordergrund.

7. Bewertung *(appraisal)*, das ist die Überprüfung und Beurteilung des Rechts gemessen an bestimmten Zielen und Wertvorstellungen. Diese Funktion steht allen Teilnehmern in sämtlichen erdenklichen Formen offen. Sie zeigt unglücklicherweise eine Tendenz nicht kontinuierlich sondern sporadisch, meist ausgelöst durch bestimmte Vorfälle, aufzutreten. Sie ist eng verbunden mit der Funktion der Information und führt idealerweise über Befürwortung zur Rechtsetzung. Zu diesem Zweck ist eine bloß negative Feststellung von Unzulänglichkeiten bei der Ausübung einer oder mehrerer der Entscheidungsfunktionen nicht ausreichend. Vielmehr erfordert Bewertung auch konstruktive Alternativen, basierend auf der kritischen Erfassung größerer Zusammenhänge im Entscheidungsprozeß.

Bei der Untersuchung des Entscheidungsprozesses spielt eine Unterscheidung eine wesentliche Rolle. Es ist die zwischen Konstitutiventscheidungen *(constitutive decisions)* und *public order decisions* [14] S. 203. Konstitutiventscheidungen sind alle jene Teile des Entscheidungsprozesses, welche seinen institutionellen Rahmen etablieren [13]. Der Konstitutivprozeß bestimmt also, welche Entscheidungsträger autoritative Entscheidungen auf Grund welcher Kriterien im Rahmen welcher Verfahren, mit der Hilfe welcher Machtgrundlagen fällen [18]. Auch dieser Konstitutivprozeß unterliegt einer ständigen Anpassung und kann daher mit der Hilfe der traditionellen völkerrechtlichen Rechtsquellenlehre nur höchst unvollständig erfaßt werden [20] S. 53. *Public order decisions* sind alle jene Entscheidungen, welche sich mit den meritorischen Fragen der Schaffung und Verteilung von Werten *(shaping and sharing of values)* beschäftigen [23] S. 32. Hierzu gehören etwa Entscheidungen über Vermögensfragen, Schutz der Menschenrechte, Gesundheitswesen usw.

D. Wertorientierung und Rechtspolitik

(policy oriented jurisprudence)

Eines der wesentlichsten und mit dem größten Nachdruck vertretenen Anliegen des New Haven Approach ist seine Ablehnung einer wertfreien oder neutralen Rechtsbetrachtung. Dieser Aspekt ist allerdings auch die häufigste Ursache von Mißverständnissen bei seinen Kritikern. Das beginnt bereits beim Schlüsselbegriff der *policy*, der nicht selten in völliger Verkennung seiner Bedeutung im Sinne von Politik im Gegensatz zu Recht mißverstanden wird. Im weitesten Sinne bedeutet *policy* nichts anderes als ein Maßstab menschlichen Verhaltens oder in der Terminologie des oben erläuterten Sozialprozesses ausgedrückt, ein Mittel der Wertverteilung *(value allocation)*. Da das Recht als Instrument zur Erreichung sozialer Ziele verstanden wird, ist Recht auch stets *policy*, wenngleich umgekehrt nur jene *policies*, die auch autoritativ und effektiv sind, Recht darstellen [11] S. 118. Eine Gegenüberstellung von Recht und *policy* im Sinne eines Gegensatzes wäre also völlig verfehlt.

Die Forderung des New Haven Approach besteht darin, sich stets mit dem Inhalt der *policy* kritisch auseinanderzusetzen, also das Recht nicht als vorgegebenes Faktum zu akzeptieren sondern es auch anhand bestimmter Wertmaßstäbe zu prüfen [12]. Diese kritische Distanz zum positiven Recht hat nicht nur Bedeutung im Hinblick auf eine allfällige formelle Rechtsänderung, sondern auch in Hinblick auf die Erkenntnis, daß das Recht stets Wahlmöglichkeiten bietet [15]. Die Vorstellung von der Ableitung der „richtigen" Entscheidung aus der Norm ist eine Illusion, welche darüber hinwegtäuschen soll, daß Rechtsanwendung auch stets eine Wahl zwischen *policies* darstellt [7] S. 155. Das dezisionistische Element in der juristischen Entscheidung wird durch die Unterdrückung rechtspolitischer Gesichtspunkte nicht beseitigt, wohl aber verschleiert. Eine „neutrale" Rechtsbetrachtung dient also keineswegs der Rechtssicherheit durch die Beseitigung subjektiver Elemente im Entscheidungsprozeß sondern versteckt diese subjektiven Elemente lediglich hinter einer angeblich objektiven Rechtsanwendung und setzt sich solcherart der Gefahr der Manipulation aus [26] S. 84. Der New Haven Approach fordert eine Offenlegung der dem Recht immanenten rechtspolitischen Motive und Präferenzen um eine kritische Auseinandersetzung auch mit diesem Aspekt des Entscheidungsprozesses zu ermöglichen:

Even those who still insist that policy is no proper concern of a law school tacitly advocate a policy, unconsciously assuming that the ultimate function of law is to maintain *existing* social institutions in a sort of timeless *status quo*; what they ask is that their policy be smuggled in, without insight or responsibility. [4] in [1] S. 46.

Das Ergebnis ist nicht eine Verunsicherung und Subjektivierung des Rechts, sondern eine bessere Überprüfbarkeit getroffener Entscheidungen, bei welcher der Entscheidungsträger oder Wissenschaftler sich nicht hinter angeblich denknotwendigen Ableitungen aus dem positiven Recht verschanzt, sondern auch die Gründe für die immer wieder unvermeidbare Wahl zwischen mehreren Möglichkeiten oder *policies* offenlegt.

Eine derartige rechtspolitisch offene *(policy oriented)* Methode erfordert natürlich die Darlegung der eigenen rechtspolitischen Wertvorstellungen [14] S. 206. Der New Haven Approach fordert nicht die kritiklose Übernahme der weltanschaulichen und gesellschaftspolitischen Vorstellung seiner wichtigsten Vertreter. Das rechtstheoretische System selbst ist unabhängig von den Wertvorstellungen seiner derzeitigen Vertreter [20] S. 63, [23] S. 47. Eine disziplinierte und offene Auseinandersetzung mit rechtspolitischen Grundsatzfragen wird zwar zu keinem automatischen Konsens über Einzelprobleme führen, ist aber eher geeignet, zu einer Annäherung divergierender Rechtsauffassungen zu führen, als das mechanische Operieren mit Regeln und Begriffen, welche, wie die Erfahrung zeigt, allzu leicht für nationale und sonstige Einzelinteressen manipulierbar sind.

Der Vorwurf eines „Methodensynkretismus" und einer Subjektivierung des Rechts wären also gerade beim New Haven Approach fehl am Platze. Zum Unterschied von anderen rechtstheoretischen Strömungen wird hier die rechtspolitische und wertende Tätigkeit nicht mit anderen juristischen Aufgaben vermengt und verschleiert sondern gesondert und bewußt verfolgt.

Im Vordergrund von McDougals Wertphilosophie steht eine humanistische Gesellschaftsauffassung, in deren Zentrum der Mensch und nicht die Institution steht. Seine grundlegende gesellschaftspolitische Haltung wird von ihm selbst unter der Bezeichnung der menschlichen Würde *(human dignity)* zusammengefaßt [9] S. 16. Hinter diesem allgemeinen Begriff steht ein detailliertes und differenziertes rechtspolitisches Programm, welches in seinen Schriften ausführlich dargestellt wird [16] S. 264. Seine wichtigsten Punkte sind ein Höchstmaß an Auswahlmöglichkeiten und ein Mindestmaß an Zwang für den Einzelnen und eine möglichst weitgehende Schaffung und breite Verteilung der Zielwerte (vgl. oben III. B.) unter den Menschen; also etwa eine breite Beteiligung an Regierungsentscheidungen *(power)*, eine gerechte Wirtschaftsordnung *(wealth)*, ein möglichst allgemeiner Zugang zur Bildung und Ausbildung *(enlightenment, skill)* usw. Dabei wird selbstverständlich die Notwendigkeit eines Ausgleichs zwischen verschiedenen Interessengegensätzen anerkannt. Er empfindet es vor allem als wichtig, daß die auf höchster Abstraktionsstufe zwar von allen Gesellschaftssystemen verbal akzeptierten, aber in der Wirklichkeit oft unverwirklicht gebliebenen Ideale, durch die ständige Auseinandersetzung über ihre konkrete Ausgestaltung, einer Anwendung näher gebracht werden [13] S. 77.

Durch die Offenlegung persönlicher Wertvorstellungen bieten sich für die Kritiker McDougals natürlich dankbare Angriffspunkte. Bisweilen wird mit der Ablehnung bestimmter seiner weltanschaulichen Positionen auch gleich die Ablehnung des gesamten rechtstheoretischen Rahmens des New Haven Approach begründet, obwohl dieser keineswegs notwendigerweise mit einer bestimmten Weltanschauung oder Ideologie verbunden ist. Es ist unbestreitbar aber auch nicht besonders verwunderlich, daß McDougals gesellschaftspolitische Wertvorstellungen von seiner Generation und seiner Umwelt mitgeprägt sind. Die Relativität der Kritik an seiner geistigen Haltung zeigt sich allerdings schon an ihrer Widersprüchlichkeit: Er wird einmal als orthodoxer Antikommunist und Nationalist [33] S. 579, dann als typischer US-Liberalist [32] S. 73 und schließlich auch als Sympathisant sozialistischer Ideen bezeichnet [17] S. 658.

IV. Die geistigen Ziele einer Untersuchung

Der New Haven Approach kritisiert an der traditionellen Methode der regelorientierten Rechtsbetrachtung, daß sie versucht gleichzeitig und unterschiedslos zu beschreiben wie sich Entscheidungsorgane in der Vergangenheit verhalten haben, vorauszusagen wie sie sich in Zukunft verhalten würden und festzulegen wie sie sich verhalten sollten [5] S. 1345. Im traditionellen Konzept der „Regel" finden sich Tatsachen, Ursachen, *policies*, Vorhersagen und Präferenzen im bunten Durcheinander. Als Alternative wird dem wissenschaftlichen Beobachter ebenso wie dem Entscheidungsträger die gesonderte und disziplinierte Verfolgung folgender fünf geistiger Ziele *(intellectual tasks)* empfohlen, wobei es selbstverständlich nicht auf eine bestimmte Reihenfolge oder eine starre Routine ankommt [11] S. 122, [14] S. 204, [23] S. 34.

1. Die Klärung der grundsätzlichen Zielvorstellungen *(clarification of goals, clarification of basic community policies)*. Die Formulierung der rechtspolitischen Ausgangsposition ist eine wesentliche Voraussetzung für eine Methode, die *policy oriented* ist. Hier werden die für den betreffenden Themenbereich nötigen Wertvorstellungen und Präferenzen dargestellt. Dabei ist es erforderlich, die zunächst mit einem hohen Grad an Abstraktion formulierten rechtspolitischen

Ziele in eine sinnvolle Beziehung zu empirisch erfaßbaren Fakten zu bringen, um eine Konkretisierung der allgemeinen Zielvorstellung für besondere Fragen möglich zu machen.

2. Die Beschreibung bisheriger Entscheidungstrends *(description of past trends in decision)*. Die Darstellung der bisherigen Praxis hat nicht anekdotenhaft anhand unzusammenhängender Präzedenzfälle zu erfolgen sondern systematisch. Dabei dient die Annäherung an oder Abweichung von den zuvor dargestellten Zielvorstellungen als Leitfaden. Bei der faktischen Darstellung der bisherigen Entscheidungen sind möglichst nicht normativ unklare Begriffe zu benützen, sondern die Vorgänge anhand der Schaffung und Verteilung von Werten (siehe oben III. B.) zu beschreiben.

3. Die Analyse der bestimmenden Faktoren *(analysis of conditioning factors)*. Die Untersuchung bisheriger Entscheidungen darf sich nicht auf die Darstellung historischer Abläufe beschränken, sondern muß auch nach den Umständen fragen, welche sie herbeigeführt haben. Dabei sind sowohl umweltbedingte als auch subjektive Umstände *(environmental and predispositional variables)* von Bedeutung. Zu den letzteren gehören etwa Kultur, Klasse, Zugehörigkeit zu Interessengruppen und Persönlichkeit der Entscheidungsträger. Hier ist es vor allem nötig, vor vereinfachenden monokausal argumentierenden Erklärungen auf der Hut zu sein, welche Entscheidungsvorgänge nur anhand jeweils eines Wertes (Macht, Vermögen, Integrität usw.) interpretieren wollen.

4. Die Vorhersage künftiger Entwicklungen *(projection of probable future developments in decision)*. Zum Unterschied von anderen Wissenschaftszweigen bezieht sich die Rechtswissenschaft nie ausschließlich auf Vorgänge in der Vergangenheit. Bei der Beschäftigung mit künftigen Entwicklungen sind einfache lineare Ableitungen aus der Vergangenheit zu vermeiden. Aussagen über künftige Entscheidungen müssen im Lichte aller verfügbaren Informationen über bestimmende Faktoren gemacht werden.

5. Die Erarbeitung rechtspolitischer Alternativen *(invention and evaluation of policy alternatives)*. Diese Aufgabe ist die Synthese der unter 1 genannten Tätigkeit mit den Aufgaben 2 bis 4. Sie ist letztlich das Ziel der wertorientierten Betrachtungsweise, welche sich nicht mit kontemplativen Aussagen über denkmögliche und grammatikalisch zulässige Auslegungen des positiven Rechts begnügt. Ihr Ziel ist die Einflußnahme auf sämtliche Entscheidungsfunktionen (Information, Befürwortung, Rechtsetzung, Anrufung, Anwendung, Beendigung, Bewertung) im Sinne der offen diskutierten und begründeten rechtspolitischen Präferenzen.

V. Die Phasenanalyse

(phase analysis)

Die vom New Haven Approach entwickelte Methode zur Beschreibung möglichst aller erheblichen Aspekte im Entscheidungsprozeß ist die sogenannte Phasenanalyse. Sie ist nichts anderes als der Versuch, anhand einer Liste von potentiell relevanten Fragen möglichst viele Aspekte systematisch zu erfassen [13] S. 80. Die dabei verwendeten Kategorien mögen auf den ersten Blick willkürlich erscheinen. Sie haben keine magische Bedeutung oder einen inhärenten Erkenntniswert, sondern sind lediglich eine wichtige Hilfe, um zu einer vollständigen Untersuchung zu gelangen, die sich nicht, wie das häufig der Fall ist, in der Beschreibung oder Betonung einzelner Faktoren *(single factor analysis)* erschöpft [20] S. 55. Für gewisse Rechtsfragen mögen einzelne Kriterien der Phasenanalyse von untergeordneter Bedeutung sein, in anderen Fällen mag es nützlich sein, weitere Kategorien hinzuzufügen. Das wesentliche Ziel ist immer die Vielseitigkeit und Vollständigkeit der Betrachtung.

1. Teilnehmer *(participants)*. Die Frage der Teilnehmer [13] S. 81 ist die nach der tatsächlichen Beteiligung an den verschiedenen Entscheidungsfunktionen (oben III. C.). Die traditionelle Theorie, welche strukturelle und nicht funktionelle Gesichtspunkte in den Vordergrund stellt und einzelne Entscheidungsfunktionen auf Kosten anderer betont, konzentriert ihre Aufmerksamkeit meist nur auf bestimmte Teilnehmer, die sogenannten Völkerrechtssubjekte, vor allem den Staat. Neben Territorialverbänden, welche unzweifelhaft primäre Teilnehmer sind, und internationalen Organisationen, spielen aber auch noch andere Akteure wesentliche Rollen. Dazu gehören etwa politische Parteien, welche sich bisweilen über Staatsgrenzen hinweg organisieren, Interessengruppen *(pressure groups)*, welche auf internationaler Ebene agieren, zahlreiche nichtstaatliche internationale Organisationen (INGOs), welche zum Teil auch einen offiziellen Status im Rahmen der Vereinten Nationen haben, Wirtschaftsunternehmen und Individuen.

   Die wesentlichen Fragen in diesem Zusammenhang sind nicht die nach dem formalen Aspekt der „Völkerrechtssubjektivität" sondern danach, welche dieser Teilnehmer an welchen Teilen des Entscheidungsprozesses in welcher Weise beteiligt sind. Also z. B.: Wer kann gegen wen auf welche Weise Ansprüche stellen? Wer hat vollen Zutritt zu welchen Entscheidungsfunktionen und Arenen? Was und wer entscheidet über die Zulassung? In welcher Weise können Teilnehmer, die keine formelle Beteiligung genießen, durch eine Vertretung doch indirekten Zutritt erlangen? So haben etwa zu gewissen Fora wie IGH oder Sicherheitsrat meist nur Staaten Zutritt. Anderen Teilnehmern (Individuen, Interessengruppen) kann es aber gelingen, ihre Interessen durch Staatsvertreter verfolgen zu lassen. In der relativ losen und unorganisierten Struktur des Völkerrechts kommt es auch immer wieder vor, daß die gleichen Teilnehmer verschiedene Funktionen im Entscheidungsprozeß wahrnehmen müssen. Staatsorgane etwa erfüllen in funktioneller Verdoppelung einmal die Rolle des Anspruchswerbers, ein anderes mal auch die des autoritativen Entscheidungsorgans [23] S. 28.

2. Perspektiven *(perspectives)*. Unter den *perspectives* faßt die Terminologie des New Haven Approach die subjektiven Elemente im Verhalten der Teilnehmer zusammen [13] S. 94. Dazu gehört das Verlangen nach bestimmten Werten *(value demands)*, die Identifizierung mit bestimmten Gruppen *(group identification)* und die Erwartungen bezüglich bestimmter Ereignisse *(expectations)*. Die dabei verfolgten Interessen können gemeinschaftliche *(common interests)* oder besondere *(special interests)* sein, je nachdem, ob sie einem großen Kreis bzw. der Allgemeinheit oder nur beschränkten Gruppen dienen sollen. Die Unterscheidung zwischen *inclusive* und *exclusive interests* dagegen, betrifft die tatsächliche oder befürwortete Kompetenzverteilung zwischen einzelnen oder mehreren Teilnehmern bei der Entscheidung, also etwa ob eine Angelegenheit einseitig von einem Staat entschieden werden kann oder einer staatengemeinschaftlichen Regelung bedarf. Diese Unterscheidungen werden der herkömmlichen unklaren Gegenüberstellung von „nationalen" und „internationalen" Interessen vorgezogen. Ein „nationales" Interesse kann durchaus auch einem gemeinschaftlichen Interesse *(exclusive* oder *inclusive)* entsprechen. So ist das „nationale Interesse" am Umweltschutz sicher ein gemeinschaftliches Interesse *(common interest)*, in der Verfolgung jedoch heute noch weitgehend *exclusive*, d. h. der einzelstaatlichen Regelung überlassen, welches durch eine *inclusive* Regelung vermutlich gefördert werden könnte.

3. Situationen *(situations, arenas)*. Situationen beschreiben die geographischen, zeitlichen und sonstigen äußeren Umstände unter denen sich der Sozialprozeß abspielt [13] S. 100. Der für den Machtprozeß und damit für das Recht (vgl. oben III. B. und C.) gebrauchte Ausdruck ist Arena *(arena)*. Situationen und Arenen entsprechen typischen Strukturen sozialer Wechselwirkung *(patterns of interaction)*. Nach geographischen Gesichtspunkten können sie in universale, regionale, bilaterale und unilaterale eingeteilt werden. Manche Teilnehmer agieren einerseits zusammen mit anderen Teilnehmern in einer gemeinsamen Arena, haben aber ihrerseits einen internen Sozial- und Entscheidungsprozeß *(external — internal arenas)*. Das

Verhältnis zwischen der internen Arena eines Staates und den externen Arenen, an denen er teilnimmt, wird nicht mit Hilfe der herkömmlichen Vorstellungen über das Verhältnis von Völkerrecht und Landesrecht beschrieben, sondern im Sinne einer gegenseitigen Berührung und Durchdringung von Entscheidungsprozessen *(interpenetrating processes of decision)* [7] S. 184, [8]. Nach dem institutionellen Aufbau unterscheidet man diplomatische Arenen, Konferenzen, Gerichte, Organisationen usw. Sie sind oft auf einzelne der Entscheidungsfunktionen (vgl. oben III. C.) spezialisiert. Eine wesentliche Frage bei der Beurteilung einer Arena ist das Ausmaß einer allfälligen Krisensituation *(crisis level)*. Nach der Wahrscheinlichkeit von Gewaltanwendung unterscheidet man dann militärische und zivile Arenen *(military — civil arenas)*. Ein anderes Problem ist die Frage, ob eine Arena offen oder geschlossen ist, also auf bestimmte Teilnehmer beschränkt ist und ob die Kriterien für den Zugang *(access)* befriedigend sind (z. B.: internationale Gerichtsbarkeit).

4. Machtgrundlagen *(base values, bases of power)*. Basiswerte *(base values*, vgl. oben III. B.) werden im Rahmen des Machtprozesses, daher auch Rechts, als Machtgrundlagen *(bases of power)* bezeichnet. Es sind dies alle jene Mittel, die den Teilnehmern zur Verfügung stehen, um Entscheidungen zu beeinflussen [13] S. 108. Dabei ist nicht nur das objektive Vorhandensein dieser Mittel, sondern auch das Bewußtsein der Möglichkeit ihres Einsatzes bei den Teilnehmern wichtig. Diese Machtgrundlagen werden anhand der bereits bekannten Kategorien von Werten (Macht, Vermögen usw., siehe oben III. B.) untersucht. Diese einzelnen Machtgrundlagen können hier nur andeutungsweise skizziert werden: Macht *(power)* wird vor allem im militärischen Bereich größtenteils von einzelnen Staaten ausgeübt. Vermögen *(wealth)* wird größtenteils im Rahmen einzelner Staaten verwaltet, die internationalen Organisationen etwa sind von Mitigliedsbeiträgen abhängig. Wissen *(enlightenment)* zeigt zwar eine deutliche Tendenz zu einer breiteren internationalen Verbreitung, dennoch bestehen vielfach Verbreitungshindernisse sowohl durch Geheimhaltung als auch durch Abschirmung gegen Informationen von außen. Fertigkeiten *(skill)* spielen im internationalen Bereich vor allem im Rahmen der Entwicklungshilfe eine Rolle. Wohlbefinden *(well-being)* liegt in beschränktem Umfang im Einflußbereich internationaler Institutionen (ILO, WHO, FAO); wirtschaftliche und militärische Sanktionen können Auswirkungen auf diesen Wert haben. Zuneigung *(affection)* hier als Gruppenloyalität, spielt eher in der Form von Nationalismus als in der Form internationalistischer Identifizierung eine Rolle. Ansehen *(respect)* ist eines der wichtigsten Sanktionsmittel im internationalen Verkehr. Die Wirk-

samkeit einer Einbuße an Ansehen wegen nichtkonformen Verhaltens hängt allerdings weitgehend von der Homogenität der Auffassungen innerhalb der Gemeinschaft ab. Integrität *(rectitude)* zeigt vor allem in Krisensituationen die Tendenz in der Form von Staatsideologien „nationalisiert" zu werden. Zusammenfassend läßt sich sagen, daß sich zwar ein deutlicher Trend von nationalen *(exclusive)* zugunsten internationalen *(inclusive)* Kompetenzen feststellen läßt, daß dieser Übergang an Autorität bisher jedoch nicht auch von einer gleichartigen Übertragung von effektiver Kontrolle über die Machtgrundlagen begleitet ist.

5. Strategien *(strategies, practices)*. Strategien sind die von den Teilnehmern beim Einsatz der Machtgrundlagen gewählten Methoden um bestimmte Werte zu erzielen [13] S. 119. Eine bloße Gegenüberstellung friedlicher und kriegerischer Strategien wäre eine zu starke Vereinfachung. Alle Strategien sind in einem höheren oder geringerem Maße von Zwang *(coercion)* oder Überredung *(persuasion)* gekennzeichnet. Eine mögliche Einteilung ist die in diplomatische Strategien, also der Kommunikation zwischen effektiven Elitegruppen *(effective elites)*, ideologische Strategien, welche auch an ein breites Publikum *(general audience)* gerichtet sind, militärische Strategien, bei welchen Waffen im Vordergrund stehen und wirtschaftliche Strategien, wenn Wirtschaftsgüter dominieren. In den ersten beiden Fällen handelt es sich also um Mitteilungen, in den anderen beiden um den Einsatz von Ressourcen. Die Wahl zwischen diesen verschiedenen Strategien hängt von den Teilnehmern und ihren Perspektiven, von den Arenen insbesondere dem Ausmaß einer Krisensituation und der Verfügung über Machtgrundlagen ab. Oft werden sie parallel angewandt. Alle können mit einem höheren oder geringeren Maß an Zwang eingesetzt werden.

6. Ergebnisse *(outcomes)*. Ergebnisse sind markante Punkte im Sozialprozeß, anläßlich derer wir uns der Verluste oder Gewinne an Werten *(value deprivations, value indulgences)* bewußt werden. Im Rahmen des autoritativen Entscheidungsprozesses werden diese kurzfristigen Ergebnisse als die bereits oben dargestellten (vgl. III. C.) Entscheidungsfunktionen *(decision functions, authority functions)* beschrieben, also Information, Befürwortung, Rechtsetzung, Anrufung, Anwendung, Beendigung und Bewertung [13] S. 131.

7. Wirkungen *(effects)*. Wirkungen sind schließlich die langfristigen Konsequenzen auf den Entscheidungsprozeß, also strukturelle und sonstige Veränderungen, welche über den besonderen Anlaßfall hinausgehen.

Der Leser mag da und dort geneigt sein, einzelne Aspekte der Phasenanalyse als bekannt zu bezeichnen und zu meinen, er habe sich stets solcher Gesichtspunkte bedient. Ihre Bedeutung liegt nicht so sehr in der Neuartigkeit der Details als in der Überwindung einer fragmentarischen Berücksichtigung von Einzelfragen durch eine disziplinierte und systematische Betrachtung möglichst aller Aspekte. Moore [20] S. 55 führt als Beispiel die traditionelle „Regel" an, wonach eine Intervention nur mit Zustimmung der anerkannten Regierung erlaubt sei. Eine Untersuchung an Hand der Phasenanalyse zeigt sofort die große Anzahl potentieller Variablen, welche bedeutsam sein können: Wer interveniert? (Teilnehmer) Ein Staat, oder handelt es sich um eine Kollektivmaßnahme im Rahmen der Vereinten Nationen oder einer regionalen Vereinbarung? Zu welchem Zweck wird interveniert? (Perspektiven) Dient die Intervention der Eroberung, dem Schutz von Staatsangehörigen oder der Rettung einer Minderheit vor der Ausrottung? In welcher geographischen und politischen Situation wird interveniert? Herrschte schon längere Zeit eine Krisensituation? Mit welchen Mitteln wird interveniert? (Machtgrundlagen) Wie groß ist ein allfälliger militärischer und wirtschaftlicher Einsatz? Auf welche Weise wird interveniert? (Strategien) Militärisch, direkt oder durch die Unterstützung einer revolutionären Bewegung? Wirtschaftlich, propagandistisch usw.? Schließlich, was sind die Ergebnisse und Wirkungen der Intervention? Eine solche kontextuelle Untersuchungsmethode erscheint sinnvoller als die bloße Beschränkung auf die Frage der Anerkennung einer Regierung.

VI. Schlußbemerkung

Der vom New Haven Approach eingesetzte intellektuelle Apparat ist in seiner Vielfalt der berücksichtigten Gesichtspunkte und seinen umfangreichen *check-lists* wesentlich umfassender aber auch erheblich aufwendiger als herkömmliche Methoden mehr assoziativer und einseitiger Untersuchung. Daraus kann bei oberflächlicher Betrachtung leicht die Furcht vor der Unhandlichkeit dieses Apparates und seiner rituellen gleichförmigen Anwendung unabhängig vom Untersuchungsgegenstand entstehen. Ökonomie und Anpassung sind jedoch wesentliche Gesichtspunkte beim Gebrauch dieser Methode. Es unterliegt keinem Zweifel, daß die Anwendung des gesamten hochentwickelten und detaillierten Untersuchungsverfahrens für gewisse Aufgaben ebenso unrationell wäre, wie der Einsatz einer Großrechenanlage für eine einfache Addition. Es gilt daher stets die Proportion zwischen Aufwand und Untersuchungsziel im Auge zu behalten. Die Flexibilität des hier skizzierten Apparates ergibt sich schon daraus, daß die von ihm geschaffenen Kategorien und Listen nicht als vorgegebene und unabänderliche Erkenntniswerte verstanden werden, denen mystische Qualität zukommt, sondern als Orientierungshilfen für die systematische Erfassung möglichst aller wesentlicher Gesichtspunkte. Diese *check-lists* ersetzen daher keineswegs eine kreative Tätigkeit und können selbstverständlich auch kein sicheres Rezept für gute wissenschaftliche Arbeit bieten. Als methodischer Rahmen für eine umfassende und originelle Arbeit sind sie jedoch vor allem wegen ihrer Vielseitigkeit und ihrer Fähigkeit, dem Benützer neuartige Perspektiven zu eröffnen, von erheblichem Wert.

Die Flexibilität der vom New Haven Approach geschaffenen Untersuchungsmethode ergibt sich aber auch aus der Variabilität der Untersuchungsrichtungen und der Vielfältigkeit der so gewonnenen Querschnitte. So kann etwa von einzelnen Werten (Macht, Vermögen, Wissen usw.) ausgegangen werden, die anhand der Phasenanalyse und der verschiedenen Entscheidungsfunktionen untersucht werden. Oder es kann von einer bestimmten Entscheidungsfunktion (Information, Befürwortung, Rechtsetzung usw.) ausgegangen werden, deren Bedeutung für die verschiedenen Werte und die einzelnen Stadien der Phasenanalyse betrachtet wird. Schließlich kann auch ein Aspekt der Phasenanalyse (Teilnehmer, Perspektiven, Situationen usw.) anhand der Werte und der Entscheidungsfunktionen erforscht werden. Bei kleineren Studien empfiehlt sich oft eine Systematik, die den fünf geistigen Zielen (Zielvorstellungen, bisherige Entscheidungstrends, bestimmende Faktoren, künftige Entwicklungen, rechtspolitische Alternativen) entspricht. Der überaus komplizierte, vielschichtige und sich ständig verändernde Entscheidungsprozeß, den wir das Recht nennen, kann so auf die verschiedenartigste Weise systematisch durchleuchtet werden.

Im Verhältnis zu den herkömmlichen im Völkerrecht angewandten Theorien und Methoden kann selbstverständlich nicht von „richtig" oder „falsch" die Rede sein, ebensowenig wie die traditionelle Physik eines Newton in den Augen der Relativitätstheorie falsch ist. Einstein beschreibt dieses Verhältnis mit einer treffenden Analogie:

> Vergleichsweise könnten wir sagen, daß die Aufstellung einer neuen Theorie nicht dem Abreißen einer alten Bretterbude entspricht, an deren Stelle dann ein Wolkenkratzer aufgeführt wird; sie hat vielmehr eher etwas mit einer Bergbesteigung gemeinsam, bei der man immer wieder neue und weitere Ausblicke genießt und unerwartete Zusammenhänge zwischen dem Ausgangspunkt und seiner reichhaltigen Umgebung entdeckt. Dabei ist der Punkt, von dem wir losmarschiert sind, natürlich nach wie vor vorhanden. Man kann ihn stets liegen sehen, wenn er auch scheinbar immer kleiner wird und schließlich nur noch einen winzigen Teil unseres weitgespannten Rundblicks ausmacht, ...[3]

[3] A. Einstein, L. Infeld, Die Evolution der Physik 104 (Hamburg, 1956).

Literaturverzeichnis

Sammelbände

[1] M. S. McDougal and Associates, Studies in World Public Order, (New Haven and London, 1960).

[2] W. M. Reisman, B. H. Weston (Hrsg.), Toward World Order and Human Dignity, Essays in Honor of Myres S. McDougal, (New York, 1976) (mit einem umfangreichen Literaturverzeichnis).

Wichtige rechtstheoretische Schriften des New Haven Approach

[3] M. S. McDougal, Fuller v. The American Legal Realists: An Intervention, 50 Yale Law Journal 827 - 840 (1940 - 41).

[4] H. D. Lasswell & M. S. McDougal, Legal Education and Public Policy: Professional Training in the Public Interest, 52 Yale Law Journal 203 - 295 (1943). Nachdruck in [1] S. 42.

[5] M. S. McDougal, The Law School of the Future: From Legal Realism to Policy Science in the World Community, 56 Yale Law Journal 1345 - 1355 (1946 - 47).

[6] M. S. McDougal, The Comparative Study of Law for Policy Purposes: Value Clarification as an Instrument of Democratic World Order, 1 American Journal of Comparative Law 24 - 57 (1952). Nachdruck in [1] S. 947.

[7] M. S. McDougal, International Law, Power and Policy: A Contemporary Conception, 82 RC 137 - 259 (1953, I).

[8] M. S. McDougal, The Impact of International Law upon National Law: A Policy-Oriented Perspective, 45 South Dakota Law Review 25 - 92 (1959). Nachdruck in [1] S. 157.

[9] M. S. McDougal, The Identification and Appraisal of Diverse Systems of Public Order, 53 A.J.I.L. 1 - 29 (1959). Nachdruck in [1] S. 3.

[10] M. S. McDougal & W. M. Reisman, „The Changing Structure of International Law" Unchanging Theory for Inquiry, 65 Columbia Law Review 810 - 835 (1965).

[11] M. S. McDougal, Some Basic Theoretical Concepts about International Law: A Policy-Oriented Framework of Inquiry, R. A. Falk & S. H. Mendlovitz (Hrsg.), The Strategy of World Order, Bd. 2, S. 116 - 133 (New York, 1966).

[12] H. D. Lasswell & M. S. McDougal, Jurisprudence in Policy-Oriented Perspective, 19 University of Florida Law Review 486 - 514 (1966 - 67).

[13] M. S. McDougal, H. D. Lasswell & W. M. Reisman, The World Constitutive Process of Authoritative Decision, 19 Journal of Legal Education 253 - 300, 403 - 437 (1967). Nachdruck in C. E. Black & R. A. Falk (Hrsg.), The Future of the International Legal Order, Bd. 1, S. 73, (Princeton, 1969).

[14] M. S. McDougal, H. D. Lasswell & W. M. Reisman, Theories About International Law: Prologue to a Configurative Jurisprudence, 8 Virginia Journal of International Law, 188 - 299 (1968).

[15] R. Higgins, Policy Considerations and the International Judicial Process, 17 International and Comparative Law Quarterly 58 - 84 (1968).

[16] M. S. McDougal, H. D. Lasswell & Lung-chu Chen, Human Rights and World Public Order: A. Framework for Policy-Oriented Inquiry, 63 A.J.I.L. 237 - 269 (1969).

[17] R. A. Falk, Some Thougths on the Jurisprudence of Myres S. McDougal, in R. A. Falk, The Status of Law in International Society 642 - 659 (Princeton, 1970).

[18] H. D. Lasswell & M. S. McDougal, Trends in Theories About Law: Comprehensiveness in Conceptions of Constitutive Process, 41 The George Washington Law Review 1 - 22 (1972).

[19] M. S. McDougal, The Teaching of International Law, 2 Georgia Journal of International & Comparative Law, Supplement 2, 111 - 124 (1972).

[20] J. N. Moore, Prolegomenon to the Jurisprudence of Myres McDougal and Harold Lasswell, in J. N. Moore, Law and the Indo-China War 47 - 76 (Princeton, 1972).

[21] M. S. McDougal, H. D. Lasswell & W. M. Reisman, The Intelligence Function and World Public Order, 46 Temple Law Quarterly 365 - 448 (1973).

[22] M. S. McDougal, Beware the Squid Function, 1 Learning & The Law 16 - 19 (1974).

[23] E. Suzuki, The New Haven School of International Law: An Invitation to a Policy-Oriented Jurisprudence, 1 Yale Studies in World Public Order 1 - 48 (1974).

[24] H. D. Lasswell & M. S. McDougal, The Relation of Law to Social Process: Trends in Theories about Law, 37 University of Pittsburgh Law Review 465 - 485 (1976).

[25] H. D. Lasswell & M. S. McDougal, Trends in Theories about Law: Clarity in Conceptions of Authority and Control, M. K. Nawaz (Hrsg.), Essays on International Law in Honour of Krishna Rao S. 68 - 91 (Leyden, 1976).

[26] R. Higgins, Integrations of Authority and Control: Trends in the Literature of International Law and International Relations, in [2] S. 79 - 94.

[27] W. L. Morison, Myres S. McDougal and Twentieth-Century Jurisprudence: A Comparative Essay, in [2] S. 3 - 78.

Sekundärliteratur zum New Haven Approach

[28] G. Casper, Juristischer Realismus und politische Theorie im amerikanischen Rechtsdenken S. 133 ff. (Berlin, 1967).

[29] K. Krakau, Missionsbewußtsein und Völkerrechtsdoktrin in den Vereinigten Staaten von Amerika S. 459 ff., (Frankfurt/Main, 1967).

[30] B. Rosenthal, Etude de l'Oeuvre de Myres Smith McDougal en Matièrie de Droit International Public (Paris, 1970).

[31] P. Allott, Language, Method and the Nature of International Law, 45 B.Y.I.L. 79 - 135 (1971).

[32] O. R. Young, International Law and Social Science: The Contributions of Myres S. McDougal 66 A.J.I.L. 60 - 76 (1972).

[33] F. S. Tipson, The Lasswell-McDougal Enterprise: Toward a World Public Order of Human Dignity, 14 Virginia Journal of International Law 535 - 585 (1974).

[34] E. V. Rostow, Myres S. McDougal, 84 Yale Law Journal 704 - 717 (1975).

Gedanken zu einem völkerrechtlichen Staatsbegriff

Von *Henn-Jüri Uibopuu*

I. Einleitung

Generationen von Juristen haben sich in ihren Untersuchungen mit Fragen der Staatlichkeit befaßt. Dabei wurden neben Wesen und Sinn von Staaten vor allem ihr Entstehen, ihre Rechtspersönlichkeit, ihre Nachfolge sowie ihr Untergang zum Gegenstand wissenschaftlicher Analysen gemacht. Besonders umfangreich ist im Zusammenhang mit der Frage vom Entstehen des Staates die Literatur über seine Anerkennung, ihre Bedeutung und Rechtswirkung. Verschiedene Theorien zur Anerkennung konnten sich dabei im Wesentlichen auf zeitgenössische staatliche Praxis stützen, ohne allerdings diese Praxis dabei ausführlich darzustellen. Es ist vielleicht zweckmäßig, zunächst die staatliche Praxis der Zulassung neuer Territorialverbände zum Internationalen Verkehr aufzuzeigen und dann theoretische Überlegungen über die rechtlichen Wirkungen einzelner, mit der Zulassung verbundener staatlicher Akte anzustellen.

Der Zugang zur internationalen Arena war bis weit in das 20. Jahrhundert von der Anerkennung des Neustaates durch die bereits bestehenden Staaten abhängig. Diese Staaten konnten den Kreis der Mitglieder der internationalen Gemeinschaft dadurch steuern, daß sie unerwünschten „beitrittswilligen" Gebilden den Eintritt verwehrten, beziehungsweise erwünschten Gebilden einen solchen durch Anerkennung ermöglichten. Auch wenn die Legitimität des neuen Gebildes gegen Ende des 19. Jahrhunderts nicht mehr durch die monarchische Erbfolge nachgewiesen werden mußte, wie etwa um die Zeit des Wiener Kongresses, haftete diesem Ordnungssystem immer noch ein gewisses Flair der Exklusivität an. Unter seiner Berücksichtigung hatte sich die internationale Gemeinschaft im 19. Jh. um einige wichtige Staaten erweitert, wie China, das Türkische Reich, Siam und später Japan[1].

Diese Staatenpraxis läßt sich bis in den Beginn des 20. Jahrhunderts weiterverfolgen. Neubildungen von Staaten wurden von der Internationalen Gemeinschaft mit Anerkennung honoriert, wenn die neuen

---

[1] Zur Aufnahme z. B. Chinas in die Völkerrechtsgemeinschaft siehe: K. Bünger, China, 1 Wörterbuch des Völkerrechts 2. Auflage 277 - 278 mit Literaturhinweisen.

Machthaber den Erwartungen der Staatengemeinschaft entsprachen, wobei jetzt allerdings der monarchische einem von England und den USA entwickelten demokratischen Legitimismus Raum machen mußte[2]. Anderen Gebilden wurde die Anerkennung verweigert, weil die sie repräsentierenden Eliten durch Revolutionen an die Macht gekommen waren. Dadurch sollte ihnen der internationale Verkehr auf der Basis der Gleichberechtigung verwehrt werden, ja, eigentlich sollten sie von diesem Verkehr überhaupt ausgeschlossen bleiben. Der internationale Status der RSFSR und später der UdSSR blieb somit durch die nur zögernd vollzogenen Anerkennungen lange Zeit geschwächt. Für den zentralamerikanischen Bereich wurde im Vertrag vom 20. 11. 1907 die Tobar-Doktrin dahingehend konkretisiert, daß die fünf Vertragsparteien sich verpflichteten, keine Regierung eines Vertragsstaates anzuerkennen, die durch einen Staatsstreich oder durch Revolution an die Macht gekommen war, solange die freigewählte Volksvertretung das Land nicht wieder verfassungsgemäß organisiert habe. Erst in den Dreißigerjahren des 20. Jahrhunderts kam es dort zu einer Abkehr von dieser Praxis. 1930 erklärte der mexikanische Außenminister Genaro Estrada, daß Mexiko fortan die Legitimität einer anderen Regierung nicht mehr überprüfen und daher in Zukunft keine förmlichen Anerkennungen mehr aussprechen werde[3].

1933 wurde auch die UdSSR von den USA anerkannt, ebenso Ende der Dreißigerjahre die italienische Annexion Abessiniens von Frankreich und England. Auch das Franco-Regime in Spanien konnte sich unter dem stärker werdenden Einfluß des Prinzips der Effektivität auf internationaler Ebene durchsetzen. Lediglich die Stimson-Doktrin, durch welche die USA 1932 die Anerkennung von Situationen, welche unter Verletzung des Völkerrechts herbeigeführt wurden, verweigern wollte, bedeutete wieder einen Schritt hin zum Prinzip der Legitimität. Auf dieser Doktrin beruht etwa die bis heute von den USA aufrechterhaltene Nichtanerkennung der 1940 vollzogenen Annexion der Baltischen Staaten durch die UdSSR[4].

Die stärkere Berücksichtigung der Effektivität in der Zwischenkriegszeit, welche vor allem in der Zulassung der UdSSR zu internationalen Fora ihren Ausdruck fand, wurde in der Zulassung der nach dem

---

[2] G. Dahn, 1 Völkerrecht 134 (1958).

[3] Vgl. dazu W. Schaumann, Estrada-Doktrin, 1 Wörterbuch des Völkerrechts 2. Auflage 442 ff.

[4] Vgl. dazu den Empfang Präsident Carters für das in Washington akkreditierte diplomatische Corps, auf dem er und seine Frau sich mit dem Vertreter der Estnischen Republik Ernst Jaakson fotografieren ließ (Vôitleja, märts-aprill 1977; vgl. auch J. Crawford, The Criteria for Statehood in International Law, XLVIII BYIL 103 - 105 (1976-77); siehe dazu auch die Erklärung der Kanadischen Regierung vom 15. 2. 1977 über die Nichtanerkennung der Inkorporation der Baltischen Staaten durch die UdSSR: Teataja 1977/5.

Zweiten Weltkrieg entstandenen „Volksdemokratien“ fortgesetzt. Dieser Trend entwickelte sich im Zuge der forcierten Dekolonialisierungspolitik der Vereinten Nationen weiter, indem nicht mehr ein friedlicher Übergang der Macht von der ehemaligen Kolonialherrschaft auf den Neustaat verlangt wurde, welcher eine gewisse Legitimität gewährleistet.

Staaten entstanden nun unabhängig vom Willen anderer Mitglieder der Internationalen Gemeinschaft. Ihre Existenz wurde zu einem Faktum, mit welchem gerechnet werden mußte. Ihre Anerkennung erlangte immer mehr eine nur deklarative Bedeutung, besagte jedoch in der Regel, daß der anerkennende und der anerkannte Staat diplomatische Beziehungen aufnehmen wollten[5]. Staatliche Gebilde, welche nach ihrem Entstehen nicht oder zumindest nicht gleich von der Staatengemeinschaft *in toto* anerkannt wurden, versuchten unter Hinweis auf das Faktum ihrer Existenz den Zugang zu internationalen Fora unter Umgehung der Anerkennung durch andere Staaten zu erlangen. Sie leiteten dabei ihre Staatlichkeit von ihrer Existenz ab und verwiesen dann auf das Recht jedes Staates auf internationalen Verkehr. Eine Überprüfung der Legitimierung der herrschenden Eliten durch Willensbekundungen der Gesamtbevölkerung lehnten sie unter Hinweis auf einen vorbehaltenen Wirkungsbereich der Staaten ab und betonten vor allem, das Recht jedes Volkes die eigene Staats-, Gesellschafts- und Wirtschaftsform ohne Einflußnahme von außen bestimmen zu können. Der spätere sowjetische Richter am Internationalen Gerichtshof, Koreckij, erklärte in diesem Zusammenhang in der International Law Commission 1949:

> With regard to the question of the existence of States, Mr. Koretsky noted that several proposals had been made. Prof. Scelle had suggested the existence should be termed juridical; Mr. François had employed the term legitimate. Mr. Koretsky thought that in those proposals there was a certain danger of returning to the doctrine of legitimism or the policy of non-recognition by which one group of States could virtually control the existence of another. That would be a step backward.
>
> „Illegitimate“ States in Mr. Koretsky's opinion had the right to exist as well as so-called legitimate States. Any attempt to legitimize such entities would be tantamount to establishing control over their formation and contrary to the principle of self-determination[6].

Die Dekolonialisierungsbestrebungen im Rahmen der Vereinten Nationen setzen die Tendenz fort, Staatlichkeit von effektiver Machtausübung abzuleiten. Das Entstehen eines Neustaates wird also nicht mehr von dem legitimen Machtübergang vom Kolonialregime auf einen ihm

---

[5] Eine Übersicht über die wichtigste Literatur zu dieser Frage bringt J. Abr. Frowein, Das de facto-Regime im Völkerrecht 15 - 16 bes. Fn. 10 - 11 (1968).

[6] YBILC 78 (1949).

genehmen Nachfolger abhängig gemacht. Es konnte allerdings unter Berücksichtigung dieses Trends vorkommen, daß unter dem Mantel des Selbstbestimmungsrechtes lokale Machtgruppierungen, welche sich gegen die Kolonialmacht durchgesetzt und rivalisierende Dekolonialisierungsbewegungen besiegt hatten, auf Grund der Effektivität ihrer Kontrolle über das Territorium als Repräsentanten des neu entstandenen Staates betrachtet wurden. Dabei spielte die diplomatische und auch andere Unterstützungen solcher Gruppierungen durch gewisse europäische oder außereuropäische Staaten keine oder nur eine untergeordnete Rolle, wenn nur die effektive Kontrolle über den Neustaat von einer antikolonial eingestellten, nichtweißen oder zumindest nichteuropäischen Gruppierung ausgeübt wurde.

Das Faktum der Loslösung vom Kolonialreich genügte nach dem Zweiten Weltkrieg in der Regel, um ein Gebilde als Staat zu betrachten und um ihm durch die Aufnahme in die Vereinten Nationen gewissermaßen ein Gütesiegel anzuheften. Die Praxis dieses Imprimatur ist bis zum heutigen Tage im Rahmen der Vereinten Nationen zu beobachten und so entstanden unter ihrer Ägide zahlreiche Staaten, welche sich allerdings voneinander in Bevölkerungszahl, Größe des Territoriums sowie Stabilität der Staatsmacht wesentlich unterschieden. Vor allem wurden in den letzten Jahren Kleinstaaten aufgenommen[7], welche in der Völkerbundszeit ihre Aufnahme niemals hätten durchsetzen können, wie der 1920 abgewiesene Antrag von Liechtenstein zeigt[8]. Erste positive Reaktion eines Organes der Vereinten Nationen zum Neustaat gibt es in der Regel bereits nach dem Eintreten der Unabhängigkeit des betreffenden Gebildes. Doch auch ausgesprochen vorzeitige Anerkennungen lassen sich in der Praxis der Vereinten Nationen nachweisen. So wurde die am 26. 9. 1973 von der PAIGC[9] ausgerufene Unabhängigkeit von Guinea-Bissau am 2. 11. 1973 durch die Vollversammlung der Vereinten Nationen begrüßt und gebilligt[10], nachdem bis zum 7. 10. 1973 47 Staaten Guinea-Bissau als Staat anerkannt hatten[11].

Die tatsächliche Unabhängigkeit erfolgte erst nachdem Portugal am 27. 7. 1974 eine Unabhängigkeitserklärung und am 10. 10. 1974 eine Unabhängigkeitsurkunde unterzeichnet sowie die tatsächliche Herrschaftsausübung aufgegeben hatte. Vor allem scheint sich in den Vereinten Nationen die Tendenz durchgesetzt zu haben, bei Aufnahmeanträgen

[7] z. B. Grenada. mit 344 km² und 110 000 Einwohnern, Maledivien mit 298 km² und 128 000 Einwohnern und die Seychellen mit 280 km² und 60 000 Einwohnern, Quelle: Der Fischer Welt-Almanach 1979, 168, 227, 291 (1978).

[8] „This state does not appear to be in a position to carry out all the international obligations imposed by the Covenant“, LNOJ 1st Ass. 666 (1920).

[9] Partido Africano da Independência da Guiné e da Cabo-Verde.

[10] AdG 18240.

[11] Ibid.

ehemaliger Kolonien das traditionelle Kriterium der Staatsmacht, im Sinne einer stabilen Regierung, welche am Anfang weniger im Sinne von effektiv, als von demokratisch legitimiert interpretiert wurde[12], bei neu unabhängigen ehemaligen Kolonialstaaten weitaus weniger streng zu handhaben, als etwa bei der Teilung eines vorher unabhängigen Staates in zwei Staaten oder bei der Loslösung von einem solchen Staat[13]. Auch diese Praxis der starken Betonung der Effektivität ließe sich mit dem immer stärker werdenden Verlangen nach Dekolonialisierung begründen, welches keineswegs auf eine Legitimierung der nachkolonialen Machthaber durch die Bevölkerung des entsprechenden Gebietes sondern nur auf eine Beendigung des Kolonialregimes als solches gerichtet ist und daher die Legitimität oder Autorität des neuen Regimes, welche von der Unterstützung durch die Bevölkerung abhängen kann, nicht so streng bewertet, wenn nur die Dekolonialisierung stattgefunden hat. Dabei ist das Erfordernis der tatsächlichen Herrschaftsausübung offensichtlich weniger wichtig als die Forderungen nach Aufgabe der letzten Kolonien. Ehemalige Kolonialmächte, welche nicht das ganze unabhängig gewordene Territorium räumen (wie z. B. Frankreich auf der Mayotte-Insel) werden als Verletzer der Integrität des Territoriums des neuentstandenen Staates angesehen[14], obwohl dieses Territorium noch niemals im vollen Umfang effektiv unter der Herrschaft des neuen Staates gestanden hatte.

Anhand der bisherigen Praxis der Staaten, neuen Gebilden den Zugang zum Internationalen Verkehr zu gestatten, lassen sich drei Perioden oder Techniken unterscheiden:

1. Der monarchische Legitimismus
2. Der demokratische Legitimismus
3. Die Betonung der effektiven Machtausübung.

Dabei können Übergänge von einer zur anderen Periode fließend sein. Auch lassen sich in der Zeit, in welcher die effektive Machtausübung als wesentliches Kriterium der Staatlichkeit betrachtet wurde, Einzelfälle des Legitimismus nachweisen. Ein gutes Beispiel dafür ist: die Nichtanerkennung des japanischen Marionettenregimes Mandschu-Kuo. Ein anderes Beispiel ist die Slowakei in den Jahren 1939 bis 1945[15]. Die

[12] R. Higgins, The Development of International Law through the Political Organs of the United Nations 21 (1963) versucht für die ersten 15 Jahre des Bestehens der Vereinten Nationen diese Theorie nachzuweisen.

[13] Ibid, 23 f.

[14] Nach Auffassung der Resolution der Vollversammlung der Vereinten Nationen GA Res 32/7 vom 1. 11. 1977 stellt die Insel einen integralen Bestandteil der Comoren dar, UN-Chronicle 1977/11, 42.

[15] K. Ginther, War die Slowakei ein souveräner Staat? XVII ÖZöR 167 (1967).

Siegermächte des Zweiten Weltkriegs haben die Staatlichkeit der Slowakei, ebenso wie die Staatlichkeit Kroatiens, wegen ihrer Scheinsouveränität abgelehnt[16]. Sicherlich hat dabei eine Rolle gespielt, daß beide Gebilde, die Slowakei und Kroatien, Schöpfungen des Hauptverlierers des Zweiten Weltkrieges, Deutschlands, waren.

Die Praxis, die effektive Machtausübung alleine bei der Beurteilung der Staatlichkeit eines Gebildes zu berücksichtigen, ist in den letzten Jahren einige Male durchbrochen worden. Unter gewissen Umständen wurde nicht mehr das Faktum effektiver Herrschaftsausübung über ein Territorium sondern doch wieder die Legitimität dieser Machtausübung als Maßstab für die Staatlichkeit des Gebildes gewertet. Man könnte dieses Phänomen als Neolegitimismus der Dekolonialisierungsphase bezeichnen. Die Etablierung einer weißen Minderheitsregierung auf dem Territorium Britisch-Südrhodesiens am 11. November 1965[17] stieß auf den heftigen Widerstand einer großen Mehrheit innerhalb der Vereinten Nationen. Die Mitgliedstaaten wurden sowohl durch Resolutionen der Vollversammlung[18] als auch des Sicherheitsrates[19] aufgerufen, dieses Gebilde nicht als Staat anzuerkennen. Zu diesen Empfehlungen trat bald die Aufforderung, sich zunächst am Boykott, dann auch an Sanktionen gegen das Ian Smith Regime zu beteiligen. Der zweite Fall in der Praxis der Vereinten Nationen, in dem die Legitimität der Umwandlung eines Territorialverbandes in einen „Staat" durch Organe der Vereinten Nationen angefochten wurde, war die Unabhängigkeitserklärung der Transkei im Jahre 1976[20] sowie Bophuthatswanas am 6. 12. 1977[21] durch Südafrika. Die Reaktion der Vereinten Nationen, welche die Einrichtung von Bantustans bereits vorher verurteilt hatten[22], war die Annahme einer Resolution, in welcher die Mitgliedstaaten der Vereinten Nationen aufgerufen wurden, der Transkei die Anerkennung zu versagen sowie jegliche Art von Kontakten zu ihr zu unterlassen[23].

Das nächste problemträchtige Gebilde dürfte Namibia sein, wo Anfang Dezember 1978 Wahlen stattgefunden haben, welche lediglich unter der Kontrolle Südafrikas standen, und aus diesem Grund von den Vereinten Nationen abgelehnt wurden. Unter Umständen könnte auch Nationalchina (Formosa, Taiwan) zu einem weiteren „Fall" werden,

---

16 Ibid, S. 150 und 172.

17 AdG 12163.

18 AdG 12423, 12809, 13795.

19 AdG 11911, 12181, 12923, 13989.

20 AdG 20559; vgl. auch Introduction to South African Law and Legal Theory, Red. Hosten, Edwards, Nathan, Bosman 667 (1977).

21 AdG 21418.

22 GA Res 2775 (XXVI), GA Res 3411 (XXX).

23 GA Res 31/6.

weil es seit dem Einzug der Volksrepublik China in die Vereinten Nationen immer mehr an internationalem Status verliert. Allerdings spielt hier wohl eine wichtige Rolle, daß Taiwan den Anspruch auf die ausschließliche Vertretung Chinas nicht aufgeben will. Die anderen Staaten stehen also vor der Wahl, entweder Taiwan oder die Volksrepublik China anzuerkennen.

Es hatte zwar in den Jahren nach dem Zweiten Weltkrieg mehrere Male Situationen gegeben, in welchen die Staatlichkeit von Territorialverbänden von der Staatenwelt unterschiedlich beurteilt wurde. Solche Fragen hatten sich allerdings entweder durch die Unbeständigkeit des Gebildes oder durch die von Anfang an fehlende Effektivität[24] von selbst gelöst, oder es sind die über längere Zeit angezweifelten Gebilde letztlich doch als Staaten in die internationale Arena eingezogen, in welcher sie sich, quasi durch eine Hintertür, bereits seit längerem befanden. In diesem Zusammenhang sei nur an die DDR erinnert, deren Eigenstaatlichkeit nicht einmal mehr sophistische Spielereien, wie das Grundvertragsurteil des Bundesverfassungsgerichts[25] erfolgreich anzweifeln können.

Die Theorien, welche sich mit der Bedeutung der Rechtswirkung der Anerkennung befassen, konnten sich im Wesentlichen auf zeitgenössische staatliche Praxis stützen. So sollte man die Grundlagen der Theorie von der konstitutiven Kraft der Anerkennung in einer Fortsetzung des monarchischen Legitimismus des Wiener Kongresses sehen. Die Feststellung von Lauterpacht in der 8. Auflage des Lehrbuches von Oppenheim „A State, is and becomes, an International Person through recognition only and exclusively“[26], ist letztlich eine konsequente Fortführung des Gedankens, daß die bereits bestehenden Staaten den Kreis der Mitglieder der Internationalen Gemeinschaft dadurch steuern können, daß sie unerwünschten „beitrittswilligen“ Gebilden den Eintritt verwehren, beziehungsweise erwünschten Gebilden einen solchen durch Anerkennung ermöglichen.

Dadurch, daß in der Staatenpraxis die Berücksichtigung der effektiven Herrschaftsausübung immer mehr zur Beurteilung der Staatlichkeit neuer Gebilde herangezogen wurde, entstanden Situationen, in welchen ein Territorialverband von einigen Staaten anerkannt, von anderen jedoch nicht anerkannt wurde. Nach einer konsequenten Anwendung der konstitutiven Theorie war dieser Territorialverband den ihn anerkennenden Staaten gegenüber ein Staat, den anderen Staaten gegenüber jedoch nicht. Wieso konnten sich nichtanerkannte Territorial-

[24] Wie z. B. der erfolglose Versuch Biafras sich von Nigerien abzuspalten.
[25] 36 BVerfGE 1 ff. v. 31. 7. 1973.
[26] H. Lauterpacht, Oppenheim's International Law, 8th Ed. 125 (1955).

verbände an gewissen Bereichen des internationalen Verkehrs beteiligen? Wieso wurden nichtanerkannte Territorialverbände nicht als absolut rechtlos angesehen, also einem nichtanerkennenden Staat gegenüber etwa als *terra nullius*?[27] Die konstitutive Theorie der Anerkennung vermochte, selbst in der Lauterpacht'schen Variante der Verpflichtung zur Anerkennung[28], diese Phänomena des internationalen Verkehrs nicht mehr zu erklären. Die deklarative Anerkennungstheorie entsprach auf den ersten Blick diesen internationalen Realitäten besser. Sie entsprach vor allem den Erwartungen derjenigen staatlichen Gebilde, welche nach ihrem Entstehen nicht oder zumindest nicht gleich von der Staatengemeinschaft *in toto* anerkannt wurden. Weil nach der konstitutiven Theorie der Zugang zu internationalen Fora an die Anerkennung geknüpft war, war auch die Kritik sowjetischer und anderer Völkerrechtler aus dem Ostblock an ihr so heftig[29]. Der Wandel der Anerkennungstheorie von der konstitutiven zur deklarativen basierte zunächst auf dem wachsenden Einfluß westlicher Demokratien über autokratische Monarchien. Letztere hatten die Loslösung ihrer Kolonien oder der von ihnen abhängigen Gebiete dadurch zu verhindern versucht, daß sie ihnen nach vollzogener Sezession den Zugang zur internationalen Arena durch Nichtanerkennung versperrten. Nach dem Ende des Ersten Weltkrieges brachte die Dismembratio mehrerer Großreiche Situationen mit sich, in welchen Nachfolgestaaten für längere Zeit eine formelle Anerkennung verweigert wurde. Die tatsächliche Durchsetzung dieser Staaten auf internationaler Ebene führte letztlich aber zu einer Festigung der Ansicht, daß der Anerkennung nur deklarative Kraft beizumessen sei, hier aber unter umgekehrten Vorzeichen. Während der monarchistische Legitimismus dem demokratischen weichen mußte, trat oder tritt an dessen Stelle eine Respektierung der Faktizität ohne Frage nach der Legitimierung der Elite in einem Staat durch die Bevölkerung. Die deklarative Anerkennungstheorie paßt auch gut in die Dekolonialisationsbestrebungen der Vereinten Nationen, weil nach ihr das Entstehen eines neuen Staates nicht von dem legitimen Machtübergang vom Kolonialregime auf einen ihm genehmen Nachfolger abhängen kann.

Auch der Fall der DDR zeigt die Richtigkeit der Bevorzugung der deklarativen Konstruktion der Anerkennungswirkung, da faktische Staatlichkeit sich eben auf die Dauer doch durchsetzt und lang-

---

[27] I. Seidl-Hohenveldern, Völkerrecht, 3. Aufl. 134 (1975) behauptet dies nicht ganz verständlicherweise. Die DDR war der Bundesrepublik Deutschland gegenüber sicherlich kein Niemandsland sondern sowjetische Besatzungszone, bevor sie durch die Bundesrepublik anerkannt wurde.

[28] H. Lauterpacht, Recognition in International Law 26 ff. (1948).

[29] Vgl. dazu D. Frenzke, Die kommunistische Anerkennungslehre 77 - 95 (1972).

andauernde Nichtanerkennung, oder das was die jeweilige Regierung der Bundesrepublik Deutschland darunter verstand, die Staatswerdung der DDR schließlich doch nicht verhindern konnte. Im Falle Südrhodesiens scheint die deklarative Theorie jedoch zu versagen. Die kollektive Nichtanerkennung seitens der Vereinten Nationen vermochte zwar Südrhodesien den Zugang zu formellen internationalen Arenen zu verwehren, das Gebilde selbst existiert jedoch bereits über 13 Jahre. Einem Autor ist zuzustimmen, der sagt: ...

> ... no prominent proponent of the declaratory theory has as yet applied the theory to the Rhodesian situation and taken it to its inevitable and logical conclusion.[30]

Dieser offensichtliche Zwiespalt zwischen Theorie und Wirklichkeit sollte zum Anlaß genommen werden, den völkerrechtlichen Staatsbegriff — man ist versucht zu sagen „wieder einmal“ an Hand der Staatenpraxis des letzten Vierteljahrhunderts zu analysieren. Dabei soll keineswegs versucht werden, Territorialverbände, welche offensichtlich nicht unter einem völkerrechtlichen Staatsbegriff zu subsumieren sind, anders zu nennen und solchen neugeschaffenen Kategorien bestimmte völkerrechtliche Rechte zuzuordnen. Obwohl das Potential von Kolonien und abhängigen Gebieten, aus welchen sich Neustaaten bilden könnten, fast erschöpft zu sein scheint, ist es durchaus nicht nur ein akademisches Unterfangen, immer noch Betrachtungen über die Staatlichkeit neuentstandener Territorialverbände anzustellen. Außer aus Kolonien könnten sich Neustaaten auch aus Großstaaten bilden, welche verschiedene Nationen und Nationalitäten beheimaten. Man denke hier etwa an bestehende Sezessionsbestrebungen von Quebec in Kanada, von Mindanao in den Philippinen und den Devolutionsbestrebungen in Großbritannien.

II. Wert der Staatlichkeit

Bevor das Augenmerk auf Kriteria der Staatlichkeit gerichtet werden soll, muß zunächst die Frage gestellt werden, ob die Staatlichkeit für einen Territorialverband überhaupt von rechtlicher und tatsächlicher Bedeutung ist. Für eine positive Beantwortung dieser Frage spricht zunächst, daß viele Territorialverbände Staatlichkeit anstreben, also damit ausdrücken, daß Staatlichkeit für sie einen Wert darstellt. Andere, etablierte Staaten lehnen diese Staatlichkeit des neuen Territorialverbandes ab, sie sprechen also der Staatlichkeit implizit ebenfalls einen Wert zu, welchen sie aber nicht gewillt sind, dem neuen Territorialverband zuzuerkennen. Daß dabei die formelle Anerkennung zumindest als politisch-psychologischer Symbolakt für die Par-

---

[30] D. J. Devine, The Requirement of Statehood reexamined, 34 Mod. L. Rev. 416 (1971).

teien von großer Bedeutung ist, zeigt etwa im Verhältnis zwischen der Bundesrepublik Deutschland und der DDR das Bemühen der DDR, sie zu erlangen und der BRD sie zu vermeiden[31]. Außer dieser Erfahrungstatsache gibt es auch juristische Argumente, nämlich, daß Staaten als Völkerrechtssubjekte über eine gesichertere Rechtsposition verfügen als Territorialverbände unterhalb der Schwelle der Staatlichkeit. Im Schrifttum trifft man dazu die Behauptung, daß Staaten als Hauptsubjekte des Völkerrechts die eigentlichen Träger der Gesamtheit der völkerrechtlichen Rechte und Pflichten darstellen[32]. Für die vorliegenden Betrachtungen lassen sich diese Rechte der Staaten in drei Kategorien einteilen: Abwehrrechte, Gestaltungsrechte und Partizipationsrechte.

Zu den Abwehrrechten, welche neuentstandene Territorialverbände interessieren könnten, zählt vor allem das Recht auf territoriale Integrität, gipfelnd im Recht auf Selbsterhaltung. Zu ihnen gehört ebenfalls das Recht auf gegenseitige Achtung der souveränen Gleichheit der Staaten.

Wie sich das Recht auf territoriale Integrität für einen bestrittenen Territorialverband auswirken kann, zeigt das Beispiel Südrhodesiens. Der Kampf des Ian Smith Regimes gegen Guerillaaktionen, welche vom Territorium Moçambiques, Sambias und Botswanas ausgehen[33], muß zunächst an der Staatlichkeit Südrhodesiens bewertet werden[34]. Ist Südrhodesien ein Staat, so hat es zweifellos das Recht auf Notwehr gegen Angriffe von außen. Ist es noch immer eine Britische Kolonie, so könnte das Recht auf Notwehr nur von der Kolonialmacht, also von Großbritannien beansprucht werden.

Die Frage der Staatlichkeit Südrhodesiens ist auch für die Beurteilung der Rechtsqualität der Partisanenaktionen von Bedeutung. Ist Südrhodesien ein Staat, so genießt dieser den Schutz des Gewaltverbotes und die Partisanenaktionen sind eine verbotene Intervention, welche gegebenenfalls sogar dem Staat zur Last gelegt werden könnten, von dessen Territorium sie ausgehen. Ist Südrhodesien hingegen immer noch eine Kolonie, die, aus welchem Grund auch immer, nicht mehr unter der Kontrolle der Kolonialmacht steht, so könnte unter dem Titel

---

[31] K. Krakau, Inwieweit ist die DDR heute von der Bundesrepublik anerkannt? *Finis Germaniae*, Red. v. Münch/Oppermann/Stödter 135 (1977).

[32] Für alle A. Verdroß/B. Simma, Universelles Völkerrecht 200 f. u. 229 f. (1976).

[33] Vgl. dazu AdG 20383, 20708, 20871, 21120, 21272.

[34] Bei der Suche nach den aus Artikel 2 (4) der Satzung der Vereinten Nationen Berechtigten wurde gefragt: „A necessary socially empirical reference for the syntactics of international law is, thus, who or what is a state, able to claim this fundamental deference from the elites of other states ..." M. Reisman/E. Suzuki, Recognition and Social Change in International Law, Toward World Order and Human Dignity, Essays in Honor of Myres S. McDougal, Ed. Reisman/Weston 412 (1976).

des Selbstbestimmungsrechtes und unter Hinweis auf die in den neueren Dekolonialisierungsresolutionen geforderte sofortige Freilassung aller Kolonien und abhängigen Gebiete, etwa der Anspruch erhoben werden, die Partisanenaktionen seien legitim und ein Widerstand gegen sie sei völkerrechtswidrig[35].

In der Doktrin, die allerdings nicht immer durch die Staatenpraxis unwidersprochen blieb, ist die Auffassung vertreten worden, daß Territorialverbände unterhalb der Staatlichkeitsschwelle, die sich über längere Zeit als „befriedete de facto-Regime" durchgesetzt haben, den Schutz des Gewaltverbots genießen, aber auch an dieses gebunden sind[36]. Akzeptiert man diesen Begriff, müßte für das ausgewählte Beispiel Südrhodesiens zunächst beurteilt werden, ob es sich hier um solch ein Gebilde handelt. Es ergibt sich hier allerdings die Schwierigkeit der terminologischen Abgrenzung zwischen solch einem Regime und einem Staat. Versteht man unter einem befriedeten de facto-Regime die nicht mit Waffengewalt bekämpfte Existenz eines Territorialverbandes mit faktisch internationaler Stellung, welches von einer großen Anzahl von Staaten nicht als Staat anerkannt wird[37], so verlegt man die Diskussion nur auf eine andere Ebene. Außer der empirisch durchführbaren Feststellung der Befriedung des Gebildes wäre noch zu prüfen, ob es internationale Stellung hat. Erst dann würde es den internationalen Schutz durch das Gewaltverbot genießen. In diesem Zusammenhang interessiert aber, ob ein Gebilde durch seine Existenz alleine, ohne irgendeinen internationalen Status zu haben, solch einen Schutz genießt. Auch wenn der Begriff „Internationaler Status" nicht denknotwendig eine niederere Stufe der Staatlichkeit darstellen muß, trägt er in irgendeiner Weise Elemente der — wenn auch implizierten — Anerkennung in sich. Geht man konsequent von der deklarativen Anerkennungstheorie aus, muß die Tatsache der Befriedung, also der nicht durch massive Gewaltanwendung bestrittenen Existenz eines Territorialverbandes einen gewissen völkerrechtlichen Schutz dieses Gebildes mit sich bringen. Südrhodesien wäre demnach, ungeachtet sporadischer Partisanenaktionen, die nicht immer von einer Zentralmacht, welche die Macht in Zimbabwe anstrebt, kontrolliert werden, ein be-

---

[35] Vgl. die Resolutionen der Vollversammlung der Vereinten Nationen 2908 (XXVII) v. 2. 11. 1972, 3328 (XXIV) v. 16. 12. 1974 und 3481 (XXX) v. 11. 12. 1975.

[36] Frowein (Fn. 5) 35 - 69.

[37] Frowein (Fn. 5) 52; H. Blix, Contemporary Aspects of Recognition, 130 RC 128 (1970), fragt sich: „... whether these entities — „Gebilde" — which Frowein avoids to identify as states, do not, in reality, on the whole fulfil the legal criteria of statehood, even though established governments, which do not recognize them, would undoubtedly avoid that label for fear of any misunderstandings of their position of non-recognition."

friedetes de facto-Regime[38], mit dem sich daraus ergebenden Recht auf Notwehr.

Zur zweiten Gruppe, den Gestaltungsrechten, kann besonders das Recht zählen, innere Angelegenheiten unter Ausschluß fremder Staatsgewalt zu regeln[39]. Das bedeutet, daß Staaten das Recht haben, ihr politisches, wirtschaftliches, soziales und kulturelles System ohne Einmischung in irgendeiner Form durch einen anderen Staat frei zu wählen[40]. Für ein Gebilde, das Staatlichkeit anstrebt, welche jedoch von anderen Mitgliedern der Völkerrechtsgemeinschaft angezweifelt wird, ist dieses Recht von großer Bedeutung. Das Gebilde könnte vom Moment der Entstehung der Staatlichkeit jegliche Einmischung von außen bezüglich der Form und Art der Machtausübung innerhalb des Staates ausschließen. Es könnte Forderungen anderer Mitglieder der Völkerrechtsgemeinschaft oder internationaler Organisationen auf Änderung des politischen Herrschaftssystems etwa unter dem Hinweis auf fehlende Teilnahme von großen Teilen der Bevölkerung am innerstaatlichen Entscheidungsprozeß, auf das Fehlen von demokratischen Einrichtungen im Staat und auf die Bevorzugung eines und die Benachteiligung anderer Bevölkerungsteile abwehren. Allerdings kann nur ein Staat und nicht ein Staatsembryo, ein *nucleus* eines Staates, sich auf dieses Interventionsverbot berufen, sicherlich nicht eine Kolonialmacht bezüglich der von ihr kontrollierten Territorien. Daher ist der Moment der Staatswerdung für Gebilde, welche diesen Status anstreben von außerordentlicher Bedeutung.

Aus der dritten Gruppe von Rechten, den Partizipationsrechten, ist für einen Anwärter auf Staatlichkeit der Zugang zu internationalen Arenen, traditionellerweise als Recht auf internationalen Verkehr bezeichnet, von größtem Interesse. Sowohl die Existenz als auch der Umfang dieses Rechtes sind umstritten[41]. Man muß jedoch Autoren zustimmen, die davon ausgehen, daß Staaten sich heute nicht mehr hermetisch abkapseln dürfen[42], da ein Minimum an gegenseitigem Verkehr zwischen einzelnen Völkerrechtssubjekten zum Wesen des Völkerrechts

---

[38] Vgl. dazu Frowein (Fn. 5) 67, der allerdings nur auf das Verhältnis Mutterstaat-Kolonie abstellt und von Großbritannien einen Versuch der Gewaltanwendung erwartete, welche durch die nun befriedete Situation verboten sei.

[39] F. Berber, Lehrbuch des Völkerrechts, Bd. I, 2. Aufl. 181 (1975) zählt die Gebiets- und Personalhoheit ebenfalls zu den Gestaltungsrechten. Die Einführung einer getrennten Kategorie: Abwehrrechte scheint jedoch gerechtfertigt.

[40] So beschreibt es die Resolution der Vollversammlung der Vereinten Nationen anläßlich ihres 25jährigen Bestehens GA Res 2625 (XXV); vgl. auch die Artikel 1 der beiden Menschenrechtspakte der Vereinten Nationen.

[41] Lauterpacht (Fn. 26) 321 schreibt: „There is, in law, no such fundamental right of intercourse ...“

[42] A. Verdroß, Völkerrecht, 5. Aufl. 239 (1964).

gehört[43] und letztlich die internationale Arena kennzeichnet. Staatlichkeit ist für den Zugang zu internationalen Fora insofern von Bedeutung, als der Beitritt zu internationalen Organisationen oder zu multilateralen Verträgen meist nur Staaten offensteht[44]. Obwohl solch ein Beitritt in der Regel ein besonderes Verfahren vorsieht, in welchem die bisherigen Mitgliedstaaten eine Prüfung der Staatlichkeit des Aufnahmekandidaten vornehmen können, kann manchmal der Beitritt auch gegen den Willen einiger Mitglieder durch Mehrheitsentscheid[45] oder durch die Bestimmung mehrerer Depositare[46] erfolgen.

Rechte, welche sich aus der Staatlichkeit ergeben, mit anderen Worten Rechtspositionen, welche eine bessere Durchsetzung eigener Ansprüche gewährleisten, sind keineswegs statisch. Sie können sich durchaus erweitern und dabei den Anreiz der Staatlichkeit für neue Territorialverbände erhöhen. Zu denken wäre dabei z. B. an gewisse neuere Forderungen im Seerecht, Binnenstaaten, aber auch Staaten mit ungünstigen Küsten einen adäquaten Anteil an den Schätzen der Weltmeere zu gewähren.

Zusammenfassend kann gesagt werden, daß Staatlichkeit für einen Territorialverband, welcher an seinem Bestand interessiert ist, und Zugang zu internationalen Fora sucht, in jedem Fall erstrebenswert ist.

III. Kriteria der Staatlichkeit

In der Zusammenfassung des Teiles I konnte festgestellt werden, daß die deklarative Anerkennungstheorie der konstitutiven gegenüber große Vorteile hat, weil sie den tatsächlichen internationalen Beziehungen besser entspricht. Dabei kann im Moment eine gelegentliche Rückkehr zu einem Neolegitimismus der Dekolonialisierungsphase unberücksichtigt bleiben. Ferner wurde im II. Teil festgestellt, daß Territorialverbände nach Staatlichkeit drängen und sich von dieser Vorteile erhoffen. Aus beiden Überlegungen ergibt sich die Notwendigkeit objektive Kriteria für die Staatlichkeit zu erarbeiten. Besonders deutlich wurde dies in der Diskussion um den Artikel 7 des Entwurfes für die Konvention über das Recht völkerrechtlicher Verträge:

> In the case of a general multilateral treaty, every state may become a party to the treaty unless it is otherwise provided by the terms of the treaty itselfs ....[47].

[43] I. Seidl-Hohenveldern, Völkerrecht, 3. Aufl. 275 (1975); in diesem Sinne auch B. R. Bot, Non-Recognition and Treaty Relations 2 f. (1968).

[44] Nur selten können auch nicht-Staaten Mitglieder internationaler (staatlicher) Organisationen werden, wie z. B. nach Art. 3 (d) und (e) der Satzung der WMO.

[45] So nach Artikel 11 (4) der Satzung der UPU.

[46] So z. B. für das Atomteststopabkommen (480 UNTS, 43), wo nach Artikel III (2) die USA, Großbritannien und die UdSSR Depositare sind.

Der Deutsche Delegierte erklärte dazu unmißverständlich, daß der Einfluß solch einer Bestimmung zu Rechtsmißbrauch führen könne, weil es keine internationale Autorität gäbe, die bindend erklären könne, was ein Staat ist. Sogenannte „generelle, multilaterale Verträge" wären dadurch automatisch für alle territorialen Einheiten offen, welche sich als Staaten bezeichnen[48].

Das völkerrechtliche Schrifttum sowie eine Reihe von Gerichtsentscheidungen geht im wesentlichen von der bekannten Trias

Staatsvolk — Staatsgebiet — Staatsgewalt

aus[49].

A. Staatsvolk und Staatsgebiet

Die Staatselemente Volk und Gebiet scheinen in der bisherigen Diskussion wenig Probleme geboten zu haben. Ihr Vorhandensein ist zweifellos eine *conditio sine qua non* für Staatlichkeit, wobei bezüglich des Staatsgebiets die Existenz von Grenzstreitigkeiten die Staatlichkeit dieses Gebildes nicht deshalb in Frage stellt, weil ihr Staatsgebiet nicht genau bestimmt werden kann[50]. Lediglich in den letzten Jahren scheint unter dem Einfluß der Dekolonialisierungseuphorie eine Tendenz bemerkbar zu sein, daß sowohl bezüglich der Größe des Territoriums als auch der Anzahl der Bevölkerung gewisse Mindestforderungen nicht mehr aufgestellt werden. Die Staatswerdung von

	Dominica	mit	751 km²	und	80 000	Einwohnern
	Grenada	mit	322 km²	und	110 000	Einwohnern
	Nauru	mit	21,4 km²	und	8 000	Einwohnern
	Sao Tomè	mit	964 km²	und	82 000	Einwohnern
	Seychellen	mit	280 km²	und	60 000	Einwohnern
	Tonga	mit	699 km²	und	91 000	Einwohnern
und	Tuvalu	mit	24,6 km²	und	7 000	Einwohnern[51]

von denen Grenada, Sao Tomè und die Seychellen bereits Mitglieder der Vereinten Nationen sind[52], kann als Beweis für diese Behauptung gewertet werden.

---

47 A/CN. 4/144 and Add. 1, (YBILC 1962/I, 200); zur Diskussion darüber siehe insbesondere A/Conf. 39/11/Add. 1, 229 ff.

48 A/Conf. 39/11/Add. 1, 234.

49 Für eine Literaturübersicht und ein Entscheidungsverzeichnis siehe: Uibopuu, H. J., Die Völkerrechtssubjektivität der Unionsrepubliken der UdSSR 59 f., Fn. 27 (1975); eine vor kurzem erschienene Arbeit führt weitere Kriteria an und belegt diese auch aus Schrifttum und Judikatur: Crawford (Fn. 4) 111 - 145.

50 Für die Praxis der Vereinten Nationen siehe Higgins (Fn. 12) 17 ff.; vgl. auch Crawford (Fn. 4) 111 ff.

51 Die Quelle für die statistischen Angaben ist: Fischer-Weltalmanach (Fn. 7) 29 - 326.

52 Ibid.

Territorium als Voraussetzung für Staatlichkeit ist bei umstrittenen Gebilden, wie Südrhodesien, Transkei, Formosa und Namibia zweifelsfrei vorhanden. Die Frage nach dem Vorhandensein eines Staatsvolkes ist hingegen nicht so leicht zu beantworten. Ein geeigneter Anknüpfungspunkt wäre hier die dauernde Kontrolle einer Gebietskörperschaft über eine bestimmte Bevölkerung. Da Staaten jedoch kraft ihrer Territorialhoheit befugt sind, das Verhalten aller Menschen, welche sich unter ihrer Jurisdiktion befinden, verbindlich zu regeln, ist es notwendig, Personen mit enger und dauerhafter Bindung zu ihnen von solchen zu unterscheiden, welche sich nur vorübergehend auf ihrem Territorium aufhalten. Neben dem faktischen Anknüpfungspunkt der dauernden Kontrolle bietet sich hier als rechtlicher Anknüpfungspunkt die Staatsangehörigkeit an[53].

Die Existenz eines Staatsvolkes ist z. B. für die Transkei zweifelhaft. Südafrika hat durch den Transkei Constitution Act von 1963[54] eine Staatsangehörigkeit der Transkei geschaffen, welche für alle Bantusprachigen Bewohner der Transkei, sowie für alle Xosa- und Sothosprachigen Bantus in Südafrika gelten soll. Durch den Status of Transkei Act von 1976[55] verloren alle diese Personen die Staatsangehörigkeit von Südafrika. Abgesehen von der Frage, ob solch eine kollektive Ausbürgerung völkerrechtlich zulässig ist, wenn die betroffenen Personen nicht gleichzeitig die Staatsangehörigkeit eines anderen *Staates* erworben haben, ist zu prüfen, ob die außerhalb der Transkei wohnenden „Staatsangehörigen der Transkei" unter der tatsächlichen Kontrolle der Behörden der Transkei stehen, also ob hier ein *genuine link* zwischen der Transkei und dieser Bevölkerung besteht. Auch muß berücksichtigt werden, daß ein großer Teil der Wohnbevölkerung der Transkei aus Wanderarbeitern aus anderen Gebieten, zum Tiel auch aus dem Ausland wie Lesoto besteht[56]. Der rechtliche Anknüpfungspunkt, die Staatsangehörigkeit, fehlt bei ihnen. Der faktische Anknüpfungspunkt, die Kontrolle über diese Bevölkerung ist sicherlich nur von zeitlich begrenzter Dauer. Berücksichtigt man ferner, daß die Staatsangehörigkeit der Transkei von Südafrika eingeführt wurde, so müßte man die Existenz eines Staatsvolkes der Transkei fast verneinen[57].

---

[53] Vgl. dazu ausführlich Uibopuu (Fn. 49) 62 ff.; anders Crawford (Fn. 4) 114 f., der glaubt, daß Staatsangehörigkeit von Staatlichkeit abhängt und nicht umgekehrt.

[54] Vgl. Hosten/Edwards et alii (Fn. 20) 656.

[55] Ibid, 659; abgedruckt auch in 15 ILM 1175 (1976).

[56] M. F. Witkin, Transkei: An Analyses of the Practice of Recognition — Political or Legal?, 18 Harv.ILJ 610 (1977).

[57] Wie sie von Witkin loc. cit. behauptet wird.

B. Staatsgewalt

Das wichtigste, gleichzeitig aber auch umstrittenste Kriterium der Trias ist die Staatsgewalt. Wegen seines hohen Abstraktionsgrades sind der Begriff der Staatsgewalt und seine Bestandteile einer empirischen Untersuchung schwerer zugänglich als Staatsgebiet und Staatsvolk. Hier zeigt sich der Vorteil der Darstellung des Staates als Rechtsordnung, verstanden nicht nur als System von Rechtsnormen, wie die positivistische Schule es vorschlägt[58], sondern auch als effektiver autoritativer Entscheidungsprozeß. Will man einen Staat von anderen Territorial- oder Personalverbänden unterscheiden, muß man den Charakter seiner Rechtsordnung untersuchen und vor allem darstellen, daß diese als effektiver Entscheidungsprozeß relative Eigenständigkeit genießt und keiner anderen vergleichbaren Rechtsordnung untergeordnet ist. Auf Grund dieses Kriteriums scheiden Gliedstaaten von Bundesstaaten als Prätendenten auf Staatlichkeit grundsätzlich aus. (Fehlt die Eigenständigkeit, fehlt auch ein wesentliches Kennzeichen der Staatsgewalt. Die Frage nach der Staatlichkeit eines Gebildes muß dann verneint werden[59].) Die Eigenständigkeit des effektiven Entscheidungsprozesses kann allerdings durch internationale Bestimmungen eingeschränkt werden, die Rechtsordnung kann also dem Völkerrecht untergeordnet sein.

Eine Untersuchung der Delegationszusammenhänge von Rechtsordnungen zum Beweis der Staatlichkeit eines Territorialverbandes muß von einem weiten Begriff der Rechtsordnung ausgehen. Worauf es ankommt, ist der effektive Entscheidungsprozeß auf allen Ebenen. In der so verstandenen Rechtsordnung sind nicht nur die hochpolitischen Rechtsnormen enthalten, sondern das gesamte Netz von Rechtsvorschriften, die einen modernen Staat kennzeichnen, von der Verfassung bis zur individuellen Verordnung, vom Abschluß internationaler Verträge bis zur Aufstellung einer Warntafel vor einer Baugrube. Es ist, wie wir gleich sehen werden, unrealistisch nur den Delegationszusammenhang auf allerhöchster politischer Ebene zu bewerten und die Staatsqualität ausschließlich von diesem Ergebnis abhängig zu machen. Betrachten wir die Staaten eines bestimmten Blocks, wie etwa des Rates für gegenseitige Wirtschaftshilfe, so können wir feststellen, daß auch außerhalb der auf die Organisation übertragenen Kompetenzen die Einwirkung eines Staates auf den politischen Entscheidungsprozeß aller Staaten evident ist[60]. Auch wenn ein Staat, hier die Sowjetunion, vitale

[58] Für alle: H. Kelsen, Allgemeine Staatslehre, Nachdruck 16 ff. (1966).

[59] Es ist müßig, hier den semantischen Streit fortzusetzen, ob es einen Unterschied zwischen einer völkerrechtlichen und einer staatsrechtlichen Staatlichkeit gibt, wie es Berber (Fn. 39) 143 behauptet. Sollen von der Staatlichkeit Ansprüche auf internationaler Ebene abgeleitet werden, kann nur völkerrechtliche Staatlichkeit interessieren.

Entscheidungen anderer Staaten beeinflußt, werden wir nicht gleich die Eigenständigkeit der Rechtsordnungen dieser Staaten in Frage stellen, solange diese Rechtsordnungen in ihrer gesamten Breite, vor allem in den alltäglichen Entscheidungen und in ihrem Vollzug nicht direkt auf eine andere Rechtsordnung zurückgehen, also als effektiver Entscheidungsprozeß die Eigenständigkeit verloren haben. Durch den Prager Frühling 1968 geriet das gesellschaftspolitische Konzept der ČSSR in Bewegung und entfernte sich von seinem sowjetischen Vorbild. Damals sah man die Existenz zweier Rechtsordnungen, derjenigen der UdSSR und derjenigen der ČSSR besonders deutlich. Die hochpolitische Entscheidung, diese Entwicklung zu stoppen wurde zweifellos außerhalb der Rechtsordnung der ČSSR getroffen, als im August 1968 die Truppen des Warschauer Paktes den Befehl zum Einmarsch in die Tschechoslowakei bekamen[61]. Die Eigenständigkeit der Tschechoslowakei bei der Gestaltung ihres effektiven Entscheidungsprozesses wurde jäh drastisch eingeschränkt. Die alltäglichen, nichtpolitischen, auf niedrigerer Ebene befindlichen Entscheidungen in der Tschechoslowakei wurden aber durch den Einmarsch der Truppen nicht in dem Ausmaß tangiert wie die hochpolitischen. Und weil eben diese Rechtsordnung im weitesten Sinn wieder weiterfunktionierte und ihre Befehle nicht oder nur sehr selten von den Besatzungstruppen holte, blieb die Eigenständigkeit des effektiven Entscheidungsprozesses in der ČSSR weitgehend bestehen und ihre Staatlichkeit wurde von den Mitgliedern der Völkerrechtsgemeinschaft nicht in Zweifel gezogen.

Die Beschreibung einer Rechtsordnung als relativ eigenständigen effektiven Entscheidungsprozeß hat den Vorteil, daß man die Fiktion der Nichtabgeleitetheit einer Rechtsordnung von anderen Rechtsordnungen vermeiden kann. Eine absolute Eigenständigkeit kann für sehr viele Staaten ohnehin nur eine Fiktion sein, weil es zu viele faktische Abhängigkeiten gibt: wirtschaftliche, rein machtpolitische, ideologische, d. h. auf Überzeugung beruhende. Bewegt der Entscheidungsprozeß eines Staates sich auf allerhöchster politischer Ebene, so kann diese Abhängigkeit stark sein. Je mehr er sich von dieser Ebene entfernt und

[60] Die Übertragung von Entscheidungskompetenzen auf internationale Organisationen als Sonderform der Einschränkung der Eigenständigkeit des staatlichen Entscheidungsprozesses, den wir hier Rechtsordnung nennen, mag als besondere Form des internationalen Integrationsprozesses von großem Interesse sein, in diesem Zusammenhang ist er von untergeordneter Bedeutung.

[61] Es sei denn, man betrachtet die Staaten des Ostblocks als eine Organisation sui generis, in welcher die Organisationsstruktur der kommunistischen Parteien, allen voran der KPdSU zum Verfassungsrecht dieser Organisation gehört, und daher alle Teilrechtsordnungen der Mitgliedstaaten des Ostblocks von der ober-Rechtsordnung abgeleitet werden, in welcher die Rolle der KPdSU im Entscheidungsprozeß für die ganze Organisation in der Form festgelegt ist, wie nach der Verfassung der UdSSR aus 1977 im Artikel 6 für die Sowjetunion.

der großen Masse der unpolitischen Rechtsetzungs- und Vollzugsnormen nähert, desto mehr schwinden auch faktische Abhängigkeiten. Es scheint also angemessen, die Eigenständigkeit einer Rechtsordnung im Wesentlichen an Hand der großen Masse der unpolitischen Rechtsetzungs- und Vollzugsnormen zu beurteilen. Diese Betrachtungsweise hat auch den Vorteil, die Erwartungen bezüglich der Erfüllung von staatlichen Verhaltensnormen bedeutend höher ansetzen zu können, als unter ausschließlicher Berücksichtigung oder starker Betonung vitaler und auch das Interesse anderer Staaten betreffenden Fragen. Für viele Staaten ist die Eigenständigkeit außenpolitischer Entscheidungen durch andere Staaten stark eingeschränkt. Dagegen ist die Ausgestaltung ihrer Rechtsordnungen etwa auf dem Gebiet des Zivil-, Straf- und vor allem Prozeßrechts unter Beachtung von Vorschriften für die Erzeugung neuer Rechtsnormen niedrigeren Ranges in der Regel ein originärer Prozeß, der nicht von einer anderen Rechtsordnung abgeleitet ist. Da dieser Teil der Rechtsordnung den größten Teil des effektiven Entscheidungsprozesses ausmacht, ist es vorteilhafter, ihn dem weiteren Begriff der Rechtsordnung als Teil des Staatsbegriffes zugrundezulegen.

Hat man sich dazu durchgerungen, stößt man allerdings auf eine Schwierigkeit. Solchen Gebilden mit relativ eigenständigen Rechtsordnungen, die über eine gewisse Zeit diese ihre eigenen Rechtsordnungen weiterentwickeln und sowohl territorial als auch personell durchsetzen, fehlt doch noch etwas, was völkerrechtliche Staatlichkeit ausmacht.

Eine Rechtsordnung als Entscheidungsprozeß muß von Menschen getragen werden. Sie treten sowohl als Entscheidungsträger als auch als Rechtsunterworfene auf, denn Verhaltensnormen für sich alleine, ohne die sie erfüllenden oder verletzenden Menschen wären kein Staat. Für den Staat müssen ferner auch Eliten auftreten, welche ihn nach außen repräsentieren und im Inneren die Durchsetzung seiner Rechtsordnung kontrollieren. Da Stabilität für einen Staat eine wesentliche Voraussetzung ist, müssen diese Eliten sowohl mit formeller Autorität als auch mit effektiver Kontrollmacht ausgestattet sein[62], wobei jedes dieser Attribute für sich alleine nicht genügt.

Formelle Autorität sollte man nicht nur als die formelle Kompetenz zur Setzung von Akten verstehen, welche für den staatlichen Entscheidungsprozeß von Bedeutung sind. Sprechen wir von formeller Autorität staatlicher Eliten, so meinen wir, daß die Gemeinschaft, die Rechtsunterworfenen, erwarten, daß diese Eliten allgemeine und besondere Verhaltensnormen für die Mitglieder der Gemeinschaft setzen und daß

---

[62] Zum Gebrauch der Termini Autorität und effektive Kontrolle siehe M. McDougal, International Law, Power and Policy: a Contemporary Conception, 82 RC 137 ff. (1953) und andere Arbeiten der Yale-Schule.

die von den Eliten erlassenen Verhaltensnormen auch eingehalten werden. Effektive Kontrolle bedeutet in diesem Zusammenhang, daß die Entscheidungen der Eliten tatsächlich durchgesetzt werden, ohne Rücksicht darauf, ob eine Vermutung für ihre Kompetenz besteht, oder ihre Entscheidungen in irgendeiner Form von der staatlichen Gemeinschaft getragen werden. Auf alle Fälle werden Anwärter auf Staatlichkeit auf internationaler Ebene bemüht sein, Autorität nachzuweisen, um dem Vorwurf zu entgehen, daß ihnen die Legitimation durch ihre Rechtsunterworfenen fehlt. Eine Verbindung von Autorität und effektiver Kontrolle in der Hand der Eliten, welche Entscheidungen in einem Territorialverband treffen, ist für die internationalen Beziehungen dieser Gebilde von großer Bedeutung, da sie den internationalen Partnern eine Gewähr dafür bietet, daß übernommene Verpflichtungen auch erfüllt werden. Da diese Fähigkeit nicht unbedingt im Staatselement „Staatsmacht" impliziert sein muß, ist sowohl seitens des Schrifttums[63], als auch der Staatenpraxis[64] ein viertes Kriterium für Staatlichkeit gefordert worden: die Fähigkeit internationale Beziehungen zu unterhalten. Gegen die Erweiterung der Trias der Kriteria für die Staatlichkeit um ein weiteres Kriterium werden allerdings einige Einwände gemacht: erstens unterhalten heute nicht nur Staaten internationale Beziehungen[65] und zweitens ist die Fähigkeit, internationale Beziehungen zu unterhalten eher eine Konsequenz als eine Voraussetzung für die Staatlichkeit[66]. Trotzdem sollte man sich bei einer empirischen Untersuchung der Staatlichkeit auch dieses vierten Kriteriums bedienen, wenn es gelingt, seine Bedeutung anhand der staatlichen Praxis nachzuweisen.

Die Fähigkeit eines Territorialverbandes, internationale Beziehungen zu unterhalten — „the capacity to enter into relations with other states[67]" — muß ihrerseits in ihre Bestandteile zerlegt werden. Die Rechtsordnung, der interne Entscheidungsprozeß eines Anwärters auf Staatlichkeit, muß international relevante Sachgebiete umfassen. Diesen Bestandteil der Fähigkeit, internationale Beziehungen zu haben, könnte

---

[63] Verdroß (Fn. 42) 191 f.; Berber (Fn. 39) 115 f. verweist auf Hyde und Hackworth.

[64] Artikel I (d) der Montevideo Convention on Rights and Duties of States, 165 LNTS, 19; vgl. auch Restatement, Second, Foreign Relations Law of the United States 14 (§ 4),

[65] Vgl. auch D. P. O'Connell, International Law, 2. Auflage, Bd. I 285 (1970); vgl. auch Crawford (Fn. 4) 119.

[66] So etwa Crawford loc. cit.; eine eher unverständliche Argumentation wird von Devine (Fn. 30) 410 gebracht: „With respect, to this writer the fourth requirement appears to be superfluous for if a State has a stable and independent government it will automatically have factual ability to participate in international intercourse."

[67] Artikel I (d) der Montevideo Convention (Fn. 64).

man Materienkompetenz nennen[68]. Dazu muß der Territorialverband noch Organe besitzen, welche im internationalen Verkehr auftreten und ihn international verpflichten können. Mit anderen Worten, er muß gewisse Personen dazu legitimieren, ihn auf internationaler Ebene zu vertreten. Diese „formelle" Autorität ist für die Partner des Territorialverbandes zumindest ein Teilaspekt der Garantie dafür, daß dieser Territorialverband sich verbindlich verpflichtet hat. Der andere Teilaspekt ist die effektive Kontrolle, welche die den Territorialverband repräsentierenden Eliten über Werte innerhalb dieses Gebildes ausüben. Materienkompetenz, Vertretungsbefugnis, Autorität und effektive Kontrolle sind gewissermaßen die „subjektive" Seite der Fähigkeit internationale Beziehungen zu unterhalten. Sie wird dadurch gekennzeichnet, daß Werte, die sich innerhalb des Territorialverbandes befinden und zu den Materienkompetenzen dieses Verbandes gehören, von seinen Eliten auf Grund ihrer formellen Autorität vertreten werden und auch unter der effektiven Kontrolle dieser Eliten stehen, d. h., daß ein Zugang zu diesen Werten nur über diese Eliten möglich ist. Solche Werte können verschiedener Art sein. Es kann sich dabei um eigene Staatsangehörige handeln, welche sich unter der Kontrolle eines fremden Territorialverbandes befinden und nur über dessen Eliten erreichbar sind, z. B. verhaftete oder gefangene Personen. Es kann sich aber auch um Sachen oder Interessen handeln, wovon beide sowohl in Staats- als auch in Privateigentum stehen können. Als Beispiel für eine im Staatseigentum stehende Sache könnte die von Nordkorea im Jahre 1968 aufgebrachte Pueblo, das amerikanische Aufklärungsschiff, gelten[69]. Ein Beispiel für ein staatliches Interesse wäre die Erwirkung von Transitrechten für Luftfahrzeuge, ein Beispiel für ein privates Interesse der Patentschutz[70]. Die Kontrolle über den Zugang zu Werten innerhalb eines Territorialverbandes ist aber auch gleichzeitig die „objektive", empirisch faßbare Seite der Fähigkeit zu internationalen Beziehungen. Diese Fähigkeit kann sich nicht nur auf die Bereitschaft des Territorialverbandes zu internationalen Beziehungen beschränken, d. h. auf effektive Kontrolle über Werte von internationaler Relevanz durch Eliten, welche bereit sind, den Territorialverband auf internationaler Ebene zu vertreten. Die Fähigkeit zu internationalen Beziehungen, die ihrem Wesen nach zumindest bilateral sind, muß auch von den Partnern dieser Beziehungen beurteilt werden. In der positiven Beurteilung ist die Erwartung enthalten, daß der Territorialverband seine Verpflichtung erfüllen wird. Es ist in ihr aber auch die Erwartung enthalten, daß der vom Partner erwünschte Zugang zu Werten innerhalb des Territorial-

---

[68] Vgl. dazu Uibopuu (Fn. 49) 238 ff.

[69] Vgl. dazu AdG, 13715, 14114, 14403.

[70] So Blix (Fn. 37) 595.

verbandes nur über dessen mit formeller Autorität ausgestattete Eliten möglich ist. Das, was im Schrifttum häufig Kontaktbereitschaft genannt wird[71], ist oft nicht subjektive Bereitschaft zu solchen Kontakten, sondern die objektive Notwendigkeit sich direkter Kontakte mit den Eliten gewisser Territorialverbände zum Schutz eigener Interessen oder zur Durchsetzung eigener Ansprüche zu bedienen, da eine andere Möglichkeit nicht gegeben ist, an Werte zu kommen, die unter der Kontrolle dieser Eliten stehen. Ein Beispiel für solche Kontakte ist der vorhin erwähnte Fall der Pueblo, in dem die Vereinigten Staaten gezwungen waren, sich mit Nordkorea in Verbindung zu setzen. Obwohl Frankreich und Großbritannien Nordvietnam nicht als Staat anerkannt hatten, unterhielten beide Staaten in Hanoi Delegationen, welche zum Schutz der jeweiligen Staatsangehörigen dienten[72]. Auch Schadenersatzansprüche gegen nichtanerkannte Regime gehören zu diesen Kontakten. So z. B. der Protest Norwegens wegen der Verhaftung eines norwegischen Staatsangehörigen an die Regierung des von ihm nicht anerkannten Rhodesien[73]. Ohne den Vietkong als selbständige Herrschaftsgewalt anzuerkennen haben die Vereinigten Staaten von Amerika Gespräche mit ihm über den Austausch von (Kriegs-)Gefangenen geführt[74]. Eine Einstufung des Vietkong als Staat scheidet deswegen aus, weil zum fraglichen Zeitpunkt von den drei wesentlichen Staatskriteria Staatsgebiet-Staatsvolk-Staatsgewalt höchstens Staatsgebiet im Sinne eines vom Vietkong kontrollierten Territoriums jedoch schwerlich Staatsvolk und Staatsgewalt nachzuweisen war.

Wegen der wachsenden Interdependenz der heutigen Welt hat das Ausmaß der Kontakte zwischen Staaten und Territorialverbänden, welche von diesen Staaten nicht als ihresgleichen angesehen werden, zugenommen. In der Literatur wurden sie als Kontakte zwischen nichtanerkannten Staaten und Regierungen[75], als Verträge und andere Formen der Beziehungen zu de facto-Regimen[76] oder als „emerging techniques of treaty application between non-recognizing and non-recognized governments[77]" bezeichnet, wobei der Bezug zur Nichtanerkennung evident ist. Trotzdem sollte man solche Kontakte unterhalb der Anerkennungsschwelle nicht notwendigerweise unter dem Gesichtspunkt der fehlenden Anerkennung und ihrer Wirkungen sehen. Anerkennung soll bleiben, was sie ist, eine Zeremonie, durch welche ein neuer Territorial-

---

71 U. Erdmann, Nichtanerkannte Staaten und Regierungen 28 (1966).

72 Vgl. dazu Frowein (Fn. 5) 76 ff. mit weiteren Beispielen.

73 71 RGDIP, 462 (1976).

74 W. Balekjian, Die Effektivität und die Stellung Nichtanerkannter Staaten im Völkerrecht 128 (1970).

75 Ibid., 127 ff.

76 Frowein (Fn. 5) 94 ff. und 166 ff.

77 Bot (Fn. 43) 123 ff.

verband entweder zu vollständigerer und effektiverer Teilnahme an internationalen Fora zugelassen[78], oder diesem Gebilde der Zugang zu internationalen Arenen erleichtert, keineswegs jedoch die Staatlichkeit dieses Gebildes begründet wird.

Versteht man unter einem Staat einen Territorialverband mit relativ umfassenden Kompetenzen, welcher Personen und Sachen, die sich innerhalb der Grenzen dieses Territorialverbandes befinden, oder auf Grund der Staatsangehörigkeit zu ihm gerechnet werden können, auf internationaler Ebene vertritt, so ist das Faktum internationaler Kontakte zu diesem Gebilde ein wichtiges und vor allem empirisch feststellbares Indiz für dessen Staatlichkeit. Da jedoch auch internationale Kontakte zu anderen völkerrechtlichen Gebilden, wie etwa Aufständischen und Kriegsführenden bestehen, muß zwischen diesen Völkerrechtssubjekten und Territorialverbänden, welche Staatlichkeit anstreben, ein Unterschied gemacht werden. Bei Staaten ist die Rechtsordnung umfassender und vor allen Dingen eigenständiger als z. B. bei Aufständischen, welche im Wesentlichen die Rechtsordnung desjenigen Staates, gegen welchen sie kämpfen, bis zum Erlaß einer eigenen Rechtsordnung in Geltung belassen. Ob der Geltungsgrund dabei ein neuer ist, wie Kelsen[79] behauptet, oder ob es dabei mehr um das Faktum der Weitergeltung des „unter der alten Verfassung erlassenen Rechts"[80] geht, ist von sekundärer Bedeutung. Eine Abgrenzung zwischen Völkerrechtssubjekten wie Aufständischen und Kriegsführenden einerseits und nach Staatlichkeit strebenden Territorialverbänden andererseits ist also unter Berücksichtigung der Rechtsordnung möglich.

Ein Territorialverband, welcher über eine gewisse Zeit in seinen Grenzen besteht und eine relativ umfassende eigenständige Rechtsordnung hat, sowie auf internationaler Ebene Werte, die sich unter seiner Kontrolle befinden, tatsächlich vertritt, kann als Staat bezeichnet werden. Es kommt bei der Beurteilung der Staatlichkeit von neuentstandenen Territorialverbänden also nur darauf an, zu untersuchen, ob diese Gebilde über eine längere Zeit stabil, ob ihre Rechtsordnungen eigenständig, und ob andere Staaten gezwungen sind, mit diesen neuen Gebilden Kontakt aufzunehmen, um Zugang zu Werten auf ihren Territorien zu bekommen.

Das Faktum der Staatlichkeit kann von der internationalen Gemeinschaft nicht negiert werden, auch wenn sie versucht, durch kollektive Nichtanerkennung die Staatlichkeit eines neuen Gebildes mit eigener Rechtsordnung in Zweifel zu ziehen. Solch eine Nichtanerkennung mag

---

[78] McDougal (Fn. 62) 197.

[79] Kelsen, H., Reine Rechtslehre, 2. Aufl. 213 (1967).

[80] Ibid.

der Ausdruck einer von den an dieser Sanktion beteiligten Staaten geteilten Überzeugung sein, daß dem neuen Gebilde der Zugang zu internationalen Fora verwehrt werden soll, weil es gewissen Vorstellungen nicht entspricht. In ihr mag sich auch die Erwartung widerspiegeln, daß das neue Gebilde den Zugang zu internationalen Fora nicht erlangen wird. Gelingt dem neuen Gebilde dennoch die völkerrechtliche Alleinvertretung durch eigene Eliten, so ist es ein Staat.

Genauso wie das Entstehen der Staatlichkeit vom Beginn der Effektivität einer eigenständigen Rechtsordnung und von der Repräsentation auf internationaler Ebene abhängt, kann auch die Beendigung sowohl der Effektivität der Rechtsordnung als auch der Repräsentation des Staates auf internationaler Ebene völkerrechtlich nicht ohne Folgen bleiben. Die Staatlichkeit, welche sich aus effektiver Herrschaftsausübung ergibt, muß mit dem Ende dieser Herrschaft ebenfalls untergehen. Dabei müssen allerdings Rechtsordnung und internationale Vertretung nicht gleichzeitig und auch nicht im gleichen Maß verschwinden. Es wäre durchaus denkbar, daß ein Staat, der als Bundesstaat einer Föderation beitritt und dessen Rechtsordnung damit der Rechtsordnung der Föderation unterstellt wird, seine außenpolitische Vertretungsbefugnis beibehält. Andererseits wäre auch denkbar, daß die Eigenständigkeit der Rechtsordnung beim Beitritt bewahrt bleibt, jedoch die außenpolitische Vertretungsbefugnis auf den Bund übergeht. Drittens wäre denkbar, daß ein militärisch besetzter Staat, der seine Rechtsordnung in der Regel beibehält, über sehr lange Zeit von der Besatzungsmacht international vertreten wird, so daß eine allfällige Exilregierung jeden Anschein von Autorität verliert, weil sie über längere Zeit keine effektive Kontrolle ausgeübt hat. Andere Staaten könnten nun dazu übergehen, die neuen Eliten, d. h. die Besatzungsmacht als die das Gebilde repräsentierende Eliten zu betrachten. Es könnte auch in der Bevölkerung die Erwartung entstehen, daß die neuen Eliten, d. h. die Besatzungsmacht, entscheidungsbefugt sind. Damit gewinnt der Besetzer Autorität und der besetzte Staat ist untergegangen ohne daß seine Rechtsordnung notwendigerweise zerstört wurde.

Der Untergang von Staaten kann schnell vor sich gehen, etwa bei der Eingliederung in einen anderen Staat. Er kann sich aber auch über lange Zeit erstrecken und ein komplexer Prozeß sein, bei dem die Fähigkeit zur Teilnahme am internationalen Verkehr allmählich untergeht, indem die anderen Staaten ihre Beziehung zum „verschwindenden Staat“ langsam einstellen. Während kollektive Nichtanerkennung das faktische Entstehen der Staatlichkeit nicht verhindern kann, ist sie durchaus in der Lage, den Untergang der Staatlichkeit dadurch zu beeinflussen, daß unter dem Eindruck von Kollektivsanktionen Staaten ihre Kontakte zu den Eliten des boykottierten Staates abbrechen, oder

Kontakte zu einem neuentstandenen boykottierten Gebilde unterdrücken, in der Hoffnung, daß dort bald andere Eliten die effektive Kontrolle übernehmen werden. Solch eine Reaktion ist vor allem dann zu erwarten, wenn die Eliten des boykottierten Territorialverbandes für die Mehrheit der internationalen Gemeinschaft unter dem Einfluß des Neolegitimismus der Dekolonialisierungsphase nicht als Repräsentanten gelten können, weil sie z. B. nicht der Rasse der Bevölkerungsmehrheit entstammen, Rassendiskriminierung praktizieren oder als Kolonialmacht auftreten. Wenn auch derzeit innerhalb der Vereinten Nationen weitgehender Konsens darüber besteht, daß Rassendiskriminierung, Apartheid und Kolonialismus verwerflich sind, so muß das keineswegs immer so bleiben. Nicht sehr wahrscheinlich — jedoch immerhin denkbar — wäre eine Entwicklung dahin, daß einmal die demokratische Legitimierung der Eliten eines Staates verlangt wird, bevor diese Eliten das Staatsvolk im internationalen Verkehr repräsentieren können. Gänzlich unrealistisch wäre es jedoch zu glauben, daß Staaten, welche heute diktatorisch regiert werden, sich dann unter dem Eindruck veränderter Erwartungen der internationalen Gemeinschaft rasch selbst auflösen oder freiwillig eine andere Regierungsform annehmen. Auch dort könnte es nur über einen sehr langen Prozeß von Interaktionen zu einer Änderung kommen, in welcher dann die veränderte Majorität der Staatengemeinschaft ihre Erwartungen durch Abbau der Kontakte mit bestehenden totalitären Eliten langsam durchsetzen würde.

IV. Zusammenfassung

An dieser Stelle sollte eigentlich der erarbeitete Staatsbegriff an umstrittenen Territorialverbänden getestet und auf seine Praktikabilität geprüft werden. Um den Rahmen dieser Arbeit nicht zu sprengen, muß dies aber unterbleiben. Der sich vollendende Dekolonialisierungsprozeß und unter Umständen auch veränderte Machtverhältnisse im Fernen Osten werden genug Gelegenheit zu solchen Untersuchungen geben. Dabei könnte sich zeigen, daß eine differenziertere Betrachtung der Staatlichkeit, wie sie hier vorgeschlagen wurde, besser und realistischer in der Lage ist, die Staatlichkeit umstrittener Gebilde zu beurteilen, als die Methode für neu entstandene nichtstaatliche Gebilde neue Begriffe zu schaffen.

Das souveräne Fürstentum Liechtenstein aus der Sicht des Völkerrechts

Von *Helmuth M. Merlin*

I. Einleitung

„Das Fürstentum ist eine konstitutionelle Erbmonarchie auf demokratischer und parlamentarischer Grundlage". So beginnt Art. 2 der liechtensteinischen Verfassung[1], des Grundgesetzes eines Staates, der wegen seiner geringen Größe in vielen Teilen unseres Erdballes nur vom Hörensagen bekannt ist. Im Herzen Europas am Oberrhein gelegen, im Osten an die Republik Österreich und im Westen an die Schweizerische Eidgenossenschaft grenzend, hat Liechtenstein sich im Laufe einer langen und wechselvollen Geschichte von einem ausgesprochen bäuerlichen Lande zu einem der per capita höchstindustrialisierten Staaten der Welt entwickelt. Politische Stabilität, verbunden mit einer klug ausgewogenen und zurückhaltenden Regierungspolitik und der Fleiß eines Volkes, dessen Einwohnerzahl bereits 20 000 Menschen weit überschritten hat[2], bilden die Grundlage dieses Aufschwunges. Die umfassende wirtschaftliche Zusammenarbeit, zunächst mit dem österreichischen Nachbarn und seit 1924 mit der Schweiz, ist ebenfalls eine wesentliche Voraussetzung der heutigen Bedeutung Liechtensteins. Sie steht am Ende einer langen Entwicklung, während derer sich Liechtenstein stets mit allen Kräften um die Anerkennung seiner souveränen Zugehörigkeit zur Gemeinschaft der Völker bemüht hat.

Ein kurzer Rückblick über den Prozeß der Staatswerdung und die Schilderung der heutigen völkerrechtlichen Stellung sollen mit diesem einst mit Österreich eng verbundenen Staat vertraut machen.

II. Die völkerrechtliche Stellung Liechtensteins bis zum Inkrafttreten des Zollanschlußvertrages mit der Schweizerischen Eidgenossenschaft

Die Geschichte Liechtensteins[3] und damit seine völkerrechtliche Stellung sind in gewissem Maß ein Spiegelbild des politischen Geschehens

---

[1] Verfassung des Fürstentums Liechtenstein vom 5. Oktober 1921 (LGBl. 1921, Nr. 15) mit Änderungen.

[2] Gemäß Volkszählung 1970 21 800 Einwohner (davon 6 615 Ausländer).

[3] Grundlegend P. Kaiser/J. B. Büchel, Geschichte des Fürstentums Liech-

Mitteleuropas: Im Grenzgebiet Österreichs, ursprünglich des Heiligen Römischen Reiches Deutscher Nation, und der Schweizerischen Eidgenossenschaft gelegen, durch persönliche und Treuebande des Fürstenhauses mit der Habsburg-Monarchie eng verbunden, nimmt Liechtenstein durch Jahrhunderte am Schicksal seiner Verbündeten teil. Bis zum entscheidendsten Ereignis in der neueren Geschichte des Landes, der Unterzeichnung des Zollanschlußvertrages mit der Schweiz vom 29. März 1923, lassen sich aus liechtensteinischer Sicht vier verschiedene Phasen im Prozeß der Staatswerdung und der Teilnahme am internationalen Leben unterscheiden:

1. Werden des Fürstentums Liechtenstein bis 1805
2. Erlangung der Souveränität und Mitgliedschaft im Deutschen Bund von 1806 bis 1866
3. Anlehnung an Österreich von 1852 - 1919
4. Übergangszeit von 1919 - 1923

1. Werden des Fürstentums Liechtenstein bis 1805

Die geltende Verfassung vom 5. Oktober 1921 enthält in Art. 1 den Hinweis, daß Liechtenstein in der Vereinigung seiner beiden Landschaften Vaduz und Schellenberg ein unteilbares und unveräußerliches Ganzes bildet. Diese Vereinigung der beiden Teile Liechtensteins erfolgte schon in der Mitte des 15. Jahrhunderts. Als im Jahre 1342 die rechtsrheinischen Gebiete der Grafschaft Sargans dem Grafen Hartmann von Werdenberg-Sargans zugesprochen wurden, entstand die Grafschaft Vaduz. Die Freiherren von Brandis, entfernte Verwandte der Grafen von Vaduz, erwarben im Jahre 1434 die Herrschaft Schellenberg, den nördlichen Teil des heutigen Fürstentums Liechtenstein. Die Vereinigung der Grafschaft Vaduz und der Herrschaft Schellenberg in der Hand der Freiherren von Brandis schuf den territorialen Ausgangspunkt des späteren Fürstentums.

Bedeutungsvoll für die weitere Entwicklung dieser Personalunion ist auch die Tatsache, daß die Grafschaft Vaduz bereits im Jahre 1396 und die Herrschaft Schellenberg im Jahre 1434 die Reichsunmittelbarkeit erhielten. Die Herren der beiden Landschaften waren unmittelbare Mitglieder des Heiligen Römischen Reiches Deutscher Nation und unterstanden fortan nur noch direkt dem Kaiser. Am Ende des 17. Jahrhun-

---

tenstein, 2. Aufl. (1923); P. Raton, Le Liechtenstein Histoire et Institutions, 2. Aufl. 17 ff. (1967); O. Seger, Überblick über die liechtensteinische Geschichte, Vaduz 7 ff. (ohne Jahresangabe); H. Zurlinden, Liechtenstein und die Schweiz 1 - 17 (1930); G. Malin, Die politische Geschichte des Fürstentums Liechtenstein in den Jahren 1800 - 1815 (1953); R. Quaderer, Politische Geschichte des Fürstentums Liechtenstein 1848 bis 1866 (1971); A. Ospelt, Wirtschaftsgeschichte des Fürstentums Liechtenstein im 19. Jahrhundert (1974).

derts, die Landschaften hatten in der Zwischenzeit wiederholt ihre Herren gewechselt, standen sie wegen übergroßer Verschuldung des damals herrschenden Grafen von Hohenems zum Verkauf. Fürst Johann Adam Andreas von Liechtenstein war am Erwerb besonders interessiert.

Die Herren von Liechtenstein entstammen einem alten österreichischen Adelsgeschlecht. Sie besaßen große Güter in Niederösterreich — dortselbst als Stammsitz die Burg Liechtenstein bei Mödling — in der Steiermark, in Böhmen, Mähren und Schlesien. Sie waren unter der Herrschaft der Habsburger Heerführer und Diplomaten und bekleideten andere wichtige Ämter am kaiserlichen Hof[4]. Im Jahre 1608 wurde Karl von Liechtenstein in den erblichen Fürstenstand erhoben; dieser Ehrentitel brachte ihm aber weder Sitz noch Stimme im Reichsfürstentag ein, trotz seines umfangreichen Grund- und Landbesitzes. Es fehlte ihm ein reichsunmittelbares Gebiet. Fürst Johann Adam Andreas erwarb daher im Jahre 1699 die Herrschaft Schellenberg und 13 Jahre später (1712) die Grafschaft Vaduz, indem er sie vereinigte und ihnen den Namen seines Hauses gab. Kaiser Karl VI. erhob durch Palatinatsdiplom Liechtenstein zum Reichsfürstentum.

Damit begann die rechtliche Existenz Liechtensteins als Staatswesen. Es war der 343. Staat des Heiligen Römischen Reiches Deutscher Nation. An die vom Reichsfürstentag in Regensburg, an dem nun auch Liechtenstein teilnehmen konnte, erlassenen Entscheidungen und Beschlüsse gebunden, erfüllte es auch die sich aus der Vollmitgliedschaft zu dieser Föderation ergebenden Verpflichtungen finanzieller und militärischer Art. Damit war die Grundlage für den weiteren Weg Liechtensteins zum souveränen Staat geschaffen.

2. Erlangung der Souveränität und Mitgliedschaft im Deutschen Bund von 1806 bis 1866

Am Anfang der für die Entwicklung Liechtensteins wichtigsten Epoche steht die Auflösung des Heiligen Römischen Reiches Deutscher Nation und die Errichtung des Rheinbundes im Jahr 1806. Die Innenpolitik war gekennzeichnet durch die absolute Monarchie[5], nach außen nahm Liechtenstein an den napoleonischen Kriegen in Erfüllung seiner Bündnispflichten teil. Mit dem Untergang des Heiligen Römischen Reiches Deutscher Nation trat es in die letzte Etappe seiner Staatswer-

[4] Karl I. von Liechtenstein war während des 30jährigen Krieges nicht nur Statthalter in Böhmen, sondern auch Obersthofmeister in Wien. Karl Eusebius von Liechtenstein verdankt Wien die Gründung der Gemäldegalerie zu Beginn des 17. Jahrhunderts. Johann I. führte die österreichischen Heere gegen Napoleon. Johann II. schließlich wurde 1860 zum erblichen Mitglied des österreichischen Herrenhauses ernannt.

[5] Zur staatsrechtlichen Geschichte und Entwicklung siehe Raton (Anm. 3) 23 ff.

dung. Liechtenstein wurde Mitglied des unter der Schutzherrschaft Napoleons stehenden Rheinbundes[6]. Die Gründungsakte dieses Bundes verlieh Liechtenstein implicite die völlige Unabhängigkeit und machte es zu einem souveränen Staat, was aber erst nach Auflösung des Rheinbundes voll zur Geltung kommen sollte.

In den Jahren 1814/15 übte Liechtenstein erstmals seine staatlichen Kompetenzen ohne jegliche Beschränkungen — auch ohne völkervertragsrechtliche — aus. Es nahm als souveräner Staat am Wiener Kongreß teil und wurde Mitglied des Deutschen Bundes. Die völkerrechtliche Souveränität und Gleichheit der einzelnen Mitgliedstaaten war die Grundlage des Deutschen Bundes. Jeder Staat behielt das Recht, Verträge zu schließen und diplomatische Vertretungen zu unterhalten. Jeder Staat unterlag einzig den durch den Beitritt zum Staatenbund freiwillig übernommenen Verpflichtungen, insbesondere der gegenseitigen Beistandspflicht im Falle einer Aggression von außen[7, 8]. Liechtenstein nahm als Mitglied der 16. Kurie[9] an der Willensbildung des beschließenden Bundestages in Frankfurt am Main teil. Seine staatliche Unabhängigkeit wurde durch die Mitgliedschaft im Deutschen Bund in keiner Weise berührt. Die Souveränität des Staates wurde durch Übernahme solcher Pflichten nicht beeinträchtigt.

In der Folge war aber der Beitritt Liechtensteins zu dem im Jahr 1834 gegründeten Zollverein[10] gleich den anderen Mitgliedern des Deutschen

[6] Der regierende Reichsfürst Johann I. von Liechtenstein, der als österreichischer General gegen Napoleon gekämpft und im Namen des Habsburgerreiches 1805 den Friedensvertrag von Pressburg unterzeichnet hatte, nutzte eine — von Napoleon wohl für diesen Fall geschaffene — Bestimmung der Rheinbundakte, nach der diejenigen Herrscher, die im Dienste anderer Mächte standen und diesen Dienst nicht aufgeben wollten, aber gleichzeitig mit ihrem Land dem Rheinbund beizutreten wünschten, zugunsten eines ihrer Söhne abdanken mußten. Johann I. dankte zugunsten seines dreijährigen Sohnes ab. Das Fürstentum konnte danach Mitglied des Rheinbundes werden.

[7] So entsandte Liechtenstein ein Kontingent von 82 Soldaten zur Bundesarmee, das jedoch auf Intervention des Fürsten Johann II. im preußisch-österreichischen Krieg nicht am eigentlichen Kriegsgeschehen teilzunehmen, sondern Überwachungsaufgaben am Stilfser Joch auszuführen hatte.

[8] In Erfüllung von Art. 13 der Bundesakte erließ der Fürst von Liechtenstein als einer der ersten Herrscher der Mitgliedstaaten 1818 eine landständische Verfassung. Sie zeichnete sich dadurch aus, daß sich der Landtag, da es einen Adels- und einen freien Bürgerstand in Liechtenstein nicht gab, nur aus zwei Ständen, den Vertretern der Geistlichkeit und der Landsmannschaft, zusammensetzte; vgl. hierzu ausführlich Raton (Anm. 3) 29 ff.

[9] Das Fürstentum Liechtenstein teilte mit den kleinen Fürstentümern Hohenzollern, Reuss, Schaumburg, Lippe und Waldeck Sitz und Stimme im Bundestag (sog. 16. Kurie). Im Plenum von 69 Stimmen besaß Liechtenstein eine eigene Stimme.

[10] Durch Vertrag zwischen Österreich-Ungarn und dem Zollverein vom 24. 1. 1857 wurde Liechtenstein als Teil des österreichischen Zollgebietes bis zum Austritt Österreichs im Jahre 1858 Bestandteil des erweiterten Zollvereins.

Bundes unmöglich, da die Voraussetzung der gemeinsamen Grenzen fehlte. Diese Tatsache hat 1866 anläßlich der Auflösung des Deutschen Bundes als Folge des preußisch-österreichischen Krieges[11], an dem auch Liechtenstein auf österreichischer Seite teilgenommen hatte, die politische Isolierung des Landes verursacht, Liechtenstein aber vor dem Aufgehen seines Staates im Deutschen Reich bewahrt. Wenn es auch als einziges Mitglied den Zerfall des Rheinbundes und des Deutschen Bundes als unabhängiger und souveräner Staat überlebte, war Liechtenstein im Hinblick auf den Umfang seines Staatsgebietes nicht in der Lage, alle aus der Souveränität abzuleitenden Hoheitsrechte aus eigener Kraft auszuüben. Der vorgängige Abschluß des Zollvertrages im Jahr 1852 mit Österreich war die erste Folge dieser Erkenntnis, die zur nächsten Phase der Entwicklung im internationalen Leben überleitet, nämlich zur Anlehnung Liechtensteins an Österreich.

3. Anlehnung an Österreich (1852 - 1919)

Mit dem im Jahr 1852 zunächst auf zwölf Jahre abgeschlossenen, dann aber jeweils erneuerten Zollvertrag[12] wurde das Staatsgebiet Liechtensteins Teil des österreichischen Zollgebiets. Österreich verpflichtete sich, den Geltungsbereich der schon bestehenden Handelsverträge auf Liechtenstein auszudehnen und es beim Abschluß weiterer Handelsabkommen zu vertreten.[13] Rechtlich handelte es sich allerdings nicht um die Schaffung eines neuen gemeinsamen Zollgebietes der beiden Staaten, sondern um einen Zollanschluß des kleineren an den größeren Staat.

Die Anlehnung Liechtensteins an Österreich in Zoll- und Außenhandelsfragen dehnte sich allmählich auch auf andere Gebiete aus. Im Jahr 1880 übernahm Österreich die diplomatische Vertretung des Fürstentums dritten Staaten gegenüber. Die österreichische Postverwaltung wurde mit dem Post-, Telefon- und Telegrafendienst in Liechtenstein beauftragt[14].

Schon 1812 fand die sich aus der geographischen Lage aufdrängende Anlehnung an Österreich und sein Rechtssystem ihren Ausdruck in der Rezeption des kurz vorher in Österreich in Kraft getretenen Österreichischen Allgemeinen Bürgerlichen Gesetzbuches. Bis zum Jahr 1867 wurden solche Rezeptionen durch fürstliche Dekrete verfügt. Auf dem

[11] Zur Vorgeschichte vgl. Raton (Anm. 3) 50 - 52.

[12] Ausführlich hierzu Raton (Anm. 3) 36 ff.

[13] Handelsverträge mit der Schweiz konnte Österreich mit Wirkung für Liechtenstein jedoch nur schließen, wenn der Fürst seine vorherige Zustimmung gegeben hatte.

[14] Die erste österreichische Post wurde schon 1818 in Balzers errichtet. Der faktische Zustand fand im Postvertrag von 1911 (LGBl. 1911 Nr. 4) seine rechtliche Bestätigung.

gleichen Wege wurde auch das im Jahr 1852 erlassene österreichische Strafrecht im Jahr 1857 in Liechtenstein eingeführt. Aufgrund eines Staatsvertrages vom Jahr 1884 wurde das österreichische Oberlandesgericht in Innsbruck mit den Funktionen eines Obersten Gerichtshofes in Liechtenstein betraut.[15] Appellationsinstanz war das Appellationsgericht am fürstlichen Hof in Wien. Im Jahr 1859 wurde der österreichische Gulden als gesetzliches Zahlungsmittel eingeführt.

Vor dem Hintergrund dieser Tatsachen und Umstände stellen sich folgende Fragen: Hat Liechtenstein mit dieser umfassenden Anlehnung an Österreich seine Souveränität verloren oder Teile davon eingebüßt? Ist es, wie u. a. Huffnagel festzustellen vermeint, ein Gebilde geworden, „das man in manchen Zweigen seiner Verwaltung geradezu als Glied unserer Monarchie bezeichnen kann"[16]?

Die Verträge und Abkommen wurden zwischen zwei souveränen Staaten geschlossen — Österreich und Liechtenstein — für die daher nicht Staatsrecht, sondern Völkerrecht Geltung hat. Daß Liechtenstein Österreich nicht botmäßig war, sondern im Gegenteil seinen eigenen Willen durchzusetzen vermochte, zeigen die zeitraubenden und schwierigen Verhandlungen um die jeweilige Erneuerung des Zollvertrages[17]. Liechtenstein hat als Völkerrechtssubjekt auf anderem als wirtschaftlichem Gebiet Verträge mit Drittstaaten geschlossen, die von seinem Landtag ratifiziert[18] wurden und ist einer Reihe internationaler Abkommen beigetreten[19]. Somit hat Liechtenstein nur die Ausübung eines Teiles der aus der Souveränität fließenden Rechte auf einen anderen Staat übertragen. Diese durch Vertrag übernommenen Einschränkungen waren jedoch befristet und konnten durch Kündigung des Zollvertrages und der anderen Abkommen kurzfristig beseitigt werden. Nach richtiger und mehrheitlicher Interpretation der Anlehnung Liechtensteins an Österreich wurde seine völkerrechtliche Unabhängigkeit dadurch nicht beeinträchtigt[20].

---

[15] Ausführlich Zurlinden (Anm. 3) 15.

[16] K. Huffnagel, Verfassung und Verwaltung im Fürstentum Liechtenstein, 26 Österreichisch-ungarische Revue 203 (1900).

[17] 1864, 1876, 1888, 1912, 1920, 1921.

[18] Siehe die Nachweise bei Raton (Anm. 3) 54 f. Der österreichisch-schweizerische Handelsvertrag wurde durch den liechtensteinischen Landtag ratifiziert (LGBl. 1869, Nr. 4). Der liechtensteinische Landtag gewährte durch Landesgesetz (LGBl. 1870, Nr. 1) der österreichischen Eisenbahnverwaltung die Konzession, auf seinem Territorium die Teilstrecke Buchs-Feldkirch zu bauen und zu nutzen.

[19] Dresdner Sanitätsabkommen vom 15. 4. 1893; Venediger Sanitätskonferenz von 1897.

[20] Raton (Anm. 3) 56 ff.; H. Lokay, Le statut juridique de la Principauté de Liechtenstein et ses relations avec la Confédération suisse 40 ff., bes. 43 (1930).

Schließlich hat Liechtenstein im Jahr 1919 die Verträge mit Österreich kurzfristig gekündigt und aufgelöst.

4. *Übergangszeit in den Jahren 1919 bis einschließlich 1923*

Liechtenstein hatte sich bei Ausbruch des Ersten Weltkrieges neutral erklärt, mußte aber nach Beendigung des Krieges seine Unabhängigkeit gegenüber einigen Siegermächten verteidigen. So war diese Anerkennung durch die CSR bis nach dem Zweiten Weltkrieg, wohl wegen des großen Grund- und Industriebesitzes des Fürstenhauses in Böhmen und Mähren, nicht durchzusetzen. Es wurde zum Teil wegen der engen persönlichen Bande des Fürstenhauses mit den Kaisern von Österreich und wegen seiner wirtschaftlichen Anlehnung an seinen östlichen Nachbarn als eine der Provinzen Österreichs betrachtet, die ein Sonderstatut genoß. Der Zusammenbruch von Wirtschaft und Finanzen in Liechtenstein als Folge der Zugehörigkeit zum Zoll- und Währungsgebiet Österreichs in den Jahren nach 1918, die völlige politische Isolierung des Landes und sein Kampf um die erneute Anerkennung seiner staatlichen Eigenständigkeit erfüllten mehrere Jahre des Überganges und der Neuorientierung, die Liechtenstein zu seiner heutigen völkerrechtlichen Stellung führten.

Nachdem der Zusammenbruch Österreich-Ungarns[21] die Auflösung der Verträge zwischen Liechtenstein und Österreich nach sich gezogen hatte[22], ermöglichten es kurzfristige Verträge[23], daß österreichische Beamte ihre Funktionen, wie etwa das Amt des fürstlichen Landrichters und seines Stellvertreters provisorisch weiter ausübten, bis Liechtenstein seine Anlehnung an die Schweiz durch ein umfassendes Vertragswerk vollziehen konnte. Dieses wurde vom ganzen Land angestrebt und in Übereinstimmung beider Landesparteien im März 1923 beschlossen und auf 1. Januar 1924 in Kraft gesetzt.

Die von einigen Siegermächten zunächst angezweifelte Unabhängigkeit Liechtensteins wurde schließlich in Art. 27 des Friedensvertrages von St. Germain vom 10. September 1919 indirekt anerkannt. Die Vereinbarung bestimmte wörtlich: „Die Grenzen Österreichs werden wie folgt festgesetzt: 1. gegen die Schweiz und gegen Liechtenstein: die gegenwärtige Grenze ...“.

Wenn auch letztlich Liechtenstein auf seinen Antrag vom 15. Juli 1920 hin nicht in den Völkerbund aufgenommen wurde,[24] weil es „... nicht in

[21] Vgl. dazu Eduard von Liechtenstein, Liechtensteins Weg von Österreich zur Schweiz (1948).

[22] Der Zeitpunkt, zu dem die Verträge auch rechtlich keine Wirkungen mehr entfalteten, ist umstritten. Vgl. dazu Zurlinden (Anm. 3), 30 und die dort zitierte Literatur.

[23] Insbesondere der neue Zollanschlußvertrag vom 22. 4. 1920, geändert durch Vertrag vom 24. 11. 1921.

der Lage ist, alle ihm im Hinblick auf den Pakt obliegenden Verpflichtungen zu erfüllen", so ist doch im Bericht der mit der Prüfung des Antrages beauftragten Unterkommission eine erneute, diesmal bedeutsame Anerkennung der Souveränität Liechtensteins durch die Mitgliedstaaten des Völkerbundes enthalten. Die Unterkommission stellte nämlich unter Ziff. 4 ihres Berichtes fest: „Man kann nicht in Zweifel ziehen, daß rechtlich das Fürstentum Liechtenstein ein souveräner Staat ist". Die erneute Anerkennung seiner staatlichen Eigenständigkeit durch die Gemeinschaft der Völker und die in den Jahren 1919 bis 1923 geschlossenen Abkommen und Verträge mit der Schweiz bilden die Grundlage der heutigen völkerrechtlichen Stellung Liechtensteins.

III. Heutiger völkerrechtlicher Status Liechtensteins

Der heutige völkerrechtliche Status Liechtensteins wird durch das besondere Verhältnis zur benachbarten Schweiz beherrscht.[25] Eine Untersuchung der Abkommen und Verträge auf den Gebieten der diplomatischen und konsularischen Vertretung, des Post-, Telefon- und Telegrafen, sowie des Zollwesens und des Niederlassungs- und Fremdenpolizeirechtes hat daher jeder Bestimmung der völkerrechtlichen Stellung Liechtensteins voranzugehen.

Die Grundlage für die Übernahme der diplomatischen Vertretung Liechtensteins durch die Schweiz bildet ein Notenwechsel vom 21. und 24. Oktober 1919 sowie 10. März 1920 zwischen den beiden Regierungen als gleichberechtigten Partnern. Danach beauftragt Liechtenstein die Schweiz mit der diplomatischen Vertretung in den Ländern, in denen es selbst keine Vertretung unterhält.[26] Hierzu zählen der diplomatische Verkehr mit fremden Regierungen, die allgemeine Interessenwahrung

[24] Zur Vorgeschichte und zu den Stellungnahmen im einzelnen siehe Raton (Anm. 3) 67 ff.; Ferner UNITAR (verschiedene Autoren), Small States and Territories, Status and Problems, United Nations Institute for Training and Research Study (1971).

[25] Vgl. dazu insbesondere D. J. Niedermann, Liechtenstein und die Schweiz, Eine völkerrechtliche Untersuchung (1976); G. Batliner, Die völkerrechtlichen und politischen Beziehungen zwischen dem Fürstentum Liechtenstein und der Schweizerischen Eidgenossenschaft, 2 Liechtenstein — Politische Schriften 21 ff. (1973) Bericht des Bundesrates an die Bundesversammlung über die Beziehungen zum Fürstentum Liechtenstein vom 21. Dezember 1973, BBl. 1974, I 161 ff.; V. Lanfranconi, Die Staatsverträge und Verwaltungsabkommen zwischen der Schweiz und dem Fürstentum Liechtenstein unter besonderer Berücksichtigung der daraus entstandenen völkerrechtlichen Konsequenz (1969); H. Spillmann, Die rechtliche und politische Lage des Fürstentums Liechtenstein nach dem Weltkriege (1933). Siehe ferner die in Anm. 3 und 20 zitierte Literatur.

[26] Das Fürstentum Liechtenstein unterhält gegenwärtig nur eine Botschaft in Bern (bis 1969 eine Gesandtschaft). Die eigene Vertretung in Österreich wurde 1923 geschlossen, die für die Tschechoslowakei beabsichtigte nie errichtet.

der liechtensteinischen Landesbürger im Ausland (Paßwesen und konsularischer Schutz) und insbesondere die Wahrnehmung wirtschaftlicher Interessen.

Die Schweiz besitzt also, außer auf den mehr technischen Gebieten des Paßwesens und des Konsularschutzes, keine allgemeine Vollmacht, für Liechtenstein zu handeln. Der schweizerische Bundesrat wird erst aufgrund von Einzelweisungen der liechtensteinischen Regierung tätig. Dem Bundesrat steht es aber frei, sich im Einzelfall zu weigern, die erbetene Demarche zu unternehmen. Liechtenstein kann jederzeit durch einseitige Willensäußerung die Übernahme der diplomatischen Vertretung durch die Schweiz ganz oder teilweise widerrufen.[27] Der diplomatische Verkehr zwischen der Schweiz und Liechtenstein wickelt sich über die liechtensteinische Botschaft in Bern ab. Das Exequatur der diplomatischen Vertreter von Drittländern in der schweizerischen Bundeshauptstadt erstreckt sich nicht auf Liechtenstein. Es ist ein besonderes Exequatur bei der fürstlichen Regierung einzuholen, ehe die Diplomaten auch in Liechtenstein akkreditiert sind.[28]

Die Übernahme der diplomatischen Vertretung Liechtensteins durch die Schweiz hält sich im Rahmen der allgemeinen völkerrechtlichen Regelungen.[29] Die Schweiz handelt, abgesehen von den Daueraufträgen, jeweils nur auf Weisung Liechtensteins. Seine völkerrechtliche Rechts- und Handlungsfähigkeit bleibt hierdurch unangetastet.

Noch vor Abschluß der Verhandlungen über den Zollanschlußvertrag trat am 1. Februar 1921 das Übereinkommen vom 10. November 1920 betreffend die Besorgung des Post-, Telegrafen- und Telefondienstes im Fürstentum Liechtenstein durch die schweizerische Postverwaltung und die schweizerische Telegrafen- und Telefonverwaltung[30] in Kraft, nach Annahme durch die staatsrechtlich zuständigen Organe beider Länder und Austausch der Ratifikationsurkunden. Die schweizerische Postverwaltung übernimmt den Postdienst in Liechtenstein. Sie stellt auch das Personal ein, welches nach Möglichkeit die liechtensteinische Staatsbürgerschaft haben soll. Die einschlägige schweizerische Gesetzgebung findet auch in Liechtenstein Anwendung. Die Postämter sind als „fürstlich-liechtensteinische" zu bezeichnen. Das Recht, Postwertzeichen her-

[27] Niedermann (Anm. 25) 137 ff.; Batliner (Anm. 25) 38; Raton (Anm. 3) 85 ff.; Lokay (Anm. 20) 52 ff.; Oppenheim/Lauterpacht, International Law I, 8th ed. 179 Anm. 5 (1967); Vgl. auch Weisungen des Eidgenössischen Politischen Departementes an die Auslandsvertretungen in VII SJIR 176 ff. (1950).

[28] Über 20 Staaten sind in Liechtenstein akkreditiert, mehrere unterhalten eigene Konsulate im Fürstentum.

[29] Zurlinden (Anm. 3) 61; Liechtenstein ist den Wiener Übereinkommen über diplomatische Beziehungen vom 18. 4. 1961 und über konsularische Beziehungen vom 24. 4. 1963 beigetreten (LGBl. 1968, Nr. 18 und 19).

[30] LGBl. 1922, Nr. 8.

auszugeben, verbleibt dem Fürstentum. Der Reinertrag des Post-, Telefon- und Telegrafendienstes fällt Liechtenstein zu. Das Abkommen sieht die jederzeitige Kündigung mit sechsmonatiger Frist vor.

Liechtenstein hat die — technische — Ausübung eines Teiles seiner staatlichen Befugnisse der schweizerischen Verwaltung übertragen. Es kann sich nach Art. 19 des Postvertrages jedoch kurzfristig davon lösen und den Post-, Telefon- und Telegrafendienst in eigene Regie übernehmen.[31]

Seit einiger Zeit sind Bestrebungen im Gang, den Postvertrag einer Revision zu unterziehen. Deren vorläufiger Abschluß bestand in der Unterzeichnung eines neuen Vertrages am 9. Januar 1978. Die Ratifikation wird voraussichtlich noch 1978, spätestens 1979 erfolgen können. Mit dem neuen Abkommen werden die bisherigen Grundsätze behalten, doch hat Liechtenstein die Schweizerischen PTT-Betriebe für deren Leistungen angemessen zu entschädigen. Andererseits wird die bisher umstrittene liechtensteinische Radio- und Fernsehhoheit ausdrücklich anerkannt. Das Fürstentum hat indessen bei deren Ausübung auf die schweizerischen Interessen Rücksicht zu nehmen.[32]

Der nach längeren Vorarbeiten und Verhandlungen am 29. März 1923 unterzeichnete und am 1. Januar 1924 in Kraft getretene Zollanschlußvertrag[33] stellt jedenfalls das Kernstück der Beziehungen zwischen den beiden Ländern dar.

Nach Art. 1 Abs. 1 dieses Vertrages wird das „Gebiet des Fürstentums Liechtenstein ... an das schweizerische Zollgebiet angeschlossen und bildet einen Bestandteil des schweizerischen Zollgebietes". Die für das Gebiet des Zollwesens einschlägige schweizerische Gesetzgebung wird auch in Liechtenstein anwendbar erklärt. Liechtenstein hat nach Art. 6 des Vertrages für das Vertragsgebiet die Rechtsstellung eines schweizerischen Kantons. Es ist dementsprechend verpflichtet, die erforderlichen Ausführungsbestimmungen zu erlassen, die nach Art. 38 des Vertrages dem schweizerischen Bundesrat, also einem ausländischen staatsrechtlichen Organ, zur Genehmigung vorgelegt werden müssen. Art. 7 und 8 des Vertrages enthalten weitgehende Einschränkungen der Handlungsfreiheit Liechtensteins auf wirtschaftlichem Gebiet. Die von der

---

[31] Siehe Niedermann (Anm. 25) 112 ff.; Zurlinden (Anm. 3) 40; Lokay (Anm. 20) 57 ff.

[32] Vgl. Botschaft des Bundesrates an die Bundesversammlung betreffend den Vertrag mit Liechtenstein über die Besorgung der PTT-Dienste vom 27. Februar 1978 (samt Text des Vertrages), BBl. 1978, I 981. Dem Vertrag ist außerdem eine Liste der schweizerischen Rechtsvorschriften, die im Fürstentum Anwendung finden werden, beigegeben.

[33] LGBl. 1923, Nr. 24 Ausführlich dazu J. Lorenz, Gutachten über den Zollanschluß Liechtensteins an die Schweiz (1923); Raton (Anm. 3) 91 ff.; Batliner (Anm. 25) 21 ff.; Lanfranconi (Anm. 25) 86 ff.; zur Frage des Abhängigkeitsverhältnisses Niedermann (Anm. 25) 88 ff.

Schweiz mit dritten Staaten abgeschlossenen Handels- und Zollverträge gelten auch in Liechtenstein. Liechtenstein verpflichtet sich, „während der Geltungsdauer dieses Vertrages mit keinem dritten Staate selbständig Handels- und Zollverträge abzuschließen". Der schweizerische Bundesrat erhält nach Art. 8 Abs. 2 des Vertrages die erforderlichen Vollmachten; jedoch ist Liechtenstein vor Abschluß von Verträgen mit Österreich anzuhören. Die Schweiz richtet Liechtenstein für die Verlegung der Zollschranken an die österreichische Grenze eine finanzielle, inzwischen mehrfach erhöhte Pauschalabfindung aus. Nach Art. 41 ist der Vertrag für die Dauer von fünf Jahren geschlossen und kann nach Ablauf dieser Zeit jederzeit mit einer einjährigen Frist gekündigt werden. Der Vertrag ist noch heute in Kraft.

Durch den Zollanschlußvertrag hat sich Liechtenstein der Schweiz zollmäßig angeschlossen und ihr die Ausübung bedeutender Teile seiner Hoheitsrechte auf außenwirtschaftlichem Gebiet übertragen. Das Übergewicht der Schweiz ist groß, ist doch die einschlägige schweizerische Gesetzgebung anzuwenden, für deren Gestaltung und Ausführung Liechtenstein lediglich die Stellung eines schweizerischen Kantons einnimmt und insoweit dem Weisungs- und Aufsichtsrecht des Bundesrates untersteht. Nach Art. 3 ist für alle Angelegenheiten des Vertrages unter Ausschluß des diplomatischen Weges das direkte Einvernehmen zwischen den zuständigen Behörden vorgesehen. Liechtenstein hat, außer bei Verträgen mit Österreich, keinerlei Mitspracherecht in Fragen, die seinen eigenen Außenhandel betreffen. Dennoch wird es vor dem Vertragsabschluß mit allen Drittstaaten konsultiert.[34]

Trotz der geschilderten Regelung ist Liechtenstein nicht in das Staatsgebiet der Schweiz integriert, vielmehr treten beide Länder im Verhältnis zu dritten Staaten als Zolleinheit auf.[35] Die Einschränkungen in der Ausübung seiner Souveränitätsrechte hat Liechtenstein aufgrund seines eigenen, freien Willens übernommen. Es kann sich zumindest rechtlich jederzeit binnen Jahresfrist einseitig vom Zollanschlußvertrag und von den durch ihn begründeten Verpflichtungen lösen.[36]

Im Hinblick auf das Inkrafttreten des Zollanschlußvertrages ist eine Vereinbarung vom 28. Dezember 1923 getroffen worden, wonach jede fremdenpolizeiliche Kontrolle an den Grenzen zwischen beiden Ländern aufgehoben wird.[37] Inzwischen ist diese Regelung durch weiter

---

[34] Bericht des Bundesrates (Anm. 25) 167.

[35] Zurlinden (Anm. 3) 49.

[36] Dies hat der schweizerische Bundesrat in seiner Botschaft vom 1. 6. 1923 an die Bundesversammlung ausdrücklich hervorgehoben (BBl. 1923, II 397 ff., 406).

[37] In Verbindung mit dem 6. Abschnitt des Zollanschlußvertrages; vgl. Niedermann (Anm. 25) 124 und die dort zitierte Literatur.

ausgreifende Vereinbarungen über die fremdenpolizeiliche Rechtsstellung der beiderseitigen Staatsangehörigen einerseits und der Drittausländer andererseits gefestigt worden.[38] Ohne vertragliche Grundlage hat Liechtenstein überdies mit Gesetz vom 26. Mai 1924[39] selbständig den Schweizerfranken als gesetzliche Währung eingeführt.

Wiederholt ist in Würdigung der engen Beziehungen zur Schweiz die Frage aufgeworfen worden, ob Liechtenstein durch die enge Anlehnung an die Schweiz, insbesondere dadurch, daß der Zollanschlußvertrag es in mancher Beziehung einem schweizerischen Kanton gleichstellt, nicht seine Unabhängigkeit verloren habe oder ob es sich, wie die sowjetische Völkerrechtslehre feststellt, „faktisch unter dem Protektorat der Schweiz" befindet.[40]

Die Untersuchung der Frage nach der völkerrechtlichen Stellung Liechtensteins hat von den im Völkerrecht anerkannten Merkmalen eines souveränen Staates auszugehen. In deren Licht ist das Verhältnis Liechtensteins zur Schweiz zu prüfen, ist auf das Verhalten von Drittstaaten und internationalen Organisationen Liechtenstein gegenüber hinzuweisen.

Nach herrschender Lehre bilden ein Volk, ein Gebiet und die Staatsgewalt die wesentlichen Merkmale eines Staates im Sinne des Völkerrechtes[41], wobei verschiedene Umschreibungen verwendet wurden. Die neuere Literatur verwendet allerdings noch weitere Kriterien zur Feststellung der Eigenstaatlichkeit,[42] die im Rahmen vorliegender Ausführungen aber unberücksichtigt bleiben dürfen.

Liechtenstein ist seit Jahrhunderten ein auf dem Gebiet von 157 km² organisierter Personenverband, der sich von den Nachbarn, Schweiz und Österreich, eigenständig abhebt. Nach der demokratischen Verfassung vom Jahre 1921 liegt die Staatsgewalt beim Staatsoberhaupt, dem Landesfürsten, bei einem vom Volk gewählten Parlament, dem Landtag, und bei einer diesem verantwortlichen Regierung.

Fraglich bleibt, ob Liechtenstein auch das allerdings nicht unumstrittene Merkmal der Souveränität besitzt. Die keineswegs abgeschlossene Diskussion um den Souveränitätsbegriff, ob man darunter die „volle Selbstregierung"[43] oder die „Unabhängigkeit"[44] versteht, ob

---

[38] Vereinbarungen vom 6. November 1963, LGBl. 1963, Nrn. 38 und 39.

[39] LGBl. 1924, Nr. 8.

[40] Akademie der Wissenschaften der UdSSR, Völkerrecht (1957), deutsche Übersetzung von L. Schultz 102 (1960).

[41] Vgl. für viele F. Berber, Lehrbuch des Völkerrechts I 116 ff. (1960).

[42] Dazu ausführlich Niedermann (Anm. 25) 17 - 59 und die dort zitierte Literatur, sowie Uibopuu in diesem Band.

[43] A. Verdroß, Völkerrecht, 5. Aufl. 192 (1964).

man am Begriff der Souveränität festhält oder ihn zu ersetzen sucht, soll nicht der Gegenstand dieser Betrachtungen sein, besteht doch über den wesentlichen Inhalt dieses Elementes, das den Staat vom bloßen Gliedstaat und vom Protektorat abgrenzt, im allgemeinen Einigkeit.

Ein Staat ist nur dann unabhängig, d. h. souverän, wenn er berechtigt ist, über seine inneren und äußeren Angelegenheiten allein zu bestimmen. Die „Freiheit von der Kontrolle fremder Staaten" ist das Kriterium, das den Staat auszeichnet.[45] Die Unabhängigkeit ist jedoch nicht absolut und kann es nicht sein.[46] Das Völkergewohnheitsrecht unterwirft die Staaten gewissen Regeln des zwischenstaatlichen Zusammenlebens. Völkerrechtliche Verträge, die nur die Ausübung bestimmter Freiheiten regeln, nicht jedoch in ihren Kernbereich eingreifen, sind eine weitere Quelle der Einschränkung der Souveränität, wodurch jedoch die Staatsqualität eines Gebietes im Sinne des Völkerrechtes nicht berührt werden kann. Ein Indiz für die vom Standpunkt der Souveränität aus zulässige Übertragung gewisser Hoheitsrechte zur Ausübung durch einen anderen Staat ist die Möglichkeit, die Übertragung jederzeit rückgängig zu machen, ohne daß ein Rechtsbruch vorliegt.[47] Der vertraglich gebundene Staat kann also den Vertrag in angemessener Kürze einseitig aufheben. Es ist daher allgemein anerkannt, daß der Beitritt zu einer — kündbaren — Zollunion oder der — aufhebbare — Zollanschluß mit der grundsätzlichen Unabhängigkeit und Souveränität des Staates vereinbar sind.[48]

Im folgenden soll untersucht werden, ob und in welchem Umfang die zwischen der Schweiz und Liechtenstein seit 1921 geschlossenen und zum Teil skizzierten Verträge[49] völkervertragsrechtliche Beschränkungen darstellen, die nicht nur die Ausübung einiger Hoheitsrechte Liechtensteins durch die Schweiz regeln, sondern in den Kernbereich der liechtensteinischen Hoheitsrechte eingreifen. Ist Liechtenstein durch diese Verträge von der Schweiz abhängig geworden?[50]

Vorab wurde festgestellt, daß die Übernahme der diplomatischen Vertretung Liechtensteins durch die Schweiz und die damit begründete völkerrechtliche Legitimation, für Liechtenstein zu handeln, grundsätzlich auf Einzelweisungen der liechtensteinischen Landesregierung be-

---

44 Berber (Anm. 41) 122.

45 Schiedsrichter Max Huber im Palmas-Fall 1918, zitiert bei Berber (Anm. 41) 124 ff.; siehe auch Verdroß (Anm. 43) 194, und Berber (Anm. 41) 125.

46 Vgl. hierzu und zum folgenden W. Wengler, Völkerrecht II 1158 ff. (1964).

47 Berber (Anm. 41) 125 ff.

48 Vgl. statt vieler Verdroß (Anm. 43) 194.

49 Vgl. ausführlich Lanfranconi (Anm. 25) sowie die Arbeiten von Lokay (Anm. 20), Raton 106 ff. und Zurlinden (Anm. 3), ferner Spillmann (Anm. 25).

50 Zu dieser Frage vgl. insbesondere Niedermann (Anm. 25).

ruht. Eine wie auch immer geartete völkerrechtliche Abhängigkeit Liechtensteins von der Schweiz ist dadurch nicht entstanden.[51]

Zweifelhaft scheinen die Bestimmungen des Zollanschlußvertrages zu sein. Der bloße Anschluß Liechtensteins an das schweizerische Zollgebiet läßt sich mit den anerkannten völkerrechtlichen Beschränkungen der Souveränität ohne weiteres vereinbaren. Jedoch könnten die besonderen Modalitäten des Abkommens die Unabhängigkeit Liechtensteins in Frage stellen.

Liechtenstein ist Bestandteil des schweizerischen Zollgebietes. Zollverwaltungsmäßig steht das Fürstentum einem schweizerischen Kanton gleich. Die einschlägige Gesetzgebung des größeren Partners des Zollanschlusses gilt auch im angeschlossenen Gebiet, ohne daß dieses an ihrer Entwicklung beteiligt wäre. Die hierzu erlassenen liechtensteinischen Ausführungsbestimmungen bedürfen der Genehmigung des schweizerischen Bundesrates. Die Zollverwaltung liegt nicht, wie etwa im Falle der früheren Zollunion Belgien/Luxemburg, in den Händen der jeweiligen Staaten.[52] Auch gibt es keine gemischten Kommissionen für alle den Zollanschluß betreffenden Fragen.[53] Die Schweiz allein entscheidet über den Abschluß von Handelsverträgen mit Drittstaaten mit Wirkung für Liechtenstein. Hinzu kommt, daß schweizerische Gerichte in Fragen des Zollrechtes letztinstanzlich entscheiden.

Die der Schweiz eingeräumten Befugnisse sind also weitgehend. Man kann auch nicht mit dem Hinweis, es handle sich ja mehr um technisch-wirtschaftliche Regelungen, der Frage nach der Souveränität Liechtensteins ausweichen. Dieser Hinweis mochte zwar vor einigen Jahrzehnten noch ausreichend sein, als die Wirtschaft und insbesondere der Außenhandel noch nicht wie heute essentielle Bestandteile jeder Politik waren. Heute gehören sie zum wesentlichen Instrumentarium jedes unabhängigen Handelns im internationalen Rahmen. Dennoch ist die Qualifikation Liechtensteins durch die sowjetische Völkerrechtslehre als faktisches Protektorat der Schweiz entschieden abzulehnen.

Einerseits hat Liechtenstein nicht „einen Berater" des Schutzstaates „für innere Angelegenheiten" bei sich aufgenommen, was nach dieser Lehre Voraussetzung für die Annahme eines Protektorats wäre.[54] Andererseits ist darauf hinzuweisen, daß Liechtenstein und die Schweiz die vorgenannten Verträge zu einer Zeit schlossen, als Liechtenstein sich schon von Österreich gelöst hatte und von den Signatarmächten

---

51 Siehe oben und die in Anm. 27 angegebene Literatur sowie Wengler (Anm. 46) 1168 f.

52 Zum Vergleich mit der Zollunion Belgien/Luxemburg vgl. Zurlinden 56 f. und Raton 108 f. (Anm. 3).

53 Vgl. dazu die Vorschläge von Batliner und Niedermann (Anm. 25).

54 Akademie der Wissenschaften der UdSSR (Anm. 40) 101.

des Vertrages von St. Germain als unabhängiger Staat erneut anerkannt worden war. Es handelt sich also um Abkommen zwischen verschiedenen Völkerrechtssubjekten im Vollbesitz ihrer souveränen Befugnisse. Diesem Tatbestand entsprechend lautet die Eingangsformel der Verträge: „Vertrag zwischen der Schweiz und Liechtenstein...". Die Abkommen wurden auch von den verfassungsmäßig zuständigen Organen, dem Landesfürsten und dem Landtag im Fürstentum Liechtenstein und der Bundesversammlung in der Schweiz, genehmigt und ratifiziert. Die Verträge traten im Einklang mit dem Völkervertragsrecht erst nach Austausch der Ratifikationsurkunden in Kraft.

Der Staat Liechtenstein hat aus freiem Entschluß die Ausübung eines Teiles seiner Hoheitsbefugnisse — mehr technischer Art, wie im Post- und im Fremdenpolizeiwesen, wesentlicher in Fragen der Außenhandelspolitik (Zollwesen) — auf einen anderen Staat übertragen. Es kann sich, wie der schweizerische Bundesrat in seiner Botschaft vom 21. Juni 1923[55] an die Bundesversammlung zum Zollanschlußvertrag nochmals hervorhob, jedoch jederzeit einseitig nach einer nur einjährigen Kündigungsfrist von seinen Verpflichtungen lösen und eine eigene Außenhandelspolitik führen. Die Übertragung der Hoheitsbefugnisse ist mithin sachlich begrenzt und zeitlich aufhebbar. Außerdem verbleiben Liechtenstein sämtliche anderen Hoheitsbefugnisse, darunter insbesondere die Bestimmung seiner Innenpolitik, die Gerichtsorganisation und die Finanz- und Steuerpolitik.[56] Untereinander verkehren die Schweiz und Liechtenstein grundsätzlich auf diplomatischem Weg über die liechtensteinische Botschaft in Bern, mit Ausnahme der im Zollanschlußvertrag vorgesehenen Fälle.

Die Rechtsbeziehungen zwischen Liechtenstein und der Schweiz sind mithin als völkerrechtlich zu bezeichnen. Die Übertragung einiger Hoheitsrechte zur Ausübung durch die Schweiz macht aus Liechtenstein weder einen Kanton, dessen Verhältnis zum Bund staatsrechtlicher Natur ist, noch einen von der Eidgenossenschaft abhängigen Staat.[57] Vielmehr überschreiten die einseitig zugestandenen und jederzeit kündbaren Beschränkungen in der Ausübung der Souveränität nicht den Rahmen, der einem Staat die Unabhängigkeit nehmen würde. Das Fürstentum Liechtenstein ist ein souveräner Staat und als solcher von der überwiegenden Mehrheit der Staaten seit langem anerkannt.[58]

---

[55] BBl. 1923, II 379 ff.

[56] So hat Liechtenstein 1950 und 1955 mit Österreich Doppelbesteuerungsabkommen geschlossen.

[57] Bis auf die Akademie der Wissenschaften der UdSSR einheillige Meinung: Niedermann (Anm. 25) 150 ff.; Raton (Anm. 3) 106 ff.; Zurlinden (Anm. 3) 67 ff.; Lokay (Anm. 20) 72 f.; K. Mengele, Die völkerrechtliche Stellung des Fürstentums Liechtenstein, zugleich ein Beitrag zur Lehre von der Völkerrechtspersönlichkeit 82 (1928).

Dieses bisherige Ergebnis läßt sich durch eine Analyse der Beziehungen Liechtensteins zu internationalen Organisationen und seiner Teilnahme an ihren Konferenzen und seiner Abkommen mit ihnen ergänzen und bestätigen.

Wie schon oben festgestellt, ist ein seinerzeitiges Gesuch Liechtensteins um Aufnahme in den Völkerbund wegen der begrenzten Möglichkeit der Erfüllung aller mit der Mitgliedschaft verbundenen Pflichten abgelehnt worden; seine Eigenstaatlichkeit aber wurde durch den Völkerbund implicite anerkannt. Liechtenstein wie die Schweiz gehören auch nicht den Vereinten Nationen an. Wohl aber wurde Liechtenstein durch den Beschluß der Generalversammlung der VN vom 1. Dezember 1949[59] als Partei beim Internationalen Gerichtshof im Haag zugelassen und hat seinerseits die Rechtsprechung dieses Gerichtes gemäß Art. 36 Abs. 2 des Statuts als verbindlich erklärt.

Eine erste Anwendung war der Fall Nottebohm, der in der Rechtswissenschaft Berühmtheit erlangte und eine Reihe von Kontroversen ausgelöst hat.[60]

Liechtenstein gehört der EFTA an und ist diesem Abkommen, obwohl dessen Abschluß grundsätzlich zur Außenhandelspolitik gehört und somit von den Bestimmungen des Zollanschlußvertrages gedeckt wird, in einem separaten Protokoll beigetreten.[61] Sein Verhältnis zu den EG ist allerdings etwas differenzierter zu beurteilen.[62] Die Schweiz hat durch zwei Abkommen vom 22. Juli 1972[63] mit den EG eine Freihandelszone geschaffen. Durch Zusatzabkommen zwischen den EG, der Schweiz und Liechtenstein vom 22. Juli 1972[64] sind die Rechtswirkungen aus dem zweiseitigen Verhältnis Schweiz - EG auf Liechtenstein ausgedehnt worden, ohne daß dieses Teil der Staatenverbindung geworden wäre.[65] Weiterhin gilt jedenfalls, was Guggenheim im Hinblick auf das Verhältnis zu den EG angeführt hat:

---

[58] Im *Nottebohm*-Fall *Liechtenstein gegen Guatemala* hat der IGH in seinen Urteilen vom 18. 11. 1953 und vom 6. 4. 1955 die liechtensteinische Nationalität grundsätzlich anerkannt (ICJ Reports 1955, S. 20). Der amerikanische Unterstaatssekretär Carlisle erklärte im Namen des Department of State: „While the Principality of Liechtenstein is recognized as an independent State ..." (zitiert bei Raton [Anm. 3] 119 Anm. 2). Außerdem sehen die US-Einwanderungsbehörden für Liechtenstein eine eigene Quote vor.

[59] Resolution Nr. 363 (IV).

[60] Lipstein/Löwenfeld, Liechtenstein gegen Guatemala. Der Nottebohm-Fall, in: Gedächtnisschrift für Ludwig Marxer 275 - 325 (1963), mit weiteren Literaturangaben.

[61] LGBl. 1960, Nr. 13.

[62] Dazu ausführlich W. B. Gyger, Das Fürstentum Liechtenstein und die Europäische Gemeinschaft (1975).

[63] AS 1972, II 3115; AS 1973, 2057.

[64] LGBl. 1972, Nr. 10 und 1974, Nr. 17.

Obwohl der souveräne liechtensteinische Staat an den völkerrechtlich verbindlichen Erklärungen, welche die immerwährende Neutralität der Schweizerischen Eidgenossenschaft zur Anerkennung gebracht haben, keinen Anteil hat, so ist das Fürstentum Liechtenstein doch so lange als neutraler Staat im Sinne des Völkerrechtes zu betrachten, als der Zollanschlußvertrag mit der Schweiz vom Jahre 1923 in Geltung steht und es auch die schweizerische Politik im allgemeinen zwischenstaatlichen Bereich für sich als günstig anerkennt. Die wirtschaftspolitischen Grundsätze, die der schweizerischen Außenpolitik zugrundeliegen, gelten daher auch für Liechtenstein. Sie müssen von jenen dritten Staaten ohne weiteres anerkannt werden, die der Erstreckung ihrer Wirtschafts- und Handelsverträge mit der Schweiz auf Liechtenstein in keiner Weise opponiert haben.[66]

Das Fürstentum gehört überdies einer Reihe zwischenstaatlicher Organisationen an, u. a. dem Weltpostverein.[67] Außerdem ist es am 23. November 1978 Mitglied des Europarats geworden. Es hat an mehreren internationalen Konferenzen, so etwa der diplomatischen Konferenz in Genf 1949, der UN-Konferenz über den Status der Flüchtlinge und Staatenlosen 1951 und der UNCTAD-Konferenz in Genf teilgenommen.[68] Einen Höhepunkt und gleichzeitig eine weitere Anerkennung seiner Souveränität bildete die Teilnahme an der Konferenz über Sicherheit und Zusammenarbeit in Europa (KSZE) 1973 bis 1975 in Helsinki. Die Schlußakte der Konferenz hielt nämlich fest, daß die Teilnehmerstaaten „gegenseitig ihre souveräne Gleichheit und Individualität sowie alle ihrer Souveränität innewohnenden und von ihr umschlossenen Rechte achten“ werden.[69]

Liechtenstein verfügt unter seinem derzeitigen völkerrechtlichen Status über drei Möglichkeiten, sich an Konferenzen vertreten zu lassen:

a) die Schweiz vertritt Liechtenstein und unterzeichnet in seinem Namen;

b) häufiger erfolgt die Vertretung durch einen schweizerischen Diplomaten, der hierfür besonders beauftragt wird, wie etwa bei den Wahlen der Richter am Internationalen Gerichtshof im Haag;

---

[65] Der liechtensteinische Vertreter im Gemischten Ausschuß hat denn auch nur den Status eines Beobachters in der schweizerischen Delegation. Er ist lediglich beizuziehen, wenn liechtensteinische Interessen betroffen sind.

[66] P. Guggenheim, Wirtschaftliche Neutralität der Schweiz und Liechtensteins im Verhältnis zu den übernationalen Wirtschaftsorganisationen, in: Gedächtnisschrift für Ludwig Marxer 410 f. (1963); siehe auch I. Beck, Liechtenstein und die EWG, revidierter Sonderabdruck aus den Nrn. 69 - 72 des „Liechtensteiner Vaterland“, Jahrgang 1962; im übrigen ausführlich Gyger (Anm. 62) und die dort zitierte Literatur.

[67] Vgl. die Zusammenstellung bei W. Kranz, Fürstentum Liechtenstein, eine Dokumentation 70 ff. (1974).

[68] Nähere Nachweise bei Raton (Anm. 3) 116 f., Niedermann (Anm. 25) 73 f. Anm. 237, und den Rechenschaftsberichten der Regierung des Fürstentums Liechtenstein an den Hohen Landtag.

[69] Abschnitt 1. a) I der Schlußakte, BBl. 1975, II 924.

c) durch eine eigene Delegation, die heute übliche Methode bei Konferenzen, die innerhalb Europas stattfinden.[70]

Liechtenstein hat eine Vielzahl multilateraler Abkommen unterzeichnet, wie etwa in den letzten Jahren die Wiener Abkommen über diplomatische und konsularische Beziehungen.[71] 1968 wurde Liechtenstein in die Internationale Atomenergie-Agentur mit Sitz in Wien aufgrund eines einstimmigen Beschlusses der Generalversammlung aufgenommen. Mit der Schweiz wurden eine Reihe völkerrechtlicher Verträge auf Gebieten geschlossen, die nicht vom Zollvertrag erfaßt werden.[72] Auch mit Drittstaaten bestehen bilaterale völkerrechtliche Verträge, wie etwa das Grenzabkommen mit Österreich aus dem Jahre 1960.[73] Auch die sehr aktive Anteilnahme Liechtensteins am zwischenstaatlichen Leben bestätigt unsere Analyse der Beziehungen Liechtensteins mit der Schweiz. Im völkerrechtlichen Verkehr wird Liechtenstein offensichtlich von der Staatenwelt als unabhängiger Staat anerkannt.

Dementsprechend ist man sich in der Rechtswissenschaft darüber einig: Liechtenstein ist ein unabhängiger und souveräner Staat, wenn auch sein Staatsgebiet nur 157 km^2 umfaßt.[74]

IV. Schluß

So führte für die Grafschaft Vaduz und die Herrschaft Schellenberg die Erlangung der Reichsunmittelbarkeit und die Erhebung zum Reichsfürstentum zu Beginn des 19. Jahrhunderts zur Souveränität. Zu klein, um alle Hoheitsrechte selbständig auszuüben, suchte Liechtenstein Anlehnung an seine Nachbarn, zunächst bei seinem östlichen, dann bei seinem westlichen. Die staatliche Eigenständigkeit des Fürstentums ging aber dadurch nie verloren, und der gelegentliche Kampf um seine Anerkennung war stets von Erfolg gekrönt. Als, wenn auch kleiner, so doch souveräner Staat steht Liechtenstein bei der Bewältigung der Probleme der Gegenwart nicht abseits. Die aktive Mitarbeit an Gemeinschaftsaufgaben wie der Entwicklungshilfe und dem Internationalen Roten Kreuz, sind Dokumentationen seines souveränen Solidaritätsbewußtseins.

---

[70] Weitere Beispiele und Einzelheiten bei Raton (Anm. 3) 86 f.

[71] Nachweise bei Raton (Anm. 3) 116 f. und in den Rechenschaftsberichten der fürstlichen Regierung.

[72] Vgl. die Zusammenstellung bei Niedermann (Anm. 25) 170 ff.

[73] Siehe Raton (Anm. 3) 115.

[74] Verdroß (Anm. 43) 194 Anm. 1; P. Guggenheim, Lehrbuch des Völkerrechts I 254 (1948); ders. in: Gedächtnisschrift für Ludwig Marxer 410 (1963); Oppenheim/Lauterpacht (Anm. 27) 256; IGH-Urteil im Falle *Nottebohm*, ICJ Reports 1955 S. 20; Zurlinden (Anm. 3) 67; Mengele (Anm. 57) 82; Lokay (Anm. 20) 72; Raton (Anm. 3) 119; Niedermann (Anm. 25) 150 ff., 157.

Zur bilateralen Durchsetzung vertraglich verankerter Menschenrechte: Aktivlegitimation und zulässige Mittel nach allgemeinem Völkerrecht*

Von *Bruno Simma*

Übersicht

I. Rechtfertigung und Abgrenzung des Themas

II. Die Frage der einzelstaatlichen Aktivlegitimation

1. Das Verhältnis von vertraglich vorgesehenen Verfahren und sonstigen Maßnahmen
2. „Absolute/objektive" Verpflichtungen aus humanitären Verträgen?
3. Die richtige Auffassung

III. Zulässige Mittel

1. Rücktritt wegen Vertragsverletzung?
2. Repressalien zur Durchsetzung der Menschenrechte?

I. Rechtfertigung und Abgrenzung des Themas

In ihrer Behandlung von Menschenrechtsfragen hat sich die Völkerrechtswissenschaft bisher auf die Ideen- und Entwicklungsgeschichte der Menschenrechte, auf die Analyse vertraglich geschaffener Kontrollsysteme sowie auf das Spannungsverhältnis zwischen internationalem Menschenrechtsschutz und staatlicher Souveränität konzentriert. Das letztgenannte Problem wurde dabei ganz überwiegend unter dem Gesichtspunkt der Beschränkung oder Behauptung des staatlichen domaine réservé gegenüber den Menschenrechtsaktivitäten internationaler Organisationen betrachtet. Die Völkerrechtsfragen dagegen, die sich aus der Einforderung humanitärer Verpflichtungen im Verhältnis von Staat zu Staat ergeben, fanden kaum Behandlung — was auch nicht Wunder nimmt angesichts einer Praxis, in der ein scharfer Beobachter noch vor zehn Jahren „almost a gentleman's agreement among governments" erkennen zu müssen glaubte, „not to raise embarrassing questions about each other's human rights problems"[1].

---

* Für wertvolle Hilfe habe ich Herrn Rechtsreferendar Michael Steiner zu danken.

[1] Bilder, Rethinking International Human Rights: Some Basic Questions, 2 Human Rights Journal 557 ff., 570 (1969).

Seit dem Amtsantritt Präsident Carters hat sich dieses Bild etwas gewandelt: Zumindest die Regierung der Vereinigten Staaten zögert nicht mehr, solch unangenehme Fragen zu stellen und auf die Respektierung der Menschenrechte notfalls auch unter Anwendung politisch-propagandistischen und wirtschaftlichen Drucks hinzuwirken. Allerdings hat auch diese Kampagne ihre Schönheitsfehler: starke innenpolitische Motive und einen an den wirtschaftlich-strategischen Interessen der USA ausgerichteten „double standard". Die Reaktionen des Auslandes sind überwiegend wütend (seitens der Ziele des Carterschen Eifers) bis leicht gequält (seitens westlicher Regierungen, denen daraufhin ihrerseits die menschenrechtliche Gretchenfrage gestellt wurde[2]) ausgefallen.

In der bisherigen wissenschaftlichen Diskussion dieses Menschenrechtsfeldzugs, der sich auf dem KSZE-Folgetreffen in Belgrad zu einem richtiggehenden Trommelfeuer gegen die Sowjetunion und ihre osteuropäischen Verbündeten steigerte[3], sind hauptsächlich seine politischen Implikationen beleuchtet worden[4]. Die von ihm aufgeworfenen Rechtsfragen dagegen fanden bislang in der westlichen Völkerrechtswissenschaft nur geringe Aufmerksamkeit[5]. Des weiteren fällt jedenfalls bei den nichtamerikanischen Autoren aus dem westlichen Lager die Zurückhaltung, ja Skepsis auf, mit der nicht nur die politische Zweckmäßigkeit, sondern auch die juristische Fundiertheit der US-Ini-

---

[2] Ein anschauliches Beispiel dafür liefern die Antworten des Staatsministers im Bonner Auswärtigen Amt, Dr. Hildegard Hamm-Brücher, am 8. September 1977 im Bundestag auf die Fragen und Zusatzfragen der Abgeordneten Dr. Czaja (CDU/CSU) und Sieglerschmidt (SPD): Sten. Protokoll, 8. Wahlperiode, 39. Sitzung, 3033 - 3034.

[3] Die Einforderung der Menschenrechte vor allem als intersystemares Kampfmittel anzusehen, wäre allerdings Ideologie. So meinte der stellvertretende Fraktionsvorsitzende der CDU/CSU-Fraktion, Friedrich Zimmermann, 1977: „Die Menschenrechte sind unsere Antwort, die Antwort der Demokraten auf die ideologische Herausforderung des Kommunismus" (Das Parlament, 25. Juni 1977, S. 2). Für eine analoge amerikanische Stimme vgl. D. P. Moynihan, The Politics of Human Rights, Commentary, August 1977, 19 ff., 25.

[4] Vgl. z. B. Loescher, Menschenrechtspolitik als Element der amerikanischen Außenpolitik, 32 Europa-Archiv 813 ff. (1977); Wettig, Die Menschenrechtsproblematik auf der KSZE-Folgekonferenz, in: Aus Politik und Zeitgeschichte (Beilage zur Wochenzeitung „Das Parlament") vom 8. Juli 1978, 25 ff.; Gazzo, Belgrad 1978 — ein leerer Korb?, 33 Europa-Archiv 193 ff. (1978); Nimetz, Das Belgrader Treffen als Etappe im KSZE-Prozeß — Eine Bewertung aus amerikanischer Sicht, ebd. 379 ff.; Gasteyger, Die Aussichten der Entspannung — Europa nach dem KSZE-Folgetreffen in Belgrad, ebd. 469 ff.

[5] Die bisher gründlichste Untersuchung des *Interventions*aspekts der Kampagne findet bei sich bei Beyerlin, Menschenrechte und Intervention. Analyse der westöstlichen Menschenrechtskontroverse von 1977/78, in: Simma/Blenk-Knocke (Hrsg.), Zwischen Intervention und Zusammenarbeit. Interdisziplinäre Arbeitsergebnisse zu Grundfragen der KSZE (im Druck). Umfassender juristisch beleuchtet wird sie bei Buergenthal (Hrsg.), Human Rights, International Law and the Helsinki Accord (1977); ferner bei Schachter, Les aspects juridiques de la politique américaine en matière de Droits de l'Homme, 23 AFDI 53 ff. (1977).

tiative betrachtet wird[6]. Dieser reservierten Grundeinstellung gegenüber ist in Erinnerung zu rufen, daß außenpolitische Druckmittel wie auch völkerrechtliche Sanktionen wahrlich schon zu bedenklicheren Zwecken eingesetzt worden sind als zur Durchsetzung der Menschenrechte. Das größte, übrigens auch von der Völkerrechtswissenschaft ständig beklagte, Manko des internationalen Menschenrechtsschutzes lag und liegt doch in dem Desinteresse der beteiligten Staaten, den Worten und Pakten Taten folgen zu lassen. Daher sollte bei der juristischen Begutachtung außenpolitischer Aktionen wie derjenigen Präsident Carters von deren grundsätzlicher rechtspolitischer Erwünschtheit ausgegangen werden[7].

Auf jeden Fall haben die Entwicklungen der letzten Jahre und ihr juristisch-politischer Nachhall neue Aspekte des internationalen Schutzes der Menschenrechte aufgezeigt, denen sich eine auch der Lösung aktueller Probleme verpflichtete Völkerrechtstheorie mit größerer Aufmerksamkeit zu widmen hätte. In diesem Sinne greift die folgende Untersuchung aus der Gesamtthematik zwei Fragen heraus, die sich aus der *vertraglichen* Gewährleistung der Menschenrechte ergeben: zum ersten die Frage, unter welchen Voraussetzungen eine Vertragspartei *aktivlegitimiert* ist, gegen Verletzungen der in einem humanitären Abkommen normierten Menschenrechte durch eine andere Partei vorzugehen, und zum zweiten, welche völkerrechtlich *zulässigen Mittel* ihr dabei zu Gebote stehen.

Der Verfasser ist sich dabei bewußt, daß diese Eingrenzung des Untersuchungsgegenstandes eines der heikelsten Rechtsprobleme gerade etwa der gegenwärtigen US-Menschenrechtspolitik ausklammert, die Frage nämlich, inwieweit ein Staat, der selbst nicht Partei der einschlägigen völkerrechtlichen Konventionen ist, auf bilateralem Wege von anderen Staaten, insbesondere auch Vertragsstaaten dieser Abkommen, die Einhaltung der Menschenrechte fordern kann[8]. Eine dahingehende Prüfung hätte sich auf die Problematik der Verankerung von Menschen-

---

[6] An solchermaßen zurückhaltenden Stimmen aus der Bundesrepublik Deutschland vgl. Frowein, The Interrelationship between the Helsinki Final Act, the International Covenants on Human Rights, and the European Convention on Human Rigths, in: Buergenthal (Anm. 5) 71 ff., bes. 77 ff.; Geck, Der internationale Stand des Schutzes der Freiheitsrechte: Anspruch und Wirklichkeit, 38 ZaöRV 182 ff. (1978).

[7] Siehe dazu die insgesamt recht eindrucksvolle Erfolgsbilanz des US-Deputy Assistant Secretary for Human Rights Mark Schneider am 25. Oktober 1977 vor dem International Relations Subcommittee on International Organizations des Repräsentantenhauses, Press Release 14 ff.

[8] Vgl. dazu aber Beyerlin (Anm. 5). Im übrigen hat Präsident Carter am 23. Februar 1978 dem Senat die beiden UN-Pakte 1966, die UN-Rassendiskriminierungskonvention und die Amerikanische Menschenrechtskonvention 1969 zur Genehmigung der Ratifikation vorgelegt: vgl. 72 AJIL 620 ff. (1978).

rechten im Völkergewohnheitsrecht oder in den allgemeinen Rechtsgrundsätzen zu konzentrieren. Sie soll an anderer Stelle erfolgen. Unter systematischen Gesichtspunkten empfiehlt es sich ohnedies, eine Theorie der zwischenstaatlichen Durchsetzung von Menschenrechten vom Vertragsrecht her zu entwickeln, weil aus dieser Richtung leichter Zugang zu den völkerrechtsdogmatischen wie -soziologischen Hauptproblemen gewonnen werden kann.

Die folgende Untersuchung geht wohlgemerkt nur auf die *juristische* Problematik der bilateralen Durchsetzung von Menschenrechtskonventionen ein — sie will sozusagen den juristischen Rahmen, die Obergrenze für solche Aktionen aufzeigen —, nicht dagegen auf die Frage nach deren grundsätzlicher politischer Opportunität.

Insbesondere setzt sie sich nicht mit dem vielbeschworenen Konflikt zwischen Einforderung menschenrechtlicher Verpflichtungen und Ost/West-Entspannung auseinander, da der Stellenwert dieses zweitgenannten Begriffs in einer juristischen Analyse nur unvollständig erschlossen werden kann[9]. Schließlich befaßt sich die Untersuchung nur mit der Rechtslage in Friedenszeiten.

II. Die Frage der einzelstaatlichen Aktivlegitimation

1. Das Verhältnis von vertraglich vorgesehenen Verfahren und sonstigen Maßnahmen

Gehören sowohl der Staat, der die Respektierung der Menschenrechte durch einen anderen Staat durchsetzen will, als auch dieser andere Staat zum Kreis der Parteien eines völkerrechtlichen Vertrages, der sowohl die in Rede stehenden materiellen Normen statuiert als auch ein Verfahren zu deren Effektuierung vorsieht, das in concreto ohne weiteres zur Verfügung steht, und beabsichtigt der Fordernde, sich dieses Verfahrens zu bedienen, so kann die Frage der Aktivlegitimation aus dem Vertragswortlaut beantwortet werden. In diesem Sinn bestimmt Art. 24 der Europäischen Menschenrechtskonvention, daß das Instrument der Staatenbeschwerde von jedem Vertragsstaat gegen jede Konventionsverletzung durch jeden anderen Vertragsstaat eingesetzt werden darf.

Problematisch wird es, wenn solche Beschwerde- oder Klagemöglichkeiten in Fakultativklauseln enthalten sind (z. B. Art. 46 der Europäischen Konvention über den Zugang zum Gerichtshof, Art. 41 des Internationalen (UN-)Paktes über bürgerliche und politische Rechte, Art. 45 und 62 der Amerikanischen Menschenrechtskonvention vom 22. Novem-

[9] Vgl. dazu Beyerlin (Anm. 5).

ber 1969[10]) und diese durch Fehlen der Unterwerfungserklärungen oder durch einen Mangel an Reziprozität derselben nicht zur Verfügung stehen[11], wenn die ein solches Verfahren begründenden Vertragsbestimmungen mangels Erfüllung bestimmter Bedingungen (z. B. Vorliegen einer bestimmten Anzahl von Erklärungen gemäß Art. 41 des UN-Paktes) — noch — nicht in Kraft stehen[11a], oder wenn eine Partei die Anwendbarkeit eines vertraglich vorgesehenen Verfahrens auf sich selbst durch einen Vorbehalt ausgeschlossen hat bzw. auszuschließen versucht[12]. Ähnlich ist die Ausgangslage, wenn die im Vertrag enthaltenen Sicherungsverfahren so schwach ausgebildet sind, daß sie von vornherein nicht als wirksames Mittel angesehen werden können, einen Verletzer zur künftigen Respektierung der Menschenrechte zu veranlassen[13], oder wenn ein derart insuffizientes Verfahren erschöpft wurde, ohne den auf Vertragseinhaltung bestehenden Staat zufriedenzustellen.

Hier tauchen folgende Fragen auf: Wie *exklusiv* sind derartige vertraglich statuierte Verfahren? Oder umgekehrt formuliert: Gibt es andere Möglichkeiten zur Durchsetzung der Konventionsrechte, wenn die im Vertrag selbst vorgesehenen Prozeduren ausscheiden, versagen, oder wenn ein Vertragsstaat sich dafür entscheidet, von vornherein mit anderen Mitteln gegen Vertragsverletzungen vorzugehen? Falls ja: Welche Mittel kommen hier in Frage? Und welchen Staaten stehen sie zur Verfügung?

Die einschlägigen Konventionen selbst geben keine abschließende Antwort. In Art. 62 der Europäischen Konvention heißt es etwa:

> Die Hohen Vertragschließenden Teile kommen überein, daß sie, es sei denn auf Grund besonderer Vereinbarungen, keinen Gebrauch von zwischen ihnen geltenden Verträgen, Übereinkommen oder Erklärungen machen werden, um

---

[10] Text der letzteren in 9 International Legal Materials 673 ff. (1970), in Kraft seit 18. Juli 1978.

[11] Dazu statt aller Bernhardt, Das Gegenseitigkeitsprinzip in der obligatorischen internationalen Gerichtsbarkeit, in: Recueil d'études de droit international en hommage à Paul Guggenheim 615 ff. (1968).

[11a] Gemäß Art. 41 Abs. 2 des UN-Pakts konnte eben diese Fakultativklausel erst in Kraft treten, nachdem 10 solcher Erklärungen vorlagen. Dies war erst Ende 1978 der Fall; vgl. 27 Vereinte Nationen 23 ff. (1979).

[12] Vgl. das Gutachten des Internationalen Gerichtshofs über *Reservations to the Convention on the Prevention and Punishment of the Crime of Genocide*, ICJ Reports 1951, S. 15 ff.

[13] Man denke etwa an den UN-Pakt über bürgerliche und politische Rechte in Anbetracht von Vertragsparteien, die weder eine Erklärung gemäß Art. 41 abgegeben noch das Optional Protocol über die Individualbeschwerde akzeptiert haben. Die Erfahrungen, die mit dem Berichtssystem dieses Paktes (Art. 40) bisher gemacht worden sind, lassen die im Text vorgenommene Einstufung keineswegs als zu hart erscheinen; vgl. etwa den sowjetischen Bericht an den Menschenrechtsausschuß (UN Doc. CCPR/C/1/Add. 22) und seine Behandlung ebd. im Oktober 1978: Summary records of the 108th, 109th and 112th meeting, CCPR/C/SR 108, 109, 112.

von sich aus einen Streit um die Auslegung oder Anwendung dieser Konvention einem anderen Verfahren zu unterwerfen, als in der Konvention vorgesehen ist.

Mit diesen Worten dürfte gemeint sein, daß die Parteien Verletzungen der Konvention grundsätzlich in keinem anderen zwischen ihnen vereinbarten allgemeineren Verfahren geltend machen dürfen, wenn und solange ihnen die speziellen vertraglich vorgesehenen Möglichkeiten tatsächlich (d. h. in effektiver Weise) zur Verfügung stehen. Was geschehen darf, wenn dies nicht mehr der Fall ist, läßt die Konvention offen[14]. Doch schließt ihr Wortlaut andere Methoden jedenfalls nicht aus. Die Möglichkeit der Rechtsdurchsetzung nach allgemeinem Völkerrecht wird von Art. 62 gar nicht berührt.

Viel stärker in die für uns entscheidende Richtung zielt Art. 44 des Internationalen Paktes über bürgerliche und politische Rechte:

> Die Bestimmungen über die Durchführung dieses Paktes sind unbeschadet der Verfahren anzuwenden, die auf dem Gebiet der Menschenrechte durch oder auf Grund der Satzungen und Übereinkommen der Vereinten Nationen und der Sonderorganisationen vorgeschrieben sind, und hindern die Vertragsstaaten nicht, in Übereinstimmung mit den zwischen ihnen in Kraft befindlichen allgemeinen oder besonderen internationalen Übereinkünften andere Verfahren zur Beilegung von Streitigkeiten anzuwenden.[15]

Der UN-Pakt läßt die Gebrauchnahme anderer Durchsetzungsmittel also ausdrücklich zu, nicht nur für den Fall seines eigenen Versagens, sondern offenbar von vornherein und neben dem Ablauf der von ihm selbst statuierten Verfahren. Nach seinem Wortlaut sind unter diesen Mitteln Prozeduren wie insbesondere diejenigen gemäß Resolution 1503 (XLVIII) des UN-Wirtschafts- und Sozialrates vom 27. Mai 1970 „for dealing with communications revealing a consistent pattern of gross violations of human rights“ zu verstehen[16]. Nun bietet aber gerade die-

[14] Ebenso Frowein (Anm. 6) 79 und 81, Anm. 21.

[15] Ganz ähnlich Art. 16 des Internationalen Übereinkommens zur Beseitigung jeder Form von Rassendiskriminierung vom 7. März 1966, (dt.) BGBl. 1969 II 961.

[16] Text bei Sohn/Buergenthal, Basic Documents on the International Protection of Human Rights 111 ff. (1973).

Die Auffassung von Bastid, Observations as to the Consequence on the International Plane of Failure to Respect Human Rights, in: Buergenthal (Anm. 5) 41, wonach eine Partei einer der im Text genannten Konventionen die Einleitung etwa eines Verfahrens nach ECOSOC-Res. 1503 an Stelle eines vertraglich vorgesehenen Verfahrens gegen sich nicht gelten lassen müsse, ersteres also nur eingreifen dürfe, wenn letzteres ergebnislos verlaufen sei, läßt sich mit dem Wortlaut des UN-Pakts nicht vereinbaren. Eine gewisse Stütze erfährt sie dagegen durch den Wortlaut der Res. 1503, wonach die UN-Menschenrechtskommission die dort bei Verdacht eines „consistent pattern of gross and reliably attested violations of human rights“ vorgesehene Untersuchung durch einen *ad hoc*-Ausschuß „only with the express consent of the State concerned“ und nur dann anordnen darf, wenn „[t]he situation does not relate to a matter which *is being dealt with* under other procedures preses Verfahren eines der eindrucksvollsten Beispiele für die Hürden und Fallstricke, welche die politischen Konstellationen in den UN-Gremien einem wirkungsvollen Menschenrechtsschutz in den Weg legen. Daher bleibt auch hier die Frage aktuell, ob und gegebenenfalls welche Mittel *nach allgemeinem Völkerrecht* zur Durchsetzung vertraglich verankerter humanitärer Standards zur Verfügung stehen. Bei Menschenrechtsverträgen *ohne* eigene Sicherungsverfahren kommt dieser Frage natürlich von Anfang an entscheidende Bedeutung zu.

Aus dem Schrifttum lassen sich zwei diametral entgegengesetzte Ansichten herausschälen, die folgendermaßen formuliert werden können:

— die Erfüllung der Verpflichtungen aus Menschenrechtsverträgen kann *ausschließlich* mittels der Verfahren durchgesetzt werden, die in diesen Verträgen selbst festgelegt oder durch internationale Organisationen speziell zu diesem Zweck geschaffen worden sind[17];

— für die Einforderung der Normen stehen daneben *auch alle anderen* Selbsthilfemittel zur Verfügung, die nach geltendem Völkerrecht zur Durchsetzung von Rechtsansprüchen allgemein zulässig sind[18].

Eine Reihe weiterer Autoren zeigt diese Alternative zwar auf, vermag sich aber nicht — oder jedenfalls nicht klar — für die eine oder andere Auffassung zu entscheiden[19].

Als Argument für die Exklusivität der speziellen vertraglich verankerten Sicherungsverfahren wird einmal eine Art „Vermutung" zu-

---

scribed in the constituent instruments of, or conventions adopted by, the United Nations and the specialized agencies, or in regional conventions, or which *the State concerned wishes to submit to other procedures* in accordance with general or special international agreements to which it is a party". Wenn man das Berichtsverfahren gemäß Art. 40 des UN-Paktes über bürgerliche und politische Rechte als eine dieser „other procedures" ansieht, dann sind sehr wohl Situationen denkbar, in denen ein Verletzerstaat das vertragliche Verfahren als das geringere Übel ansehen (vgl. auch oben Anm. 13) bzw. die beiden Prozeduren gegeneinander ausspielen könnte. Zum Beispielsfall Chile vgl. Bossuyt, The United Nations and Civil and Political Rights in Chile, 27 ICLQ 462 ff. (1978).

[17] So z. B. Ermacora, Human Rights and Domestic Jurisdiction (Article 2, § 7, of the Charter), 124 Recueil des Cours 371 ff., 396 f. (1968 II): „True legal sanctions are reduced to communications by States complaining of violations of human rights by another State party to the Convention". Ferner Frowein (Anm. 6) 79; Graefrath, Internationale Zusammenarbeit und Menschenrechte, 27 Neue Justiz 683 ff., 688 (1973).

[18] In diesem Sinne u. a. Kizilbash, International Law in United Nations Discussions on Human Rights 128 (1966); Henkin, Human Rights and „Domestic Jurisdiction", in: Buergenthal (Anm. 5) 29 ff.; Schachter (Anm. 5) 61 f.; Tomuschat, Die Bundesrepublik Deutschland und die Menschenrechtspakte der Vereinten Nationen, 26 Vereinte Nationen 1 ff., 8 (1978).

[19] z. B. Brunner, Die östliche Menschenrechtskonzeption, in: Göttinger Arbeitskreis (Hrsg.), Die KSZE und die Menschenrechte 95 ff., 113 (1977); Geck (Anm. 6) 207; Weis, Diplomatic Protection of Nationals and International Protection of Human Rights, 4 Revue des Droits de l'Homme 643 ff., 675 (1971).

gunsten der staatlichen Souveränität geltend gemacht, die Reaktionen außerhalb dieser Mechanismen im Zweifel unzulässig mache. Gegen diese Ansicht läßt sich schon der Wortlaut etwa von Art. 44 des UN-Paktes über bürgerliche und politische Rechte ins Treffen führen (s. oben). Aber selbst wenn von einer derartigen Vermutung zugunsten der einzelstaatlichen Souveränität auszugehen wäre, könnte sie nur dort eingreifen, wo ein regelungsfreier Raum bestehengeblieben ist. Die völkervertragliche Verankerung der Menschenrechte hat diese staatliche Dispositionsfreiheit nun selbst unter dem Gesichtspunkt eines strikten Rechtspositivismus beseitigt[20]. Das allgemeine Völkerrecht erlaubt den Staaten ferner, die Erfüllung ihrer Ansprüche aus gültigen Verträgen mit allen völkerrechtsgemäßen Mitteln durchzusetzen. Auf diese Mittel wird noch einzugehen sein. Im gegenwärtigen Zusammenhang ergibt sich, daß, wenn schon dieser Ausdruck gebraucht werden soll, von der „Vermutung" auszugehen ist, daß auch gegen die Verletzung von Verträgen zum Schutz der Menschenrechte mit allen zulässigen Reaktionen eingeschritten werden darf. Das Regel-Ausnahme-Verhältnis ist also umzukehren. Damit werden die Vertreter der Ausschließlichkeitsthese für ihre Annahme beweispflichtig[21].

2. *„Absolute/objektive" Verpflichtungen aus humanitären Verträgen?*

Einen ernster zu nehmenden Hintergrund besitzt unsere Meinungsverschiedenheit in den gegensätzlichen Vorstellungen über die *Rechtsnatur der Verpflichtungen* aus Verträgen zum Schutz der Menschenrechte. Da der Verfasser diesen Theorienstreit an anderer Stelle ausführlich dargelegt hat[22], genügt hier eine knappe Zusammenfassung:

Die Gegensätzlichkeit der genannten Auffassungen nimmt ihren Ausgang von der Beobachtung, daß die Verpflichtungen aus dem Prototyp der Menschenrechtsverträge[23] schwerpunktmäßig eine andere „Zielrichtung" aufweisen als die herkömmlichen völkerrechtlichen Verträge. Während letztere *gegenseitige* Beziehungen, eine bestimmte Art der Interaktion ihrer Parteien normieren (etwa Öffnung der Märkte, Gleichstellung der Staatsangehörigen, Austausch von Personen, Gütern oder Leistungen), fehlt den typischen Menschenrechtsverträgen dieses Ele-

---

[20] Vgl. aus dem Gutachten des IGH vom 30. März 1950 im Fall der *Interpretation of Peace Treaties with Bulgaria, Hungary and Romania (First Phase)* ICJ Reports 1950, S. 70 f.: „Interpreter . . . les clauses d'un traité ne saurait être envisagée comme une question relevant essentiellement de la compétence nationale d'un État. C'est une question de droit international . . ."

[21] Ebenso Tomuschat (Anm. 18).

[22] Simma, Das Reziprozitätselement im Zustandekommen völkerrechtlicher Verträge 176 ff. (1972).

[23] Zu (auch) humanitär motivierten Verträgen, die wegen des in ihrem Inhalt verkörperten Austauschelementes traditionellen Einflüssen der Reziprozität und deren juristischen Ausformungen unterliegen, eingehend Simma (Anm. 22) 169 f. 212 ff.

ment einer eigentlichen *Zwischen*staatlichkeit des geregelten Lebenssachverhaltes ganz oder doch zum überwiegenden Teil. Bei ihnen geht es um den Schutz von einzelnen oder Gruppen gegen die Staatsgewalt oder um ein Tätigwerden ebendieser zugunsten der Individuen oder Gruppen gerade nicht wegen der Zugehörigkeit der zu Schützenden zum jeweils anderen Vertragsstaat (wie es dem Leitgedanken des traditionellen Fremdenrechts und diplomatischen Schutzes entspräche). Vielmehr unterwerfen sich die Vertragsparteien völkerrechtlichen Verhaltenspflichten auch und vor allem zugunsten ihrer eigenen Angehörigen[24].

Dieses Fehlen einer eigentlichen „Zwischenstaatlichkeit" des Vertragsinhalts auf faktischer Ebene hat nun einen Teil der Lehre bewogen, auch die Begründung „vollwertiger" gegenseitiger Rechte-/Pflichtenverhältnisse beim Abschluß solcher Abkommen zu leugnen. So vertrat z. B. die britische Regierung im Gutachtenverfahren vor dem Internationalen Gerichtshof über die *Zulässigkeit von Vorbehalten zur Völkermordkonvention* die Auffassung, daß zwar

> [i]n the case of conventions of a commercial, technical or general type, ... the obligations ... are essentially reciprocal and operate *between* the parties, i. e. from each one towards each of the others separately,

während im Falle eines Vertrages vom Typ der Völkermordkonvention

> there *are* no obligations ... *between* the parties. Each party assumes obligations, it is true, but they are not obligations to be executed towards or for the benefit of other States.[25]

> [T]his type of convention does not provide for reciprocal benefits between the parties of a tangible character. It provides almost exclusively for the assumption by them of obligations ... not dependent on the assumption of a similar obligation by the other parties;

kurz, es handle sich dabei um

> absolute obligations, not subject to any considerations of reciprocity at all.[26]

Diese Meinung wurde u. a. von Fitzmaurice und Rosenne, die beide in dem gerade genannten Gutachtenverfahren als Prozeßbevollmächtigte aufgetreten waren, auch später im Schrifttum und in der International Law Commission vertreten, wobei sie von dem britischen Juristen geradezu leitsatzartig mit den Worten zusammengefaßt wurde, daß bei unseren Menschenrechtsverträgen

> neither juridically, nor from the practical point of view, is the obligation of any party dependent on a corresponding performance by the others. The obligation has an absolute rather than a reciprocal character — it is, so to

---

[24] Simma (Anm. 22) 161 ff., 168 f.

[25] *Reservations to the Convention on the Prevention and Punishment of the Crime of Genocide*, ICJ Pleadings, 64 und 387 f.

[26] Ebd., 378, 388.

speak, an obligation towards all the world rather than towards particular parties. Such obligations may be called self-existent ...[27].

Die Theorie der „absoluten/objektiven" Verpflichtungen setzte sich 1961 nochmals in der sog. „*Pfunders*-Entscheidung" der Europäischen Menschenrechtskommission (über die Zulässigkeit einer Staatenbeschwerde Österreichs gegen Italien wegen der österreichischerseits als Konventionsverletzung angesehenen Umstände eines Strafprozesses gegen Südtiroler) durch, in der es u. a. heißt:

[E]n concluant la Convention, les États Contractants n'ont pas voulu se concéder des droits et obligations réciproques utiles à la poursuite de leurs intérêts nationaux respectifs, mais réaliser les objectifs et idéaux du Conseil de l'Europe, tels que les énonce le Statut, et instaurer un ordre public communautaire des libres démocraties d'Europe afin de sauvegarder leur patrimoine commun de traditions politiques, d'idéaux, de liberté et de prééminence du droit ...[28]

[L]es obligations souscrites par les États Contractants dans la Convention ont essentiellement un caractère objectif, du fait qu'elles visent à protéger les droits fondamentaux des particuliers contre les empiètements des États Contractants, plutôt qu'à créer des droits subjectifs et réciproques entre ces derniers ... [L]e caractère objectif desdits engagements apparaît également dans le mécanisme érigé dans la Convention pour en garantir le respect ... [U]n État Contractant, lorsqu'il saisit la Commission en vertu de l'article 24, ne doit donc pas être considéré comme agissant pour faire respecter ses droits propres, mais plutôt comme soumettant à la Commission une question qui touche à l'ordre public de l'Europe.[29]

Auf der Basis des damit geschilderten Verständnisses von der Rechtsnatur der Pflichten aus Menschenrechtskonventionen ist die Annahme nur folgerichtig, daß zur Durchsetzung dieser Verpflichtungen nur die durch die Verträge selbst ausdrücklich vorgesehenen Mittel zur Verfügung stehen: da keiner der Vertragspartner ein subjektives Recht auf Erfüllung der Abkommenspflichten durch die anderen Parteien hat, kann auch nicht zu den Mitteln Zuflucht genommen werden, die das allgemeine Völkerrecht zur Durchsetzung „normaler" Rechtsansprüche bereitstellt.

Mit dieser Theorie kann der internationale Menschenrechtsschutz solange leben, als die Sicherungsverfahren der einschlägigen Verträge mit deren materiellrechtlichen Standards in abstracto wie im konkreten Fall Schritt halten. Daß dem insbesondere im UN-Bereich nicht immer so ist, wurde weiter oben erwähnt. Beim tatsächlichen Stand der Dinge

[27] Fitzmaurice, Second Report on the Law of Treaties, UN Doc. A/CN.4/107, 15 March 1957, ILC-Yearbook 1957 II, 54. Weitere Stellungnahmen dieses Autors bei Simma (Anm. 22) 179, Anm. 13 und 14; Rosenne, United Nations Treaty Practice, 86 Recueil des Cours 275 ff., 341, 342 (1954 II).

[28] 4 Annuaire de la Convention européenne des Droits de l'Homme 117 ff., 139 (1961).

[29] Ebd. 141. Für zustimmende Äußerungen im Schrifttum vgl. Simma (Anm. 22) 181, Anm. 21.

entfaltet die objektive Theorie mit ihrer Konsequenz der Abkoppelung humanitärer Staatenverpflichtungen vom Sanktionsapparat des allgemeinen Völkerrechts demnach eine für die Effektivität der Menschenrechte verhängnisvolle Wirkung.

Dieses rechtspolitische Argument könnte selbstverständlich nicht gegen die völkerrechtliche *lex lata* ins Treffen geführt werden — würde diese von der „objektiven" Theorie richtig gesehen. Das ist aber nicht der Fall.

3. *Die richtige Auffassung*

Daß die Vertreter der Theorie von den „objektiven/absoluten" Pflichten wegen gewisser soziologischer Eigenheiten der Menschenrechtsverträge das normative Kind mit dem Bade ausgeschüttet haben könnten, deutet sich bereits in dem britischen Schriftsatz im Verfahren über die *Vorbehalte zur Völkermordkonvention* an, wo es an einer Stelle zu unseren Verträgen heißt:

> These conventions involve mainly the assumption of duties and obligations. They seldom involve the acquisition of direct rights for the parties *qua* States *(other than a right to the execution of the convention by other parties)*...[30].

Aber auch Sir Gerald Fitzmaurice trug 1959 in seinem vierten Bericht an die ILC über das Recht der Verträge zur Aufklärung des Sachverhalts bei, indem er ausführte:

> [C]ertain kinds of multilateral treaties do not involve direct benefits for *any* of the participating countries. The benefit is of a general character arising from participation in a common cause for the general good. What each party has a right to claim as the counterpart of its own performance of the treaty, is that it shall be duly performed by each of the other parties.[31]

Hier wird endlich zwischen faktischer Begünstigung und juristischer Berechtigung unterschieden.

Im selben Bericht, und nunmehr sogar im Text eines der von Fitzmaurice vorgeschlagenen Kodex-Artikel, heißt es weiter:

> In general, though with particular reference to the case of multilateral treaties... [a] party to a treaty has a duty *towards the other party or parties* to carry it out, irrespective of whether any direct benefits to such other party or parties will accrue therefrom; and correspondingly, *any party* to a treaty has, as the counterpart of its own obligation, *the right to require due performance* by any other party of its obligations under the treaty, irrespective of any such factor.[32]

Damit hat Fitzmaurice aber den Boden der „objektiven Theorie" bereits verlassen.

---

[30] ICJ Pleadings (Anm. 25) 68 (zweite Hervorhebung vom Verf.).

[31] UN Doc. A/CN.4/120, Kommentar zu Art. 5, ILC-Yearbook 1959 II, 54.

[32] Art. 5 des vierten Berichts, ebd. 42 (Hervorhebung vom Verf.).

Diese beruht bei genauerer Betrachtung denn auch auf einem Synkretismus, weil sie aus der unbestreitbaren Tatsache, daß die Vertragsparteien eines humanitären Abkommens i. e. S. einander nicht — gleichsam auf dem Tauschwege — materiell begünstigen wollen[33], die *juristische* Folge ableitet, durch ein solches Abkommen würde kein System gegenseitiger Rechte und Pflichten geschaffen. Der Umstand, daß die Vertragspartner einander keine gegenseitigen Vorteile zugestehen, sondern eine — wenn man diesen wenig glücklichen Begriff verwenden will — „objektive Ordnung" festlegen, bedeutet aber in keiner Weise, daß sie nicht auch individuell das subjektive Recht auf allseitige Respektierung dieser Ordnung haben. Der Internationale Gerichtshof hat dies in seinem zweiten *Südwestafrika*-Urteil 1966 unmißverständlich formuliert:

[I]t may be said that a legal right or interest need not necessarily relate to anything material or "tangible", and can be infringed even though no prejudice of a material kind has been suffered. In this connection, the provisions of certain treaties and other international instruments of a humanitarian character ... are cited as indicating that, for instance, States may be entitled to uphold some general principle even though the particular contravention of it alleged has not affected their own material interests; — that again, States may have a legal interest in vindicating a principle of international law, even though they have, in the given case, suffered no material prejudice, or ask only for token damages.[34]

Im Völkerrecht gibt es keine Pflichten ohne korrelative Rechte.

In den Worten Agos:

The correlation between a legal obligation on the one hand and a subjective right on the other admits of no exception; as distinct from what is said to be the situation in municipal law, there are certainly no obligations incumbent on a subject which are not matched by an international subjective right of another subject or subjects ...[35].

Rechte und Pflichten sind nur *zwischen* Rechtssubjekten denkbar. Nur solche Verpflichtungen, denen korrelative Berechtigungen anderer Rechtssubjekte entsprechen, stellen Rechtspflichten i. e. S. dar. Solange es sich beim Völkerrecht um eine dezentralisierte Rechtsordnung zwischen souveränen Staaten handelt und solange die „Staatengemeinschaft" selbst keine Rechtspersönlichkeit besitzt[36], kommen bei einem

---

[33] Zur Interessenlage beim Zustandekommen von Verträgen zum Schutz der Menschenrechte ausführlich Simma (Anm. 22) 194 ff., insbesondere die dort 196 zitierte Joint Dissenting Opinion der Richter Guerrero, McNair, Read und Hsu Mo zum Rechtsgutachten über *Vorbehalte zur Völkermordkonvention.*

[34] *South West Africa, Second Phase,* ICJ Reports 1966, S. 32.

[35] Ago, Second Report on State Responsibility: The Origin of International Responsibility, UN Doc. A/CN.4/233, 20 April 1970, ILC-Yearbook 1970 II, 192 f. Vgl. auch Verdroß, Völkerrecht, 5. Aufl. 226 (1964).

[36] Vgl. Ago (Anm. 35) 184.

zwischen Staaten abgeschlossenen völkerrechtlichen Vertrag, der kein drittes Subjekt als Träger seiner Rechte und Pflichten benennt oder schafft[37], nur diese Staaten als Träger der daraus erfließenden Rechte und Pflichten in Betracht. Da nun aber bei unseren Verträgen zum Schutze der Menschenrechte das Merkmal der Staatsangehörigkeit, das den Anknüpfungspunkt für den traditionellen diplomatischen Schutz bildet, bedeutungslos ist und auch kein anderes Kriterium ersichtlich ist, nach dem aus der Gesamtheit der Vertragsparteien ein bestimmter oder mehrere bestimmte Staaten als berechtigt herausgegriffen werden könnten, bleibt nur die Möglichkeit bestehen, daß sämtliche jeweils einem Verpflichteten gegenüberstehenden Vertragsstaaten zur Einforderung der vertraglich geschuldeten Leistungen berechtigt sind.

Zusammengefaßt: Auch unsere humanitären Verträge begründen korrelative Rechte-/Pflichtenverhältnisse zwischen ihren Parteien, und zwar dergestalt, daß jede Partei einerseits allen übrigen Parteien gegenüber zur Vertragserfüllung verpflichtet und andererseits berechtigt ist, von jeder anderen Partei Erfüllung zu verlangen[38]. Dieser juristische Befund deckt sich vollkommen mit der Interessenlage der an solchen Verträgen Beteiligten, wonach „every interested State naturally expects every other interested State not to seek any individual advantage or convenience, but to carry out the measures resolved upon by common accord", wie sie von den vier dissentierenden Richtern zum *Völkermord*-Gutachten des IGH beschrieben wird[39]. In diesem Sinne können die Verpflichtungen aus Menschenrechtsverträgen als Pflichten *erga omnes* bezeichnet werden, wie dies der Internationale Gerichtshof 1970 in seinem Urteil im *Barcelona Traction*-Fall getan hat, wo er auf die Wesentlichkeit der Unterscheidung hinweist

> between the obligations of a State towards the international community as a whole, and those arising vis-à-vis another State in the field of diplomatic protection, By their very nature the former are the concern of all States. In view of the importance of the rights involved, all States can be held to have a legal interest in their protection; they are obligations *erga omnes* . . .

und die grundlegenden Menschenrechte dieser Kategorie zuzählt[40].

---

[37] Damit ist die Frage angesprochen, ob durch Menschenrechtskonventionen, wie die hier besprochenen, *Einzelmenschen* zu partiellen Völkerrechtssubjekten gekoren werden, die damit als (nur) berechtigte Dritte neben die berechtigten und verpflichteten Vertragsstaaten treten würden. Dieses Problem wird im folgenden nicht weiter behandelt. Hier genügt der Hinweis, daß auch bei echten völkerrechtlichen Verträgen zugunsten Dritter der Rechtspflicht des einen Vertragspartners das subjektive Recht des anderen Vertragspartners auf Vertragserfüllung gegenübersteht.

[38] Ebenso Tomuschat (Anm. 18) 8. Vgl. ferner H. Walter, Die Europäische Menschenrechtsordnung (1970).

[39] ICJ Reports 1951, S. 46 (vgl. Anmerkung 33).

Besonders bedeutsam ist dabei, daß der Gerichtshof den „legal interest", also das rechtlich geschützte Interesse und damit den *Rechtsanspruch* aller Parteien auf Respektierung der Menschenrechte hervorhebt. Deren Verletzung führt also zur Beschwer aller Vertragsstaaten. In seinem kontroversen zweiten *Südwestafrika*-Urteil (1966) hatte der IGH den Klägern Äthiopien und Liberia bekanntlich eine ebensolche Beschwer durch die angeblichen Verletzungen des Südwestafrika-Mandats seitens Südafrikas abgesprochen. Die beiden Staaten hatten sie in ihrer Eigenschaft als frühere Völkerbundsmitglieder geltend gemacht. Diese Eigenschaft gab ihnen jedoch nach Auffassung des Gerichts keinen Anspruch, die Einhaltung der humanitären Bestimmungen in Mandatsverträgen *ut singuli* rechtlich durchsetzen zu können; die beiden Kläger „were not parties to them . . .Not being parties to the instruments of mandate, they could draw from them only such rights as these unequivocally conferred"[41].

Dies bedeutet aber umgekehrt: Wären Äthiopien und Liberia Parteien des Südwestafrika-Mandats gewesen, so hätte der Internationale Gerichtshof ihren Rechtsanspruch auf Vertragserfüllung zweifellos anerkannt[42]. *Inter partes* eines Vertrages zum Schutze der Menschenrechte hat die gerichtliche oder außergerichtliche Forderung nach deren Respektierung demnach mit einer *actio popularis*[43] schon rein begrifflich nichts zu tun[44].

Die Beschreibung, die das *Barcelona Traction*-Urteil von den *grundlegenden* Menschenrechten gibt, deutet ferner an, daß Verträge, insoweit sie derartige Rechte kodifizieren, dem völkerrechtlichen *ius cogens* angehören, das seine gegenüber dem dispositiven Völkerrecht höhere Bestandskraft dem Umstand verdankt, daß seine Normen im Interesse aller Staaten gelten[45].

Dieses Interesse aller Staaten an der Respektierung der fundamentalen Menschenrechte hat seinen Niederschlag schließlich auch in den Arbeiten der International Law Commission zum Thema „völkerrechtliche Verantwortlichkeit der Staaten" gefunden:

---

[40] *Case concerning the Barcelona Traction, Light and Power Company, Limited,* ICJ Reports 1970, S. 32. Die Frage, ob und inwieweit diese *erga omnes*-Wirkung den völkerrechtlich geschützten Menschenrechten auf *gewohnheitsrechtlicher* Basis zukommt, ist nicht Gegenstand unserer Untersuchung.

[41] *South West Africa, Second Phase,* ICJ Reports 1966, S. 28.

[42] So auch Henkin, Human Rights and „Domestic Jurisdiction", in: Buergenthal (Anm. 5) 33.

[43] Seidl-Hohenveldern, Actio popularis im Völkerrecht?, 14 Comunicazioni e studi 803 ff. (1975).

[44] Ebenso Henkin (Anm. 5) 33.

[45] Eingehend Verdroß/Simma, Universelles Völkerrecht 59, 85 ff., 262 ff. (1976).

Die Kommission beschloß im Jahre 1976, einem alten Anliegen insbesondere der kommunistischen Völkerrechtslehre folgend, das auch von ihrem Berichterstatter Ago aufgegriffen worden war, eine Unterscheidung der Völkerrechtsverletzungen in „international crimes" einerseits und (gewöhnliche) „international delicts" andererseits (Art. 19 ihres Entwurfs). Die erstgenannte Kategorie wird im Kommissionsbericht 1976 als eine rechtswidrige Handlung definiert, „which results from the breach by a state of an international obligation so essential for the protection of fundamental interests of the international community that its breach is recognized as a crime by that community as a whole". Als Beispiel für ein solches internationales Verbrechen führt die ILC „inter alia" an: „a serious breach on a widespread scale of an international obligation of essential importance for safeguarding the human being"[46], wie z. B. eine Verletzung des Verbotes der Sklaverei, des Völkermordes oder der Apartheid[47]. Die Anerkennung der Geltung eines völkerrechtlichen *ius cogens* empfängt hier ihre deliktsrechtliche Bekräftigung.

Im Lichte dieser Einordnung humanitärer Normen wäre es geradezu absurd, ausgerechnet bei den „härtesten" Vertragspflichten *(erga omnes, iuris cogentis)* eine Konstruktion anzunehmen, nach welcher diese zwar *urbi et orbi,* einer völkerrechtlich weder faßbaren noch aktionsfähigen „Staatengemeinschaft", aber keinem konkreten Vertragsstaat gegenüber geschuldet würden. Konsequent erscheint hier allein, von Erfüllungsansprüchen aller gegen alle Parteien auszugehen[48]. Aber auch das selt-

---

[46] ILC-Yearbook 1976 II, Part Two, 95.

[47] Ago selbst hatte einen Text vorgeschlagen, in dem Verletzungen der grundlegenden Menschenrechte für alle ohne Unterschied der Rasse, des Geschlechts, der Sprache und der Religion, ausdrücklich als „international crimes" qualifiziert wurden (ILC-Yearbook 1976 II, Part One, 54). Dieser unmißverständliche Wortlaut wurde dann von der Kommission durch die im Text wiedergegebenen verschwommeneren Formulierungen ersetzt.

[48] Der eigentliche *rechtspolitische* Grund für die „Erfindung" der objektiven Theorie bzw. der Exklusivität vertraglich vorgesehener Sicherungsverfahren ist wohl die Befürchtung, daß es bei unilateralen Reaktionen auf Menschenrechtsverletzungen nur vordergründig um humanitäre Anliegen, in Wirklichkeit jedoch um die Durchsetzung eigennütziger machtpolitischer Ziele geht, womit Gehalt und Anliegen der Menschenrechte mehr geschadet als genützt wird. Daraus erklärt sich auch der Ruf nach zentralen „überstaatlichen" Kontrollinstanzen (wie etwa einem Hochkommissar für Menschenrechte) ohne eigennützige Interessen.

Der gegenwärtige Organisations- und Integrationsgrad der Staatengemeinschaft verhindert jedoch die Erreichung dieses Zustands: Würde eine derartige Instanz zum Schutz der Menschenrechte auf weltweiter Ebene geschaffen und mit echten Machtbefugnissen ausgestattet, so würde sie mit Sicherheit „verpolitisiert" und damit lahmgelegt oder zumindest auf einem Auge blind. Das Faktum, daß ca. 2/3 der UN-Mitgliedstaaten zu den Menschenrechtsverletzern gezählt werden müssen, würde sich ohne jeden Zweifel in der einen oder anderen Form negativ niederschlagen. Die im Text analysierten zwischenstaatlichen Reaktionen dagegen werden zumindest ganz

same *obiter dictum* des Internationalen Gerichtshofes an anderer Stelle der *Barcelona Traction*-Entscheidung, wonach „on the universal level, the instruments which embody human rights do not confer on States the capacity to protect the victims of infringements of such rights irrespective of their nationality“[49], kann vor diesem Hintergrund sinnvoll nur dahingehend interpretiert werden, daß das Gericht „was apparently saying that the human rights agreements extant today do not create universal obligations enforceable by all states: it was not denying the right of parties to those agreements to enforce them by traditional means for the benefit of their intended beneficiaries“ (so Henkin[50]) oder aber, daß es nur klarstellen wollte, daß diese Verträge ihren Parteien kein diplomatisches Schutzrecht *stricto sensu*[51] zugunsten der Angehörigen eines vertragsbrüchigen Staates verleihen. In der Tat hat die Forderung nach Erfüllung eines Menschenrechtsabkommens einen ganz anderen Ansatzpunkt als die Geltendmachung des traditionellen diplomatischen Schutzes durch einen Staat, der „[e]n prenant fait et cause pour l'un des siens ... fait, à vrai dire, valoir son droit propre, le droit qu'il a de faire respecter, *en la personne de ses ressortissants*, le droit international“[52].

III. Zulässige Mittel

Durch die Ausführungen des vorangegangenen Abschnittes erscheint die Frage der Aktivlegitimation zur Forderung nach Erfüllung der Verträge zum Schutze der Menschenrechte als geklärt. Nunmehr ist auf die Mittel einzugehen, die das allgemeine Völkerrecht den berechtigten Staaten zur Verfügung stellt, um diesen Forderungen im bilateralen Verhältnis notfalls Nachdruck zu verleihen. Dabei ist, wie bereits aufgezeigt, als Regel anzunehmen, daß unsere Verträge auf dieselbe Art und Weise, unter denselben Bedingungen und innerhalb derselben völkerrechtlichen Schranken durchsetzbar sind wie jedes andere Abkom-

---

überwiegend von dem verbleibenden „sauberen“ Drittel ausgehen, das im übrigen auch ein politisches Interesse an der Gewährleistung der Menschenrechte durch die anderen Staaten hat. Vgl. dazu jüngst die Rede des US-Sicherheitsberaters Z. Brzezinski am 8. Oktober 1978 vor dem Weizmann-Institut in Chicago.

[49] ICJ Reports 1970, S. 47. Frowein (Anm. 6) 71, 79, stützt seine Annahme der Ausschließlichkeit der in den Menschenrechtskonventionen selbst verankerten Verfahren ganz auf diesen Ausspruch. Ebenso Blumenwitz, Die deutsche Staatsangehörigkeit und die Schutzpflicht der Bundesrepublik Deutschland, in: Konflikt und Ordnung. Festschrift für Murad Ferid zum 70. Geburtstag 443 und 448, Anm. 31 (1978) (ohne jede Auseinandersetzung mit der Problematik).

[50] Henkin (Anm. 5) 39 (Anm. 22).

[51] Darüber Verdroß/Simma (Anm. 45) 596 f., 633 ff.

[52] So der Ständige Internationale Gerichtshof im Falle der *Mavrommatis Palestine Concessions*, A 2, 12 (Hervorhebung vom Verf.).

men[53]. Unsere Analyse wird zeigen müssen, ob und inwieweit diese Regel durch spezielle Umstände Ausnahmen erfährt.

Daß die Einforderung und notfalls (mit völkerrechtlich erlaubten Mitteln erfolgende, vgl. unten) Durchsetzung der Erfüllung eines Vertrages schon begrifflich keine Intervention darstellen kann, ist bereits geklärt worden. Andererseits geht der Verfasser davon aus, daß die Anwendung militärischer Gewalt seitens individueller Staaten nach geltendem Völkerrecht (zwingenden Charakters) ausschließlich unter den Bedingungen des Art. 51 UN-Charta erlaubt ist, die militärische Durchsetzung auch vertraglicher Ansprüche also voraussetzt, daß die Nichterfüllung eines Vertrages das Tatbestandsmerkmal eines bewaffneten Angriffs verwirklicht[54]. Damit erscheint die sogenannte „humanitäre" Intervention heute als völkerrechtswidrig[55]. Die folgenden Ausführun-

---

[53] So auch der Delegierte Uruguays in der UN-Menschenrechtskommission bei der Ausarbeitung der beiden Covenants; vgl. UN Doc. E/CN.4/SR. 176, 7 und 11.

Grundsätzlich wie im Text offenbar auch die Haltung der deutschen Bundesregierung, wie sie in einer Anfragebeantwortung im deutschen Bundestag am 8. September 1977 (vgl. oben Anm. 2) zum Ausdruck kam, bei der Staatsminister Frau Hamm-Brücher u. a. ausführte:

„Sofern sich ein Staat dem Verfahren nach Art. 41 [Staatenbeschwerde im UN-Pakt über bürgerliche und politische Rechte; der Verf.] nicht unterworfen hat oder ein derartiges Staatenbeschwerdeverfahren vertraglich nicht vorgesehen ist ..., kann die Bundesregierung nicht in gleicher Weise gegen den vertragsbrüchigen Staat vorgehen. Nach Ansicht der Bundesregierung könnte sie in diesem Fall nur von denjenigen Rechten Gebrauch machen, die sich aus den *allgemeinen Regeln des Völkervertragsrechts* ergeben. Danach kann die Bundesregierung einen Vertragsstaat auf die Verletzung des Vertrages hinweisen und ihn auffordern, künftig seine vertraglichen Verpflichtungen einzuhalten. Hierbei muß die Bundesregierung jedoch stets den auch im Völkerrecht geltenden Grundsatz der *Verhältnismäßigkeit* beachten. Unter Berücksichtigung dieser Grundsätze wird die Bundesregierung wie bisher alle ihre politischen Möglichkeiten einsetzen, um die Verwirklichung von Menschenrechten zu ermöglichen. Sie wird sich dabei wie in der Vergangenheit in erster Linie von den Interessen der betroffenen Menschen bestimmen lassen."

Zusatzfrage des Abgeordneten Dr. Czaja (CDU/CSU): „Darf ich aus dieser sehr bedeutsamen Antwort — insbesondere dem letzten Teil — folgern, daß die Bundesregierung bereit ist, unter Beachtung des Prinzips der Verhältnismäßigkeit der Mittel bei schwerwiegenden Verletzungen der Menschenrechte auch gegenüber Deutschen, ..., die Unterlassung vom Verursacher mit zulässigen Mitteln des internationalen Rechts, und zwar *allen zulässigen Mitteln,* einzufordern?"

Staatsminister Hamm-Brücher:

„Herr Abgeordneter, sie hat das bisher so getan und wird das auch in Zukunft so tun."

[54] Verdroß/Simma (Anm. 45) 237 ff., 649 ff.

[55] Ebd. 584. Eingehend und mit unterschiedlichen Ergebnissen Beyerlin, Die israelische Befreiungsaktion von Entebbe in völkerrechtlicher Sicht, 37 ZaöRV 213 ff. (1977); Ermacora, Geiselbefreiung als humanitäre Intervention im Lichte der UN-Charta, Festschrift für F. A. Freiherr von der Heydte 147 ff.

gen beschäftigen sich nur mit Möglichkeiten der Reaktion auf Menschenrechtsverletzungen unterhalb der Gewaltschranke. Sie analysieren ferner nur jene Reaktionen, die aus Eingriffen in völkerrechtlich geschützte Rechtsgüter des Verletzerstaates bestehen. Die Ausübung von Druck, die ohne derartige Eingriffe auskommt, ist bei Bejahung der Grundsatzfrage, ob Menschenrechte überhaupt bilateral durchgesetzt werden dürfen, völlig unproblematisch.

1. Rücktritt wegen Vertragsverletzung?

Die Verweigerung der eigenen Leistung aus einem Vertrag, der von der Gegenseite schwerwiegend verletzt worden ist, stellt diejenige Reaktionsmöglichkeit auf Vertragsbruch dar, die sich der größten, ja wohl allgemeiner, Anerkennung erfreut[56]. Sie hat, an bescheidene verfahrensrechtliche Voraussetzungen geknüpft, in Art. 60 der Wiener Konvention über das Recht der Verträge 1969 Aufnahme gefunden[57] und gilt bei den meisten Kommentatoren als wenig kontrovers[58]. Sie

---

(1977); Schröder, Die Geiselbefreiung von Entebbe — ein völkerrechtswidriger Akt Israels?, JZ 1977, 420 ff.; Strebel, Nochmals zur Geiselbefreiung in Entebbe, 27 ZaöRV 691 ff. (1977).

[56] Der Verfasser hat sie in einer Reihe früherer Veröffentlichungen eingehend untersucht, auf die hier zur näheren Unterrichtung verwiesen sei: Reflections on Article 60 of the Vienna Convention on the Law of Treaties and Its Background in General International Law, 20 ÖZöR 5 ff. (1970); Das Reziprozitätselement im Zustandekommen völkerrechtlicher Verträge (Anm. 15) *passim* (zum folgenden insbesondere 205 ff.); Verdroß/Simma (Anm. 45) 409 ff.; Zum Rücktrittsrecht wegen Vertragsverletzung nach der Wiener Konvention 1969, Festschrift von der Heydte (Anm. 55) 615 ff.

[57] Authentische Texte im UN Doc. A/CONF 39/27; deutsche (nichtamtliche) Übersetzung bei Berber (Hrsg.), Völkerrechtliche Verträge 118 ff. (1973).

[58] Art. 60 hat folgenden Wortlaut:

Termination or suspension of the operation of a treaty as a consequence of its breach

1. A material breach of a bilateral treaty by one of the parties entitles the other to invoke the breach as a ground for terminating the treaty or suspending its operation in whole or in part.
2. A material breach of a multilateral treaty by one of the parties entitles:
   a) the other parties by unanimous agreement to suspend the operation of the treaty in whole or in part or to terminate it either:
      (i) in the relations between themselves and the defaulting state; or
      (ii) as between all the parties;
   b) a party specially affected by the breach to invoke it as a ground for suspending the operation of the treaty in whole or in part in the relations between itself and the defaulting State;
   c) any party other than the defaulting State to invoke the breach as a ground for suspending the operation of the treaty in whole or in part with respect to itself if the treaty is of such a character that a material breach of its provisions by one party radically changes the position of every party with respect to the further performance of its obligations under the treaty.

beruht auf dem in der Tat überzeugenden Gedanken, daß es einem Staat nicht zugemutet werden kann, einen Vertrag gegenüber einer anderen Vertragspartei weiter zu erfüllen, die das *quid pro quo* für seine eigenen Leistungen nicht mehr erbringt *(inadimplenti non est adimplendum)*.

Dennoch steht das Rücktrittsrecht wegen Vertragsverletzung bei unseren Menschenrechtsverträgen nicht zur Verfügung. Art. 60 der Wiener Konvention nimmt von dieser Manifestation der Reziprozität in seinem Abs. 5 nämlich jene Vertragsbestimmungen aus „relating to the protection of the human person contained in treaties of a humanitarian character, in particular . . . provisions prohibiting any form of reprisals against persons protected by such treaties“[59].

Nun könnte man die Auffassung vertreten, daß Abs. 5 eine jener Bestimmungen der Konvention darstellt, in denen der bisherige Stand des Rechts der Verträge fortschrittlich weiterentwickelt worden ist[60] — mit der Konsequenz, daß diese Ausnahmeklausel vor dem Inkrafttreten der Vertragsrechtskonvention keine Geltung beanspruchen und auch nach diesem Zeitpunkt[61] nur *inter partes* der Konvention verbindlich sein kann. Die Prüfung allein der Entstehungsgeschichte von Art. 60 könnte dieses Argument nicht entkräften, da insbesondere der letzte Spezialberichterstatter der ILC zum Law of Treaties, Sir Humphrey Waldock, Versuchen seines Vorgängers Fitzmaurice, bestimmte Kategorien multilateraler Verträge, darunter auch solche zum Schutz der Menschenrechte, vom funktionellen Synallagma auszunehmen, mit der Begründung nicht folgen zu können glaubte, daß „there remains a contractual element in the legal relation created by the treaty between any two parties . . .“[62], was von der Kommission offenbar akzeptiert wurde. Abs. 5

3. A material breach of a treaty, for the purposes of this article, consists in:
   a) a repudiation of the treaty not sanctioned by the present Convention; or
   b) the violation of a provision essential to the accomplishment of the object or purpose of the treaty.
4. The foregoing paragraphs are without prejudice to any provision in the treaty applicable in the event of a breach.
5. Paragraphs 1 to 3 do not apply to provisions relating to the protection of the human person contained in treaties of a humanitarian character, in particular to provisions prohibiting any form of reprisals against persons protected by such treaties.

[59] Zu dieser Bestimmung ausführlich Schwelb, The Law of Treaties and Human Rights, in: Toward World Order and Human Dignity (Festschrift für McDougal 1976) 262 ff.; vgl. auch 16 Arch VR 1 ff., 14 ff. (1973).

[60] Verdroß/Simma (Anm. 45) 303.

[61] z. Zt. der Niederschrift des Manuskripts (Ende 1978) hatten 33 (von 35 notwendigen, vgl. Art. 84 der Konvention) Staaten ihre Ratifikations- oder Beitrittsurkunden hinterlegt.

[62] Second Report on the Law of Treaties, UN Doc. A/CN.4/156, Kommentar zu Art. 20, ILC-Yearbook 1963 II, 76 f.

wurde erst auf der Wiener Konferenz auf Vorschlag der Schweiz hinzugefügt.

Die in den „travaux préparatoires“ solchermaßen (grundsätzlich ganz zu Recht, vgl. oben II. 2 und 3) zum Ausdruck kommende Ablehnung der Theorie „absoluter“ oder „objektiver“ Verpflichtungen aus humanitären Verträgen wäre, korrekt zu Ende gedacht, aber durchaus mit der Herausnahme dieser Verträge aus dem Anwendungsbereich des Leistungsverweigerungsrechts wegen Vertragsverletzung, wie sie dann in Abs. 5 verfügt wurde, vereinbar gewesen[63]. Denn unsere Menschenrechtsverträge begründen zwar, wie früher dargestellt worden ist, korrelative Rechte und Pflichten zwischen ihren Parteien wie „normale“ Verträge auch, hinter der Erfüllung ihrer Normen steckt aber, völkerrechtssoziologisch betrachtet, keinerlei Austausch materieller Vorteile. Das in Art. 60 kodifizierte Leistungsverweigerungsrecht wegen Vertragsverletzung lebt aber nun gerade von einem solchen Tauschelement; wo dieses fehlt, läuft es leer[64]. Um ein Beispiel zu geben: Wenn eine Vertragspartei der Europäischen Menschenrechtskonvention ihre Angehörigen in Verletzung des Art. 3 der Konvention einer unmenschlichen oder erniedrigenden Behandlung unterwürfe, so wäre es völlig absurd, würde ein anderer Vertragsstaat als Reaktion darauf die Anwendung ebendieses Art. 3 gegenüber den seiner Herrschaftsgewalt unterstehenden Personen suspendieren. Das Recht und das Interesse der anderen Vertragsparteien an der allseitigen Erfüllung der Menschenrechtskonvention kann hier von ihnen[65] sinnvoll nur so durchgesetzt werden, daß sie zum Mittel der Staatenbeschwerde greifen. Selbst wenn wir unser Beispiel so variieren, daß Staat A durch seine Verletzung der Konvention ausschließlich in geschützte Rechtspositionen von Angehörigen einer anderen Vertragspartei eingegriffen hätte, so könnte diese nicht zu reziproker Nichtanwendung des Art. 3 gegenüber Angehörigen des Verletzers schreiten, weil im Falle unserer Menschenrechtsverträge ja jede Partei einen völkerrechtlichen Anspruch auf vollständige Vertragserfüllung durch jede andere Partei hat[66]. Eine gleichsam paarweise Nichtanwendung der Konvention durch eine Vertragspartei „specially affected by the breach“ (Art. 60 Abs. 2 lit. b der Wiener Konvention) ist also unmöglich; eine Vertragssuspendierung *erga omnes* aber gemäß Art. 60 Abs. 2 lit. c nur erlaubt, „if the treaty is of such a character that a material breach of its provisions by one party *radically changes the*

---

[63] Zum folgenden Simma (Anm. 22) 205 ff.

[64] Um eine von Fitzmaurice für die Wirkung eines Vorbehalts zu solchen Verträgen verwendete Beschreibung abzuwandeln: das Rücktrittsrecht findet hier „nothing on which it can ‚bite‘ or operate“: 33 BYIL 203 ff., 278 (1957). Die Problematik des *Rechtsmißbrauchs* bleibt im folgenden außer Betracht.

[65] D. h. von der Möglichkeit der Individualbeschwerde einmal abgesehen.

[66] Vgl. oben.

position of every party with respect to the further performance of its obligations under the treaty" — wovon bei der Europäischen Menschenrechtskonvention ebenfalls nicht die Rede sein kann. Art. 60 Abs. 5 der Vertragsrechtskonvention stellt also nur ein Ergebnis positivrechtlich außer Streit, zu dem das richtige Verständnis der Rechtsnatur der Verpflichtungen aus Menschenrechtsverträgen von selbst hinführt. Einer Theorie „objektiver/absoluter" Pflichten bedarf es dazu nicht[67].

Auch die schwerwiegende Verletzung eines Vertrages zum Schutze der Menschenrechte berechtigt demnach eine andere Abkommenspartei nicht, den Bruch als Grund für die Beendigung oder Suspendierung dieses Vertrages im ganzen oder zum Teil geltend zu machen.

2. *Repressalien zur Durchsetzung der Menschenrechte?*

Das Wort „Repressalie" hat im heutigen Völkerrecht einen schlechten Klang — treibt die in der Überschrift gestellte Frage also nicht den Teufel mit dem Beelzebub aus?

Eine nüchterne Bewertung zeigt[68], daß die Repressalie auch heute noch, trotz des höheren Organisationsgrades der Staatengemeinschaft, in weiten Bereichen des Völkerrechts das einzige Mittel bleibt, um Rechtsansprüche gegen den Willen des Verletzers durchzusetzen. Sie ist nach geltendem Völkerrecht allerdings durch das Gewaltverbot auf nichtmilitärische Eingriffe beschränkt[69]. Ferner sind die faktischen Möglichkeiten, gegen Rechtsverletzungen Beugezwang auszuüben, ohne Zweifel durch die politische, wirtschaftliche und militärische Interdependenz der Staaten reduziert worden, die dazu führt, daß Maßnahmen, die an und für sich zu Repressalienzwecken zur Verfügung stünden, deswegen nicht ergriffen werden können, weil man sich damit auch ins eigene Fleisch schneiden oder aber in die Rechte dritter Staaten eingreifen würde. Dennoch bleibt ihr, ebenso wie der Retorsion[70], ein gewisser Anwendungsbereich erhalten.

„Leading case" zu Voraussetzungen und Grenzen der Repressalie ist immer noch der *Naulilaa*-Fall zwischen dem Deutschen Reich und Por-

[67] Diese Klarstellung ist deswegen vonnöten, weil zahlreiche Vertreter der objektiven Theorie ebendiese Auffassung (z. T. nur) im Zusammenhang mit der Frage nach Beschränkungen der Leistungsverweigerungsrechte wegen Vertragsverletzung entwickeln; vgl. die Literaturhinweise bei Simma (Anm. 22) 209 f. (Anm. 68).

[68] Dazu Verdroß/Simma (Anm. 45) 652 ff., und das dort genannte Schrifttum, insbesondere Forlati Picchio, La sanzione nel diritto internazionale (1974).

[69] Verdroß/Simma (Anm. 45) 244 f., 654. Vgl. auch die „Friendly Relations"-Deklaration, Generalversammlungsresolution 2625 (XXV) vom 24. Oktober 1970: „States have a duty to refrain from acts of reprisal involving the use of force".

[70] Verdroß/Simma (Anm. 45) 648.

tugal, der 1928 durch ein Schiedsgericht beigelegt wurde. Das Schiedsgericht definierte Repressalien wie folgt:

La *représaille* est un acte de propre justice (Selbsthilfehandlung) de l'État lésé, acte répondant — *après sommation restée infructueuse* — à un acte contraire au droit des gens de l'État offenseur. Elle a pour effet de suspendre momentanément, dans les rapports des deux États, l'observation de telle ou telle règle du droit des gens. Elle est *limitée* par les expériences de l'humanité et les règles de la bonne foi applicables dans les rapports d'État à État. *Elle serait illégale si un acte préalable, contraire au droit des gens, n'en avait fourni le motif.* Elle tend à imposer, à l'État offenseur, la réparation de l'offense ou le retour à la légalité, en evitation de nouvelles offenses ...

Même si l'on admettait que le droit des gens n'exige pas que la représaille se mesure approximativement à l'offense, on devrait certainement considerer, comme excessives et partant illicites, des représailles hors de toute proportion avec l'acte qui les a motivées[71].

Diese Umschreibung ist heute durch das umfassende Gewaltverbot sowie durch die Grundpflicht der Staaten zur friedlichen Streiterledigung zu ergänzen, wie sie in Entsprechung zur UN-Charta und zum allgemeinen Völkerrecht in der „Friendly Relations"-Deklaration der Generalversammlung formuliert worden ist[72].

Kann der Verletzung von Verträgen zum Schutz der Menschenrechte nach dem Gesagten mit Repressalien entgegengetreten werden? Hier ist zwischen dem „ob" und dem „wie" zu unterscheiden. Die Antwort auf die Frage, *ob* in einer solchen Situation Repressalien *grundsätzlich* gerechtfertigt sein können, hängt davon ab, ob durch den Bruch humanitärer Verträge die anderen Vertragsstaaten als „verletzt" anzusehen sind oder nicht. Geht man nun mit Abschnitt II dieser Untersuchung davon aus, daß aus solchen Verträgen Erfüllungsansprüche aller gegen alle Parteien erwachsen, so könnte der weitere Schluß, daß die Nichterfüllung humanitärer Verträge durch eine Partei die Verletzung aller übrigen Parteien zur Folge hat, nur von dem bezweifelt werden, der unter „Verletzung" immer auch eine materielle Beeinträchtigung, den Eintritt eines materiellen Schadens, versteht. Dieses Erfordernis kann jedoch dem Völkerrecht nicht entnommen werden[73].

Treffend bemerkt Ago in seinem zweiten Bericht über die Staatenverantwortlichkeit:

As writers have frequently pointed out, it is a mistake to attempt too direct a transposition into international law of ideas and concepts of municipal law which are very obviously linked with situations peculiar to municipal law. Every breach of an engagement *vis-à-vis* another State and every impairment of a subjective right of that State in itself constitutes a damage,

---

[71] Reports of International Arbitral Awards, Vol. II, 1011 ff., 1026, 1028.

[72] Verdroß/Simma (Anm. 45) 235 ff.; Neuhold, Internationale Konflikte — verbotene und erlaubte Mittel ihrer Austragung 357 ff., 462 ff. (1977).

[73] Verdroß/Simma (Anm. 45) 614 f.

material or moral, to that State. As Anzilotti stated in his first work on the topic, international responsibility derives its *raison d'être* purely from the violation of a right of another State and every violation of a right is a damage ... The extent of a material damage caused may be a decisive factor in determining the amount of the reparation to be made. But it cannot be of any assistance in establishing whether a subjective right of another State has been impaired and so whether an internationally wrongful act has occurred. It therefore seems inappropriate to take this element of damage into consideration in defining the conditions for the existence of an internationally wrongful act.[74]

Wie bereits erwähnt, hat Ago in einem seiner späteren Berichte Verletzungen der grundlegenden Menschenrechte als besonders schwerwiegende Völkerrechtsverstöße — „international crimes" — qualifiziert[75]. Wenn nun aber die Respektierung der Menschenrechte „the concern of all States" ist, wie der Internationale Gerichtshof im *Barcelona Traction*-Urteil bekräftigt, dann kann die Ergreifung einer Repressalie, um eben diesen Zustand wiederherzustellen, von der Völkerrechtsgemeinschaft zumindest nicht negativer bewertet werden als eine ebensolche Maßnahme mit dem Ziel der Durchsetzung irgendwelcher Rechtsansprüche im Eigeninteresse. Die traditionelle Diplomatie ist derartige Aktionen nur nicht gewohnt, oder treffender: sie ist gewohnt, solch anspruchsvollen Motiven zu mißtrauen[76]. Seit diese nun aber durch positives Völkerrecht sanktioniert werden, gilt — vielleicht noch dringender als früher — der Hinweis: An ihren Taten sollt ihr sie erkennen!

Damit sind wir beim „wie" angelangt.

Hier gilt, daß auch einer Repressalie zur Durchsetzung vertraglich verankerter Menschenrechte die Forderung auf Einstellung der Verletzung und Wiedergutmachung vorauszugehen hat. Bestreitet der Gegner die Menschenrechtsverletzung, so ist der bereits erwähnten Verpflichtung zur Beilegung aller zwischenstaatlichen Streitigkeiten durch friedliche Mittel in ihrem vollen Ausmaß Genüge zu leisten. Die betroffenen Staaten haben also jene friedlichen Mittel in Anspruch zu nehmen, die den Umständen und der Natur des Streitfalles angemessen (appropriate) sind. Sie haben sich ferner auf andere Mittel der Streiterledigung zu einigen, falls das erste gewählte Mittel zu keinem Erfolg geführt hat[77]. Zum ersten Grundsatz: Sieht der menschenrechtliche Vertrag, dessen Verletzung den Streitgegenstand bildet, selbst ein bestimmtes Verfahren der Kontrolle seiner Einhaltung vor, und steht dieses Verfahren im konkreten Fall dem einfordernden Staat auch zur Verfü-

---

[74] Ago (Anm. 35) 195.

[75] Vgl. oben Anm. 47.

[76] Vgl. das oben in Anm. 48 gesagte.

[77] So die „Friendly Relations"-Deklaration in Entfaltung des geltenden Völkerrechts: Verdroß/Simma (Anm. 45) 236; Neuhold (Anm. 72) 471.

gung[78], so wird gleichsam eine Vermutung dafür sprechen, daß dieses Verfahren das „angemessenste" ist. Diese Vermutung wird von dem einfordernden Staat durch den Nachweis entkräftet werden müssen, daß das vertraglich vereinbarte Sicherungsverfahren allgemein oder zumindest im konkreten Einzelfall nicht als wirksam anzusehen ist. Angesichts der gegenwärtig mehr als reservierten Haltung der Staatenmehrheit (darunter besonders prononciert des kommunistischen Lagers) zu den völkerrechtlichen Methoden der friedlichen Streiterledigung[79] wird dabei mit dem Umstand gerechnet werden müssen, daß „angemessene" Mittel und „wirksame" Verfahren zwei durchaus verschiedene Dinge sein können. In der Tat vermitteln die im UN-Rahmen zustande gekommenen Verfahrensregelungen zu Menschenrechtsverträgen den Eindruck, daß dabei gerade wenig effektive Prozeduren als nach dem Willen der die Texte verabschiedenden Mehrheiten „appropriate to the circumstances and nature of the dispute" angesehen wurden. Vor diesem traurigen Stand der Dinge braucht jedoch ein auf die Einhaltung der Menschenrechte durch seine Vertragspartner bedachter Staat nicht zu kapitulieren, denn dieses Ungenügen war ja von vornherein der Grund dafür, daß er sich entschied, den Weg des allgemeinen Völkerrechts einzuschlagen: Er macht einen völkerrechtlichen Anspruch geltend und gelingt ihm dessen Durchsetzung in Verfahren der friedlichen Streiterledigung nicht, so steht ihm als *ultima ratio* auch nach heutigem Völkerrecht die nichtmilitärische Selbsthilfe, darunter das Mittel der Repressalie, zu Gebote. Dies gilt umso mehr, wenn der einfordernde Staat ein vertraglich vorgesehenes Sicherungsverfahren einleitete, dieses aber erfolglos blieb.

Als *Gegenstand* der Repressalie stehen ihm alle diejenigen Rechtspflichten gegenüber dem Verletzerstaat zur Verfügung, deren Erfüllung er aussetzen kann, ohne seinerseits in Rechtsgüter dritter Staaten einzugreifen. Schon aus diesem Grund erweist sich das völkerrechtliche *ius cogens* als „repressalienfest"[80]. Dasselbe gilt für die Menschenrechte selbst, auch soweit sie nicht dem zwingenden Recht zuzuordnen sind[81].

Neben diesen qualitativen Begrenzungen greift das Prinzip der *Verhältnismäßigkeit* der völkerrechtlichen Unrechtsfolgen ein. Dieses Er-

---

[78] Vgl. oben.

[79] Für eine Fallstudie vgl. Simma/Schenk, Friedliche Streiterledigung in Europa. Überlegungen zum schweizerischen KSZE-Vorschlag, 33 Europa-Archiv 419 ff. (1978); dieselben, Der schweizerische Entwurf eines Vertrages über ein europäisches System der friedlichen Streiterledigung, in: Simma/Blenk-Knocke (Hrsg.), Zwischen Intervention und Zusammenarbeit. Interdisziplinäre Beiträge zu Grundfragen der KSZE (im Druck).

[80] So auch Reuter, Introduction au droit des traités 141 (1972); noch dezidierter: La Convention de Vienne sur le droit des traités 21 (1970).

[81] Zur letzteren Frage jüngst Higgins, Derogations under Human Rights Treaties, 48 BYIL 281 ff., 282 (1976/77).

fordernis einer grundsätzlichen Proportionalität zwischen dem vorangegangenen Unrecht und dem als Repressalie vorgenommenen Rechtseingriff, das auch im *Naulilaa*-Schiedsspruch, wenngleich mit einem gewissen Zögern, bekräftigt wurde und heute als allgemein anerkannt gelten kann[82], ist allerdings schwer zu verwirklichen, wenn die Repressalie nichts gegenüber der Verletzung Spiegelbildliches, Symmetrisches hat, wie das z. B. bei solchen Maßnahmen im Diplomatenrecht meist der Fall ist[83], sondern in ein Rechtsgut eingreift, dessen Gewicht mit demjenigen der ursprünglich verletzten Norm kaum verglichen werden kann. Die bisherigen Maßnahmen der Vereinigten Staaten gegenüber Menschenrechtsverletzungen etwa seitens der Sowjetunion liefern dazu gutes Anschauungsmaterial, wobei es für unseren gegenwärtigen Zweck keine Rolle spielt, ob es sich dabei um Repressalien im technischen, völkerrechtlichen, Sinn gehandelt hat oder nicht[84].

Wann steht die Verweigerung der handelspolitischen Meistbegünstigung „hors de toute proportion" *(Naulilaa)* zur Verweigerung der Ausreise sowjetischer Juden oder die Einstellung von Militärhilfe gegenüber südamerikanischen Folterpraktiken? Die Tatsache, daß gegen die US-Aktionen allerhand Einwände laut wurden, aber nach Kenntnis des Verfassers niemals das Argument der Disproportionalität, deutet darauf hin, daß Repressalien zur Sicherung der Respektierung der Menschenrechte bei deren Gewicht in der heutigen völkerrechtlichen Wertehierarchie auch in sehr schwerwiegenden Rechtseingriffen bestehen dürfen. Eine ganz andere Frage ist es, ob die Anwendung von notfalls massivem Beugezwang *in der Praxis* der Sache der Menschenrechte mehr nützt als schadet. Diese Frage kann bisher zwar nicht eindeutig bejaht, aber auch nicht verneint werden[85]. Ihre Beantwortung ist nicht

---

[82] Dazu neben den Lehrbüchern van Panhuys, Het „Ius ad bellum" en de proportionaliteit, Miscellanea W. V. Ganshof van der Meersch, Bd. I, 329 ff. (1972); Kalshoven, Belligerent Reprisals, *passim* (1971); Venezia, La notion de représailles en droit international public, 31 RGDIP 465 ff., 487 f. (1960); McDougal/Feliciano, Law and Mininum World Public Order 241 ff. und *passim* (1961).

[83] Dazu Simma, ÖZöR (Anm. 56) 16 ff.; derselbe (Anm. 22) 124 ff.

[84] Vgl. dazu neben der in den Anm. 4 und 5 genannten Literatur: An Interim Analysis of the Effects of the Jackson-Vanik-Amendment on Trade and Human Rights: The Romanian Example, 8 Law & Pol. Int'l Business 193 ff. (1976).

[85] Auf die Erfolgsbilanz der US-Regierung vom Oktober 1977 ist in Anm. 7 hingewiesen worden. Außenminister Genscher hält, laut „Süddeutscher Zeitung" vom 2./3. September 1978, Repressalien gegen Staaten, die Menschenrechte verletzen, für wenig nützlich. Weder Ächtung noch Isolierung bringe nach aller Erfahrung einen Staat international zur Raison, auch nicht zur Menschenrechtsraison *(sic)*, oft seien Mittel der stillen Diplomatie und bilaterale Gespräche für bedrängte Personen hilfreicher. Dazu ist festzustellen, daß sich die im Text besprochenen Repressalien nicht notwendig auf dem Marktplatz der Diplomatie vollziehen müssen. Im übrigen ist, von Teilberei-

Gegenstand dieser Untersuchung, die sich ausschließlich mit dem *völkerrechtlichen Rahmen* der Politik bilateraler Durchsetzung von Menschenrechten befaßt. Nur soviel soll gesagt werden, daß deren Erfolg entscheidend davon abhängen wird, wie beharrlich und unbestechlich die Forderungen gegenüber *allen* Verletzern vorgebracht und verfolgt werden.

Vom geltenden Völkerrecht wird eine solche Gleichbehandlung allerdings nicht gefordert. Nach seinen Regeln bleibt es dem Ermessen der Staaten überlassen, ob und gegenüber welchen verpflichteten Staaten sie die Erfüllung von Rechtsansprüchen einfordern und mit welchem Nachdruck sie dies tun. Ob die Verfassungen der vielleicht noch zwei Dutzend echten Rechtsstaaten auf unserer Erde eine Einschränkung dieses Ermessensbereichs, also einen humanitären „Verfassungsaltruismus", zu fordern beginnen, bedarf sorgfältiger Prüfung im Verbund mit der Nachbardisziplin[86].

---

chen wie etwa innerdeutschen Beziehungen vielleicht abgesehen, Mißtrauen auch gegenüber der „stillen Menschenrechtsdiplomatie" angebracht, und zwar gegenüber dem Nachdruck, mit dem sie dann betrieben wird, wenn insbesondere wirtschaftliche Interessen zur Zurückhaltung mahnen. Ob hier eine „offensive" Menschenrechtspolitik nicht das geringere Übel ist?

Auch von seiten der Individuen, zu deren Gunsten eine solche Politik verfolgt wird, sind gegensätzliche Auffassungen zu vernehmen. So empfahl der im Dezember 1976 aus der Sowjetunion deportierte Dissident Vladimir Bukowski vor der US-CSCE Commission, daß „[e]very time . . . trade is carried on, conditions must be set to make the Soviet Union observe its international obligations and covenants . . . If the Soviet government were certain that that type of policy would be consistent, they would have no other choice than to recognize this political reality, and the need to respect international agreements" (1 Basket Three: Implementation of the Helsinki Accords: Hearings Before the Commission on Security and Cooperation in Europe, 95th Cong., 1st Sess. 26 ff., 32 [1977]). Andererseits kam der (frühere) Sprecher der tschechoslowakischen Gruppe „Charta 77", Jiri Hajek, laut Economist vom 11. Februar 1978, 12, zu dem Ergebnis, die westliche Unterstützung für die Dissidenten in der Sowjetunion und Osteuropa habe diesen das Leben nicht erleichtert und könne sogar zu einem neuen Stalinismus führen.

[86] Dazu jüngst Tomuschat, Der Verfassungsstaat im Geflecht der internationalen Beziehungen, 36 Veröffentlichungen der Vereinigung der Deutschen Staatsrechtslehrer 7 ff., 42 ff. (1978); Häberle, Der kooperative Verfassungsstaat, in: Recht und Gesellschaft. Festschrift f. Helmut Schelsky zum 65. Geburtstag 141 ff., 173 ff. (1978).

Die „gemischten“ Verträge der Europäischen Wirtschaftsgemeinschaft

Von *Wahé H. Balekjian*

I. Einleitung

Die „gemischte“ Vertragspraxis der Europäischen Wirtschaftsgemeinschaft (EWG)[1] wurde vor 16 Jahren anläßlich des Abschlusses des Assoziierungsabkommens mit Griechenland (1963) instituiert. Ihr bedeutendstes und umfangreichstes Beispiel ist die zwischen der EWG und ihren Mitgliedstaaten (MS) einerseits und 57 AKP-Staaten 1975 für fünf Jahre geschlossene Konvention von Lomé[2]. Das Merkmal „gemischter“ Verträge ist, daß neben der EWG auch alle (früher sechs und seit 1973 neun) MS Vertragsparteien sind. Die Praxis beruht auf der von den MS vertretenen Rechtsauffassung, daß dort, wo ein wirtschaftlich oder sonst notwendig erscheinendes Handeln der EWG die Vertragsschlußkompetenzen der Gemeinschaft *nach außen* überschreitet, alle MS das betreffende Abkommen als Vertragspartei mit unterzeichnen müssen. Diese Rechtsauffassung hat ihre Wurzeln in einer restriktiven (enumerativen) Auslegung des EWG-Vertrages (EWGV), wonach die Vertragsschlußkompetenzen der EWG auf abgegrenzte Materien hinsichtlich der Regelung des Warenverkehrs nach Art. 113 EWGV beschränkt sind: Bereiche wirtschaftlicher und finanzieller Zusammenarbeit, wie das Niederlassungsrecht betreffend Nichtgemeinschaftsbürger, Dienstleistungsverkehr, technische und industrielle Zusammenarbeit, Kapital- und Zahlungsverkehr mit Drittstaaten sind und bleiben den Kompetenzen der MS vorbehalten[3]. In diesem Zusammenhang ist von den MS ferner auf den von Drittstaaten geäußerten Wunsch hingewiesen worden, mit Rücksicht auf Fragen des internationalen Vertrauensschutzes

---

[1] Da die Vertragswerke der Europäischen Gemeinschaft für Kohle und Stahl (EGKS) und der Europäischen Atomgemeinschaft (EAG) hinsichtlich ihrer Zielsetzungen und nach ihrem Inhalt, im Vergleich zum EWGV, einfacher und präziser sind, ist die Frage der „gemischten“ Vertragspraxis in bezug auf sie rechtlich von begrenzter Bedeutung.

[2] Für eine übersichtliche Zusammenstellung der Verträge der Gemeinschaften, unter Angabe der „gemischten“ Verträge, siehe Krück, Völkerrechtliche Verträge im Recht der Europäischen Gemeinschaften 183 - 197 (1977).

[3] z. B. D. Olivier, betreffend die Konvention von Yaoundé (20. 7. 63) in 6 Revue du Marché Commun (RMC) 480 (1963).

und der Rechtssicherheit, neben der EWG auch die MS als Vertragspartei zu haben.

Anfänglich schien die „gemischte" Vertragspraxis der EWG sich als dem politischen und völkerrechtlichen Willen der MS konform zu behaupten. Zunehmende Kritik in der Literatur und einige wenn auch nur indirekt relevante Urteile und Gutachten des Gerichtshofes der Europäischen Gemeinschaften (EuGH) deuten aber immer mehr darauf hin, daß diese Praxis der kritischen Frage ausgesetzt ist, ob sie gemeinschaftsrechtskonform ist. Manche Autoren wollten, insbesondere in der älteren Literatur, die „gemischte" Vertragspraxis durch eine restriktive Auslegung des EWGV völkerrechtlich oder gemeinschaftsrechtlich begründen[4]. Andere haben die Praxis scharf kritisiert[5]. Auf alle Fälle läßt die Praxis eine Reihe von grundlegenden Fragen aufkommen. Sie betreffen sowohl materiell- als auch verfahrensrechtliche Aspekte der Praxis. Während diese Praxis bisher aufgrund einer restriktiven und statischen Auslegung des EWGV die Rechtsstellung der MS im Verhältnis zu den Außenkompetenzen der EWG gestützt hat, weist die ihr zugrunde liegende an erster Stelle völkerrechtlich orientierte Rechtsauffassung keinen Zusammenhang mit den funktionell und dynamisch bedingten Erfordernissen des EWGV und den in Art. 3 EWGV angeführten Sachgebieten und Zielsetzungen auf. Sie beantwortet nicht überzeugend oder erschöpfend die mit der „gemischten" Vertragspraxis zusammenhängenden grundsätzlichen Fragen, die wie folgt formuliert werden konnten:

i) Nach welcher Interpretationsmethode ist der EWGV auszulegen und wie sind die Vertragsschlußkompetenzen der EWG zu bestimmen?

ii) Sind die MS ermächtigt, über die Außenkompetenzen der EWG zu befinden? Liegt die diesbezügliche Kompetenz beim EuGH, auch im Falle der „gemischten" Vertragspraxis?

iii) Wie ist die „gemischte" Vertragspraxis formalrechtlich gedeckt; (wo liegen ihre Schwächen?)

iv) Ist die „gemischte" Vertragspraxis mit den Vertragsschlußkompetenzen der EWG vereinbar?

---

[4] z. B. R.-J. Dupuy, Du caractère unitaire de la CEE dans ses relations extérieures, 9 Ann. français de dr. int. (AFDI) 779 - 825, 780 (1963); vgl. auch vom selben Autor, La technique de l'accord mixte utilisée par les Communautés européennes, in Ann. Inst. de Dr. Int. 55 (1973).

[5] z. B. J. J. Costonis, The Treaty-Making Power of the European Economic Community, 5 CMLRev 421 ff. (1967/68); J. J. Norton, The Treaty-Making Power of the EEC, 7 International Lawyer 589 ff. (1973).

II. Die Vertragsschlußkompetenzen der EWG und die „gemischte“ Vertragspraxis

A. Die Vertragsschlußkompetenzen der EWG

Die Frage nach den Vertragsschlußkompetenzen der EWG hat einen allgemein völkerrechtlichen und einen gemeinschaftsrechtlichen Aspekt. Der EWGV ist u. a. in seiner Grundform ein völkerrechtlicher Vertrag und der Tätigkeitsbereich der EWG liegt *nach außen* in der Sphäre des Völkerrechts (VR), während die innergemeinschaftliche Rechtsordnung eine dominierend gemeinschaftsrechtliche Ordnung ist, d. h. sie unterliegt dem normativen System des EWGV. Diese vereinfachte Definition des EWG-Rechts als ein sowohl völkerrechtliche als auch gemeinschaftsrechtliche Aspekte aufweisendes Recht, bedeutet aber nicht, daß beide Aspekte ohne Vorrang gleichgestellt oder die Vertragsschlußkompetenzen der EWG primär nach VR zu bestimmen wären. In diesem Zusammenhang können völkerrechtliche Überlegungen als Ausgangspunkt richtungweisend sein: Das VR verweist, für eine eingehende Beantwortung der Frage nach den Vertragsschlußkompetenzen der EWG, auf Gemeinschaftsrecht, d. h. auf den EWGV: Im Einklang mit der herrschenden völkerrechtlichen Lehre und Praxis wird man sich, wie im Falle anderer internationaler Organisationen, für die EWG auf den Gründungsvertrag, d. h. den EWGV beziehen, um festzustellen, welche ausdrücklichen Vertragsschlußkompetenzen genereller wie spezieller Natur sie hat, oder welche aus ihrer *funktionellen* Rechtspersönlichkeit erfließenden „implied powers“ sie ermächtigen würden, bestimmte Verträge abzuschließen[6]. Daß die völkerrechtliche Rechtspersönlichkeit der EWG relativ, d. h. nur gegenüber denjenigen Staaten, die sie als Rechtspersönlichkeit anerkannt haben, wirken kann, steht hier außer Frage. Was vielmehr relevant ist, ist die Feststellung, daß für eine weitgehend erschöpfende Beurteilung der Vertragsschlußkompetenzen der EWG nicht das VR primär, auch nicht nur das Gemeinschaftsrecht, d. h. das normative System des EWGV, sondern die Natur *sui generis* der EWG als eine ihren Zielen gemäß integrierende Rechtsordnung zu berücksichtigen ist.

Im Vergleich zur EWG sind andere internationale Organisationen *statisch*. Sie haben nicht eine Zuständigkeitsverlagerungen bedingende Integrationsdynamik. Ihre relativ statischen Zielsetzungen und Kompetenzstrukturen entbehren sowohl strukturell als auch temporal (evolutiv) jener Komplexität, die die EWG als eine Rechtsordnung *sui ge-*

[6] Verdroß/Simma, Universelles Völkerrecht 349 f., 216 f. (1976); siehe auch A. Bleckmann, Europarecht (2. Aufl.) 218 (1976), über gemischte Verträge, S. 97; ibid, Der gemischte Vertrag im Europarecht, 11 ER 301 ff. (1976); M. Bothe, Die Stellung der Europäischen Gemeinschaften im VR, 37 ZaöRV 122 ff. (1977); H. P. Ipsen, Europäisches Gemeinschaftsrecht 174 ff., 200 f. (1972).

neris aufweist[7]. Ist die Frage der funktionellen Kompetenzen internationaler Organisationen mit Problemen verbunden[8], so muß sie im Falle der EWG *a fortiori* von noch komplexerer Natur sein, denn die EWG ist weit davon entfernt, die relativ einfachen Strukturen und Aufgabenbereiche von internationalen Organisationen und Verwaltungsunionen aufzuweisen. Im Falle der letzteren haben wir mit relativ klareren Abgrenzungen zwischen den eigenen Kompetenzen und jenen der MS zu tun. Die EWG ist ein in Entwicklung begriffenes (werdendes) Rechtssystem, mit Organen ausgestattet, die im Zuge eines Integrationsprozesses sowohl innergemeinschaftlich als auch nach außen normative Akte zunehmend setzen sollen. Zugunsten dieser Gemeinschaftsorgane sollen Kompetenzverlagerungen evolutiv und normativ vollzogen werden, d. h. in Einklang mit den im Rahmen des EWGV vorgesehenen kurz-, mittel- und langfristigen, evolutiv aufgefaßten und daher mit temporalen Dimensionen ausgestatteten Integrationszielen. Die Natur *sui generis* und die damit verbundene Integrationsdynamik sowie die durch die Integration bedingte Rechtsdynamik lassen erkennen, welche grundlegende Bedeutung die Auslegungsmethode für die Anwendung des EWGV annimmt, wenn man den Zielsetzungen und der evolutiven Konkretisierung des EWGV gerecht werden will. Diese Feststellung gilt um so mehr als der EWGV ein in großen Umrissen abgefaßter und in die Zukunft projizierender Rahmenvertrag (traité-cadre) ist.

Der EWGV enthält keine Generalklausel über die Vertragsschlußkompetenzen der EWG[9]. Art. 113 betrifft ausdrückliche Kompetenzen im Bereich der gemeinsamen Handelspolitik und dies ist von den MS nicht in Frage gestellt worden[10]. Art. 210 („Die Gemeinschaft besitzt Rechts-

---

[7] Zur Natur *sui generis* der Gemeinschaften, siehe RS 26/62, *Van Gend & Loos*, Rechtsprechung des EuGH (RsprEuGH) IX, 1 (25), und RS 6/64, *Costa/ENEL*, RsprEuGH X, 1251 (1269).

[8] z. B. in dem Fall *Reparations for Injuries suffered in the Service of the UN*, ICJ Reports 1949, 182.

[9] Krück (Fn. 2) 29 f.; R. Geiger, Außenbeziehungen der EWG und auswärtige Gewalt der MS, 37 ZaöRV 640 ff., 650 f. (1977); H. Habicht, in Groeben/Boekh/Thiesing, Kommentar zum EWG-Vertrag, 2 Bde, 2. Auflage Bd. 2, 692 ff. (1974).

[10] Siehe dazu die kritischen Bemerkungen von R. Dahrendorf, Möglichkeiten und Grenzen einer Außenpolitik der Europäischen Gemeinschaften, 26 EA 117 ff., 122 - 124 (1971); R. Kovar, L'Affaire de l'A.E.T.R. devant la Cour de Justice des Communautés européennes et la compétence internationale de la C.E.E., 17 AFDI 386 ff. (1971); M. Melchior, La procédure de conclusion des accords externes de la C.E.E., 2 Rev. belge de Dr. Int. 187 ff., auf S. 188 f. (1966); Contra: G. Nicolaysen, Zur Theorie von den implied powers in den Europäischen Gemeinschaften, 1 ER 129 ff., 136, 140 (1966); Vgl. M. H. Carl, Die Kompetenzverschiebungen zwischen Kommission und Rat der EWG auf dem Gebiet der Außenbeziehungen. Diss. Freiburg/Br., 110, 9, 11, 12 ff. (1974); R.-J. Dupuy, Le rôle respectif des Etats Membres et des organes communautaires dans les relations extérieures de la Communauté économique européenne, in Institutions communautaires et institutions nationales dans le développement des Communautés 231 - 287 (1968).

persönlichkeit") und 228 (Verfahren für den Abschluß von Abkommen mit Drittstaaten) bedürfen aber einer extensiven, d. h. teleologisch orientierten Auslegung und Anwendung, um die Vertragsschlußkompetenzen der EWG funktionell, d. h. den Zielsetzungen und dem Tätigkeitsbereich der EWG entsprechend, zu begründen. Dasselbe gilt auch für den materiell-rechtlichen Inhalt von Art. 238 EWGV (Assoziierungsabkommen). Die Praxis der MS folgt dieser Methode bisher nicht. Der EuGH hat noch keine Gelegenheit gehabt, die damit verbundene Grundfrage normativ zu klären. D. h. die MS haben bisher die Möglichkeit gehabt, die „gemischte" Vertragspraxis einseitig zu instituieren und anzuwenden. Im Anwendungsbereich des Art. 238 EWGV haben sie den Begriff „Assoziierung" in einer Weise interpretiert, die die Vertragsschlußkompetenzen der EWG eng auslegt, d. h. mit Lücken, die es notwendig machen, daß die MS als Vertragsparteien neben der EWG auftreten.

In der älteren Literatur wurde die Möglichkeit von impliziten Vertragsschlußkompetenzen nach dem EWGV unter Hinweis auf Art. 235 EWGV eher abgelehnt[11]. Als Lückenfüllungs- oder Selbstergänzungsregel bezieht sich Art. 235 EWGV auf ein notwendiges Tätigwerden der Gemeinschaft, „um im Rahmen des Gemeinsamen Marktes eines ihrer Ziele zu verwirklichen", und bestimmt, daß die hierfür erforderlichen aber nicht ausdrücklich vorgesehenen Befugnisse vom Rat einstimmig auf Vorschlag der Kommission und nach Anhörung der Versammlung in Form geeigneter Vorschriften erlassen werden können. Manche Autoren haben ihrerseits versucht, die Vertragsschlußkompetenzen der EWG als umfassend zu definieren und sie als solche theoretisch zu untermauern. Es wurde auf die Notwendigkeit von „impliziten Befugnissen" als teleologisch unentbehrlich oder aber als Ausdehnung von schon vorhandenen Kompetenzen hingewiesen. Weitere Autoren haben, in Anwendung der Parallelismustheorie, eine funktionelle Verbindung zwischen den Kompetenzen der EWG nach außen und den innergemeinschaftlichen Zielsetzungen und Kompetenzen des EWGV hergestellt[12].

Die neueste Literatur und je zwei Urteile und Gutachten des EuGH zeigen deutlich, daß die Vertragsschlußkompetenzen der EWG *nicht* nach einer restriktiven (enumerativen), d. h. implizite Kompetenzen ausschließenden, Auslegungsmethode bestimmt werden dürfen[13].

---

[11] z. B. J. Mégret, Le pouvoir de la CEE de conclure des accords internationaux, 7 RMC 529 ff. (1964); P. Pescatore, Les relations extérieures des Communautés européennes, 103 Rec. des Cours, 9 ff. (1961/II); Dupuy (Fn. 4).

[12] Für eine Übersicht siehe, mit einschlägiger Literatur, Krück (Fn. 2) 36 - 40, ferner Nicolaysen (Fn. 10) 136, 140.

[13] Vgl. H. Mosler, Die Wendung zum supranationalen Gedanken im Schuman-Plan, in Bd. 3, Recht, Staat und Wirtschaft 245 ff., 256 (1951); H. P. Ipsen, Europäisches Gemeinschaftsrecht 67 (1972); Krück (Fn. 2) 34 ff.

Unbestreitbar hat der Gemeinschaftsvertrag der Gemeinschaft Aufgaben übertragen, deren Lösung eine Zusammenarbeit mit Drittstaaten erfordert. Die Entscheidungen des EuGH zur Verkehrspolitik und zur Struktur der Fischereiwirtschaft bieten hierfür einleuchtende Beispiele[14].

Es ist Krück zuzustimmen, daß

die Gemeinschaft auf einem evolutionären Prinzip fortschreitender Integration aufgebaut ist, [und ein statisch formuliertes Enumerationsprinzip,] welches die Gemeinschaft insgesamt in einen einmal gegebenen Rahmen einschließt, [damit] nicht vereinbar [ist][15].

Eine enge Auslegung des EWGV, die die Souveränität der MS statisch und einseitig berücksichtigt und den verfassungsähnlichen und dynamischen Charakter des EWGV übersieht, kann weder befriedigend noch rechtlich überzeugend sein[16].

Im *AETR*-Urteil vom 31. März 1971 hat der EuGH entschieden:

Die Gemeinschaft besitzt die Fähigkeit, mit dritten Staaten vertragliche Bindungen einzugehen, *im gesamten Bereich der vom Vertrag aufgestellten Ziele*[17]. Diese Zuständigkeit ergibt sich nicht nur aus einer ausdrücklichen Verleihung durch den Vertrag, sondern sie kann auch aus anderen Vertragsbestimmungen und aus in ihrem Rahmen ergangenen Rechtsakten der Gemeinschaftsorgane fließen[18].

Der EuGH führte weiter aus:

Artikel 210 bestimmt: „Die Gemeinschaft besitzt Rechtspersönlichkeit." Diese Bestimmung, die den die „Allgemeinen und Schlußbestimmungen" enthaltenden sechsten Teil des Vertrages einleitet, bedeutet, daß die Gemeinschaft in den Außenbeziehungen die Fähigkeit, vertragliche Bindungen mit dritten Staaten einzugehen, *im gesamten Bereich* der im ersten Teil des Vertrages, den der sechste ergänzt, *umschriebenen Ziele* besitzt[19].

Um im Einzelfall zu ermitteln, ob die Gemeinschaft zum Abschluß internationaler Abkommen zuständig ist, muß auf *das System und auf die materiellen Vorschriften des Vertrages* zurückgegriffen werden. Eine solche Zuständigkeit ergibt sich nicht nur aus einer ausdrücklichen Erteilung durch den Vertrag wie der in den Artikeln 113 und 114 für die Zoll- und Handelsabkommen und in Artikel 238 für die Assoziierungsabkommen ausgesprochenen, sondern sie kann auch aus anderen Vertragsbestimmungen und aus in ihrem Rahmen ergangenen Rechtsakten der Gemeinschaftsorgane fließen[20].

In der Sache *Cornelis Kramer* u.a. vom 14. Juli 1976 („Biologische Schätze des Meeres") stellte der EuGH fest, daß es für den Abschluß eines Abkommens zur Erhaltung des Fischbestandes, einer *ausdrücklichen* Bestimmung im EWGV nicht bedarf, da die Erhaltung des Fisch-

---

14 Geiger (Fn. 9) 651.

15 Krück (Fn. 2) 34.

16 So auch Krück (Fn. 2) 35.

17 Hervorhebung durch den Autor.

18 RS 22/70 RsprEuGH XVII, 263 (264); siehe auch Kovar (Fn. 10).

19 Ibid, Pkte 13/14. Hervorhebung durch den Autor.

20 Ibid, Pkte 15/19. Hervorhebung durch den Autor.

bestandes in die Zuständigkeit der EWG falle. Sich auf die Dimension von Kompetenzverlagerungen zugunsten der EWG beziehend, fügte der EuGH hinzu, daß durch materielle Regelungen des Sachbereiches, die noch bestehende Zuständigkeit den MS entzogen und von der EWG übernommen wird[21]. In zwei Gutachten, vom 11. November 1975 („Lokale Kosten“) und 26. April 1977 („Stillegungsfonds für die Binnenschiffahrt“) kam der EuGH der Frage der „gemischten“ Vertragspraxis ein wenig näher. Er eröffnete, mit seiner Auslegung des Art. 228, insbesondere Abs. 1 EWGV, der Kommission, für eine künftige judizielle Kontrolle, die sehr bedeutsame Möglichkeit, die Frage der Vereinbarkeit eines beabsichtigten Vertrages mit dem EWGV leichter überprüfen zu lassen[22]. Man kann annehmen, daß die Frage der Vereinbarkeit eines Vertrages mit dem EWGV sich sowohl auf seinen Inhalt (Sachbereich) als auch seine Form beziehen kann, so daß der EuGH bei einem beabsichtigten „gemischten“ Vertrag auch prüfen kann, ob der Vertrag in „gemischter“ Form gemeinschaftsrechtskonform ist.

B. Sind die Mitgliedstaaten ermächtigt, über die Außenkompetenzen der EWG zu befinden?

Die Antwort auf diese Frage ergibt sich aus der Feststellung, daß der EuGH, nach Art. 164 und auch 228, Abs. 1 EWGV dazu berufen ist, über Vertragsschlußkompetenzen der EWG zu befinden: Weder völkerrechtlich noch gemeinschaftsrechtlich waren oder sind die MS ermächtigt, über die Außenkompetenzen der EWG und über die „gemischte“ Vertragspraxis als gemeinschaftsrechtskonform selbständig zu befinden. Dies findet seine Unterstützung nicht nur in den Urteilen und Gutachten des EuGH und in der neueren Literatur, sondern auch in den formal- und verfahrensrechtlichen Schwächen, mit welchen die „gemischte“ Vertragspraxis von Anfang an gemeinschaftsrechtlich (und auch völkerrechtlich) behaftet gewesen ist.

C. Formell- und verfahrensrechtliche Aspekte der „gemischten“ Vertragspraxis

Es handelt sich hier einmal um die Frage, in einem „gemischten“ Abkommen mit einem Drittstaat, völkerrechtlich oder gemeinschaftsrechtlich, den handlungsbefugten Verband als jeweiligen Träger von Vertragsrechten und -verpflichtungen eindeutig zu bestimmen und im Interesse der internationalen Rechtssicherheit sowie des Vertrauensschutzes Kompetenzüberschreitungen auszuschließen, d. h. die Kompetenzen

[21] Verb. RS 3,4 und 6/76, RsprEuGH XXII, 1279.

[22] Gutachten 1/75, Amtsblatt der Gemeinschaften (ABl. EG) Nr. C 268 (22. 11. 75) 18 ff. RsprEuGH XXI, 1355; Recht der internationalen Wirtschaft 351 (1977).

der EWG einerseits und der MS andererseits abzugrenzen. Daß dies im Falle des Assoziierungsabkommens mit Griechenland 1963 nicht gelungen ist, zeigt Punkt 5 im Anhang II zum Abkommen zur Gründung einer Assoziation zwischen der EWG und Griechenland[23]. Darin bestimmt die auslegende Erklärung den Begriff „Vertragsparteien“ im Assoziierungsabkommen wie folgt:

Die Vertragsparteien kommen überein, das Assoziierungsabkommen so auszulegen, daß unter dem im Abkommen enthaltenen Wort „Vertragsparteien“ einerseits die Gemeinschaft *sowie* die MS oder aber *entweder* die MS *oder* die Gemeinschaft *allein* und andererseits das Königreich Griechenland zu verstehen sind. Die jeweilige Bedeutung dieses Wortes ergibt sich aus den in Frage kommenden Bestimmungen des Abkommens sowie aus den entsprechenden Bestimmungen des Vertrags zur Gründung der Gemeinschaft. In bestimmten Fällen, wie z. B. in den Artikeln 10, 55 und 56 des Assoziierungsabkommens, sind mit „Vertragsparteien“ während der Übergangszeit des Vertrages zur Gründung der Gemeinschaft die Mitgliedstaaten und nach Ablauf dieser Übergangszeit die Gemeinschaft gemeint[24].

Art. 75 Abs. 1 des „gemischten“ Assoziierungsabkommens sah die Ratifizierung durch die Vertragsparteien vor. Für die Gemeinschaft wurde das Abkommen, wie üblich, durch einen Beschluß des EWG-Rates, gemäß Gemeinschaftsrecht, verbindlich.

Es ist fraglich, ob die oben zitierte Formulierung betreffend die Unterscheidung zwischen der EWG einerseits und den MS andererseits, der internationalen Rechtssicherheit und dem Vertrauensschutz zuträglich ist. Es könnte allerdings im Falle des Assoziierungsabkommens mit Griechenland geltend gemacht werden, daß es sich dabei um ein während der Übergangszeit der EWG abgeschlossenes Abkommen handelt und daher historisch bedingt, seine Bestimmungen damals der Situation und den Verhältnissen der Übergangszeit angepaßt werden mußten. Dennoch soll hier auf einen gemeinschaftsrechtlich bedenklichen Punkt im oben zitierten Auslegungstext hingewiesen werden. Die auslegende Erklärung berührt auch die *innergemeinschaftliche* Kompetenzabgrenzungsfrage zwischen den MS und der Gemeinschaft. Als solche unterliegt sie der Jurisdiktion des EuGH (Art. 164 EWGV). Im Einklang mit dieser Jurisdiktion darf sie in einem Abkommen nur deklarativ und nicht konstitutiv behandelt werden. Die Frage, auf welche entsprechenden Bestimmungen des EWGV sich der zitierte Text bezieht und welche künftige Auslegung dieser Bestimmungen durch die Vertragsparteien gemeinschaftsrechtskonform wäre, wurde vom EuGH vor der Unterzeichnung des Assoziierungsabkommens mit Griechenland damals nicht geklärt. Daraus darf man schließen, daß die fraglichen Stellen in der auslegenden Erklärung weder auf Völkerrechtsebene hinsichtlich

[23] ABl. EG Nr. L 26 (18. 2. 63).

[24] Hervorhebungen durch den Autor.

der Förderung der internationalen Rechtssicherheit, noch auf Gemeinschaftsebene materiellrechtlich, d. h. in bezug auf die gegenseitige Abgrenzung von Vertragsschlußkompetenzen zwischen der EWG und den MS, unbedenklich sind. Obwohl politisch unwahrscheinlich, ist es für den Zweck rechtstechnischer Überlegungen wert zu bedenken, daß ein „gemischter“ Vertrag nachträglich zu einem Auslegungs-, Kompetenz- und Rechtsstreit zwischen der EWG und ihren MS vor dem EuGH führen könnte.

Das bedeutendste Beispiel der „gemischten“ Vertragspraxis ist die Konvention von Lomé (1975) und auch sie ist mit ähnlichen Schwächen behaftet.

Das AKP-EWG-Abkommen von Lomé (wie die Konvention offiziell heißt) ist inhaltlich viel komplexer als von der EWG früher abgeschlossene Assoziierungsabkommen. Es beschreitet wirtschaftsrechtlich und in bezug auf internationale Zusammenarbeit neue bedeutsame Wege, z, B. Stabilisierung der Ausfuhrerlöse an Entwicklungsländer, multilaterale industrielle, finanzielle und technische Zusammenarbeit[25]. Angesichts der Komplexität der von der Konvention von Lomé geregelten Agenden hätte die Reichweite der Vertragsschlußkompetenzen der EWG und der MS eine judizielle Feststellung durch den EuGH notwendig gemacht. Wahrscheinlich wäre es unumgänglich gewesen, von den Bestimmungen des Art. 235 EWGV (Allgemeine Ermächtigungsklausel) und Art. 236 EWGV (Änderungen des Vertrages) Gebrauch zu machen, um es der EWG zu ermöglichen, die Konvention selbständig, d. h. nicht als „gemischten“ Vertrag zusammen mit den MS abzuschließen.

Gemäß Art. 236 kann jeder MS oder die Kommission dem EWG-Ministerrat Entwürfe zur Änderung des EWGV vorlegen (Abs. 1). Nach Anhörung der Versammlung und gegebenenfalls der Kommission, kann der Ministerrat eine günstige Stellungnahme zur Einberufung einer Konferenz der MS abgeben. Die Konferenz wird vom Präsidenten des Ministerrates einberufen, um die vorzunehmenden Änderungen des EWGV zu vereinbaren (Abs. 2). Vereinbarte Vertragsänderungen müssen, wie es völkerrechtlich üblich und im EWGV vorgesehen ist, von allen MS gemäß ihren verfassungsrechtlichen Vorschriften ratifiziert werden (Abs. 3). Dieses Vertragsänderungsverfahren ist zwar gründlich aber auch schwerfällig und zeitraubend. Es ist jedoch ein Grundbestandteil des verfassungsähnlichen EWGV. Die MS haben durch ihre Haltung und ihr Handeln das Argument geltend gemacht, daß es für den Zweck rascher politischer und diplomatischer Verhandlungen und

[25] ABl. EG Nr. L 25 (1976). Für eine allgemeine Diskussion der Konvention von Lomé, siehe Frans A. M. Alting von Geusau (ed.), The Lomé Convention and a new international economic Order (1977); ferner, G. White: The Lomé Convention — A Lawyer's View, Eur. Law Rev. 197 ff. (1976).

Vereinbarungen und im Interesse sowohl der EWG als auch aller Verhandlungsbeteiligten pragmatischer und besser sei, das einfachere und von den MS geprägte System „gemischter" Verträge anzuwenden. Man könnte zugunsten der „gemischten" Vertragspraxis die Ansicht vertreten, daß sie rechtsunbedenklich sei, weil sie völkerrechtlich verankert sei: Sie stelle im Sinne des VR eine durch die im EWG-Ministerrat vereinigten Vertreter der MS als Herren des EWGV vorgenommene und vollzogene Vertragsänderung in vereinfachter Form dar[26]. Dagegen ist aber wieder einzuwenden, daß nicht die allgemeinen Normen des VR sondern die Normen des EWGV als *lex specialis* zu gelten haben. Dieses Argument ist um so gewichtiger, als der EWGV, wie schon betont, keinen gewöhnlichen Vertrag im Sinne des VR darstellt, sondern, wie auch vom EuGH festgestellt, eine verfassungsähnliche Rechtsordnung *sui generis*[27], die auch die Frage der gegenseitigen Abgrenzung von Kompetenzen zwischen der EWG und den MS und somit auch die Kompetenzen der EWG *nach außen* umfaßt. Durch die verfassungsähnliche Natur *sui generis* des EWGV nimmt der Inhalt von Art. 236 EWGV (Vertragsänderungsverfahren) die Dimension einer zwingenden Norm an. Es ist Christof von Arnim zuzustimmen, daß Art. 236 uneingeschränkt gilt und die MS verpflichtet,

> in allen Fällen der Änderung des Vertrages das Verfahren einzuhalten, so daß bei Nichtbeachtung an sich eine Vertragsverletzung vorliegt, deretwegen die Kommission grundsätzlich Klage gemäß Art. 169 EWGV erheben könnte[28].

Oben wurde kritisch auf das Argument hingewiesen, daß durch die von den MS geprägte „gemischte" Vertragspraxis eine richtige Zuteilung von Kompetenzen nach außen bewirkt werde, wodurch die Interessen der internationalen Rechtssicherheit und des Vertrauensschutzes gefördert würden. Als Beispiel wurde das Assoziierungsabkommen mit Griechenland (1963) angeführt. Im „gemischten" Abkommen von Lomé (1975) sind die Kompetenzbereiche der EWG und der MS kaum klarer abgegrenzt. Das Wort „Gemeinschaft" wird im Vertragstext synonym mit der EWG, mit der EWG *und* den MS oder manchmal (im Lichte der von ihnen beanspruchten ausschließlichen Kompetenzen) nur für die MS verwendet. Nach der Rechtsauffassung der MS fällt der Bereich der industriellen Zusammenarbeit nicht in die Vertragsschlußkompetenzen der EWG. Dies geht aber aus dem Text der Konvention von Lomé nicht klar hervor. In den Art. 26 und 27 (Titel III, industrielle Zusammenarbeit) wird die Gemeinschaft allein oder neben den MS erwähnt. Dasselbe gilt auch für den Titel IV der Konvention (finanzielle und technische Zusammenarbeit), wo im Text der Art. 40 - 60

---

[26] Über die Änderung von Verträgen, siehe Verdroß/Simma (Fn. 6) 401 f.

[27] Siehe Fn. 7.

[28] In Groeben/Boeckh/Thiesing (Fn. 9), II 798. Siehe auch Ipsen (Fn. 6) 102.

das Wort „Gemeinschaft“ vorkommt. Der Inhalt der Art. 62 - 68 (Titel V) läßt aber durch eine klare Bezugnahme auf die MS (und nicht die Gemeinschaft) erkennen, daß Niederlassung (Freizügigkeit), Dienstleistungs-, Zahlungs- und Kapitalverkehr in bezug auf Drittstaaten dem Kompetenzbereich der MS und nicht der EWG unterstehen. Die Folge ist, daß Staatsangehörige und Gesellschaften der AKP-Staaten im ganzen EWG-Raum das Niederlassungsrecht nicht kraft einer Norm des Gemeinschaftsrechts genießen, sondern auf Grund einer Regel, wonach jeder MS verpflichtet ist, bei Reziprozität Gleichbehandlung zu gewähren: „Ist jedoch bei einer bestimmten Tätigkeit ein AKP-Staat oder ein Mitgliedstaat [der Gemeinschaft] nicht in der Lage, die Gleichbehandlung zu gewähren, so sind die Mitgliedstaaten bzw. die AKP-Staaten nicht verpflichtet, bei dieser Tätigkeit den Staatsangehörigen und Gesellschaften des betreffenden Staates eine solche Behandlung zu gewähren.“ (Art. 62 der Konvention) Diese Bestimmung mag sinnvoll für das Territorium eines AKP-Staates als Vertragspartei sein. Im Kontext des gemeinsamen Marktes der EWG wird sie wenig wirkungsvoll sein, denn ein Staatsangehöriger oder eine Gesellschaft eines AKP-Staates wird, im Falle der Verweigerung der Niederlassung in einem der EWG-Mitgliedstaaten, leicht in der Lage sein, sich in einem anderen Freizügigkeit gewährenden MS niederzulassen und von dort aus die entsprechende Wirtschaftstätigkeit im gesamten EWG-Raum zu entfalten[29]. Davon unabhängig beruht die Freizügigkeit und das Niederlassungsrecht für Bürger und Gesellschaften der AKP-Staaten im EWG-Raum nicht auf einer integrierten (gemeinschaftlichen) Norm, sondern auf der Summe der einzelnen Normen der neun MS.

Auf institutioneller Ebene läßt die Konvention vom Lomé feststellen, daß die EWG als Verwaltungs- und Koordinierungsorgan zwischen den AKP-Staaten, den MS und den von der Konvention vorgesehenen Institutionen zu fungieren hat. Im unter Art. 76 der Konvention vorgesehenen Botschafterausschuß ist die Kommission der Gemeinschaft durch einen Vertreter, neben je einem Vertreter der MS und AKP-Staaten, vertreten. Der Vertreter der Kommission darf aber den Vorsitz des Botschafterausschusses nicht führen. Dieser Vorsitz bleibt nur den Vertretern der MS und AKP-Staaten vorbehalten (Art. 78 Abs. 1). In der beratenden Versammlung der Konvention (Art. 80 Abs. 1 der Konvention) haben die AKP-Staaten ihre eigenen (individuellen) Vertreter, während die MS (und die Gemeinschaft?) durch Mitglieder des Europäischen Parlaments vertreten werden. Schließlich kann das Abkommen gemäß Art. 92 (Kündigungsklausel) „von der Gemeinschaft“ (gemeint sind auch sicherlich die MS als Vertragspartei) „gegenüber

[29] Vgl. W. H. Balekjian, Legal Aspects of foreign Investment in the E.E.C. 199 ff., 222 ff. (1968).

jedem AKP-Staat und von jedem AKP-Staat gegenüber der Gemeinschaft unter Einhaltung einer Frist von sechs Monaten gekündigt werden." Da das Wort „Gemeinschaft" synonym für „die EWG *und* die MS" verwendet wird, ist zu schließen, daß somit die EWG oder einer ihrer MS als Vertragspartei nicht getrennt die Konvention kündigen oder von einem AKP-Staat getrennt gekündigt werden können.

Um eine die Durchführung des AKP-EWG-Abkommens von Lomé betreffende gemeinsame Haltung und ein gemeinsames Vorgehen normativ zu regeln, haben die „Im Rat vereinigten Vertreter der Regierungen der Mitgliedstaaten der Europäischen Wirtschaftsgemeinschaft", „gestützt" auf den EWGV, ein internes Abkommen über die zur Durchführung des AKP-Abkommens von Lomé zu treffenden Maßnahmen und die dabei anzuwendenden Verfahren abgeschlossen[30].

Zur Frage, ob die „gemischte" Vertragspraxis verfahrens- und formalrechtliche Schwächen aufweist, ist abschließend folgendes zu sagen:

i) Im Lichte des spezifischen Vertragsänderungsverfahrens, das im EWGV (Art. 236) ausdrücklich vorgesehen ist, ist die These, daß die „gemischte" Praxis eine durch die im Ministerrat der EWG vereinigten Vertreter der MS völkerrechtskonform vollzogene Vertragsänderung in vereinfachter Form darstellt, nicht vertretbar.

ii) In pragmatischer Hinsicht wäre die „gemischte" Vertragspraxis vertretbar gewesen, wenn sie zu einer klaren Kompetenzabgrenzung und Unterscheidung zwischen den Verpflichtungen der MS und der EWG als Parteien zu ein und demselben „gemischten" Abkommen geführt hätte, ohne das in Entwicklung begriffene normative System des EWGV zu beeinträchtigen. Dies ist aber nicht der Fall. Sowohl die Vertragstexte als auch die bisherige Praxis lassen erkennen, daß die „gemischte" Praxis zwar auf politischer Ebene ein solidarisches Auftreten der MS mit der EWG ermöglicht, aber nicht zu einer klaren Kompetenzabgrenzung zwischen den MS und der EWG führt. Es ist daraus schwer zu ersehen, was der Beitrag eines solchen Systems zur Förderung der internationalen Rechtssicherheit und des Vertrauensschutzes sein kann.

D. Ist die „gemischte" Vertragspraxis mit den Vertragsschlußkompetenzen der EWG vereinbar?

Zu dieser Frage ist festzustellen, daß nicht die „gemischte" Vertragspraxis als solche mit den Vertragsschlußkompetenzen der EWG vereinbar oder unvereinbar sein kann, denn sowohl gemeinschaftsrechtlich als auch völkerrechtlich hindert die MS und die EWG nichts daran, bei gegenseitig klar abgegrenzten Kompetenzen, als Partei bei

---

[30] Text im ABl. EG Nr. L 25 (30. 1. 76) 164 f.

ein und demselben Abkommen aufzutreten. Was beim Begriff der „gemischten" Vertragspraxis im Kontext des Gemeinschaftsrechts bedenklich erscheint, ist die einseitige Vorgangsweise der MS, unter Nichtbeachtung im EWGV verankerter formalrechtlicher Regeln und ohne Berücksichtigung der Kompetenz des EuGH, die Abgrenzung zwischen ihren eigenen Kompetenzen und jenen der EWG für den Zweck „gemischter" Abkommen vorzunehmen. Mit diesem letzten Punkt steht eine Frage in Zusammenhang, die wie folgt formuliert werden kann: Wie ist, im Lichte einer teleologischen Auslegung des EWGV, der Inhalt der Vertragsschlußkompetenzen im Sinne der Zielsetzungen des EWGV zu bestimmen?

Wie schon oben festgestellt, können die Vertragsschlußkompetenzen der EWG mit bloß enumerativen Auslegungen der Vertragsbestimmungen nicht festgelegt werden. Täte man dies, so wäre die Grenze solcher Kompetenzen durch Hinweise auf Art. 113 EWGV (Handelspolitik), als eng aufgefaßte materiellrechtliche Norm, und Art. 238 EWGV (Assoziierungsabkommen), als verfahrensrechtliche Norm, schnell aber nicht überzeugend erreicht.

Die EWG ist, als großer Handelsblock, ein weltwirtschaftlicher Faktor ersten Ranges und von größter Bedeutung nicht nur als Handelspartner, sondern vor allem als *Wirtschaftspartner* für die Entwicklungsländer. Der internationale Handel unserer Zeit besteht nicht mehr nur aus Warenaustausch, sondern hat eminente Aspekte finanzieller, technischer und industrieller Zusammenarbeit. Berücksichtigt man ferner die Reichweite der Zielsetzungen des Art. 3 EWGV, so drängt sich unausweichlich die Schlußfolgerung auf, daß die Außenbeziehungen der EWG mit einer bloßen Handelspolitik im eng ausgelegten Sinne des Art. 113 EWGV nicht gleichgesetzt werden können. Art. 113 selbst bestätigt diese Auffassung, wenn man ihn im Lichte des GATT-Abkommens und ähnlicher multilateraler Abmachungen wie der Kennedy-Runde betrachtet. Diese Abmachungen regeln in umfassender Weise Fragen wie Zolltarife, mengenmäßige Beschränkungen und ähnliches, und lassen den herkömmlichen Begriff der Handelsabkommen immer mehr obsolet erscheinen. Von großer Bedeutung sind heute im Bereich der Handelspolitik Maßnahmen handels*fördernder* Natur, die auf finanzieller, industrieller und technischer Ebene die zwischenstaatliche Zusammenarbeit regeln. Nur enumerativ eng und in Isolierung ausgelegt, nimmt Art. 113 EWGV eine fast historische und kaum mehr brauchbare Dimension an, die mit den Handelsabkommen in Form von Wirtschaftskooperationsabkommen unserer Zeit sehr wenig zu tun hat[31].

In Übereinstimmung mit einer solchen Betrachtungsweise kann auch Art. 238 EWGV (Assoziierungsabkommen) als Kompetenz- und nicht

[31] Vgl. Dahrendorf (Fn. 10) 124.

nur als Verfahrensnorm ausgelegt werden, um auf diese Weise den komplexen Erfordernissen der Außenwirtschaftsbeziehungen der EWG gerecht zu werden. Er wird so zu einem Instrument, das geeignet ist, wirksame Normen internationaler Entwicklungshilfe und wirtschaftlicher Zusammenarbeit zu schaffen[32].

> Art. 113 erlaubt es der Gemeinschaft nicht, Kooperationsabkommen zu schließen, da er nur spezifische und gezielte Maßnahmen des Waren-, Zahlungs- und Dienstleistungsverkehrs erlaubt. Kooperation bezieht sich jedoch weitergehend auch auf Zuständigkeitsbereiche der Energie-, Forschungs- und Industriepolitik, in denen [die Gemeinschaft] keine oder nur rudimentäre Kompetenzen besitzt.
>
> Art. 238 ist für den Abschluß von Kooperationsabkommen durch die Gemeinschaft einschlägige Kompetenznorm [...] Der praktizierte Kompromiß des Gemischten Abkommens ist selbst dann juristisch nicht zu rechtfertigen, wenn die Kommission bei der Aushandlung ihre Kompetenzen überschreitet. Art. 238 Abs. 3 sieht für diesen Fall ausdrücklich das Vertragsänderungsverfahren [nach Art. 236 EWGV] vor[33].
>
> Es läßt sich mit guten Gründen vertreten, daß Assoziierungsabkommen nach Art. 238 EWGV auch eine *finanzielle und technische Kooperation* zwischen den Vertragsparteien vorsehen können, ohne daß dazu eine Mitbeteiligung der Mitgliedstaaten am Abschluß des Abkommens erforderlich ist[34].

Eine Bestätigung der oben vertretenen und angeführten Ansichten liefert die teleologische Verbindung des Art. 238 EWGV mit dem Inhalt des Art. 3, lit. k EWGV, der festlegt, daß die Tätigkeit der Gemeinschaft

> die Assoziierung der überseeischen Länder und Hoheitsgebiete [umfaßt], um den Handelsverkehr zu steigern und die *wirtschaftliche* und *soziale Entwicklung* durch *gemeinsame Bemühungen* zu fördern[35].

Durch eine extensive (teleologische) Auslegung des EWGV können die Begriffe „Außenbeziehungen“, „Außenkompetenzen“, „Assoziierung“ und „Vertragsschlußkompetenzen“ auch ohne Vertragsänderung wesentlich erweitert oder erst richtig ausgelegt und angewendet werden. Dadurch werden, im Zuge der vom Gemeinschaftsrecht vorgesehenen Zuständigkeitsverlagerungen zugunsten der EWG, die Vertragsschlußkompetenzen der EWG und jene der MS im Sinne des Gemeinschaftsrechts richtig abgegrenzt. Sollte dennoch die Schaffung von fehlenden Befugnissen für die EWG notwendig erscheinen, so kann Art. 235 (Er-

---

[32] Vgl. dazu die Erklärungen des Außenministers Frankreichs als amtierender Präsident des EWG-Ministerrates, vor dem europäischen Parlament, Neue Zürcher Zeitung, 19. 1. 79 (Fernausgabe) 3.

[33] H. H. Schumacher: Kooperationsverträge und RGW. Sackgasse für die Gemeinsame Handelspolitik? 12 ER 26 ff., 42 (1977).

[34] R. Fischer, in: Die Außenbeziehungen der EG. Kolloquium (4. - 5. 4. 74) veranstaltet von der Wissenschaftlichen Gesellschaft f. Europarecht, 1 - 27, auf S. 18. Hervorhebung im Original. Siehe auch E. U. Petersmann: Struktur und aktuelle Fragen des Assoziationsrechts, 33 ZaöRV 266 - 311 (1973).

[35] Hervorhebung durch den Autor.

mächtigungsklausel) herangezogen werden, und darüber hinaus bestehen noch die vom Art. 236 EWGV eingeräumten Möglichkeiten zu einer Vertragsveränderung. Es ist Fischer zuzustimmen, daß

> kein ausreichender Grund [besteht], ein sogenanntes *gemischtes Abkommen* zu schließen.
>
> Die Mitbeteiligung der MS verstärkt in diesem Falle nicht die Rechtssicherheit für die anderen Vertragsparteien, denn alle von der Gemeinschaft unter den Voraussetzungen von Art. 228 Abs. 1 EWGV abgeschlossenen Abkommen sind nach Abs. 2 dieses Artikels für die Organe der Gemeinschaft und für die Mitgliedstaaten verbindlich ...
>
> Diese Bestimmung, zusammen mit der Aufgabe des Gerichtshofes, die Wahrung der Verpflichtungen der Gemeinschaft aus den von ihr abgeschlossenen Abkommen in der Rechtsordnung der Gemeinschaft zu sichern, gibt den anderen Vertragsparteien eine ausreichende Rechtssicherheit. Dies zu leugnen, würde bedeuten, daß alle Gemeinschaftsabkommen von den Mitgliedstaaten mit abgeschlossen werden müßten ...[36].

Zusammenfassend ist zur Frage der Vereinbarkeit der „gemischten" Vertragspraxis mit den Vertragsschlußkompetenzen der EWG zu bemerken, daß die „gemischte" Vertragspraxis im Lichte der Gesamtstruktur, der Zielsetzungen und der dafür vorgesehenen oder notwendigen Kompetenzen der EWG betrachtet werden muß, um in dieser Weise zu einer weitgehend widerspruchsfreien Entfaltung des Gemeinschaftsrechts je nach der gegebenen Entwicklungs- und Integrationsstufe zu gelangen. Dabei können auch Wertungsgesichtspunkte maßgeblich sein. Darüber zu befinden obliegt allerdings dem EuGH und nicht einseitig den MS[37]. Den MS kommt im Gesamtbereich des Gemeinschaftsrechts keine Kompetenz-Kompetenz zu, auch nicht unter Hinweis auf völkerrechtliche Argumente, denen im Rahmen des EWGV kein Primat zukommt.

III. Schlußfolgerungen

Die „gemischte" Vertragspraxis der EWG ist eine der komplexesten Fragen im ganzen Bereich des EWG-Rechts. Es mag fragwürdig erscheinen, eine durch die MS politisch motivierte und rechtlich schwach fundierte Praxis mit rechtlichen Argumenten beurteilen zu wollen. Da sie aber mit der ganzen Teleologie des Gemeinschaftsrechts, seiner Natur *sui generis* und seiner Entwicklungsdynamik und Effektivität im Zusammenhang steht, und da sie ferner sowohl materiell- als auch formalrechtlich die Struktur der EWG und ihre Auslegung als verfassungsähnliche Rechtsordnung berührt, kann sie auf der Ebene des Rechts nicht unbeachtet gelassen werden. Dies gilt um so mehr, als sie in der

[36] Fischer (Fn. 34) 26; C. Sasse, Kooperationsabkommen und EG-Handelspolitik 29 ff., 42 f. (1975).

[37] Vgl. M. Zuleeg, Die Auslegung des europäischen Gemeinschaftsrechts, 4 ER 97 ff., 108 (1969).

Praxis des EuGH früher oder später zu einer relevanten Rechtsfrage werden kann.

Im Rahmen der Revision der am 1. 3. 1980 ablaufenden Konvention von Lomé (Lomé I) und anläßlich des Abschlusses einer neuen Konvention (Lomé II) wird die Frage wieder zumindest mittelbar aktuell. Nur mittelbar, weil mit großer Wahrscheinlichkeit wieder der politische Wille und das politische Gewicht, sowie die stärkere rechtspolitische Stellung der MS im EWG-Ministerrat, d. h. im Entscheidungsorgan der EWG, wie bisher auch für Entwicklungen in den 80er Jahren ausschlaggebend sein werden. Die Kommission wird, ohne konkrete Erfolgsaussichten und mit Rücksicht auf die Dauerinteressen der EWG, wie bisher kaum den EuGH für die Frage der Auslegung des EWGV hinsichtlich der gegenseitigen Kompetenzabgrenzung zwischen den MS und der EWG im Bereich der „gemischten" Vertragspraxis einschalten.

Die allgemeine Entwicklungslinie der „gemischten" Praxis deutet aber darauf hin, daß es früher oder später zu einer Beantwortung der zugrundeliegenden Frage kommen wird, um zu klären, ob, in der Meinung des EuGH, die „gemischte" Praxis als integrationshemmend oder integrationskonform bedenklich oder unbedenklich ist, und inwieweit ihre Abgrenzungslinien den Entwicklungsphasen der EWG entsprechen. In der nunmehr 16 Jahre alten „gemischten" Praxis sind die MS im Sinne des VR selbständig vorgegangen. Auf der Ebene des Gemeinschaftsrechts haben sie aber bisher keine überzeugenden Argumente zugunsten der Praxis entwickeln können: Die für den Zweck der „gemischten" Praxis adoptierte enumerative (restriktive) Auslegungsmethode der MS hat nicht überzeugen können. Genausowenig überzeugend ist das Argument im Lichte des EWGV, daß die MS einseitig ermächtigt wären, über Kompetenzfragen zu befinden. Auch verfahrens- und formalrechtlich steht die „gemischte" Praxis auf schwachen Füßen. Eine gemeinschaftsrechtskonforme Auslegung des EWGV und somit der Kompetenzen der EWG läßt erkennen, daß der EWG teleologisch im Bereich der Außenbeziehungen mehr Vertragsschlußkompetenzen zukämen als ihr von den MS auf der Ebene der „gemischten" Abkommen bisher eingeräumt wurden.

In einem rechts- und entwicklungshistorischen Rahmen betrachtet, nimmt sich die „gemischte" Vertragspraxis weniger negativ aus. Im sozusagen dialektischen Prozeß an der Berührungsgrenze zwischen den auf traditionellem VR ruhenden Kompetenzen der MS und dem sich funktionell entfaltenden Integrationsrecht der EWG, darf wohl mit Widerständen und einer zögernden Aufgabe von traditionellen Rechtspositionen durch die MS gerechnet werden. Wie dem auch sei,

> [w]o ein Rechtssystem die justizielle Streitentscheidung so leicht erreichbar und so allgegenwärtig macht wie in den Gemeinschaften, kann es letzten

Endes eben nur der Richterspruch sein, der umstrittene Kompetenzfragen löst[38].

Wenn Tomuschat[39] in seiner Anmerkung zu dem Urteil vom 14. Juli 1976 („Biologische Schätze des Meeres") richtig feststellt, daß die Vertragsschlußkompetenzen der EWG nunmehr feste Konturen erhalten haben, so ist in den Worten R. Geigers hinzuzufügen, daß der EuGH bereit ist, neue Ufer anzusteuern[40]. Diese neuen Ufer werden, m. E., die einzig möglichen und richtigen in der Landschaft der Integrationszielsetzungen des EWGV sein[41].

---

[38] C. Tomuschat, Die auswärtige Gewalt der EWG erhält feste Konturen, 12 ER 157 ff., 158 (1977).

[39] Siehe Fn. 38.

[40] Siehe Fn. 9, S. 666.

[41] Vgl. Erklärungen im Europäischen Parlament, über die Außenkompetenzen der Europäischen Gemeinschaften. Europe (Bulletin), Nr. 2515 (11. - 12. 9. 78), S. 6, und Nr. 2516 (13. 9. 78), S. 9.

Die Ausnahmeklausel der nationalen Verteidigung im Verfahren vor dem Internationalen Gerichtshof: Eine „exceptio universalis“?

Von *Hans-Joachim Schütz*

I. Einführung und Problemstellung

In den vor einiger Zeit vor dem Internationalen Gerichtshof (IGH) im Haag anhängig gewesenen und durch Prozeßurteil abgeschlossenen Atomversuchsfällen[1] spielte eine bisher in einem Verfahren vor dem IGH noch nie gebrauchte Ausnahmeklausel, nämlich die der nationalen Verteidigung, eine wichtige Rolle. Frankreich als Beklagter hatte u. a. unter Berufung auf diese Klausel, die es anläßlich seiner Unterwerfung unter die obligatorische Gerichtsbarkeit des IGH seiner gem. Art. 36 Abs. 2 IGH-Statut abgegebenen Unterwerfungserklärung beigefügt hatte[2], die Zuständigkeit des IGH, in den gegenständlichen Fällen vorsorgliche Maßnahmen zu bezeichnen, bestritten: Der zur Debatte stehende Sachverhalt — die französischen Atomversuche im Südpazifik — gehöre zu Aktivitäten im Rahmen der nationalen Verteidigung Frankreichs, welche jedoch seinerzeit durch die genannte Klausel von der Gerichtsbarkeit des IGH ausgenommen worden seien.

Während nun einige Aspekte der gegenständlichen Fälle, wie Inhalt und Zustandekommen des die Verfahren abschließenden Prozeßurteils[3],

---

[1] *Nuclear Tests, Interim Protection, Order of 22 June 1973,* I.C.J. Rep. 1973, S. 99 bzw. 135; *Nuclear Tests, Judgment,* I.C.J. Rep. 1974, S. 253 bzw. 457.

[2] Die diesbezüglichen Passagen der Unterwerfungserklärung Frankreichs lauteten: „On behalf of the Government of the French Republic, I declare that I recognize as compulsory ipso facto and without special agreement, in relation to other Members of the United Nations which accept the same obligation ... the jurisdiction of the Court, in conformity with Article 36, paragraph 2, of the Statute, ... in all disputes which may arise concerning facts or situations subsequent to this declaration, with the exception of: ... *disputes concerning activities connected with national defence.*“ I.C.J. Yearbook 1972 bis 1973, 60 (Hervorhebung durch Verf.). Unterdessen hat Frankreich seine Unterwerfungserklärung, offenbar in Zusammenhang mit den Atomversuchsfällen, am 10. 1. 1974 zurückgezogen. Siehe U.N. Monthly Chronicle XI, Nr. 2, Feb. 1974, 31.

[3] Vgl. nur Kewenig, Der Internationale Gerichtshof und die französischen Kernwaffenversuche. Kritische Anmerkungen zum Urteil des IGH vom 20. Dezember 1974 im Nuclear Tests-Case, in: FS Menzel, 323 (1975); Wengler, Der Internationale Gerichtshof und die Atombombenversuche im Pazifik, NJW, 1063 (1975); Lellouche, The Nuclear Tests Cases: Judicial Silence v. Atomic

die Problematik der vorsorglichen Maßnahmen[4] oder aber die materiellrechtliche Seite der Fälle, nämlich die etwaige Völkerrechtswidrigkeit der französischen Kernwaffenversuche[5], in starkem Maße die Aufmerksamkeit der Völkerrechtswissenschaft erfahren haben, ist die Problematik der Ausnahmeklausel der nationalen Verteidigung bisher ziemlich unbeachtet geblieben[6]. Dies erscheint unverständlich, birgt doch gerade diese Klausel Probleme in sich, deren Bedeutung weit über den

Blasts, 16 Harvard Int'lLJ 614 (1975); Thierry, Les arrêts du 20 décembre 1974 et les relations de la France avec la Cour Internationale de Justice, 20 A.F.D.I. 286 (1974); Bollecker-Stern, L'affaire des essais nucléaires français devant la Cour Internationale de Justice, ibid., 299; Franck, Word made Law: The Decision of the ICJ in the Nuclear Test Cases, 69 AJIL 612 (1975); Sur, Les affaires des essais nucléaires, 80 R.G.D.I.P. 972 (1975); Macdonald/Hough, The Nuclear Tests Case Revisited, 20 GYIL 337 (1977).

[4] Magiera, Zur Bezeichnung vorsorglicher Maßnahmen durch den Internationalen Gerichtshof: Verfahrenseffektivität gegen staatliche Souveränität, 17 JIR 253 (1974); Goldsworthy, Interim Measures of Protection in the International Court of Justice, 68 AJIL 258 (1974); Elkind, French nuclear testing and Article 41 — another blow to the authority of the Court?, Vanderbilt J Transnational L 39 (1974); Martin, Renouveau des mesures conservatoires: Les ordonnances récentes de la Cour Internationale de Justice, 102 J.D.I. 45 (1975); Frankel, International Court of Justice has Preliminary Jurisdiction to Indicate Measures of Protection: The Nuclear Tests Cases, 7 New York University JIL & Politics 163 (1974); Mendelsohn, Interim Measures of Protection in Cases of Contested Jurisdiction, 46 BYIL 259 (1972 - 73); Cot, Affaires des essais nucléaires. Demandes en indication des mesures conservatoires ordonnances du 22 juin 1973, 19 A.F.D.I. 252 (1973); de Lacharriere, Commentaires sur la position juridique de la France a l'égard de la licéité de ses expériences nucléaires, ibid., 235.

[5] Meyn, Die französischen Kernwaffenversuche des Jahres 1973 in völkerrechtlicher Sicht, 57 FW 84 (1974); Tiewul, International Law and Nuclear Test Explosions on the High Seas, 8 Cornell Int'l LJ 45 (1974); Jenisch, Nuclear Tests and Freedom of the Seas, 17 JIR 177 (1974); von Münch, Frankreichs Atomtests — Recht oder Unrecht?, FAZ 17. 7. 1973; Handl, Territorial Sovereignty and the Problem of Transnational Pollution, 69 AJIL 55 (1975); Hoog/Schröder-Schüler, Französische Kernwaffenversuche im Südpazifik (1973); vgl. auch schon D'Amato, Legal Aspects of the French Nuclear Tests, 61 AJIL 66 (1967). Zu anderen Einzelproblemen: Ritter, L'affaire des essais nucléaires et la notion de jugement déclaratoire, 21 A.F.D.I. 278 (1975); Juste Ruiz, Mootness in International Adjudication. The Nuclear Tests Cases, 20 GYIL 358 (1977); Dupuy, P. M., L'affaire des essais nucléaires français et le contentieux de la responsabilité internationale publique, ibid., 375.

[6] Am Rande gehen auf die Ausnahmeklausel der nationalen Verteidigung ein die Richter Forster und de Castro in ihren Abweichenden Voten zu den Atomversuchsfällen, I.C.J. Rep. 1973, S. 112 bzw. 376 f.; vgl. auch Bollecker-Stern (Anm. 3) 309; de Lacharriere (Anm. 4) 236 ff. Nicht ausdrücklich mit der Ausnahmeklausel der nationalen Verteidigung, aber mit ähnlichen Klauseln beschäftigten sich schon früher am Rande Briggs, Reservations to the Acceptance of Compulsory Jurisdiction of the International Court of Justice, 93 RdC 302 (1958); Jennings, Recent cases on „automatic" reservations to the Optional Clause, 7 ICLQ 349 (1958); Wittmann, Das Problem des Obligatoriums in der internationalen Gerichtsbarkeit unter besonderer Berücksichtigung von Artikel 36 Absatz 2 des Statuts des Internationalen Gerichtshofes 416 f. (Diss. München 1963). Vgl. auch Hoppert, Die Vorbehaltsklausel der militärischen Notwendigkeit in den kriegsrechtlichen Konventionen (Diss. Würzburg 1968).

vorliegenden Fall hinausgehen dürfte. Bedenken ergeben sich vor allem hinsichtlich der Weite und Unbestimmtheit des Begriffes der nationalen Verteidigung: Demjenigen, der diesen Begriff verwendet, steht — zumindest *prima facie* — ein großer Spielraum für die subjektive Interpretation zur Verfügung[7]. So wäre denn auch denkbar, daß ein Staat, der sich auf Grund einer Unterwerfungserklärung gem. Art. 36 Abs. 2 IGH-Statut zu friedlicher Streitbeilegung durch den IGH verpflichtet hat, der aber die Erörterung eines bestimmten Sachverhaltes vor dem IGH verhindert haben will — etwa weil ihm eine Erörterung im gegebenen Zeitpunkt politisch nicht opportun erscheint — versuchen könnte, seine Ausnahmeklausel der nationalen Verteidigung zu operationalisieren, um das Verfahren, in dem über jenen Sachverhalt verhandelt werden sollte, anzuhalten, selbst wenn der gegenständliche Sachverhalt im allgemeinen nicht als unter den Begriff der nationalen Verteidigung fallend betrachtet wird: „The phrase ‚activities connected with national defence' could be argued to cover anything. For instance, the making of buttons in a factory[8]."

Die vorliegende Studie will sich der Ausnahmeklausel der nationalen Verteidigung zuwenden. Dabei sollen die Grenzen der Anwendungsfähigkeit dieser Klausel in einem Verfahren vor dem IGH ausgelotet werden. Insbesondere soll festgestellt werden, ob ein Staat mit der Klausel der nationalen Verteidigung in der Tat ein Blankett in der Hand hat, mittels dessen er nach Belieben ein Verfahren vor dem IGH anhalten kann — er diese Klausel quasi als „exceptio universalis" verwenden kann — oder ob es nicht doch gewisse völkerrechtliche Schranken für den Einsatz einer solchen Klausel gibt. Zu diesem Zweck wird der Begriff „nationale Verteidigung" abzugrenzen sein, um so den sachlichen Geltungsbereich der Klausel der nationalen Verteidigung zu eruieren (IV). Danach wird zu untersuchen sein, wie der Gerichtshof die Klausel zu behandeln hat, wenn sie als vorgängige prozessuale Einrede in einem Verfahren vor ihm geltend gemacht wird (V). Zuvor jedoch ist zu klären, ob es rechtens überhaupt zulässig ist, daß ein Staat eine Ausnahmeklausel der nationalen Verteidigung zu einer Unterwerfungserklärung anbringt (III). Bei dieser Gelegenheit soll kurz auf den Rechtscharakter der Unterwerfungserklärungen und der zu ihnen gemachten Ausnahmeklauseln eingegangen werden (II). Dies erscheint insofern gerechtfertigt, als bisher zwar eine Reihe von Autoren zur Problematik der Unterwerfungserklärungen und Ausnahmeklauseln im allgemeinen und zu deren Rechtscharakter im besonderen Stellung genommen hat, systematische Fragen dabei jedoch meist zu kurz ge-

[7] Die gleichen Bedenken hinsichtlich der ähnlichen Ausnahmeklausel der nationalen Sicherheit hegt Briggs (Anm. 6) 302 f.

[8] So äußerst pointiert das Memorial Australiens, in: I.C.J. Pleadings, *Nuclear Tests*, Bd. I, 308.

kommen oder aber nicht konsequent ausdiskutiert worden sind und mitunter „Intuition“ an die Stelle klarer, mit eindeutig offengelegten Kriterien arbeitender Analyse getreten ist[9].

II. Rechtscharakter der Unterwerfungserklärungen und der mit ihnen verbundenen Ausnahmeklauseln

Über den Rechtscharakter der Unterwerfungserklärungen gem. Art. 36 Abs. 2 IGH-Statut besteht in völkerrechtlicher Lehre und Praxis keine Einigkeit. Zunächst einmal ist umstritten, ob es sich bei den Erklärungen um Verträge (oder zumindest Bestandteile von Verträgen) oder um selbständige[10] einseitige völkerrechtliche Rechtsgeschäfte handelt[11]. Eine Mindermeinung behauptet letzteres; sie knüpft daran Folgerungen wie, die Staaten wären bei der Abfassung ihrer Erklärungen völlig frei, oder etwa die Forderung, bei der Interpretation solcher Erklärungen seien nicht die allgemeinen, mitunter sehr weitgehenden vertragsrechtlichen Interpretationsregeln, sondern ein besonders restriktiver Interpretationsmaßstab anzuwenden[12].

Die überwiegende Mehrheit der Lehre dagegen mißt den gegenständlichen Unterwerfungserklärungen vertraglichen Charakter bei[13]. In der

---

[9] Vgl. selbst Waldock, The Decline of the Optional Clause, 32 BYIL 250, 254 (1955/56) und Rosenne, The Law and Practice of the International Court, Bd. I 411, 414 (1965), die zwar entweder zu vertretbaren Ergebnissen gelangen, dabei aber nicht deutlich aufzeigen, wie und mit welchen Methoden dies geschieht, oder zwar gewisse systematische Qualifizierungen treffen, in der Folge aber entgegen diesen Erkenntnissen handeln.

[10] Dazu Verdroß, Völkerrecht[5] 156 f. (1964); Suy, Les actes juridiques unilatéraux en Droit international public (1962).

[11] So etwa Maus, Les Réserves dans les déclarations d'acceptation de la juridiction obligatoire de la Cour Internationale de Justice 53, 57 (1959); de Fumel, Les réserves dans les déclarations d'acceptation de la juridiction obligatoire de la Cour Internationale de Justice 3 (1962); *Anglo-Iranian Oil Co., Judgment,* I.C.J. Rep. 1952, 105; *Phosphates in Morocco, Judgment,* 1938, P.C.I.J., Ser. A/B, No. 74, 23.

[12] Vgl. etwa Maus (Anm. 11) 57.

[13] Kelsen, The Law of the United Nations 521 (1950); Briggs (Anm. 6) 245; Rosenne (Anm. 9) 413; Waldock (Anm. 9) 254; Anand, Compulsory Jurisdiction of the International Court of Justice 147 (1961); Fitzmaurice, The Law and Procedure of the International Court of Justice 1951-4: Treaty Interpretation and other Treaty Points, 33 BYIL 230 (1957): „unilateral in form, but contractual in substance“; Shihata, The Power of the International Court to determine its own Jurisdiction 145 (1965); Iglesias Buigues, Les déclarations d'acceptation de la juridiction obligatoire de la cour internationale de justice: Leur nature et leur interprétation, 23 ÖZöR 275 (1972); Bleicher, ICJ Jurisdiction: Some new considerations and a proposed American Declaration, 6 Columbia J Transnational L 63 (1967); Wittmann (Anm. 6) 161; Niedermeier, Der Beitritt der Bundesrepublik Deutschland zum Statut des Internationalen Gerichtshofes unter besonderer Berücksichtigung der obligatorischen Gerichtsbarkeit 28 (1975); Anzilotti, Sep. Op., *Electricity Company of Sofia and Bulgaria, Judgment,* 1939, P.C.I.J., Ser. A/B, No. 77, 87; Urrutia, Diss. Op.,

Tat spricht vieles für eine solche Bewertung: Die Erklärungen werden wie ein Vertrag gem. Art. 102 Abs. 1 der Satzung der Vereinten Nationen (SVN) beim Generalsekretär der Vereinten Nationen registriert. Ein Staat gibt seine Erklärung gegenüber allen denjenigen anderen Staaten ab, die eine entsprechende Erklärung abgeben; dadurch entsteht zwischen dem die Erklärung abgebenden ersteren Staat und jedem der anderen, eine respektive Erklärung abgebenden Staaten, ein vertragliches Band in der Art, daß jeder der solcherart miteinander in Beziehung gesetzten Staaten berechtigt ist, jeweils einen der anderen Staaten in bestimmten Streitfällen vor den IGH zu zitieren, bzw. jeder dieser Staaten verpflichtet ist, einem etwaigen Ruf des jeweils anderen vor den IGH zu folgen. In ihrer Gesamtheit bilden alle abgegebenen und in Kraft befindlichen Erklärungen ein multilaterales Geflecht (schwebender)[14] wechselseitiger Berechtigungen und Verpflichtungen, entsteht ein multilaterales „System der obligatorischen Gerichtsbarkeit"[15] zwischen den die Erklärungen abgebenden Staaten. Im Ergebnis wird dasselbe erreicht, wie wenn alle jene Staaten einen „echten" multilateralen Vertrag zur Begründung der obligatorischen Gerichtsbarkeit untereinander schlössen. Es liegt daher nahe, in der Gesamtheit der Unterwerfungserklärungen einen multilateralen Vertrag zu sehen[16].

Offen bleibt zunächst noch die Frage, ob es sich bei diesem multilateralen Vertrag um einen *eigenständigen* Vertrag handelt[17] oder ob er

---

ibid., 103; Hudson, Diss. Op., ibid., 121; *Certain Norwegian Loans, Judgment,* I.C.J. Rep. 1957, S. 23 f.; *Right of Passage over Indian Territory, Preliminary Objections, Judgment,* I.C.J. Rep. 1957, S. 146; Badawi, Diss. Op., ibid., 157 f.; Spender, Sep. Op., *Interhandel, Judgment,* I.C.J. Rep. 1959, S. 55; Read, Diss. Op., *Anglo-Iranian Oil Co.* (Anm. 11), 142; Alvarez, Diss. Op., ibid., 125; McNair, Sep. Op., ibid., 116: „Vertrag zwischen erklärendem Staat und IGH"(!)

[14] „Schwebend" in dem Sinne, daß diese Berechtigungen und Verpflichtungen erst in der konkreten Situation, in der von einem Staat auf Grund seiner Unterwerfungserklärung ein Streitfall vor dem IGH anhängig gemacht wird, aktualisiert werden. So in etwa auch Suy (Anm. 10) 147. Insofern besteht aber kein Unterschied zu einem „echten" multilateralen Vertrag, als auch bei einem solchen die wechselseitigen Berechtigungen und Verpflichtungen erst in dem Augenblick aktualisiert werden, in dem sich ein Staat auf sie beruft.

[15] So Waldock (Anm. 9) 245; vgl. auch Rosenne (Anm. 9) 369; *Right of Passage over Indian Territory* (Anm. 13), 146.

[16] Man könnte diesen Vertrag vielleicht auf Grund der Tatsache, daß er nicht wie ein herkömmlicher multilateraler Vertrag auf einer von allen Vertragspartnern beschickten Konferenz gemeinsam ausgehandelt und nicht in einer einheitlichen Vertragsurkunde niedergelegt wird, in der Tat mit Alvarez (Anm. 13) 125, als „multilateralen Vertrag sui generis" bezeichnen. Badawi (Anm. 13) 156, verwendet den treffenden Ausdruck „contract by correspondence", Niedermeier (Anm. 13) 28, spricht von einer „Fiktion einer vertraglichen Vereinbarung". Zugegebenermaßen hat dieser Vertrag auch ein starkes bilaterales Element, indem die Rechtsverhältnisse im konkreten Streitfall jeweils nur zwischen zwei Staaten, die solche Erklärungen abgegeben haben, entstehen. Doch auch hierin unterscheidet sich der vorliegende Vertrag nicht von einem „echten" multilateralen Vertrag.

nicht in irgendeinem direkten Abhängigkeitsverhältnis zum IGH-Statut steht. Beide Varianten sind vertretbar.

Einmal könnte vom IGH-Statut ausgegangen werden und dieses, bzw. sein Art. 36 Abs. 2, als *abstrakter Vertrag* begriffen werden. Unter einem abstrakten Vertrag verstehen wir mit Max Huber[18] einen „Kollektivvertrag, in welchem die Kontrahenten sich über eine Reihe von Normen einigen. Sie ratifizieren den Vertrag, aber gleichwohl bleibt dessen Rechtswirkung noch in der Schwebe, der Vertrag bleibt ein abstraktes Gebilde, weil die Kontrahenten eine Einigung darüber nicht herbeigeführt haben oder überhaupt nicht allgemein herbeiführen wollen, in welchem Umfang der Vertrag für jeden von ihnen in Kraft treten und im Verhältnis welcher unter ihnen der Vertrag ganz oder teilweise gelten soll. Zur Konkretisierung des Vertrages bedarf es noch eines weiteren Schrittes: der Erklärung der Kontrahenten, in welchem Umfang der Vertrag für sie gelten soll." In diesem Sinne würden die Unterwerfungserklärungen jene „sekundären"[19] Akte der Konkretisierung darstellen, durch welche die im „abstrakten Vertrag" IGH-Statut vorgesehene zusätzliche vertragliche Bindung betreffend die Begründung der obligatorischen Gerichtsbarkeit zwischen den die Erklärungen abgebenden Staaten hergestellt wird[20].

Was nun die Bewertung der Ausnahmeklauseln betrifft, sind zwei Wege gangbar. Zum einen könnten sie als anläßlich des Abschlusses des zusätzlichen „Konkretisierungsvertrages" abgegebene Vorbehalte angesehen werden[21]; ihre Zulässigkeit wäre dann an den im Völkervertragsrecht entwickelten Regeln über Vertragsvorbehalte zu messen. Sie könnten aber auch als integrierender, den sachlichen Geltungsbereich des zusätzlichen Abkommens näher beschreibender Bestandteil der Konkretisierungserklärung angesehen werden; die Frage der Zulässigkeit der Klauseln, bzw. der gesamten Erklärung wäre dann wohl an den Regeln über die Ergänzung von völkerrechtlichen Verträgen zu messen.

Die gegenständlichen Unterwerfungserklärungen könnten aber auch als eigenständiger multilateraler Vertrag aufgefaßt werden, der nur in einem indirekten Bezug zum IGH-Statut steht, nämlich im Verhältnis von *lex specialis* zu *lex generalis*, bzw. von *lex posterior* zu *lex prior*.

---

17 Vgl. Farmanfara, The Declarations of the Members Accepting the Compulsory Jurisdiction of the International Court of Justice 25 (1952).

18 Gemeinschafts- und Sonderrecht unter Staaten, in: FS Otto Gierke 837 f. (1911).

19 So Armand-Ugon, Diss. Op., *Interhandel* (Anm. 13) 91.

20 So auch in etwa Waldock (Anm. 9) 250; Berber, Lehrbuch des Völkerrechts, Bd. III 71 (1964); Wittmann (Anm. 6) 146; Niedermeier (Anm. 13) 28; Suy (Anm. 10) 147.

21 Zu dieser Möglichkeit siehe Huber (Anm. 18) 844.

Für die Prüfung der Zulässigkeit der Ausnahmeerklärungen ergäben sich dabei folgende Konsequenzen: Einmal müßte ihre Zulässigkeit zu dem durch die Unterwerfungserklärungen zustande gekommenen multilateralen Vertrag zur Begründung eines Systems der obligatorischen Gerichtsbarkeit untersucht werden. Danach müßte aber noch gemäß den völkerrechtlichen Regeln über Vertragskollision ihre Verträglichkeit, bzw. die Verträglichkeit des durch sie modifizierten Gerichtsbarkeitsvertrages, mit dem IGH-Statut als einer früher zwischen den betreffenden Staaten geschlossenen Vereinbarung geprüft werden.

Hervorgehoben soll jedoch werden, daß alle diese Differenzierungen in erster Linie aus systematisch-theoretischem Erkenntnisinteresse getroffen worden sind. In der Praxis würde sich am Ergebnis der Zulässigkeitsprüfung auf Grund einer etwaigen unterschiedlichen Kategorisierung der gegenständlichen Klauseln — wie unten noch gezeigt werden soll — nichts ändern. Für den Fortgang der vorliegenden Untersuchung wird unterstellt, daß es sich bei den Unterwerfungserklärungen um Akte der Konkretisierung des „abstrakten Vertrages" IGH-Statut handelt; die Ausnahmeklauseln sollen als Vorbehalte gelten. Unabhängig davon, ob man dieser Ansicht folgen will oder sich eher für eine andere der genannten Kategorisierungsvarianten entscheidet, kann in jedem Fall als wesentliches Ergebnis dieses Abschnittes festgehalten werden, daß auf Unterwerfungserklärungen gem. Art. 36 Abs. 2 IGH-Statut die Regeln des Völkervertragsrechts Anwendung finden[22].

III. Zulässigkeit der Ausnahmeklausel der nationalen Verteidigung

1. Überprüfung der Zulässigkeit anhand der Regeln über Vertragsvorbehalte

In Verfolg der eingangs aufgeworfenen Fragestellung soll nun geprüft werden, ob es völkerrechtlich zulässig ist, daß ein Staat eine von ihm gem. Art. 36 Abs. 2 IGH-Statut abgegebene Unterwerfungserklärung mit einer Ausnahmeklausel der nationalen Verteidigung versieht. Unter Zugrundelegung der Annahme, daß die Klauseln zu Unterwerfungserklärungen Vorbehalte darstellen, die anläßlich der Konkretisierung des „abstrakten Vertrages" IGH-Statut durch die Unterwerfungserklärungen angebracht werden, sollen die im Vertragsrecht entwickelten Regeln über Vorbehalte zu Verträgen als Kriterien für die Zulässigkeit der Ausnahmeklausel der nationalen Verteidigung herangezogen werden.

---

[22] So auch Iglesias Buigues (Anm. 13), 277; ebenso der bundesdeutsche Vertreter auf der Wiener Vertragsrechtskonferenz Fleischhauer, A/CONF. 39/11, 109.

Das Recht der Vorbehalte zu völkerrechtlichen Verträgen war, wie das gesamte Recht der völkerrechtlichen Verträge überhaupt, in letzter Zeit besonders intensiver Diskussion unterworfen[23]. Einen vorläufigen Höhepunkt brachte die Wiener Vertragsrechtskonferenz[24], als deren Ergebnis die Wiener Vertragsrechtskonvention (WVK) verabschiedet werden konnte[25]. Es ist hier nicht der Ort, die gesamte diplomatische oder wissenschaftliche Diskussion nachzuzeichnen oder die WVK zu kommentieren. Bezüglich der hier interessierenden Frage — der Zulässigkeit von Vorbehalten — genügt es festzustellen, daß eine Regelung, die den derzeitigen Konsens der Staatengesellschaft zum Problem der Zulässigkeit von Vorbehalten widerspiegelt[26], in Gestalt des Art. 19 Eingang in die WVK gefunden hat. Dort wird bestimmt, daß ein Staat einen Vorbehalt zu einem Vertrag erklären kann, es sei denn, a) der Vorbehalt ist durch den Vertrag ausgeschlossen; b) der Vertrag sieht vor, daß nur bestimmte Vorbehalte gemacht werden dürfen, die den in Frage stehenden Vorbehalt nicht mit einschließen; oder c) der Vorbehalt ist in anderen als den in Punkten a) und b) behandelten Fällen mit dem Gegenstand und Zweck des Vertrages nicht vereinbar.

a) Auf den vorliegenden Fall übertragen hieße dies, daß die Ausnahmeklausel der nationalen Verteidigung einmal dann unzulässig wäre, wenn sie durch das IGH-Statut als dem Vertrag, zu dem sie angebracht wird, ausgeschlossen würde. Ein Blick auf das Statut zeigt, daß dies nicht der Fall ist[27].

b) Die Ausnahmeklausel der nationalen Verteidigung wäre zum anderen dann unzulässig, wenn das IGH-Statut vorsähe, daß nur bestimmte Vorbehalte, zu denen ein Vorbehalt der nationalen Verteidigung nicht gehört, angebracht werden dürften.

---

[23] Siehe nur Bishop, Réserves aux Traités, 103 RdC 245 (1961); Holloway, Les réserves dans les traités internationaux (1958); dies., Modern Trends in Treaty Law 467 ff. (1967); McNair, The Law of Treaties[2] 158 ff. (1961); Tomuschat, Admissibility and Legal Effects of Reservations to Multilateral Treaties. Comments on Art. 16 and 17 of the ILC's 1966 Draft Articles on the Law of Treaties, 27 ZaöRV 463 (1967); Schweisfurth, Vorbehalte zu internationalen Verträgen unter besonderer Berücksichtigung der östlichen Vertragstheorie, IRuD, 46 (1970).

[24] A/CONF. 39/11, 106 ff., 114, 121 ff., 125 ff., 133 ff., 415 ff., 425; A/CONF. 39/11/Add. 1, 29 ff., 35 ff., 158 f., 179, 220; A/CONF. 39/11/Add. 2, 22 ff., 132 ff., 265. Vgl. dazu Sinclair, The Vienna Convention on the Law of Treaties (1973); Neuhold, Die Wiener Vertragsrechtskonvention 1969, 15 AVR 21 (1971); Fleischhauer, Die Wiener Vertragsrechtskonferenz, 15 JIR 202 (1971).

[25] Engl. Text: A/CONF. 39/27; dt. (nichtamtlicher) Text in: 15 JIR 724 (1971).

[26] So zumindest Tomuschat (Anm. 23), 463.

[27] Darüber hinaus schließt auch die SVN, als deren integrierender Bestandteil das IGH-Statut gem. Art. 92 SVN gilt und die in eine Zulässigkeitsprüfung deshalb einzubeziehen ist, eine Ausnahmeklausel der nationalen Verteidigung zu einer Unterwerfungserklärung gem. Art. 36 Abs. 2 IGH-Statut nicht aus.

In Art. 36 Abs. 3 IGH-Statut wird auf mögliche Vorbehalte Bezug genommen: Dort wird gesagt, daß die Staaten ihre Unterwerfungserklärungen zur Begründung einer obligatorischen Gerichtsbarkeit „unconditionally or on condition of reciprocity on the part of several or certain states, or for a certain time" abgeben können. Das IGH-Statut sieht also grundsätzlich die Möglichkeit vor, zu Unterwerfungserklärungen Ausnahmeklauseln anzubringen; ausdrücklich genannt werden eine Reziprozitätsklausel *ratione personae* sowie Befristungen. Allerdings wird an keiner Stelle gesagt, ob diese Aufzählung zulässiger Ausnahmeklauseln demonstrativen oder enumerativen Charakter trägt. Die Entstehungsgeschichte der Bestimmung ließe eher den Schluß zu, daß die Aufzählung enumerativ gemeint ist[28]. Würde dies zutreffen, wäre die Klausel der nationalen Verteidigung, wie alle anderen nicht in Art 36 Abs. 3 genannten Ausnahmeklauseln, unzulässig[29].

Dem steht jedoch eine anderslautende Praxis der Staaten und des IGH gegenüber. Der IGH — und vor ihm auch der StIGH — haben in mehreren Verfahren, in denen sie mit unterschiedlichen, nicht in Art. 36 Abs. 3 genannten Ausnahmeklauseln konfrontiert waren, deren Zulässigkeit ausdrücklich oder implizit anerkannt[30]. Ein großer Teil der Lehre bejaht diese Vorgangsweise des IGH, vor allem eben unter Berufung auf die diesbezüglich geübte Staatenpraxis[31]. Zur Bekräftigung wird stets auch auf den Völkerbund hingewiesen, der sich für eine großzügige und extensive Auslegung derjenigen Bestimmung des StIGH-Statuts, die die Frage der Ausnahmeklauseln anschneidet und die 1945 ohne Änderung in das Statut des neuen IGH übernommen wurde, ausgesprochen hätte[32]. Schließlich sei dieser Gedanke in einer Erklärung des

---

[28] Vgl. Hudson, The Permanent Court of International Justice 1920 - 1942, 466 ff. (1943); Briggs (Anm. 6) 241.

[29] So Vulcan, Den valgfri klausul, 18 Nordisk TIR 115 (1947 - 48); Carneiro, Diss. Op., *Anglo-Iranian Oil Co.* (Anm. 11), 154.

[30] Vgl. insbesondere den Fall der *Elektrizitätsgesellschaft von Sofia und Bulgarien*, den *Losinger*-Fall, den Fall der *anglo-iranischen Ölgesellschaft*, den *Norwegischen Anleihen*-Fall, den *Interhandel*-Fall oder den Fall der *Durchgangsrechte durch indisches Territorium.*

[31] Waldock (Anm. 9) 248; Lauterpacht, Sep. Op., *Certain Norwegian Loans* (Anm. 13) 46; Briggs (Anm. 6) 233; Shihata (Anm. 13) 153; Kelsen (Anm. 13) 526; Anand (Anm. 13) 187; de Fumel (Anm. 11) 3; Wittmann (Anm. 6) 336; Maus (Anm. 11) 90; Bernhardt, Das Gegenseitigkeitsprinzip der obligatorischen internationalen Gerichtsbarkeit, in: FS Guggenheim 620 (1968); Hambro, The jurisdiction of the ICJ, 76 RdC 183 (1950).

[32] So lautet eine Passage im Protokoll betreffend die Änderung des Art. 16 der Covenant: „The Assembly . . . considering that the study of the said terms shows them to be sufficiently wide to permit States to adhere to the Special Protocol, opened for signature, in virtue of Article 36, paragraph 2, with the reservations which they regard as indispensable." League of Nations, Official Journal, Special Supplement No. 23, Records of the 5th Assembly, 29th Plenary Meeting, Oct. 2nd 1924, Text of the debates, 225.

Unterkomitees D des Komitees IV/1 auf der Konferenz von San Francisco, deren Wortlaut später in den Bericht des Rapporteurs des Komitees IV/1 aufgenommen wurde, ausdrücklich erneuert worden[33].

Auf Grund der jahrzehntelangen, vom IGH selbst unterstützten Staatenpraxis sowie auf Grund der quasi-authentischen Interpretation der gegenständlichen Bestimmung durch die Schöpfer des neuen IGH-Statuts wird man daher annehmen können, daß auch andere als in Art. 36 Abs. 3 IGH-Statut genannte Ausnahmeklauseln zu Unterwerfungserklärungen zulässig sind. Auch die Klausel der nationalen Verteidigung wäre demnach — sofern dem nicht andere Normen entgegenstehen — zulässig.

c) Schließlich wäre die Ausnahmeklausel der nationalen Verteidigung gem. der Regel des Art. 19 Abs. 1, lit. c WVK — welche auf das Urteil des IGH im Genozid-Gutachten zurückgeht[34] — dann unzulässig, wenn sie mit Gegenstand und Zweck des IGH-Statuts nicht vereinbar wäre. Ist das hier der Fall? Was ist der Gegenstand und Zweck des IGH-Statuts?

Generell kann gesagt werden, daß das IGH-Statut ein obligatorisches System internationaler Gerichtsbarkeit zur friedlichen Austragung von Streitigkeiten zwischen Staaten bereitstellen will[35]. Zum Wesen dieser Gerichtsbarkeit gehört, daß das Gericht ein ständiges ist; die Besetzung der Richterbank für eine bestimmte, absehbare Zeit von vornherein feststeht und von den Streitparteien im konkreten Fall kein Einfluß auf ihre Zusammensetzung ausgeübt werden kann[36]; die Richter ihre Entscheidungen gemäß einem feststehenden Verfahren, gemäß Völkerrecht[37] sowie dem Einfluß der Streitparteien weitestgehend entzogen fassen. Das Obligatorium ist hier vornehmlich gegeben durch: *a priori*-Unterwerfung der Staaten für eine unbestimmte Anzahl von Streitfällen; Möglichkeit der Verfahrenseinleitung durch einseitigen Akt *einer* Streitpartei; Möglichkeit eines Säumnisverfahrens bei Nichter-

---

[33] Doc. 913, IV/1/74 (1), 12. 6. 1945, Report of the Rapporteur of Committee IV/1, UNCIO XIII, 391 f.: „The question of reservations calls for an explanation. As is well known, the article has consistently been interpreted in the past as allowing States accepting the jurisdiction of the Court to subject their declarations to reservations. The subcommittee has considered such interpretation as being henceforth established. It has, therefore, been considered unnecessary to modify paragraph 3 in order to make express reference to the right of the States to make such reservations."

[34] I.C.J. Rep. 1951, S. 24.

[35] Siehe dazu ausführlicher Wittmann (Anm. 6) 21 ff., 46 ff.; Rosenne (Anm. 9) 1 ff., 364 ff.; Anand (Anm. 13) 26 ff. vgl. auch Jenks, The Prospects of International Adjudication 1 ff. (1964); Münch, Zum Stand der internationalen obligatorischen Gerichtsbarkeit, 21 ZaöRV 230 (1961).

[36] Eine Ausnahme von dieser Regel bildet die Einrichtung des Ad-hoc-Richters.

[37] So Art. 38 Abs. 1 IGH-Statut. Allerdings gibt es auch Fälle, in denen der IGH *ex aequo et bono* urteilen kann (Art. 38 Abs. 2).

scheinen einer Streitpartei; Kompetenz-Kompetenz des Gerichtshofes; Bindung der Streitparteien an die Entscheidungen des Gerichts.

Mißt man die Ausnahmeklausel der nationalen Verteidigung unter dem Gesichtspunkt der „Genozid"-Regel an diesen Kriterien, ergeben sich *prima facie* keine Bedenken bzgl. ihrer Zulässigkeit.

Anders müßte das Ergebnis lauten, wenn die Klausel „automatisch" (oder: „subjektiv")[38] formuliert wäre, d. h. wenn der die Klausel anbringende Staat durch eine entsprechende Formulierung für sich das Recht reserviert hätte, selbst zu bestimmen, was alles unter „nationale Verteidigung" falle[39]. In einem solchen Falle würde sich nämlich eine Kollision mit Art. 36, Abs. 6 IGH-Statut ergeben, welcher statuiert: „In the event of a dispute as to whether the Court has jurisdiction, the matter shall be settled by the decision of the Court." Bei dieser Bestimmung handelt es sich nicht um irgendeine beliebige Bestimmung des Statuts, sondern um eine Norm, die eines der Essentialia des Obligatoriums, und zwar die Kompetenz-Kompetenz des Gerichtshofes, festlegt. Die „automatische" Ausnahmeklausel der nationalen Verteidigung stünde in Widerspruch mit Gegenstand und Zweck des Statuts und wäre deshalb unzulässig[40].

Der IGH selbst und ein kleinerer Teil der Lehre sehen allerdings — wie aus entsprechenden Äußerungen anläßlich des Vorbringens einer anderen „automatischen" Ausnahmeklausel, nämlich der der „domestic

[38] Automatisch in dem Sinne, „that, by virtue of it, the function of the Court is confined to registering the decision made by the defendant Government and not subject to review by the Court". So Lauterpacht (Anm. 31) 29. Bisweilen wird dieser Vorbehalt auch „subjektiver" Vorbehalt genannt. Als Musterbeispiel dieser Art von Erklärung gilt die US-amerikanische Klausel, die in den betreffenden Passagen lautet: „... this declaration shall not apply to ... disputes with regard to matters which are essentially within the domestic jurisdiction of the United States of America *as determined by the United States of America*". I.C.J. Yearbook 1976 - 1977, 78 (Hervorhebung durch Verf.).

[39] Daß dieser hypothetische Fall nicht eine gekünstelte Konstruktion ist, zeigt die Praxis. So lautete nämlich ein ähnlicher Vorbehalt Großbritanniens: „... relating to any question which, *in the opinion of the Government of the United Kingdom*, affects the national security of the United Kingdom". I.C.J. Yearbook 1956 - 1957, 224 (Hervorhebung durch Verf.).

[40] So auch Lauterpacht (Anm. 31) 44; ders., Diss. Op., *Interhandel* (Anm. 13) 95 ff., insb. 101; Spender (Anm. 13) 56; ähnlich Guerrero, Diss. Op., *Certain Norwegian Loans* (Anm. 13) 68; Klaestad, Diss. Op., *Interhandel* (Anm. 13) 76; Armand-Ugon (Anm. 19) 92; Waldock (Anm. 9) 272; ders., The Plea of Domestic Jurisdiction before International Tribunals, 31 BYIL 133 (1954); Shihata (Anm. 13) 299; McClure, World Rule of Law: The jurisdiction of the International Court of Justice, Duke LJ 65 f. (1960). Ob darüber hinaus in der „automatischen" Formulierung einer Ausnahmeklausel ein Verstoß gegen den allgemeinen Rechtsgrundsatz von Treu und Glauben zu sehen ist, wie gelegentlich angedeutet worden ist (vgl. etwa Lauterpacht [Anm. 31] 48 ff.; ders. [Anm. 40] 113 f.) soll hier einstweilen dahingestellt bleiben. Siehe dazu unten bei III. 4. b.

jurisdiction", hervorgeht — die Frage der Zulässigkeit „automatischer" Klauseln mit anderen Augen. So haben einige Autoren die Zulässigkeit einer „automatischen" Ausnahmeklausel ausdrücklich bejaht[41]. Der IGH seinerseits hat zwar nie ausdrücklich gesagt, daß eine „automatische" Klausel zulässig sei; vielmehr ist er unter Berufung darauf, daß die Zulässigkeit der „automatischen" Klausel in den gegenständlichen Fällen „nicht in Frage gestellt" worden sei[42], einer Antwort in dieser Frage ausgewichen. Aber hat er nicht zumindest implizit die Zulässigkeit jener Klauseln anerkannt, wenn er Staaten *expressis verbis* das Recht zugestand, sich im Verfahren vor dem Gerichtshof auf die „automatische" Klausel zu berufen?[43]

Eine Erklärung für diese Haltung des Gerichts, eine insoweit klare Norm des geltenden Rechts nicht zu bestätigen, mag vielleicht in gewissen rechtspolitischen Erwägungen gefunden werden. So befürchtet man möglicherweise, daß, wenn man ausdrücklich die Unzulässigkeit der „automatischen" Klauseln ausspräche, einige Staaten ihre Unterwerfungserklärungen zurückziehen könnten und dadurch der ohnehin nicht sonderlich große Kreis der gem. Art. 36 Abs. 2 IGH-Statut der obligatorischen Gerichtsbarkeit des IGH unterstellten Staaten sich noch mehr verkleinern könnte[44]. Solche rechtspolitischen Überlegungen wären jedoch fragwürdig. Mit der — impliziten wie auch expliziten — Anerkennung der Zulässigkeit „automatischer" Klauseln würde der obligatorischen Gerichtsbarkeit nämlich ein Bärendienst erwiesen: Zwar träte dann vielleicht eine größere Anzahl von Staaten dem System der obligatorischen Gerichtsbarkeit bei; dies würde jedoch erkauft mit einer weiteren Aushöhlung der ohnehin eher spärlichen Macht und einer weiteren Effizienzminderung des IGH.

d) Gelegentlich wurde das Verbot einer vierten Klasse von Vorbehalten gefordert. Auf der Wiener Vertragsrechtskonferenz hieß es dazu: „There [is] a fourth kind of inadmissible reservation, namely reservations which in a general and indeterminate manner [make] the

[41] Pinto, L'affaire de l'Interhandel, 85 J.D.I. 30 (1958); Becker, Some political problems of the Legal Adviser, 52 PASIL 267 (1958); Seidl-Hohenveldern, Völkerrecht[3] 225 (1975). Gelegentlich wurde auch eine vermittelnde Ansicht dergestalt vertreten, daß die Zulässigkeit der „automatischen" Klausel nicht generell in Frage gestellt, sondern jeweils im Einzelfall an den Kriterien von Treu und Glauben geprüft werden sollte. So Guggenheim, Der sogenannte automatische Vorbehalt der inneren Angelegenheiten gegenüber der Anerkennung der obligatorischen Gerichtsbarkeit des Internationalen Gerichtshofes in seiner neuesten Gerichtspraxis, in: FS Verdroß 128 f. (1960). Vgl. dazu aber Arnold, Probleme der Fakultativklausel in der internationalen Gerichtsbarkeit, in: FS von der Heydte 3 (1977).

[42] *Certain Norwegian Loans* (Anm. 13) 26 f.

[43] *Certain Norwegian Loans* (Anm. 13) 24; vgl. auch *Interhandel* (Anm. 13) 26.

[44] Siehe dazu etwa Guggenheim (Anm. 41) 128.

acceptance of a treaty subject to internal laws. Reservations of so broad and indefinite a character [do] not satisfy the notion of compatibility and [are] tantamount to a negation of the consent to be bound“[45]. Konkret auf Klauseln wie die der nationalen Verteidigung bezogen wurde die Auffassung vertreten, eine solche Klausel sei deshalb unzulässig, „for not only is the category of national [defence][46] potentially comprehensive, but it is not a category capable of any kind of juridical assessment“[47]. Und weiter: „National [defence][48] is a matter of which the government is sole trustee“[49].

Hinter diesen Äußerungen dürfte primär der Gedanke stehen, daß, da wohl nur der betreffende Staat selbst, der eine Ausnahmeklausel der nationalen Verteidigung anbringt, letztlich beurteilen und entscheiden könne, was zu seiner nationalen Verteidigung notwendigerweise gehöre, eine solche Klausel ebenso „automatisch“ wirke wie ein echter, d. h. ausdrücklich als solcher gekennzeichneter „automatischer“ Vorbehalt und sie daher unter dem Gesichtspunkt der Bestimmung des Art. 36, Abs. 6 IGH-Statut ebenso als unzulässig zu erachten sei wie eine echte „automatische“ Ausnahmeklausel[50].

Einer solchen Argumentation wäre jedoch entgegenzuhalten, daß — obgleich eingeräumt werden soll, daß das Konzept der nationalen Verteidigung auf Grund seiner Vagheit ziemlich schwer zu erfassen ist und Fragen wie die der nationalen Verteidigung immer einer stark subjektiven Wertung seitens der betroffenen Staaten unterliegen werden — es auf Grund seiner in Art. 36 Abs. 6 IGH-Statut normierten Kompetenz-Kompetenz letztlich doch immer der IGH ist, der bestimmt, was in einem gegebenen Falle zur nationalen Verteidigung eines Staates zu zählen ist — vorausgesetzt selbstverständlich, eine ausdrückliche Automatikklausel fehlt. Eine Ausnahmeklausel der nationalen Verteidigung ist also, sofern sie nicht ausdrücklich „automatisch“ *formuliert* ist und sie nach objektiven Kriterien abgrenzbar ist — dies wird hier unterstellt — nicht als „automatischer“ Vorbehalt anzusehen. Eine Unzulässigkeit dieser Klausel unter dem Gesichtspunkt des Art. 36 Abs. 6 IGH-Statut ist dann nicht anzunehmen[51].

---

[45] Calle Y Calle (Peru), A/CONF. 39/C. 1/L. 132; ähnlich das australische Memorial (Anm. 8), 306.

[46] Im Original „national security“. Die beiden Begriffe sind jedoch im vorliegenden Zusammenhang austauschbar.

[47] Jennings (Anm. 6) 362.

[48] Siehe Anm. 46.

[49] Jennings (Anm. 6) 362; vgl. auch Anand (Anm. 13) 219.

[50] Diese Argumentation wurde auch gegen die französische Ausnahmeklausel in den Atomversuchsfällen vorgebracht. Vgl. Ellicot, in: Pleadings (Anm. 8) 208.

2. *Überprüfung der Zulässigkeit anhand der Regeln über Vertragsergänzung und -änderung*

Oben wurde anläßlich des Versuches, die Unterwerfungserklärungen und die zu ihnen angebrachten Ausnahmeklauseln zu kategorisieren, gesagt, am Befund über die Zulässigkeit der Ausnahmeklausel der nationalen Verteidigung würde sich auch dann nichts ändern, wenn man nicht die Völkerrechtsregeln über Vertragsvorbehalte als Überprüfungskriterien heranzöge, sondern — gemäß der oben angesprochenen zweiten Variante über den Rechtscharakter der Klauseln — die völkerrechtlichen Regeln über Vertragsergänzung und Vertragsänderung. Dies soll im folgenden kursorisch belegt werden.

Das Problem der Vertragsergänzung und -änderung war ebenso wie das der Vertragsvorbehalte in letzter Zeit, nicht zuletzt im Rahmen der Wiener Vertragsrechtskonferenz, ein vieldiskutiertes Thema[52]. Es würde auch hier zu weit führen, die Problematik voll auszubreiten; für den Zweck der vorliegenden Studie genügt es aufzuzeigen, was als Minimum des in der Staatengesellschaft derzeit anerkannten gemeinsamen Normenbestandes in der WVK festgehalten worden ist.

In Art. 39 WVK heißt es dazu allgemein, daß ein Vertrag durch Vereinbarung zwischen den Vertragsparteien ergänzt werden kann. Für den Fall, daß ein multilateraler Vertrag nur von einem Teil der Vertragsparteien mit der Wirkung der Vertragsänderung untereinander ergänzt wird, bestimmt Art. 41 WVK, daß eine derartige Änderung rechtlich möglich sein soll, falls a) die Möglichkeit einer solchen Änderung im Vertrag vorgesehen ist; oder b) die betreffende Änderung durch den Vertrag nicht verboten ist und: (1) nicht die Ausübung der vertraglichen Rechte der anderen Parteien oder die Erfüllung ihrer Pflichten beeinträchtigt; (2) sich nicht auf eine Bestimmung bezieht, von der abzugehen unvereinbar ist mit der ziel- und zweckgemäßen Ausführung des Vertrages in seiner Gesamtheit. Ergänzend könnten die Regeln des Art. 58 WVK über die Aussetzung der Wirksamkeit eines multilateralen Vertrages durch Vereinbarung nur zwischen einigen Parteien herangezogen werden, welche für die Zulässigkeit einer solchen Aussetzung gleichartige Kriterien aufstellen[53].

---

[51] Möglicherweise stehen jedoch hinter jenen oben zitierten Äußerungen noch andere, über den eben erörterten Aspekt hinausgehende Überlegungen wie etwa die, eine derart vage und subjektiv auffüllbare Ausnahmeklausel sei ein Verstoß gegen das Gebot von Treu und Glauben und insofern unzulässig, als sich ein Staat mit ihr jederzeit *jeglicher* vertraglichen Verpflichtung und Bindung, welche er zuvor durch Abschluß eines Vertrages eingegangen war, wieder entziehen könne. Auf diese Problematik soll jedoch erst unten bei III. 4. b. zurückgekommen werden.

[52] A/CONF. 39/11, 201, 203, 205, 463; A/CONF. 39/11/Add. 1, 72, 222, 253, 254.

Bei näherer Betrachtung dieser Regeln zeigt sich nun, daß in ihnen dieselben Grundsätze inkorporiert sind wie in den WVK-Regeln über Vorbehalte: Abgesehen von dem im vorliegenden Fall offensichtlich irrelevanten Grundsatz der lit. b, Ziffer 1 sind dies einmal der „Enumerations"-Grundsatz (lit. a), zum andern der "Verbots"-Grundsatz kombiniert mit dem „Genozid" („Gegenstand und Zweck")-Grundsatz. Auf Grund der Parallelität der Problemlagen erscheint es angebracht, die oben im Zuge der Überprüfung der Kriterien für die Zulässigkeit von Vorbehalten erzielten Ergebnisse bei der Bewertung der hier zur Diskussion stehenden Problematik analog anzuwenden. Demnach wäre auch unter Zugrundelegung der Regeln in Art. 41, lit. a und lit. b, Ziffer 2 WVK (bzw. Art. 58, lit. a und lit. b, Ziffer 2 WVK) eine Ausnahmeklausel der nationalen Verteidigung zulässig, es sei denn, sie wäre „automatisch" formuliert.

3. *Überprüfung der Zulässigkeit anhand der Regeln über Vertragskollision*

Auch wenn man — gemäß der dritten der oben entwickelten Varianten — die Unterwerfungserklärungen als eigenständiges, vom IGH-Statut nicht direkt abhängiges, multilaterales Vertragssystem und die Ausnahmeklauseln als Vorbehalte zu diesem Vertrag ansähe, würde sich am Befund über die Zulässigkeit einer Ausnahmeklausel der nationalen Verteidigung nichts ändern.

Der Weg zu diesem Ergebnis soll ebenfalls nur angedeutet werden: Zunächst wäre zu prüfen, ob der Vorbehalt zu dem durch die Unterwerfungserklärungen gebildeten Vertrag zulässig wäre. Was nun die „normal" formulierte Klausel der nationalen Verteidigung betrifft, ist nichts ersichtlich, was gegen ihre Zulässigkeit spräche.

Nicht so einfach läge der Fall, wenn die Klausel „automatisch" formuliert wäre: Da den Unterwerfungserklärungen eine Kompetenz-Kompetenz-Bestimmung wie die des Art. 36 Abs. 6 IGH-Statut in der Regel fehlen wird, würde zunächst eine Normenkollision nicht eintreten, kein Anwendungsfall für die „Genozid"-Regel des Art. 19 Abs. 1, lit. c WVK gegeben sein und die Klausel als zulässig zu gelten haben. Dem könnte jedoch entgegengehalten werden, daß das Prinzip der Kompetenz-Kompetenz *eo ipso*, ohne daß es ausdrücklich vereinbart werden

[53] Art. 58 Abs. 1 WVK lautet: Zwei oder mehrere Parteien eines multilateralen Vertrages können eine Vereinbarung treffen, die Wirksamkeit von Vertragsbestimmungen zeitweilig und nur untereinander auszusetzen, falls: a) die Möglichkeit einer solchen Aussetzung im Vertrag vorgesehen ist; oder b) die betreffende Aussetzung durch den Vertrag nicht verboten ist, und: (i) nicht die Ausübung vertraglicher Rechte der anderen Parteien oder die Erfüllung ihrer Pflichten beeinträchtigt; (ii) nicht mit Ziel und Zweck des Vertrages unvereinbar ist.

müßte, jedem Vertrag zur Begründung einer obligatorischen Gerichtsbarkeit innewohne[54]. Dann wäre allerdings eine Kollision zwischen Gerichtsbarkeitsvertrag und Klausel gegeben; die „Genozid"-Regel würde eingreifen.

Selbst wenn man aber die Zulässigkeit der „automatischen" Klausel zum Gerichtsbarkeitsvertrag bejahte, ergäbe sich immer noch ein Widerspruch zu Art. 36 Abs. 6 IGH-Statut. Wie wäre dieser Widerspruch aufzulösen?

Da hier offensichtlich ein Fall der Vertragskollision vorliegt, wären zur Auflösung jenes Widerspruchs die im Völkervertragsrecht entwickelten Normen über Vertragskollision anzuwenden. Diese sehen für den Regelfall, d. h. wenn nichts anderes bestimmt ist, vor, daß die spätere Norm der früheren vorzugehen habe[55]. Für den vorliegenden Fall hieße dies also, daß der durch die (angenommen: gültige) „automatische" Ausnahmeklausel modifizierte Gerichtsvertrag — da weder in den Unterwerfungserklärungen noch im IGH-Statut eine anderslautende Kollisionsnorm eingebaut ist — dem IGH-Statut und seinen Bestimmungen vorginge.

Nun ist jedoch das IGH-Statut gem. Art. 92 SVN ein integrierender Bestandteil der SVN. In Art. 103 SVN aber ist eine Kollisionsklausel eingebaut, welche vorsieht, daß, wenn sich Verpflichtungen der Mitgliedstaaten aus der SVN und Verpflichtungen der Mitgliedstaaten aus irgendwelchen anderen Übereinkünften widersprechen, erstere vor letzteren Vorrang genießen sollen. Für den vorliegenden Fall bedeutete dies, daß Art. 36 Abs. 6 IGH-Statut (als integrierender Bestandteil der SVN) Vorrang gegenüber den Bestimmungen des (durch die „automatische" Ausnahmeklausel modifizierten) Gerichtsbarkeitsvertrages hätte. Die „automatische" Klausel wäre demnach ungültig.

4. Überprüfung der Zulässigkeit anhand sonstiger Regeln des allgemeinen Völkerrechts

Fraglich ist, ob es außer den aufgezeigten Beschränkungen — alternativ oder subsidiär — noch andere, etwa dem allgemeinen Völkerrecht (einschließlich der allgemeinen Rechtsgrundsätze) zu entnehmende Grenzen für die Formulierung von Ausnahmeklauseln im allgemeinen, bzw. der Klausel der nationalen Verteidigung im besonderen gibt. Auch hier sollen mögliche Ansätze nur andiskutiert werden.

---

[54] So jedenfalls Lauterpacht (Anm. 31) 44; Rosenne (Anm. 9) 438; Shihata (Anm. 13) 300.

[55] Vgl. Art. 30 Abs. 3 WVK.

a) Zwingendes Recht (ius cogens)

Einmal wäre es möglich, Schranken für die Formulierung von Ausnahmeklauseln in Normen des zwingenden Rechts *(ius cogens)* — die Existenz solchen Rechts vorausgesetzt[56] — zu finden[57]. Da aber nicht ersichtlich ist, gegen welche etwaige *ius cogens*-Norm eine Ausnahmeklausel der nationalen Verteidigung verstoßen könnte, soll dieser Ansatz hier nicht weiter verfolgt werden.

b) Treu und Glauben

Weiter wäre denkbar, den als Fundamentalnorm auch des Völkerrechts angesehenen Grundsatz von Treu und Glauben als Maßstab für die Zulässigkeit einer Ausnahmeklausel der nationalen Verteidigung heranzuziehen[58]. Außer Zweifel dürfte stehen, daß dieser Grundsatz etwa der oben erörterten „Genozid"-Regel zugrunde liegt, derzufolge Vorbehalte zu einem Vertrag, die Gegenstand und Zweck dieses Vertrages widerstreiten (wie etwa eine „automatische" Ausnahmeklausel der nationalen Verteidigung zu einer Unterwerfungserklärung gem. Art. 36 Abs. 2 IGH-Statut), unzulässig seien. Hier könnte man also durchaus sagen, subsidiär errichte auch der allgemeinere Grundsatz von Treu und Glauben eine Schranke bzgl. der Zulässigkeit einer („automatischen") Ausnahmeklausel der nationalen Verteidigung.

Gelegentlich wurde auch versucht, *unmittelbar* aus dem Grundsatz von Treu und Glauben, d. h. ohne „Zwischenschaltung" einer positiv- oder gewohnheitsrechtlichen Norm des Völkerrechts, in der jener Grundsatz eine sinnfällige Verdichtung erfahren hat, die Unzulässigkeit „automatischer" Ausnahmeklauseln zu Unterwerfungserklärungen

[56] Es ist hier nicht der Ort, die äußerst kontroverse Diskussion über die Existenz von *ius cogens* fortzuführen. Siehe statt dessen Mosler, Ius cogens im Völkerrecht, 25 Schweizer JIR 9 (1968); The Concept of jus cogens in International Law (1967; „Lagonissi Papers") mit Beiträgen von Abi-Saab, Suy, Murty und Schwarzenberger; Uibopuu, Neue Wendung im sowjetischen jus-cogens-Konzept, 15 ROW 135 (1971); siehe auch Scheuner, Conflict of Treaty Provisions with a Peremptory Norm of General International Law and its Consequences, 27 ZaöRV 520 (1967); dens, Conflict of Treaty Provisions with a Peremptory Norm of General International Law, 29 ZaöRV 28 (1969); Barberis, La liberté de traiter des Etats et le jus cogens, 30 ZaöRV 19 (1970); de Winter, Dwingend recht bij internationale overeenkomsten, 11 Nederlands TIR 329 (1964).

[57] Vgl. Art. 53 Satz 1 WVK, der lautet: Ein Vertrag ist nichtig, wenn er im Zeitpunkt seines Abschlusses einer zwingenden Norm des allgemeinen Völkerrechts widerspricht.

[58] Siehe dazu allgemein Bin Cheng, General Principles of Law as applied by international courts and tribunals 105 ff. (1953); Verdroß, Die bona fides als Grundlage des Völkerrechts, in: FS von Laun 29 ff. (1953); siehe auch Cot, La bonne foi et la conclusion des traités, Revue belge de droit international 140 ff. (1968); Taylor, The Content of the Rule against Abuse of Rights in International Law, 46 BYIL 323 (1972 - 73).

gem. Art. 36 Abs. 2 IGH-Statut abzuleiten. So wurde — in Analogie zu einem entsprechenden Institut verschiedener innerstaatlicher Rechtsordnungen — behauptet, bei einer „automatischen" Ausnahmeklausel handle es sich um eine reine „Wollensbedingung", d. h. eine Bedingung, die es einzig und allein dem Staat, der sich ihrer bedient, überlasse, Ausmaß bzw. die Existenz einer Verpflichtung überhaupt zu bestimmen. Dies aber verstoße gegen Treu und Glauben und aus diesem Grunde sei eine „automatische" Klausel unzulässig[59]. Ein derartiger Ansatz dürfte jedoch im vorliegenden Zusammenhang nicht weiterführen: Zunächst ist nämlich schon fraglich, ob jene Regel überhaupt in den jeweiligen innerstaatlichen Rechtsordnungen etabliert ist[60]. Selbst wenn man aber davon ausgehen könnte, bliebe weiter fraglich, ob dann diese Regel bereits Eingang in den völkerrechtlichen Normenbestand gefunden hat. Doch selbst wenn dies letztlich zutreffen sollte, würde jene neue Regel nichts grundsätzlich Neues bzgl. der hier aufgeworfenen Fragestellung bringen und nicht über das hinausgehen, was ohnehin bereits durch andere, detailliertere und einfacher nachzuweisende Normen ausgesagt wird. Mit jener Regel würde ja wieder nur eine „automatisch" formulierte Klausel, nicht aber eine normale Klausel der nationalen Verteidigung erfaßt werden können. Eine solche würde nämlich — da sie deshalb, weil sie dem Staat, der sich ihrer bedient, *nicht* die Möglichkeit bietet, sich durch ihre Operationalisierung *jeglicher* Verpflichtung zu entziehen, nicht als reine „Wollensbedingung" angesehen werden kann — nicht in den Anwendungsbereich jener (angenommenen) Völkerrechtsregel von der Unzulässigkeit von „Wollensbedingungen" fallen[61].

5. *Zwischenergebnis*

Nach der Überprüfung der Zulässigkeit einer Ausnahmeklausel der nationalen Verteidigung zu einer Unterwerfungserklärung gem. Art. 36 Abs. 2 IGH-Statut anhand verschiedener möglicher Kriterien kann als Zwischenergebnis festgehalten werden: Eine Ausnahmeklausel der nationalen Verteidigung zu einer Unterwerfungserklärung gem. Art. 36 Abs. 2 IGH-Statut ist *zulässig*. Eine „automatisch" formulierte Klausel der nationalen Verteidigung wäre dagegen wegen Unvereinbarkeit mit

---

[59] So Lauterpacht (Anm. 40) 113 f.; ders. (Anm. 31) 48 ff. mit Verweisen auf die Lehrmeinung im französischen und anglo-amerikanischen Rechtskreis. Für den deutschen Rechtskreis siehe Larenz, Allgemeiner Teil des deutschen Bürgerlichen Rechts² 414 (1972).

[60] So weist etwa Larenz (Anm. 59) 414 — bemerkenswerterweise ein Bejaher der Unzulässigkeit von Wollensbedingungen — für den deutschen Rechtskreis nach, daß dieser Rechtssatz in der deutschen Judikatur keineswegs voll anerkannt ist.

[61] Zum „nicht-automatischen" Charakter einer normalen Ausnahmeerklärung der nationalen Verteidigung siehe oben III. 1. d. und unten IV.

dem in Art. 36 Abs. 6 IGH-Statut niedergelegten Grundsatz der Kompetenz-Kompetenz des IGH *unzulässig*.

IV. Sachlicher Geltungsbereich der Ausnahmeklausel der nationalen Verteidigung

Als nächstes soll der sachliche Geltungsbereich der Ausnahmeklausel der nationalen Verteidigung eruiert werden, d. h. es soll geprüft werden, welche Sachverhalte in einem Verfahren vor dem IGH unter den in der Ausnahmeklausel genannten Tatbestand „nationale Verteidigung" subsumierbar sind und von der Ausnahmeklausel daher erfaßt werden können. Da der Geltungsbereich der Klausel der nationalen Verteidigung abhängig ist von Bedeutungsumfang und -inhalt des Tatbestandsbegriffes „nationale Verteidigung", ist es dazu notwendig, die rechtlich relevante Bedeutung des Begriffs „nationale Verteidigung" zu bestimmen.

1. Kriterien für die Inhaltsbestimmung des Begriffes „nationale Verteidigung"

Eine genaue und allumfassende Legaldefinition des vagen Begriffes[62] der nationalen Verteidigung gibt es — soweit ersichtlich — im allgemeinen Völkerrecht nicht; ja, es wird in der Tat eine solche auf Grund der in der Natur der Sache liegenden Komplexität, Veränderlichkeit und „Wertungsanfälligkeit" des mit dem Begriff „nationale Verteidigung" umschriebenen Sachverhalts wohl auch kaum geben können[63]. Nicht viel weiter hilft auch ein Rekurs auf die Bereiche der Politik, bzw. der Militaristik, in denen der gegenständliche Begriff beheimatet ist. Der Sprachgebrauch dieser Disziplinen bezeichnet „nationale Verteidigung" ebenfalls nur allgemein etwa als „die Gesamtheit aller (militärischen und nichtmilitärischen) Planungen und Maßnahmen für den Spannungsfall und den Verteidigungsfall"[64]. „National defense, basically, consists of the measures the nation takes to ensure that [its] fundamental purpose is achieved without external or internal interference[65]."

[62] Unter einem „vagen Begriff" wird hier verstanden ein unscharfer deskriptiver Ausdruck der Umgangssprache. Vgl. Podlech, Wertungen und Werte im Recht, 95 AöR 187 (1970).

[63] „... Such a reservation is necessarily of an indeterminate nature." Report of the Secretary General, SCOR 11th yr., Suppl. for April, May, June, 1956 (S/3596), § 44.

[64] So Obermann (Hrsg.), Handbuch der Verteidigung 829 (1970); siehe auch Bauer/Schössler, Nationale Verteidigung 39 (1966); Beck, Studien 32 f. (1955).

[65] Powers, A Guide to National Defense² 4 (1965); Trotabas (Hrsg.), La défense nationale (1958); Hütter, Nationale Sicherheit als praktische Aufgabe der Politik, 17 PVS 63 ff. (1976).

Dem mit einer Ausnahmeklausel der nationalen Verteidigung Konfrontierten (etwa dem IGH-Richter) bleibt also, will er feststellen, ob ein bestimmter Sachverhalt unter „nationale Verteidigung" subsumierbar ist und so in den Geltungsbereich besagter Klausel fällt, nichts anderes übrig, als den Begriff der nationalen Verteidigung für den jeweiligen Einzelfall zu konkretisieren, indem er schrittweise die Grenzen des rechtlichen Bedeutungsumfanges des Begriffes bestimmt[66]. Diese Konkretisierung ist eine Form der Auslegung. Es sind dabei die herkömmlichen Methoden der Vertragsauslegung, wie sie auch in der WVK (Art. 31 und 32) niedergelegt worden sind, anzuwenden[67], also grammatikalische, systematische, teleologische, historische etc. Methode[68].

Ziel dieser Auslegung hat zu sein, gemäß Treu und Glauben die gewöhnliche Bedeutung des Begriffes „nationale Verteidigung" zu erforschen: „In so doing, the Court must apply its normal canons of interpretation, the first of which, according to the established jurisprudence of the Court, is that words are to be interpreted according to their natural und ordinary meaning in the context in which they occur[69]." Die „gewöhnliche" Bedeutung des Begriffes ist diejenige, welche dem gewohnten Wortgebrauch zwischen den betreffenden Staaten entspricht und die ein Dritter (bzw. der jeweilige Vertragspartner) dem Begriff auf Grund des gegebenen Zusammenhanges und der gegebenen Umstände auch beimessen würde; oder anders ausgedrückt, diejenige Bedeutung, welche der den Begriff verwendende Staat hat erwarten müssen oder können, daß ein anderer sie auf Grund der gegebenen Umstände verstehe[70]. Damit wird gewährleistet der Ausschluß von „arbitrariness, capriciousness, contradiction, unreasonableness and absur-

---

[66] Siehe dazu Zippelius, Einführung in die juristische Methodenlehre 56 und passim (1971); Hinderling, Rechtsnorm und Verstehen (1971); vgl. auch Podlech (Anm. 62), 189: „Diejenige Operation, durch die deskriptive Ausdrücke der Umgangssprache, die Bestandteile rechtlicher Bestimmungen sind, zum Zwecke der Subsumtion eines gegebenen Sachverhalts präzisiert werden, werde Konkretisierung genannt."

[67] So statt vieler Rosenne (Anm. 9) 405; Iglesias Buigues (Anm. 13) 277 f.; Wittmann (Anm. 6) 167 ff. mit zahlreichen weiteren Literaturnachweisen.

[68] Vgl. dazu die in Anm. 67 angegebene Literatur sowie Shihata (Anm. 13) 189 ff., der einen ausführlichen Überblick über die diesbezügliche Praxis des IGH bzw. StIGH bringt. Zur Auslegung allgemein siehe Bernhardt, Die Auslegung völkerrechtlicher Verträge (1963); Köck, Vertragsinterpretation und Vertragsrechtskonvention (1976).

[69] *Temple of Preah Vihear, Preliminary Objections, Judgment*, I.C.J. Rep. 1961, S. 32; ebenso *Competence of the General Assembly for the Admission of a State to the United Nations, Advisory Opinion*, I.C.J. Rep. 1950, S. 8; *Polish Postal Service in Danzig, Advisory Opinion*, 1925, P.C.I.J., Ser. B, No. 11, 39. Vgl. auch Art. 31 Abs. 1 WVK.

[70] Siehe Müller, J. P., Vertrauensschutz im Völkerrecht 151, 128 (1971); Waldock als Spezialberichterstatter der ILC für das Recht der Verträge, in: A/CN. 4/SER. A/1966, § 184 (= YBILC 1966 I/2, 55).

dity“[71], die „Ablehnung außergewöhnlicher, rein subjektiver Vorstellungen, die eine Partei mit den vereinbarten Worten und Sätzen verband, *soweit* diese für den anderen Vertragspartner nicht oder schwerlich erkennbar waren“[72].

Soweit sich die Bedeutung des Begriffes „nationale Verteidigung“ im jeweils gegebenen Fall weder mittels herkömmlicher grammatikalisch-systematischer Kontextauslegung noch unter Zugrundelegung des Sinnes und Zweckes der auszulegenden Bestimmung feststellen läßt (Art. 31 Abs. 1 WVK), kann der Interpret als weitere Hilfsmittel der Auslegung „jede Vereinbarung, die sich auf den gegenständlichen Vertrag bezieht und zwischen allen Parteien in Verbindung mit dem Vertragsabschluß getroffen worden ist“ sowie „jedes Dokument, das von einer oder mehreren Parteien in Verbindung mit dem Vertragsabschluß errichtet und von den anderen Parteien als mit dem Vertrag in Verbindung stehendes Dokument anerkannt worden ist“, heranziehen (Art. 31 Abs. 2 WVK). Desgleichen sind zu berücksichtigen alle nachfolgenden, den gegenständlichen Vertrag betreffenden Interpretationsvereinbarungen, bzw. die diesbezügliche Auslegungspraxis der Vertragsstaaten (Art. 31 Abs. 3 lit. a und b WVK). Sollte auch dies nicht zum Ziel führen, stehen dem Auslegenden als weitere Anhaltspunkte die Materialien der jeweiligen Übereinkunft sowie die Umstände ihres Abschlusses zur Verfügung (Art. 32 WVK). In diesem Sinne wäre etwa in den Atomversuchsfällen bei der Auslegung der französischen Unterwerfungserklärung, bzw. der Ausnahmeklausel der nationalen Verteidigung zu berücksichtigen gewesen, daß Frankreich diese Klausel gerade zu dem Zeitpunkt seiner alten Unterwerfungserklärung beifügte, als es seine Atomtests im Südpazifik begann[73].

Darüber hinaus besagt aber eine weitere Grundregel der Interpretationslehre, daß eine Auslegung generell eine *völkerrechtskonforme* zu sein hat, d. h. eine Auslegung, die sich bei der Konkretisierung eines Rechtsbegriffes an den Normen des geltenden Völkerrechts orientiert und diese im Zweifel als die Grenzen der Begriffskonkretisierung begreift[74]. „[A] text emanating from a Government must, in principle, be

[71] So Schwarzenberger, The fundamental principles of International Law, 87 RdC 300 (1955).

[72] Müller (Anm. 70) 129 (Hervorhebung durch Verf.). Art. 31 Abs. 4 WVK: Ein Begriff erhält eine besondere Bedeutung, wenn feststeht, daß die Parteien dies beabsichtigen. Vgl. dazu auch Hummer, „Ordinary“ versus „Special“ Meaning, 26 ÖZöR 87 (1975).

[73] Belege für letzteres bei Meyn (Anm. 5) 102.

[74] *Legal Consequences for States of the Continued Presence of South Africa in Namibia (South West Africa) notwithstanding Security Council Resolution 276 (1970), Advisory Opinion*, I.C.J. Rep. 1971, S. 31: „... an international instrument has to be interpreted and applied within the framework of the entire legal system prevailing at the time of the interpretation.“ Vgl. auch Zippelius (Anm. 66) 59.

interpreted as producing and as intended to produce effects in accordance with existing law and not in violation of it[75]." Damit soll dem Vertrauensschutzbedürfnis des gutgläubigen Dritten genügt werden, der im Zweifel *bona fide* davon ausgehen darf, daß sich ein Staat völkerrechtskonform verhält.

2. Auslegung gem. Art. 31 Abs. 3 lit. c WVK

Diese Regel ist auch in der WVK, in Art. 31 Abs. 3 lit. c, festgehalten. Dort heißt es, daß bei der Auslegung eines Vertrages neben dem Kontext auch „all relevant rules of international law applicable in the relations between the parties" zu berücksichtigen seien. Dieser Regel liegt das Verständnis zugrunde, daß zu dem für die Auslegung relevanten Kontext einer Norm nicht nur der *engere* Kontext dieser Norm gehört — etwa der Vertrag selbst, in dem die Norm enthalten ist oder mehrere andere, speziell mit dem gegenständlichen Vertrag verbundene Verträge — sondern darüber hinaus, gleichsam als „weiterer" Kontext, die gesamte, die Norm umgebende Rechtsordnung. Diese Gesamtrechtsordnung soll den äußersten Bezugsrahmen für die Auslegung einer bestimmten Norm bilden. Sie soll in die Begriffsbestimmung allerdings nur insofern mit einbezogen werden, als nicht deutlich wird, daß die Vertragsparteien gerade im konkreten Falle einer Vertragsbestimmung eine vom geltenden Völkerrecht abweichende Bedeutung haben beilegen wollen und dies rechtlich auch möglich war[76].

Der mit der Auslegung von Klausel, bzw. Begriff der nationalen Verteidigung befaßte IGH-Richter (etc.) hätte in Zweifelsfällen also zu prüfen, ob eine bestimmte Bedeutung, die er diesem Begriff beimessen möchte (bzw. die ein Staat im Verfahren vor dem IGH dem Begriff beimessen möchte) in Einklang mit der Völkerrechtsordnung, wie sie für den betreffenden Staat im gegebenen Zusammenhang gilt, steht oder nicht. Würde letzteres zutreffen, hätte er jene Interpretation zu verwerfen. In diesem Konnex träten zwei Aspekte zutage: zum einen ein positiver in der Art, daß eine Willensäußerung eines Staates so interpretiert werden muß, als ob die relevanten Völkerrechtsregeln in ihr inkorporiert wären[77]; zum anderen ein negativer dergestalt, daß eine staatliche

---

[75] *Right of Passage over Indian Territory* (Anm. 13) 142; vgl. auch Schwarzenberger (Anm. 71) 301: „Good faith serves as the measuring rod by reference to which it can be tested whether, in any individual case, subjects of international law have lived up to these standards in relations governed by the lex inter partes of a consensual engagement."

[76] So Bernhardt (Anm. 68) 135; Köck (Anm. 68) 41; Dahm, Völkerrecht, Bd. II 56 (1961).

[77] So Uibopuu, Interpretation of treaties in the light of International Law. Art. 31, Para. 3 (c) of the Vienna Convention on the Law of Treaties, 40 Annuaire de l'A.A.A. 12 (1970).

Willensäußerung auch so interpretiert werden muß, als ob der (die) Erklärende(n) nicht beabsichtigt hätte(n), von einer relevanten Völkerrechtsregel abzuweichen[78].

Bzgl. der Tragweite dieser Interpretationsregel könnten sich allerdings gewisse Unsicherheiten ergeben. Was heißt, eine staatliche Willenserklärung solle so ausgelegt werden, als ob die betreffenden Staaten beabsichtigt hätten, die relevanten Völkerrechtsregeln zu „inkorporieren", bzw. nicht beabsichtigt hätten, von einer relevanten Völkerrechtsregel „abzuweichen"? Zwei Denkansätze scheinen hierzu möglich. Jener Verweis auf andere, für die Auslegung einer vertraglichen Bestimmung möglicherweise relevante Teile der Gesamtvölkerrechtsordnung könnte zum einen als Auftrag an den Interpreten aufgefaßt werden, nachzuforschen, in welchem Sinn in jenen Teilbereichen der Völkerrechtsordnung ein bestimmter Begriff, ein bestimmtes rechtliches Konzept etc. von den dort beteiligten Parteien ggfs. verstanden und angewandt worden ist. Der Interpret hätte sich gewissermaßen auf die Suche nach Legaldefinitionen (oder nach sonstigen Konkretisierungen) des betreffenden Begriffs in jenen Bereichen zu begeben, um dann anhand eines so gewonnenen Kompendiums von Beispielsfällen sagen zu können, was anderswo typischerweise unter jenen Begriff subsumiert wird. Belege zur Stützung dieses Verständnisses der Regel des Art. 31 Abs. 3 lit. c WVK ließen sich in den Materialien zur Entstehungsgeschichte dieses Artikels finden[79].

Angewandt auf den vorliegenden Fall hieße dies, daß etwa der zur Auslegung einer Ausnahmeklausel der nationalen Verteidigung berufene IGH-Richter alle einschlägigen Rechtsquellen daraufhin durchzusehen hätte, welche Bedeutung dem Begriff „nationale Verteidigung" dort jeweils beigelegt worden war, um daraus ggfs. Hinweise für die Konkretisierung des Begriffes in seinem Fall zu gewinnen. Allerdings kann gerade auf Grund der Eigenarten des Begriffes der nationalen Verteidigung ernsthaft bezweifelt werden, ob ein solches Vorgehen viel bringen würde: auf die an sich gegebene „Definitionsfeindlichkeit" des Begriffes wurde oben schon hingewiesen. In der Tat sind diejenigen Rechtsquellen, aus denen man sich noch am ehesten nähere Aufschlüsse

78 Uibopuu (Anm. 77) 15; vgl. auch Dahm (Anm. 76) 56: „Es besteht eine Vermutung dafür, daß die Parteien des Vertrages nicht vom allgemeinen Völkerrecht haben abweichen wollen. Internationale Willenserklärungen sind im Zweifel so auszulegen, daß sie sich mit dem Gewohnheitsrecht und den allgemein anerkannten Grundsätzen des Rechts in Übereinstimmung halten. Verträge sind auch so auszulegen, daß sie älteren Verträgen der Parteien mit Dritten nicht widersprechen."

79 Waldock, in: A/CN. 4/167/Add. 3, 14; ders., YBILC 1964 I, 282: „The purpose of [that clause] was to cover such matters as the need to interpret a treaty in the light of the linguistic usages of the law of the time of conclusion."; Yasseen, ibid., 310; Briggs, ibid., 312; Ago, YBILC 1966 I/2, 197; Niederlande, in: GAOR 21st sess., Suppl. No. 9 (A/6309/Rev. 1), 148.

über möglichen Begriffsumfang und -inhalt von „nationaler Verteidigung" erhoffen dürfte, nämlich die zahlreichen Verteidigungs-, Sicherheits- oder Beistandsabkommen, in bezug auf eine Klarstellung des gegenständlichen Begriffes im großen und ganzen unergiebig. Auch sie enthalten — wenn überhaupt — eher dürftige Aufzählungen möglicher Elemente und Maßnahmen nationaler Verteidigung[80]. Der Interpret wird sich also, auch nachdem er diese Quellen konsultiert hat, am Ausgangspunkt seines Problems wiederfinden.

Es fragt sich aber, ob man die in Art. 31 Abs. 3 lit. c WVK niedergelegte Interpretationsregel nicht in einer extensiveren Weise auslegen könnte. Könnte der Verweis auf „alle relevanten Regeln des Völkerrechts, die in den Beziehungen zwischen den Parteien anwendbar sind", nicht auch als Aufforderung an den Interpreten einer völkerrechtlichen Bestimmung angesehen werden, diese Bestimmung im Zweifel in dem Sinne „völkerrechtskonform" auszulegen, daß er das zwischen den betreffenden Parteien in Geltung befindliche Völkerrecht daraufhin untersucht, inwieweit es diesen Staaten durch Gebote und Verbote allgemein einen bestimmten Handlungsrahmen vorzeichnet, innerhalb dessen sie sich bei der Gestaltung ihrer Beziehungen zu bewegen haben? Das heißt, daß er in der Folge nur solche Akte und Sachverhalte als für die Konkretisierung des betreffenden Begriffes zulässige Kriterien anerkennt, bzw. als in den Geltungsbereich der betreffenden Bestimmung fallend betrachtet, die innerhalb jenes Rahmens bleiben, die also nicht völkerrechtswidrig, sondern rechtmäßig sind[80a]. Unterstützung für diese Deu-

---

[80] Vgl. etwa das Abkommen über wechselseitige Zusammenarbeit von 1955 (CENTO-Pakt), den Brüsseler Vertrag über wirtschaftliche, soziale und kulturelle Zusammenarbeit und kollektive Selbstverteidigung von 1948/54, den ANZUS-Pakt, den Vertrag über eine südostasiatische kollektive Verteidigung (SEATO), den Militärischen Sicherheitsvertrag der Staaten der Arabischen Liga von 1950 oder den Vertrag über Freundschaft, Zusammenarbeit und gegenseitigen Beistand zwischen der Sowjetunion und Finnland von 1948/73, welche überhaupt keine nähere Spezifikation enthalten. Art. 5 des Nordatlantikvertrages nennt immerhin als ein mögliches Mittel nationaler Verteidigung „the use of armed forces". Zu den in dieser Hinsicht detailliertesten Verträgen zählt der Interamerikanische Vertrag über gegenseitigen Beistand (Rio-Pakt) von 1947 (21 UNTS 77; die Texte der anderen hier genannten Verträge finden sich in der Dokumentensammlung Berber, Völkerrecht [1967]), der einen relativ umfangreichen Katalog von Maßnahmen bezeichnet, den die Vertragsparteien im Falle eines bewaffneten Angriffes oder einer sonstigen Aggression zu ihrer Verteidigung ergreifen können: Abberufung von Missionschefs; Abbruch der diplomatischen bzw. konsularischen Beziehungen mit dem Angreifer; teilweise oder vollständige Unterbrechung der wirtschaftlichen Beziehungen oder der Eisenbahn-, See-, Luft-, Post-, Telegraphen-, Telefon-, Radiotelefon- oder Radiotelegraphenverbindungen; Anwendung bewaffneter Gewalt.

[80a] Vgl. in diesem Sinne Ellicot (Anm. 50) 209: „There remains yet a further basis upon which the effectiveness of the [French] reservation to deny the Court's jurisdiction to determine this case is open to challenge. Australia contends that atmospheric nuclear testing is illegal under customary inter-

tung ließe sich in den Materialien zu Art. 31 Abs. 3 lit. c WVK u. U. finden[81]. Der Hauptvorteil einer solchen Interpretation wäre, daß für die meisten Fälle genügend Kriterien für die Inhaltsbestimmung einer Norm gefunden werden könnten, da es wohl immer einige Völkerrechtsregeln, die zwischen den betreffenden Staaten Geltung haben, geben wird, die als Anhaltspunkte einer Interpretation herangezogen werden können. Im folgenden soll anhand einiger Beispiele veranschaulicht werden, wie im vorliegenden Zusammenhang, bezogen auf die Inhaltsbestimmung eines Begriffes der nationalen Verteidigung, eine solche Auslegung aussehen würde.

Aussagen über Spannweite und Inhalt des in einer Ausnahmeklausel enthaltenen Begriffes „nationale Verteidigung" könnten einmal in für den betreffenden Staat im gegebenen Zusammenhang relevanten völkerrechtlichen Abkommen gefunden werden, und zwar sowohl in bilateralen wie multilateralen.

So untersagt etwa der österreichische Staatsvertrag von 1955 Österreich, sich zu seiner Verteidigung mit Raketenwaffen auszurüsten[82]. Österreich könnte also gemäß der im Vorgehenden entwickelten These in einem Verfahren vor dem IGH im Zuge einer etwaigen Operationalisierung einer Ausnahmeklausel der nationalen Verteidigung Raketenwaffen nicht als zu seiner Verteidigung gehörig reklamieren (außer es ginge aus irgendeiner anderen relevanten Quelle hervor, daß die Ausnahmeklausel der nationalen Verteidigung in diesem speziellen Falle doch derartige Waffen erfassen sollte). Falls letzteres nicht zutreffen sollte, hätte der mit der Auslegung einer österreichischen Ausnahmeklausel der nationalen Verteidigung befaßte IGH-Richter — dabei unterstellend, daß Österreich eine für es gültige Völkerrechtsnorm nicht verletzen wollte — die Klausel so auszulegen, als ob Österreich nicht beabsichtigt hätte, in einem Verfahren vor dem IGH mit seiner Klausel ggfs. auch Raketenwaffen zu erfassen.

---

national law. The reservation [of national defence] would not, we submit, extend to activities which are illegal under that law."

[81] Vgl. etwa Reuter, YBILC 1966 I/2, 195: „There might be cases in which other rules of international law would have to be taken into consideration; for example, if the examination of a rule stated in a treaty led to an interpretation which conflicted with an undertaking given by the parties in another rule, there was no doubt that it would be better to interpret the first rule in such a way that it did not conflict with the second; in other words, it must not be presumed that States were seeking to violate their undertakings." Ähnlich Fleischhauer, A/CONF. 39/11/Add. 1, 57 (13th plen. mtg., § 66); siehe auch de Luna, YBILC 1964 I, 317; Jiménez de Aréchaga, YBILC 1966 I/2, 190; ablehnend Briggs (Anm. 79) 312.

[82] Text in: öBGBl. 1955/152. Für den Zweck der vorliegenden Untersuchung wird unterstellt, daß dieses Verbot einstweilen noch nicht, etwa durch grundlegenden Wandel der Umstände, außer Kraft getreten ist.

Ein anderes Beispiel: Aussagen über den Begriffsinhalt von „nationale Verteidigung“ könnten sich für die betreffenden Vertragsstaaten aus dem Antarktisvertrag[83] ergeben. Seine Art. 1 Abs. 1 und Art. 5 Abs. 1 verbieten die Einrichtung militärischer Basen, die Durchführung militärischer Manöver und die Erprobung jeglicher Waffentypen, insbesondere von Nuklearwaffen, in der Antarktis. Ein Vertragsstaat des Antarktisvertrages, der in der Antarktis Kernwaffenversuche durchführt und deswegen von einem anderen Vertragsstaat vor dem IGH verklagt wird, könnte eine etwaige Ausnahmeklausel der nationalen Verteidigung gemäß der hier diskutierten Regel (außer er hat sich dies bei der Abgabe ausdrücklich vorbehalten oder es wird sonstwie deutlich, daß die Klausel den betreffenden Fall doch erfassen soll) also nicht einsetzen, um das Verfahren unter Berufung auf nationale Verteidigungsinteressen anzuhalten.

Ähnliche Beschränkungen bzgl. der Interpretation des Begriffes der nationalen Verteidigung könnten für die betreffenden Staaten aus einer Reihe weiterer Abkommen erwachsen[84]. Inhaltliche Aussagen über und Grenzen für „nationale Verteidigung“ gemäß der hier vertretenen Hypothese könnten sich aber auch aus völkergewohnheitsrechtlichen Regeln ergeben. Es würde den Rahmen der vorliegenden Untersuchung sprengen, wollte man einen erschöpfenden Überblick über alle zur Inhaltsbestimmung von „nationale Verteidigung“ möglicherweise relevanten Normen geben; es mag genügen, zur Abrundung des in den vorhergehenden Absätzen skizzierten Bildes zwei weitere Beispiele zu bringen.

Neben den vertraglichen kriegsrechtlichen Normen gibt es auch kriegsrechtliche Normen des Gewohnheitsrechts, die Umfang und Inhalt von nationaler Verteidigung markieren. Zu denken wäre etwa an das Verbot bestimmter perfider Kriegshandlungen oder an bestimmte Regeln des Seebeuterechts. Für die Definition des Begriffes „nationale Verteidigung“ beachtlich werden könnten aber auch die Vorschriften des internationalen Enteignungsrechtes, etwa für den Fall, daß ein Staat

---

[83] 402 UNTS 71.

[84] Unter den einschlägigen vgl. nur den Weltraumvertrag (610 UNTS 205), den Meeresbodenvertrag (BGBl. 1972 II, 325), das Moskauer Teststopabkommen (480 UNTS 43), den Non-Proliferationsvertrag (729 UNTS 161), das Genfer Protokoll von 1925 (94 UNTS 65), den Vertrag über das Verbot der Entwicklung, Herstellung und Lagerung von biologischen und Toxin-Waffen von 1971 (in: Annex zu GARes. 2826 [XXVI], GAOR 26th sess., Suppl. No. 29 [A/8429], 30) oder die ENMOD-Konvention (in: Annex zu A/RES/31/72). Vgl. aber auch etwa Art. 23 der HLKO (RGBl. 1910, 107), die vier Genfer Rotkreuzabkommen von 1949 (75 UNTS 31, 85, 135, 287), die Europäische Menschenrechtskonvention (BGBl. 1952 II, 685, 953) oder das Genozid-Abkommen (78 UNTS 277).

unter Vorspiegelung wichtiger Verteidigungsinteressen versuchte, sich ausländisches Kapital anzueignen[85].

3. Zusammenfassung und Zwischenergebnis

Der mit der Prüfung des sachlichen Geltungsbereiches einer Ausnahmeklausel der nationalen Verteidigung befaßte Richter des IGH (etc.) legt, um einen bestimmten Sachverhalt gegebenenfalls unter den Tatbestand „nationale Verteidigung" subsumieren zu können, diesen Begriff nach Treu und Glauben aus, mit dem Ziel, die „gewöhnliche" Bedeutung des Begriffes festzustellen. Diese ergibt sich einmal aus dem eigentlichen (engeren) Normzusammenhang, aus Ziel und Zweck und Entstehungsgeschichte der Norm (der Ausnahmeklausel) sowie der die Norm betreffenden nachfolgenden Anwendungs- und Auslegungspraxis des betreffenden Staates, zum anderen aus der die Norm umgebenden Gesamtvölkerrechtsordnung, wobei in bezug auf letzteres wiederum zwei Varianten denkbar erscheinen: Der Interpret zieht ggfs. in anderen Völkerrechtsbereichen getroffene Aussagen über den Inhalt des Begriffes „nationale Verteidigung" zur Konkretisierung des Begriffes im gegenständlichen Fall heran; oder er bedient sich der Gesamtvölkerrechtsordnung als solcher mit ihren jeweiligen Geboten und Verboten als Maßstab für die Begriffsbestimmung. Diese Vorgangsweise anhand „objektiver", d. h. für jedermann sichtbarer Kriterien gewährleistet, daß ein Staat, der eine von ihm zu einem völkerrechtlichen Instrument angebrachte Ausnahmeklausel der nationalen Verteidigung operationalisieren will, dieser Klausel, bzw. dem deren Geltungsbereich bestimmenden Tatbestandsbegriff der nationalen Verteidigung nicht eine willkürliche, rein subjektive Bedeutung geben kann.

Nach Feststellung der „gewöhnlichen" Bedeutung des Tatbestandsbegriffes „nationale Verteidigung" kann dann der eigentliche Subsumtionsvorgang mit der Prüfung der Frage, ob die Ausnahmeklausel im gegenständlichen Fall durchgreift oder nicht, beginnen.

V. Die Ausnahmeklausel der nationalen Verteidigung als vorgängige prozessuale Einrede im Verfahren vor dem IGH

Abschließend soll erörtert werden, wie eine Ausnahmeklausel der nationalen Verteidigung zu behandeln wäre, wenn sie in einem Ver-

---

[85] Vgl. dazu Art. 75 Abs. 1 der Verfassung von Kenia, der zur Enteignung von Investitionen erklärt: „. . . the taking of possession or acquisition is necessary in the interest of *defence*, public order, public morality, public health, town or country planning or the development or utilization of any property in such manner as to promote the public benefit"; Näheres bei Umozurike, Self-Determination in International Law 216 (1972). (Hervorhebung durch Verf.).

fahren vor dem IGH als vorgängige prozessuale Einrede geltend gemacht wird[86].

Die vorgängigen prozessualen Einreden sind eine der beiden, in einem Verfahren vor dem IGH grundsätzlich möglichen Arten von Einreden; die zweite mögliche Art sind die Einreden zur (Haupt-)Sache. Diese beiden Arten von Einreden unterscheiden sich voneinander hauptsächlich in ihrer Einwirkung auf den Verlauf eines Verfahrens vor dem IGH: Die vorgängigen prozessualen Einreden bewirken im Falle ihres Durchgreifens (bzw. werden von den Staaten mit der Intention eingebracht), daß ein Verfahren bereits *a limine litis* angehalten wird und keine Erörterung des der Klage zugrundeliegenden materiellen Sachverhalts stattfindet, während die Einreden in der Sache auf eine endgültige Entscheidung des Streitfalles abzielen[87].

Die einschlägigen Vorschriften über vorgängige prozessuale Einreden im Verfahren vor dem IGH finden sich in Art. 67 der (neuen)[88] Verfahrensordnung (VO) des IGH. Die für die vorliegende Fragestellung relevanten Bestimmungen sind die Absätze 3 und 7 dieses Artikels: Auf Grund des Einbringens einer vorgängigen Einrede wird das Verfahren zur Hauptsache unterbrochen und ein (summarisches) Zwischenverfahren zur Klärung der vorgängigen Fragen eröffnet (Abs. 3). Nach An-

---

[86] Aufzählung der Fälle vor den beiden Gerichtshöfen, in denen prozeßhindernde Einreden (bis 1965) eine Rolle spielten bei Shihata (Anm. 13) 311 ff. Nachzutragen sind: *Appeal Relating to the Jurisdiction of the ICAO Council, Judgment*, I.C.J. Rep. 1972, S. 46; *Fisheries Jurisdiction, Jurisdiction of the Court, Judgment*, I.C.J. Rep. 1973, S. 3 bzw. 49; *Nuclear Tests, Interim Protection* (Anm. 1); *Trial of Pakistani Prisoners of War, Interim Protection, Order of 13 July 1973*, I.C.J. Rep. 1973, S. 328; *Aegean Sea Continental Shelf, Interim Protection, Order of 11 September 1976*, I.C.J. Rep. 1976, S. 3.

[87] Anzilotti (Anm. 13) 95: „A preliminary objection is an objection of which the purpose and the effect are to prevent the continuance of proceedings before the Court, without prejudging the question whether the right claimed by the Applicant exists or not.“ Waldock (Anm. 40) 114: „The purpose of preliminary objections is to stop the proceedings in limine litis without an investigation of the merits“. Die vorgängigen prozessualen Einreden können sich entweder gegen die *Zuständigkeit* des Gerichts im gegebenen Fall oder gegen die *Zulässigkeit* der betreffenden Klage wenden (Art. 67 Abs. 1 VO); die Einreden in der Sache werden sich vornehmlich gegen die *Begründetheit* eines bestimmten Vorbringens, aber auch gegen Zulässigkeit der Klage und gegen Zuständigkeit des Gerichts wenden. Siehe dazu Grisel, Les exceptions d'incompétence et d'irrecevabilité dans la procédure de la Cour internationale de Justice (1968); Abi Saab, Les exceptions préliminaires dans la procédure de la Cour internationale (1967); Degan, Preliminary Objections in the Hague Court's Contentious Procedure: A Re-examination, 10 Indian JIL 425 (1970).

[88] Die VO wurde am 10. 5. 1972 geändert; die neue VO ist am 1. 9. 1972 in Kraft getreten. Zur Änderung der VO siehe Starke, Die neue Verfahrensordnung des internationalen Gerichtshofs, 16 JIR 11 (1973); Jiménez de Aréchaga, The Amendments to the Rules of Procedure of the International Court of Justice, 67 AJIL 1 (1973); vgl. auch Rosenne, The Reconceptualization of Objections in the International Court of Justice, 14 Comunicazioni e Studi 735 (1975).

hörung der Vorbringen für und wider die Einrede seitens der Streitparteien fällt der Gerichtshof ein Urteil entsprechend einer der drei in Abs. 7 aufgezeigten Möglichkeiten: Er kann 1) der Einrede stattgeben und das Verfahren einstellen; er kann 2) die Einrede verwerfen und in das Verfahren in der Hauptsache eintreten; er kann 3) entscheiden, daß die Einrede unter den gegebenen Umständen keinen ausschließlich vorgängigen Charakter besitze und ebenfalls in das Verfahren in der Sache eintreten, wobei er dann in diesem Hauptverfahren erneut über die Einrede verhandeln kann[89].

Bezogen auf den vorliegenden Untersuchungsgegenstand, eine Ausnahmeklausel, bzw. Einrede der nationalen Verteidigung, ergäben sich gemäß jener Regel des Art. 67 Abs. 7 VO folgende drei Handlungsvarianten:

1. Der IGH gibt, nachdem er im Zuge des Zwischenverfahrens feststellen konnte, daß der zur Debatte stehende Sachverhalt unter „nationale Verteidigung“ subsumierbar ist, weil die vom Einredevorbringer dem gegenständlichen Begriff beigemessene Bedeutung in der Tat der gewöhnlichen Bedeutung, die dem Begriff im gegebenen Zusammenhang beizulegen ist, entspricht, der Einrede der nationalen Verteidigung statt und stellt das Verfahren ein. Die Subsumierbarkeit könnte hierbei insbesondere dadurch gegeben sein, daß jene Begriffsinterpretation von „nationale Verteidigung“ durch den Einredevorbringer einer seinerzeit bei der Anbringung der Ausnahmeklausel der nationalen Verteidigung abgegebenen Interpretationserklärung durch den betreffenden Staat entspricht; die historischen Umstände der Abgabe der Ausnahmeklausel für jene Begriffsauslegung sprechen; sie der Bedeutung entspricht, die dem Begriff von der Staatengesellschaft in anderen, ähnlich gelagerten Fällen gegeben wurde (Auslegung gem. Art. 31 Abs. 3 lit. c WVK, erste Variante); oder weil sie sich im Einklang mit den im gegebenen Zusammenhang relevanten Völkerrechtsnormen befindet (Auslegung gem. Art. 31 Abs. 3 lit. c WVK, zweite Variante).

2. Der IGH verwirft, nachdem er feststellen konnte, daß der zur Debatte stehende Sachverhalt *nicht* unter „nationale Verteidigung“ sub-

[89] Diese letztgenannte Regelung stellt eine Neuerung gegenüber der alten VO dar. In Art. 62 Abs. 5 der alten VO war hier als dritte Option vorgesehen, daß der IGH, ohne irgendein Urteil über die Vorgängigkeit einer Einrede abgeben zu müssen, die Erörterung der vorgängigen Einrede ohne weiteres mit der Erörterung der Hauptsache verbinden könne. Im Prinzip brachte die neue Regelung des Art. 67 Abs. 7 (neue) VO nun zwar eine gewisse Präzisierung im Verfahren bzgl. vorgängiger Einreden gegenüber der Regelung des Art. 62 Abs. 5 (alte) VO. Im Ergebnis ändert sich dadurch jedoch nicht viel: Ob der IGH nun ausdrücklich erklärt, eine Einrede habe keinen ausschließlich vorgängigen Charakter und dann das Hauptverfahren eröffnet, in dem auch über die Einrede entschieden werden kann, oder ob er gleich die vorgängige Einrede mit der Hauptsache verbindet, macht wohl nur einen theoretischen Unterschied aus.

sumierbar ist, weil die vom Einredevorbringer dem Begriff „nationale Verteidigung“ beigemessene Bedeutung nicht der gewöhnlichen Bedeutung, die dem Begriff im gegebenen Zusammenhang beizulegen ist, entspricht, die Einrede und eröffnet das Verfahren in der Sache. Die Nicht-Subsumierbarkeit könnte sich hierbei insbesondere ergeben, weil jene Begriffsauslegung von „nationale Verteidigung“ durch den Einredevorbringer vom Inhalt einer früher zur Ausnahmeklausel der nationalen Verteidigung angebrachten Interpretationserklärung abweicht; weil sie einer Norm des geltenden Völkerrechts widersprechen würde; usw.

3. Der IGH kann im Zuge des Zwischenverfahrens ohne extensive Erörterung der materiellen Rechtslage des gegenständlichen Falles nicht eindeutig klären, ob der zur Debatte stehende Sachverhalt unter „nationale Verteidigung“ subsumierbar ist oder nicht — etwa weil vorab nicht eindeutig geklärt werden kann, ob die vom Einredevorbringer vertretene Interpretation des Begriffes „nationale Verteidigung“ der gewöhnlichen Bedeutung dieses Begriffes entspricht. In diesem Falle erklärt der Gerichtshof, daß die Einrede der nationalen Verteidigung keinen ausschließlich vorgängigen Charakter besitze und daher das Verfahren in der Sache selbst aufzunehmen sei, in welchem dann auch die Einrede der nationalen Verteidigung weiter erörtert werden könne.

Auf Grund der dem Begriff und dem dahinter stehenden Konzept der nationalen Verteidigung eignenden Besonderheiten darf allerdings vermutet werden, daß es dem IGH nur selten möglich sein wird, gemäß den unter 1. und 2. beschriebenen Möglichkeiten aktiv zu werden; viel wahrscheinlicher ist, daß er in den meisten Fällen gemäß Variante 3. vorzugehen haben wird: Zum einen wirkt die hier schon des öfteren apostrophierte vage und komplexe Natur des Konzepts der nationalen Verteidigung gegen das im Art. 67 VO zum Ausdruck kommende Prinzip der schnellen summarischen Vorabentscheidung. Zum anderen ist nicht zu erwarten, daß die Staaten, die einer Unterwerfungserklärung gem. Art. 36 Abs. 2 IGH-Statut eine Ausnahmeklausel der nationalen Verteidigung hinzufügen, diese Klausel, die einen für sie doch zumeist äußerst sensitiven Bereich ihrer hoheitlichen Tätigkeit berührt, mittels womöglich umfangreicher und ausführlicher Spezifikationen (im uneigentlichen Sinne:) „definieren“ und sich so von vornherein eines gewissen Interpretations- und Handlungsspielraums gegenüber anderen Staaten begeben werden. Dies ist zumindest bislang kaum geschehen[90].

---

[90] Vgl. die entsprechenden Klauseln, die bislang zu Unterwerfungserklärungen gem. Art. 36 Abs. 2 IGH-Statut angebracht worden sind, nämlich die französischen von 1959 und 1966, die britischen von 1957 und 1958, die indische von 1974 und die El Salvadors von 1973, welche keine näheren Spezifikationen des Begriffes „nationale Verteidigung“ enthalten. Bzgl. anderer einschlägiger Quellen, wie Verteidigungs-, Beistands-, etc., -abkommen siehe nur oben bei Anm. 80.

Wenn aber die Bedeutung der Ausnahmeklausel näher erläuternde Instrumente wie Interpretationserklärungen, -vereinbarungen etc. nicht vorhanden sind und eine kursorische Klärung des Geltungsbereiches einer Klausel der nationalen Verteidigung so nicht möglich ist, wird die Anwendung weitergehender Prüfungsmethoden seitens des IGH erforderlich werden. Dies aber kann ein genaueres, detaillierteres Eingehen auf Rechts- und Tatsachenfragen des Falles, die unmittelbar die Sache selbst berühren, implizieren. Dann aber wird der IGH in den meisten Fällen die Vorgängigkeit der Einrede ablehnen, die Einrede mit der Hauptsache verbinden und die Sache selbst erörtern.

Hier ergibt sich nun aber eine gewisse Paradoxie. Die Klausel, die mit der Absicht, daß sie den betreffenden Staat in jedem Falle vor der eingehenden Erörterung eines ihn betreffenden Sachverhaltes vor dem IGH schützen sollte, derart weit und vage formuliert worden war, kann gerade durch ihre Weite und Vagheit das Gegenteil bewirken. Die Vagheit der Klausel kann den IGH eben — damit er Geltungsbereich und Tragweite der Klausel (bzw. Einrede) nach Treu und Glauben feststellen kann — mitunter zu einer umfassenderen und eingehenderen Prüfung des Sachverhaltes und der Rechtslage im gegenständlichen Fall zwingen, ihn also zwingen, gerade das zu tun, was eigentlich durch die Abgabe der bewußten Klausel verhindert werden sollte: die Sache selbst zu erörtern. Die Klausel verliert gerade durch ihre Vagheit ihren vorgängigen Charakter. In so manchem Fall kann also durchaus eintreffen, daß eine Klausel der nationalen Verteidigung zu einem Bumerang für denjenigen Staat wird, der sich ihrer bedient.

VI. Schluß

Die eingangs gestellte Frage läßt sich nun wie folgt beantworten: Eine Ausnahmeklausel der nationalen Verteidigung läßt sich in einem Verfahren vor dem IGH nicht als „exceptio universalis" verwenden. Der vage Begriff „nationale Verteidigung" ist nämlich nach Treu und Glauben anhand „objektiver" Kriterien abzugrenzen und grundsätzlich auch abgrenzbar; willkürliche, rein subjektive Interpretationen jenes Begriffes durch einen Staat sind insofern daher ausgeschlossen. Dabei sind Fälle vorstellbar, in denen eine auf die Ausnahmeklausel der nationalen Verteidigung gestützte vorgängige Einrede gerade durch die Vagheit des Begriffes der nationalen Verteidigung ihren vorgängigen Charakter verliert („Bumerangeffekt").

Ein Teil dessen, was hier im Hinblick auf eine Ausnahmeklausel der nationalen Verteidigung zu einer Unterwerfungserklärung gem. Art. 36 Abs. 2 IGH-Statut gesagt worden ist, ließe sich — *mutatis mutandis* — auch auf andere, ähnlich gelagerte Sachverhalte übertragen. So müßte sich auch ein Staat, der sich unter Berufung auf nationale Verteidigungsinteressen etwa einer aus einem Leistungsvertrag herrührenden Verpflichtung entschlagen möchte, eine Überprüfung seiner Einrede (oder „Aus"rede) der nationalen Verteidigung gemäß den oben entwickelten Kriterien gefallen lassen. Für alle Bereiche zwischenstaatlichen Verkehrs gilt: „Nationale Verteidigung" ist kein „Sesam-öffne-dich" für die Tür, durch die sich Staaten aus völkerrechtlichen Bindungen und Verpflichtungen stehlen können.

Didaktischer Versuch einer simulierten Vertragsverhandlung im Rahmen der Übungen aus Völkerrecht in Salzburg im Wintersemester 1977/78

Von *Paul J. Perterer*

Ziel: *Abkommen zwischen der Republik Österreich und der Bundesrepublik Deutschland über Erleichterungen der Grenzabfertigung in internationalen Zügen zwischen München bzw. Rosenheim einerseits und Salzburg andererseits.*

Gegenstand der Verhandlungen war ein bilateraler Staatsvertrag zur Erleichterung der Grenzabfertigung in internationalen Zügen auf der oben bezeichneten Strecke während der Fahrt. Der Vertrag hatte dabei aus folgenden Teilen zu bestehen:

(1) Präambel
(2) Räumlicher und sachlicher Anwendungsbereich
(3) Umschreibung der zulässigen Amtshandlungen im Ausland
(4) Dienstbekleidung
(5) Immunität der Bediensteten
(6) Zollfreiheit von Sachen
(7) Bereitstellung von Diensträumen (Dienstabteilen)
(8) Schiedsklausel
(9) Direkte Kontakte örtlicher Dienststellen
(10) Inkrafttreten und Geltungsdauer
(11) Vertragsabschlußverfahren

Als Arbeitsbehelf und gleichzeitig Muster dienten den Übungsteilnehmern:

ABKOMMEN zwischen der Republik Österreich und der Sozialistischen Föderativen Republik Jugoslawien über die Grenzabfertigung im Eisenbahnpersonenverkehr. (BGBl. 1968/169)

ABKOMMEN zwischen der Republik Österreich und der Schweizerischen Eidgenossenschaft über die Errichtung nebeneinanderliegender Grenzabfertigungsstellen und die Grenzabfertigung in Verkehrsmitteln während der Fahrt. (BGBl. 1965/10)

VEREINBARUNG zwischen der Österreichischen Bundesregierung, der Fürstlich Liechtensteinischen Regierung und dem Schweizerischen Bundesrat betreffend die Grenzabfertigung in Reisezügen während der Fahrt auf der Strecke Bludenz—Feldkirch—Buchs—Sargans und hinsichtlich nebeneinanderliegenden Grenzabfertigungsstellen im Bahnhof Buchs. (BGBl. 1968/21)

ABKOMMEN zwischen der Republik Österreich und der Bundesrepublik Deutschland über Erleichterungen der Grenzabfertigung im Eisenbahn-, Straßen- und Schiffsverkehr. (BGBl. 1957/240)

Die Übungsteilnehmer wurden durch Los auf die Verhandlungsdelegationen aufgeteilt, welche wie folgt zusammengesetzt waren:

Bundesrepublik Deutschland
— Auswärtiges Amt (Delegationsleitung)
— Bundesministerium für Verkehr
— Bundesministerium für Finanzen
— Bayerisches Staatsministerium des Inneren

Republik Österreich
— Bundesministerium für Auswärtige Angelegenheiten (Delegationsleitung)
— Bundesministerium für Verkehr
— Bundesministerium für Finanzen
— Bundesministerium für Inneres

Außerdem verfügte jede Verhandlungsdelegation über einen Expertenstab, dessen Aufgabe es war, bei den internen Verhandlungen das sachliche und rechtliche Rohmaterial (einschließlich von Alternativvorschlägen) beizubringen, sowie über je einen Schriftführer und eine Redaktion.

Für die *internen Verhandlungen* wurde jeder Delegation ein Berater beigestellt (Univ. Doz. Dr. Christoph Schreuer und Univ. Ass. Dr. Wolfram Karl). Jeder Berater hatte das Recht, in den internen Verhandlungen zur Vermeidung von sachlichen Unrichtigkeiten und zur Straffung des Verhandlungsfortganges einzelne Gesichtspunkte auszuscheiden. Dieses Recht stand auch dem Gesamtspielleiter (Univ. Prof. Dr. Herbert Miehsler) in den „zwischenstaatlichen Verhandlungsrunden" zu. In den internen Verhandlungen wurde mit unterschiedlichem Erfolg auf beiden Seiten versucht, eine Verhandlungslinie zu finden und ein Konzept für die „zwischenstaatliche Verhandlung" zu erarbeiten.

Die *„zwischenstaatlichen Verhandlungsrunden"* wurden ausschließlich von den „Vertretern der Außenministerien" geführt. Alle anderen Teilnehmer waren als „Beobachter" anwesend, hatten aber nicht das Recht, in die Verhandlung einzugreifen. Außerhalb der „zwischenstaatlichen Verhandlungsrunden" waren keine Kontakte zwischen den Delegationen und ihren Stäben erlaubt. Zur Aushandlung des Abkommens waren vier „zwischenstaatliche Verhandlungsrunden" vorgesehen; jede dauerte fünfzehn Minuten. Vor den „zwischenstaatlichen Verhandlungsrunden" und zu deren Vorbereitung hielt jede Delegation mit ihrem Stab und in Gegenwart des Beraters interne Verhandlungen ab.

Univ. Prof. Dr. Herbert Miehsler nahm als Gesamtspielleiter an den „zwischenstaatlichen Verhandlungsrunden" teil und achtete auf die Einhaltung der Spielregeln. Den Beratern konnte er Anregungen für die internen Verhandlungen geben. Verhandlungsprämissen und Spielregeln konnte er jederzeit ergänzen. Der Gesamtspielleiter konnte die Dauer einer „zwischenstaatlichen Verhandlungsrunde" ad hoc bis zu maximal zehn Minuten verlängern, wovon auch Gebrauch gemacht wurde.

Die erste Verhandlungsrunde wurde von der „deutschen Delegation" eröffnet. Dadurch, daß die „deutsche Delegationsleitung" bereits zu Beginn der Verhandlung einen Entwurf über das zu verhandelnde Abkommen vorlegte, war es für die „österreichische Delegation" äußerst schwierig, über die erste Verhandlungsrunde zu kommen, weil sie zufolge interner Schwierigkeiten keinen ebensolchen Entwurf vorlegen konnte. So wurden denn auch in den ersten beiden Verhandlungsrunden kaum Ergebnisse erzielt. Noch vor Beginn der dritten Verhandlungsrunde wurde ein österreichischer Gegenentwurf an die „deutsche Delegationsleitung" weitergereicht.

Sah die „österreichische Delegationsleitung" in den ersten beiden Verhandlungsrunden relativ schlecht aus, konnte sie in der Schlußphase noch wesentlich an Boden gewinnen und Erfolge für sich erzielen. Am Ende der Verhandlungen lag ein für beide Seiten annehmbares Ergebnis vor, zu dem beide Delegationen letztlich etwa gleich viel beigetragen hatten.

Verhandlungsschwerpunkte waren:

1. Polizeiliche Kontrolle und Zollabfertigung in internationalen Zügen während der Fahrt,
2. Ein- und Ausfuhrverbote, sowie Ein- und Ausfuhrbeschränkungen,
3. Schiedsklausel und Vertragsdauer, sowie
4. Zurückweisung von Gastarbeitern an der österreichischen Grenze in Salzburg im Krisenfall.

Das Völkerrecht an der Alten Salzburger Universität (1622-1810)

Von *Peter Putzer*

I. Einleitung

Wenn 10 Jahre nach Errichtung des Institutes für Völkerrecht und ausländisches öffentliches Recht an der 1965 wiedererrichteten Salzburger Juristenfakultät[1] die Pflege des Völkerrechts an der Alten Salzburger Universität untersucht werden soll, gilt es vorweg zu betonen, daß jede wie immer geartete Kontinuität auszuschließen ist.

Gegen eine Kontinuität im herkömmlichen Sinn einer chronologischen Nachfolge sprechen die über 150 universitätslosen Jahre in Salzburg (1811 - 1962). Daraus resultiert auch die Unmöglichkeit einer Wiederaufnahme von Traditionen des Wissenschaftsbetriebes der Salzburger Barockuniversität: Zu sehr hat sich das Völkerrecht, nicht zuletzt auch sein Selbstverständnis, über den hier in Frage stehenden Zeitraum hinweg gewandelt und erst entfaltet, als daß es hier innere Konstanten und Anknüpfungsmöglichkeiten geben könnte, um ein zeitliches Vakuum von eineinhalb Jahrhunderten zu überbrücken.

Eine Beschäftigung mit der Pflege des ius gentium, und wie es dem Wissenschaftsverständnis der in Frage kommenden Zeit entsprach, damit zugleich des *ius naturae*[2] an der ehemaligen Benediktineruniversität in Salzburg soll also hier ohne jeden Bezug zum Wissenschaftsbetrieb und Verständnis des Völkerrechtes an der neuen Salzburger Juristenfakultät erfolgen.

---

[1] Für die Geschichte der Alten Salzburger Universität (1622 - 1811) sei zur Vermeidung von zu vielen Einzelheiten verwiesen auf M. Kaindl-Hönig und K. H. Ritschel, Die Salzburger Universität 1622 - 1964 (1964), sowie auf Universität Salzburg, 1622 - 1962 - 1972, Festschrift hrsg. vom Akadem. Senat der Universität Salzburg (1972), wo vor allem die Gründungs- und Endphase der Benediktineruniversität von F. K. Hermann, OSB mehrfach und ausführlich abgehandelt sind. Zur Geschichte der Juristenfakultät an der Salzburger Barockuniversität vgl. P. Putzer, Aspekte der Wissenschaftspflege an der Alten Salzburger Juristenfakultät, in Festschrift Universität Salzburg, S. 121 bis 163 und S. 206 - 216 (Zit. Putzer, Aspekte) und P. Putzer, Reformen und Reformpläne des Lehrbetriebes an der Alten Salzburger Juristenfakultät gegen Ende ihres Bestandes, in Festschrift Nikolaus Grass, 2. Bd. 287 - 305 (1974/75) (Zit. Putzer, Reformen).

[2] Zur Begründung der Völkerrechtslehre aus dem Naturrecht heraus vgl. A. Verdroß, Abendländische Rechtsphilosophie 92 ff. (1963); E. Reibstein, Völkerrecht — Eine Geschichte seiner Ideen in Lehre und Praxis, I, Von der Antike bis zur Aufklärung 279 ff. (1958).

Einziger Anknüpfungspunkt ist, daß es auch an der Alten Salzburger Universität eine Beschäftigung mit dem Völkerrecht und seinen Problemen nachweislich gegeben hat, daß hier ganz beachtliche wissenschaftliche Leistungen im Rahmen der durch die Zeit vorgegebenen Umstände zu registrieren sind; und nicht zuletzt, daß es auch unter dem Aspekt der Wissenschaftsgeschichte dieser Disziplin nicht ohne Interesse sein kann, zu erfahren, in welcher Weise das Völkerrecht einst in Salzburg gepflegt wurde.

II. Die Verfassung der Salzburger Barockuniversität und ihrer Juristenfakultät

Vor einer meritorischen Beschäftigung mit dem Völkerrecht selbst, seinem Platz im Lehr- und Prüfungsbetrieb, seinen Vertretern an der *Alma mater Benedictina* und deren wissenschaftlichen Leistungen scheint es zum weiteren Verständnis unerläßlich, einige Grundeinsichten in die innere Struktur und die Bedeutung dieser Benediktineruniversität selbst zu vermitteln.

Daß es sich in Salzburg um eine *Benedictina* — also eine katholische Universität — gehandelt hat, verhinderte im Zeitalter des Kulturkampfes hüben wie drüben eine leidenschaftslose Beschäftigung mit den wissenschaftlichen Leistungen, aber auch Fehlleistungen der schon längst der Vergangenheit angehörenden Salzburger Universität[3]. Erst die seit der Wiederbegründung einer Hohen Schule in Salzburg einsetzende Auseinandersetzung mit den Leistungen der Vorgängerin am Ort läßt langsam das Bild der inneren Entwicklung im 17. und 18. Jahrhundert in seinen Konturen zunehmend besser erkennen[4].

Die Alte Salzburger Rechtsfakultät war einer Universität angegliedert, die sich in ihren verfassungsmäßigen Einrichtungen von den anderen Hohen Schulen der Zeit in wesentlichen Punkten unterschied. Sie war auf der Basis von Verträgen zwischen den Salzburger Fürsterzbischöfen und einer süddeutschen Benediktinerkonföderation gegründet worden, wonach sich die Stifte zur Besetzung der Lehrkanzeln mit Professoren aus ihrem Orden verpflichtet hatten, während der Erzbischof als universitätsgründender Landesfürst ein Kapital anlegte, aus dessen Zinsen den Professoren Unterhalt und Quartier gewährt werden sollte. Die konföderierten Prälaten besaßen ungewöhnliche Privilegien:

---

[3] Der Salzburger Kulturkampf, Zeitgeschichtliche Geisteskämpfe aus den Jahren 1900 bis 1904 aus Blätterstimmen gesammelt und herausgegeben vom Salzburger Hochschulverein (1904).

[4] Vgl. dazu besonders die Beiträge in Festschrift Universität Salzburg 95 - 222, in denen Geschichte, Naturwissenschaften, Rechtswissenschaften und Medizin behandelt, sowie dem Theater und der Musik an der Barockuniversität Abhandlungen gewidmet sind.

Die Gesamtleitung der Studien und die Vermögensverwaltung lag in den Händen eines Ausschusses der konföderierten Benediktinerklöster; diesem allein war der Rektor rechenschaftspflichtig und von ihm wurde auch die Bestellung der Professoren durchgeführt[5].

Daß die Universität in Salzburg aber nicht bloß eine Benedictina, sondern auch eine landesfürstliche Hohe Schule war, kam klar durch einige Rechte zum Ausdruck, die sich der Erzbischof vorbehalten hatte: Außer einem allgemeinen Oberaufsichts- und Bestätigungsrecht (bei Rektorswahlen, Statutenänderung u. a.) äußerte es sich vor allem durch das dem Erzbischof vorbehaltene Recht, die drei weltlichen Professoren der Juristenfakultät zu bestätigen. Diese Fakultät war nämlich erkennbar nicht als eine Stätte der reinen Wissenschaftspflege gedacht: der neuzeitliche Staat — vor allem das kleine Territorium im Hl. Römischen Reich — wollte hier seinen Beamtennachwuchs ausbilden[6].

Schon bei der Gründung der Salzburger Universität nahm die Juridische Fakultät insofern eine Sonderstellung ein, als von den dort anfangs vorgesehenen vier Professoren nur der Kanonist Benediktiner, die übrigen drei weltlichen Standes sein sollten[7]. Nicht zuletzt dieser Umstand ist dafür ausschlaggebend, daß den Leistungen der alten Juristenfakultät oft geradezu demonstrativer Beifall gezollt wurde[8].

Die besondere Stellung des geistlichen Landesfürsten kommt auch im weiteren immer wieder durch seine Interventionen[9] in den Betrieb der Rechtsfakultät zum Ausdruck: So ermöglichte Erzbischof (EB) Paris Lodron bei der Erneuerung des Universitätsbetriebes nach dem 30jährigen Krieg 1653 an der Juridischen Fakultät zum Studium der traditionellen Fächer des weltlichen Rechtes: Institutionen, Pandekten und Codex, durch eine finanzielle Ausstattung zusätzlich auch das Studium des *Jus publicum* — des deutschen Staatsrechtes.

Auch weitere Ausgestaltungen des Lehrbetriebes erfolgten in Abhängigkeit von den geistlichen Landesfürsten, wobei deren Interessen als weltliche Regenten sichtbar werden. So äußerte 1751 EB Andreas Jakob den Wunsch, daß wenigstens die inländische studierende Jugend mehr Eifer auf das Studium des Naturrechtes, des deutschen Staatsrechtes, des Lehens- und Kriminalrechtes verwenden solle. Die Bedürf-

[5] Zur Universitätsgründung insbes. F. K. Hermann, Das Werk der Erzbischöfe Markus Sittikus und Paris Lodron, in Festschrift Universität Salzburg 3 ff.

[6] Dazu Putzer, Aspekte 135 f.

[7] Zum Lehrbetrieb und den an den Rechtsfakultäten zur Zeit der Gründung der Salzburger Universität üblichen Fächern vgl. unten Anm. 16.

[8] Vgl. Putzer, Aspekte 122 f.

[9] Zum folgenden Putzer, Aspekte 136 ff.; Putzer, Reformen 290 f.

nisse eines Territoriums an Beamtennachwuchs stehen erkennbar vor uns.

Später wurde der Besuch gewisser Kollegien für angehende Beamte im fürstlich Salzburgischen Dienst verbindlich angeordnet. Und damit der Student ja das studiere, was ihm vorgeschrieben wurde, verwendete man bis 1750 als Lehrart das Diktieren. Aber auch die Folgezeit bringt kein freieres Studieren: Vorlesebücher traten an die Stelle des Diktates. Weiterhin beobachten wir ein gebundenes Studiensystem, fern aller Lehr- und Lernfreiheit; der Student hatte einen genau vorgezeichneten Studiengang zu absolvieren; der Professor effektiv „vorzulesen", bestenfalls noch zusätzlich zu kommentieren.

Die massivsten Interventionen erfolgten unter dem letzten geistlichen Landesfürsten, unter Hieronymus Colloredo, der dem Lande nach Kräften den Stempel eines sich nach Wien orientierenden, dem Kreis der aufgeklärten absoluten Landesfürsten zuzuzählenden Regenten aufdrückte[10]. Wie auch in Österreich 1753 stand in Salzburg die Reform des Rechtsstudiums unter Colloredo in einer notwendigen Verbindung mit der des Theologiestudiums; sie bildeten sowohl in Österreich als auch in Salzburg den Kern der Universitätsreform schlechthin: Die vom aufgeklärten Absolutismus an den Beamten neu herangetragenen Forderungen prägten entscheidend die Umgestaltung des Lehrbetriebes, wobei Colloredo uns als radikaler Anhänger des Staatskirchentums entgegentritt, völlig übereinstimmend mit Josef II. Die Universität ist ihm allein eine Bildungsanstalt für weltliche und geistliche Staatsdiener: Das Jusstudium sollte daher der Bildung von Staatsbeamten, nicht der von Gelehrten dienen. Die das Theologie- und Jusstudium ineinander verschränkende Komponente kam bei den Juristen dadurch zum Ausdruck, daß Colloredo diesen nachdrücklich das Studium des Kirchenrechtes anbefohlen hat, was auf die Stellung dieses Faches im System des Staatskirchentums verweist, wie ihm Colloredo anhing. Die Theologen dagegen — auch hier ist die Analogie zu Österreich erkennbar — mußten außer ihren spezifisch theologischen Vorlesungen auch solche über Kirchengeschichte und Kirchenrecht hören; darüber hinaus wird ihnen auch ein Studium weltlicher Rechtsfächer zwingend auferlegt. Sie sollten als Beamte des landesfürstlichen Kirchenregimentes eben entsprechend vorgebildet sein[11].

Die mit den Wirren der Napoleonischen Kriege auch über Salzburg hereinbrechenden staatsrechtlichen Veränderungen lassen alle weiteren Bemühungen an der Juristenfakultät als erfolglose Versuche erscheinen, sich den jeweils geänderten politischen Bedingungen soweit

[10] Zur Aufklärung in Salzburg, insbesondere unter EB Hieronymus Colloredo, H. Wagner, Die Aufklärung im Erzstift Salzburg, Salzburger Universitätsrede 26 (1968), wo die ältere Literatur reichlich angeführt ist.

[11] Dazu Putzer, Aspekte 137 ff.; Putzer, Reformen 291 ff.

wie möglich anzupassen, bis dann mit dem 30. 4. 1811 der Lehrbetrieb an der Juristenfakultät eingestellt und damit der Universitätsgründung des EB Paris Lodron ein vorläufiges Ende bereitet wurde[12].

III. Das Völkerrecht an der Alten Juristenfakultät

Vor diesem, mehrfach durch die allgemeine politische Lage des Landes bestimmten Hintergrund gilt es im folgenden den Wissenschaftsbetrieb, was die Pflege des Völkerrechts anlangt, zu erkunden. Dabei muß vorweg einmal betont werden, daß es hier eine alte deutsche Juristenfakultät zu untersuchen gilt: Das bedeutet, daß hier außer den Doppelaufgaben, wie sie auch die anderen Fakultäten erfüllten — zu forschen und zu lehren — die traditionelle und typische dritte Funktion einer alten deutschen Rechtsfakultät ansteht: „Die Geschichte hat jedoch den Rechtsfakultäten noch eine dritte Aufgabe zugemessen", schreibt C. D. Schott, „die sie durch Jahrhunderte als unentbehrliche Instanzen des deutschen Rechtslebens erfüllt und erst im 19. Jahrhundert eingebüßt haben[13]." Damit ist die für die Rechtsprechung so wichtige Konsiliartätigkeit im Wege der Aktenversendung an juristische Fakultäten gemeint, wie sie im Gefolge der Rezeption zu einer tragenden Säule der Gerichtsbarkeit in Deutschland geworden war. Das bedeutet, daß im Regelfall neben einer Beschäftigung mit der Lehre und Forschung für die Beurteilung der wissenschaftlichen Leistungen eines Faches auch eine Auswertung der Gutachtertätigkeit einer Fakultät zu treten hat[14]. Bei der Frage nach dem Völkerrecht an der Alten Salzburger Juristenfakultät kann aus mehrfachen Gründen auf eine Miteinbeziehung der Salzburger Konsilien verzichtet werden. Ein Blick in die sehr umfangreichen Gutachtensammlungen der Alten Salzburger Universität, die in jüngster Zeit erschlossen worden sind, kann nur zur Bestätigung der hier vorgestellten Situation werden: Gutachten völkerrechtlichen Inhaltes werden hier vergeblich aufgesucht[15].

[12] Putzer, Reformen 293 ff.; ders., Der Weg nach Österreich, Salzburg zwischen 1797 und 1816, 19. Jg., Heft 3, Wissenschaft und Weltbild 225 ff. (1966), wo die politische Entwicklung, vor allem der wiederholte Besitzwechsel Salzburgs, dargestellt ist.

[13] C. D. Schott, Rat und Spruch der Juristenfakultät Freiburg i. Br., 30. Heft, Beiträge zur Freiburger Wissenschafts- und Universitätsgeschichte 13 (1965).

[14] Zu den Konsilien von Deutschen Rechtsfakultäten vgl. auch E. Klugkist, Die Göttinger Juristenfakultät als Spruchkollegium, Heft 5, Göttinger Rechtswissenschaftliche Studien (1952); G. Buchda, Stichwort „Aktenversendung" in Handwörterbuch zur Deutschen Rechtsgeschichte hrsg. A. Erler und E. Kaufmann; H. Conrad, Deutsche Rechtsgeschichte, 2. Bd. 339 ff., und reichlich Literatur 348 f. (1966).

[15] Zur Gutachtertätigkeit der Salzburger Juristenfakultät vgl. Putzer, Aspekte 154 ff. Die in 20 Foliobänden gesammelten Gutachten wurden durch Detailaufnahme in das von A. Kolb OSB angelegte Repertorium des Archives

Das heißt, daß eine Beschäftigung mit der Pflege des Völkerrechtes an der Salzburger Barockuniversität eingeschränkt auf seine Stellung und seine Leistungen in Lehre und Forschung erfolgen muß.

IV. Das Völkerrecht in der Lehre

Als 1622 die Salzburger Juristenfakultät ihren Lehrbetrieb aufnahm, war bereits auf der Grundlage der gemeineuropäischen auch eine gemeindeutsche Rechtswissenschaft entstanden, die als übliches Lehrangebot kanonisches und römisches Recht vorsah; letzteres meist durch drei Lehrkanzeln vertreten: Institutionen, Pandekten und Codex bildeten die Standardfächer des weltlichen Rechtsunterrichts[16].

Auch das während des 17. Jh.s ab Universitätsgründung in Salzburg angebotene Lehrgut liegt auf dieser Linie, wobei es aber anfangs bei der Betreuung der weltlichen Fächer so im Argen lag, daß bis zur Mitte dieses Jahrhunderts fast von einem Einschlafen des juristischen Studienbetriebes gesprochen werden kann. So bedeutete die Renovatio des Jahres 1653 für die Juristenfakultät geradezu eine Neubegründung[17].

Wie ganz allgemein an den deutschen Universitäten wurde auch in Salzburg das Lehrangebot durch Aufnahme neuer Fächer während des 17. und 18. Jh.s angereichert: Staatsrecht, Völkerrecht, Straf- und Prozeßrecht, dazu deutsches Privat-(= Partikular)recht traten dazu. Und letztlich — durch die enge Bindung an das uns hier vor allem interessierende Völkerrecht für uns von Belang — setzte sich der Siegeszug der Aufklärung in die Hörsäle der Juristen hinein durch eine zunehmende Beschäftigung mit dem Vernunftrecht fort. Indiz für die wachsende Wertschätzung der Salzburger Rechtsschule in dieser Zeit ist die bald einsetzende und zunehmende Gutachtertätigkeit der wiederbegründeten und ausgebauten Fakultät[18].

Nicht unbedingt war die Einbeziehung neuer Disziplinen in den Rechtsunterricht notwendig mit der Errichtung neuer Lehrkanzeln verbunden; neue Fächer wurden von den Inhabern der traditionellen Lehrstühle meist als Nebenfächer betreut[19]. Dagegen war es im Jahr 1718

---

der Alten Benediktineruniversität unter Mithilfe des Verf. erschlossen: Das Archiv der Benediktineruniversität (1617 - 1810), Teil I., 1. Repertorium der Urkunden und buchförmigen Akten von Aegidius Kolb OSB, Jahrbuch der Universität Salzburg, 1973/75, S. 29 - 44 (1975).

[16] Dazu H. Lentze, Die Universitätsreform des Ministers Graf Leo Thun-Hohenstein 43 f. (1962); für Graz: K. Ebert, Die Grazer Juristenfakultät im Vormärz 17 (1969); für Innsbruck: F. Huter, Die Anfänge der Innsbrucker Juristenfakultät (1671 - 1686), 85. Bd. Germanist. Abt. der Zeitschrift der Savigny-Stiftung für Rechtsgeschichte 224 ff. (1968).

[17] Vgl. Putzer, Aspekte 132.

[18] Zu den Gutachten der Salzburger Juristenfakultät siehe oben Anm. 15.

[19] Zum Vorherigen vgl. Putzer, Aspekte 132 ff.; Putzer, Reformen 288.

dem damaligen Rektor Franz Schmier gelungen, bei EB Franz Anton die Errichtung einer eigenen Lehrkanzel für Allgemeines Staatsrecht und Völkerrecht zu erwirken. Von dieser Lehrkanzel wurde den Salzburger Studenten zudem erstmals *ex cathedra* das Vernunftrecht der Neuzeit vertraut gemacht, wenn auch in der durch Schmier getroffenen Sicht und Auswahl, da er selbst — 1715 hatte er ob der Bürden des Rektoramtes, das er bis zu seinem Tode 1728 bekleidete, seinen Lehrstuhl für Kanonistik aufgegeben — die Betreuung der neuen Lehrkanzel übernahm. Zudem legte er bald nach Einführung des neuen Faches ein umfangreiches Kompendium als Studiengrundlage vor[20]. Dadurch hatte das Völkerrecht in Salzburg erstmals einen festen Standort in der Juristenausbildung erlangt, allerdings in der für den Standard der Zeit typischen Verbindung mit dem Naturrecht und seinen Lehren[21], und in der Konzeption, wie sie der erste Inhaber dieser Lehrkanzel und zugleich Verfasser des für die weitere Pflege dieser Disziplin in Salzburg grundlegenden Werkes vorlegte[20].

Die Selbständigkeit einer völkerrechtlichen Lehrkanzel erweist sich im weiteren Fortgang der Entwicklung als ein in der Persönlichkeit Franz Schmiers begründetes Intermezzo; bald finden wir Vorlesungen aus dem Natur- und Völkerrecht in Verbindung mit der Codex-Professur. Die jetzt das Völkerrecht vortragenden Professoren treten mit keinen eigenen literarischen Arbeiten hervor; sie „lesen“ nach Schmier[22].

Als 1730 EB Firmian „das vollkommene Studium des deutschen Staatsrechtes und der Reichsgeschichte“ einführte, wurden dem damit betrauten „Publizisten“ zusätzlich die Lehrveranstaltungen aus dem Natur- und Völkerrecht übertragen, womit sich auch eine beträchtliche Erhöhung der Bezüge verband[23].

1741 beschloß das Universitätspräsidium eine bis in die Colloredozeit verbindliche neue Studienordnung, wonach das Studium des *„Jus civile“* obligatorisch durch das des *„Jus Naturae ac Gentium et publici Germanorum“* zu ergänzen war. Daß das *„Jus Canonicum“* daneben weiterhin zu hören war und aus allen Fächern Prüfungen nachzuweisen waren, versteht sich von selbst[24].

Diese Entwicklungen spielten sich vor dem Hintergrund des Eindringens sowohl historisierender Strömungen, die sich mehrfach im Lehrprogramm der Salzburger Juristenfakultät niederschlugen, als auch des

[20] Dazu Putzer, Aspekte 134; Putzer, Reformen 288. Auf Franz Schmier und sein Opus wird in diesem Zusammenhang noch mehrfach ausführlicher zu kommen sein.

[21] Vgl. auch oben Anm. 2.

[22] Putzer, Aspekte 134.

[23] Putzer, Reformen 289.

[24] Putzer, Reformen 290.

Gedankengutes der Aufklärung ab, die unter dem letzten geistlichen Landesfürsten, Hieronymus Colloredo, ab 1772 ihren vollen Sieg erringen konnte[25].

So wie der aufgeklärte Absolutismus in Österreich, sah Colloredo in der Universität vorrangig eine Anstalt zur Ausbildung von Staatsdienern; das Jus-Studium, aber auch das der Theologie, sollte der Erziehung von Beamten, weniger der von Gelehrten dienen. Die Eingriffe Colloredos in das Lehrangebot sind daher erkennbar vom Trend geprägt, daß den Studenten nichts vermittelt werden sollte, was sie nicht später zum Nutzen des Landes verwenden konnten. Von diesem Geist zeugt eine Verordnung vom 6. 1. 1774, die eine neue Studienordnung auch für die Juristen enthält. In dem durch das gebundene Studiensystem einheitlich und gleichförmig gestalteten Studium der Salzburger Juristen finden wir noch — gleichrangig mit dem Kolleg über Reichsgeschichte — Vorlesungen aus dem Naturrecht angeboten.

Die Verwendung von Vorlesebüchern wurde jetzt wieder forciert (die Professoren hatten das Vorlesen wörtlich zu nehmen!), so daß jede Spur einer Lehr- und Lernfreiheit konsequent beseitigt wurde. Das bedeutete das völlige Verschwinden des Völkerrechtes aus dem Lehrangebot, was der nüchternen Selbsteinschätzung des Landesfürsten entsprach, daß ein so kleines Territorium des Hl. Römischen Reiches zu völkerrechtlichen Aktivitäten nicht in der Lage war[26]. Das 1774 reformierte Rechtsstudium befriedigte Colloredo anscheinend in keiner Weise — in den noch verbleibenden Jahren seiner Landesregierung erfolgen mehrfach Interventionen des Fürsten in den Studienbetrieb — durch keine kehrt allerdings das Völkerrecht in das Programm der Juristenausbildung zurück.

Vorübergehend begegnet das Völkerrecht dagegen in der turbulenten Zeit nach der Säkularisation des Erzstiftes im Lehrangebot, als der 1804 nach Salzburg berufene Professor Andres neben Natur- und allgemeinem Staatsrecht, Staatengeschichte und Statistik noch „europäisches Völkerrecht“ liest. Der Niedergang und das Ende der Universität zeichnen sich aber erkennbar ab. Auch in den Reformplänen der kurfürstlichen Administration (1803 - 1805) finden wir mehrfach Vorschläge, die eine relativ ausführliche Behandlung des Völkerrechtes im Rechtsunterricht beinhalten, der Gang der Zeitläufe ließ das alles aber unausgeführtes Stückwerk bleiben[27].

---

[25] Zur Aufklärung im Erzstift Salzburg vgl. oben Anm. 10.

[26] Dazu Putzer, Aspekte 137 ff.

[27] Putzer, Reformen 291 ff. Zum Völkerrecht der kurfürstlich Salzburgischen Reformvorschläge siehe insbes. S. 302 - 305.

V. Das Völkerrecht in der Literatur

Zu unserer Frage nach dem Platz des Völkerrechtes im Lehrbetrieb der Alten Salzburger Juristenfakultät können wir aus dem Erörterten festhalten, daß diese Disziplin — wie schon wiederholt erwähnt, meist in Verbindung mit dem Naturrecht — seit der Tätigkeit des Franz Schmier, genau seit 1718, bis zur Studienreform Colloredos, 1774, im Lehrangebot kontinuierlich enthalten war. Vor und nach diesem Zeitraum finden sich keine erwähnenswerten Hinweise auf eine Pflege des Völkerrechtes in der Lehre.

Da dieser Zeitraum von guten 50 Jahren völkerrechtlichen Lehrbetriebes zur Gänze vom gebundenen Studiensystem, das weder den Professoren noch den Studenten Freiheiten bei der Gestaltung des Studiums gibt, geprägt ist, ist die Frage nach dem in Salzburg vertretenen Konzept des Völkerrechtes relativ leicht zu beantworten.

Mit der *Jurisprudentia Publica Universalis* des Franz Schmier liegt dem Unterricht im Staats-, Natur- und Völkerrecht ein Kompendium zugrunde, das in Salzburg bis zu den Reformen Colloredos uneingeschränkt in Verwendung stehen sollte. Eine Darstellung der Positionen dieses bedeutendsten jemals in Salzburg tätigen Universaljuristen kann uns daher auch befriedigend über den Inhalt des angebotenen Lehrstoffes informieren[28].

VI. Das Völkerrecht des Franz Schmier

Für den rechten Zugang zum System des Franz Schmier gehören zwei Tatsachen in den Vordergrund gerückt: Zum einen ist darauf hinzuweisen, daß Schmier Benediktiner, und zwar seiner ersten wissenschaftlichen Neigung nach Kanonist — und zwar Kanonist in Salzburg war. Ohne eine entsprechende Würdigung dieser Umstände sind auch seine dem Staats-, vor allem aber die dem Natur- und Völkerrecht gewidmeten Arbeiten nicht zugänglich.

„Die Barockuniversität im fürsterzbischöflichen Staate an der Salzach verkörpert eine Renaissance des katholischen Geisteslebens in Südostdeutschland, besonders auf dem Gebiete der Rechtswissenschaft im allgemeinen und der Kirchenrechtswissenschaft im besonderen; die geistesgeschichtlichen Grundlagen dieser Renaissance aber liegen in der salz-

---

[28] Zu dieser Wertung kommt schon P. Muschard, Das Kirchenrecht bei den deutschen Benediktinern und Zisterziensern des 18. Jahrhunderts, 17. Bd. Studien und Mitteilungen zur Geschichte des Benediktiner-Ordens und seiner Zweige 225 - 315, 477 - 596, insbes. 269 ff. (1929) (Zit. Muschard, Kirchenrecht). Sie wird bestätigt von A. Kövér, Franz Schmier aus Ottobeuren als Kanonist von Salzburg, 77 Studien und Mitteilungen 172 - 192 (1966) (Zit. Kövér, Schmier).

burgischen Philosophie", schreibt treffend Paul Muschard[29]. Damit spricht er die Situation an, wie sie sich im Gefolge der Gegenreformation und des Tridentinums ergeben hatte[30]. Während protestantische Theologie und Jurisprudenz im 16. und 17. Jh. eine eigene Kirchenrechtswissenschaft entfalten konnten, in der Carpzows Methode mit dem rechtsphilosophischen Ansatz des sich entfaltenden protestantischen Rationalismus (z. B. eines Pufendorf und Thomasius) wetteifert, ist die katholische Seite zur Gänze auf die Apologetik konzentriert: Das Wesen der Kirche, ihre Verfassung, ihre Rechtsordnung, die Sakramentenlehre u. ä. bilden ziemlich ausschließlich den Gegenstand dieser von den Jesuiten beherrschten Theologie für gut ein Jahrhundert. Sie gab auch der Rechtswissenschaft die Grundlagen in Form der philosophischen Lehren des Suarez und seiner Schule: „Daher baut der gesamte deutsche Katholizismus des 17. Jahrhunderts seine naturrechtlichen und rechtsphilosophischen Gedankengebäude in theologischen und juristischen Werken auf den Grundmauern der Naturrechtslehre des Suarez auf"[31] — was unter anderem heißt, daß damit die spekulative Weiterbildung der augustinischen und thomistischen Naturrechtslehre übernommen wurde. Mit dem Zurücktreten des konfessionellen Antagonismus finden Apologetik und katholische Naturrechtslehre neue Gegner in den rechtsphilosophischen Ideen eines Spinoza, Leibniz, Grotius, Pufendorf und Wolff; das Naturrecht wird zur kritischen Waffe des deutschen Katholizismus gegen den Rationalismus. Wie ganz allgemein in der deutschen Rechtswissenschaft, führte diese Entwicklung auch in der Kanonistik zu einem Sieg der Carpzowschen Rechtsmethode, dem *usus modernus Pandectarum*. Beherrschten während des 17. Jh.s eindeutig die Jesuiten das Geschehen, so traten im 18. Jh. die Leistungen des Benediktinerordens dazu, mit denen letztlich wir uns hier auseinandersetzen müssen.

Mit dem Eindringen der Apologetik Bellarmins und der Philosophie und Dogmatik des Suarez in die deutsche Philosophie und Theologie wird — vor allem durch die Ingolstädter Jesuiten — eine Kirchenrechtswissenschaft entwickelt, die scholastisches Denken mit humanistisch-kasuistischer Methode verbindet, was zu einer intensiven Synthese von Theologie und Jurisprudenz führte. An diese Vorleistungen der Jesuiten knüpfte noch im 17. Jh. der Benediktinerorden an: „Das Aufblühen der benediktinischen Kirchenrechtswissenschaft beginnt schon in der Mitte des 17. Jh.s und ist mit der Entwicklung des philosophisch-theologischen und juristischen Studiums an der salzburgischen Hoch-

---

[29] Muschard, Kirchenrecht 242.

[30] Zum Nachfolgenden vgl. Muschard, Kirchenrecht 227 ff., sowie Kövér, Schmier 187 - 190.

[31] Muschard, Kirchenrecht 232.

schule ... auf das engste verknüpft[32]." Für die Salzburger Universität insgesamt war es bestimmend, daß hier nach wie vor an der altthomistischen Philosophie des MA im Gegensatz zum Naturalismus der akatholischen Denker des 16. und 17. Jh.s festgehalten wurde; dieser rekonstruierte Altthomismus ist die philosophische Prämisse auch der Salzburger Rechtswissenschaft mit erkennbarer Ablehnung des naturgesetzlichen Rationalismus und Mechanismus der menschlichen Innenwelt und der gesamten Außenwelt. Für die Jurisprudenz heißt das, daß auch das Recht nicht der naturgesetzlichen Mechanik unterworfen ist, „sondern daß vielmehr alles irdische Recht nur die freimenschliche Entfaltung und Vervollkommnung der von dem übernatürlichen und persönlichen Gott den Menschen in Vernunft und Offenbarung gegebenen göttlichen Rechtsnormen ist"[33]. Dabei betonen die Salzburger Benediktiner noch stärker als Suarez selbst den Einfluß des göttlichen Rechtes und Gottes auf die Rechtsentwicklung. Daher kann die Salzburger Jurisprudenz nicht isoliert von den theologischen Grundlagen, vor allem der Dogmatik, verständlich werden; nicht zuletzt auch, weil die großen Salzburger Dogmatiker nicht nur Vorfragen der Rechtswissenschaft (im Bereich der Kanonistik) behandelt haben, sondern sich selbst unmittelbar mit kanonistischen Fragen auseinandersetzten. Diese Salzburger Kanonistik, die im wesentlichen auf der Renaissance der altthomistischen Philosophie in Salzburg aufbaute, erreichte an der Wende vom 17. zum 18. Jh. ein als Klassik zu bewertendes Niveau, als dessen absoluter Höhepunkt das Wirken des Franz Schmier zu bewerten ist[34]; eben jenes Franz Schmier, dessen besonderes Verdienst es u. a. auch war, das Völkerrecht mit einer eigenen Lehrkanzel in der Lehre zu beheimaten und der das für den Studienbetrieb — solange Völkerrecht in Salzburg vorgetragen wurde — grundlegende Kompendium verfaßt hatte.

Mit dem kurzen Leben[35] des Franz Schmier — es umfaßte bloß 49 Jahre — fällt die Blütezeit der Salzburger Barockuniversität (die Jahre seines Rektorates 1713 - 1728) zusammen. Der 1679 in Schwaben geborene Schmier trat mit 9 Jahren in die Klosterschule der Benediktinerabtei Ottobeuren ein, in der er 1696 die ewigen Ordensgelübde ablegte; 1703 wurde er zum Priester geweiht. Der begabte junge Ordensmann hatte in Salzburg philosophische und theologische Studien absolviert, fiel aber schon früh durch ungewöhnliche juristische Kenntnisse auf.

Ungewöhnlich war auch der Antritt seines Lehramtes eines ordentlichen Professors für Kirchenrecht in Salzburg. Es ist der sowohl in der

---

[32] Muschard, Kirchenrecht 241.

[33] Muschard, Kirchenrecht 244.

[34] Dazu Putzer, Aspekte 145 f.

[35] Eine kurze Biographie von Franz Schmier bietet Kövér, Schmier 172 bis 185.

Geschichte der Salzburger Universität als auch der anderer Universitäten wohl einzigartige Fall, daß jemand auf ein Ordinariat berufen wurde, ohne akademische Grade zu besitzen; vor Aufnahme seiner Lehrtätigkeit wurden Schmier Licentiat und Doktorwürde verliehen. Die Folgezeit rechtfertigte das Vertrauen, das man in ihn gesetzt hatte, völlig. Die Universität stieg unter seinem Rektorat zu einer später nie wieder erreichten Blüte auf. Schmiers akademisches Wirken war in Lehre und Schrifttum von schönen Erfolgen begleitet.

Programmatisch legte er schon in seiner Antrittsvorlesung ein Konzept seiner wissenschaftlichen Tätigkeiten vor: Das Kirchenrecht in der Praxis des Seelsorgers und seine Beziehungen zum staatlichen Recht sollten Schwerpunkte seiner wissenschaftlichen Tätigkeit werden[36].

Gleichsam auf der Linie des *Zeitgeistes* liegt es, wenn auch Schmier mit Traktaten in die Kontroversen eingriff, die sich um die Lehre von der Stellung des Papstes und über die Regelung des Verhältnisses zwischen Kirche und Staat entfalteten. Dazu hat er in seiner *Jurisprudentia canonico-civilis* Stellung genommen, wo er die Territorialstaatsgewalt der geistlichen und weltlichen Fürsten breit abhandelte und dadurch seine Leser mit den spezifisch deutschen Verhältnissen vertraut machte.

Mehr als vom Zeitgeist ist die Arbeit Schmiers von den auf Franciscus *Suarez* zurückgehenden Lehren beeinflußt, der auch in Salzburg, einem Ort bewußt thomistischer Traditionen, großen Einfluß, namentlich im Kirchenrecht, ausüben konnte. Als Gründe dafür scheinen zwei Umstände erkennbar: Einmal das Fehlen eines thomistischen Gegenstücks zu der 1597 erschienenen Metaphysik des Suarez; die *Disputationes metaphysicae* waren im 17. Jh. das einflußreichste Handbuch der Scholastik. Das führt auch schon zum zweiten Grund für den großen Einfluß des Suarezismus in Salzburg: Wenn die scholastische Philosophie sogar an protestantischen Hochschulen vorgeschrieben wurde, darf es nicht wunder nehmen, wenn die 1622 aus dem Bemühen um eine Eindämmung des Protestantismus gegründete Salzburger Universität sich nicht der Ausstrahlung des Suarez entziehen konnte: Der besondere Geist der Jesuitenschulen war ein Grund mehr, eine Rezeption der Lehren des Suarez auch an der Salzburger Benediktineruniversität zu begünstigen, die im Dienste der Glaubenserneuerung und damit der Gegenreformation ins Leben gerufen worden war. Diese Jesuitenschulen hatten erstmals und erfolgreich anhand der Suarezschen Lehren den Klerikern eine gründliche Vorbereitung für ihre pastorale und pädagogische Praxis vermitteln können.

---

[36] Dazu und zum folgenden insbes. Kövér, Schmier 176 f.

So muß zwar die Pflege der rein thomistischen Philosophie zu den bleibenden Verdiensten der Salzburger Barockuniversität gezählt werden, doch genauso muß andererseits schon bei den namhafteren Vertretern der Theologie, vor allem aber bei den Kanonisten, das Vordringen der Ansichten des Suarez (Gesetzeslehre, Naturrecht usw.) hervorgehoben werden. Ihr bedeutendster Vertreter, eben Franz Schmier, hat diese Lehren gegenüber den Protestanten, insbesondere gegenüber Pufendorf und Velthemius, nachhaltig in Schutz genommen[37].

Schmier kam zwar von der Kanonistik — und damit unmittelbar von jener für Salzburg eigentümlichen Theologie und Philosophie, wie sie oben schon vorgestellt wurde — war aber darüber hinaus ein hervorragender Kenner des weltlichen Rechtes, für dessen Bearbeitung er aber erkennbar auf die der Kanonistik entlehnten Grundlagen zurückgriff: Der Salzburger Altthomismus, der den Naturalismus akatholischer Denker des 16. und 17. Jh.s abgelehnt hatte, „besagte für die Rechtswissenschaft, daß das Recht nicht eine dem naturgesetzlichen Mechanismus unterworfene Erscheinung des menschlichen Lebens darstellt, sondern daß alles irdische Recht nur freie Entfaltung der göttlichen Rechtsnormen ist“[38]. Trotz grundsätzlicher Übernahme des Suarezismus finden wir bei Schmier auch kritische Stellungnahmen zu dieser Lehre — unter Einfluß der thomistischen Philosophie betonte auch er, noch mehr als Suarez selbst, den Einfluß Gottes auf die Rechtsentwicklung. Wir erkennen ihn als Anhänger der Naturrechtslehre, für den das Naturrecht „nichts anderes ist als die Offenbarung der in der Seele des Menschen lebenden metaphysischen Sehnsucht nach dem Absoluten“[38].

Nicht restlos auf der Linie der im Rahmen seiner Antrittsvorlesung geäußerten Absicht, sich mit dem Kirchenrecht und dessen Beziehungen zum staatlichen Recht auseinandersetzen zu wollen, liegen jene wissenschaftlichen Leistungen Schmiers, die uns hier vorrangig interessieren.

Wohl unter dem Druck der allgemeinen Wissenschaftsentwicklung, dazu noch unter dem des von ihm jahrelang innegehabten Rektoramtes[39], das seinen Amtsträger zusätzlich zu einer Hinwendung zu aktuelleren Disziplinen motiviert haben mag, tritt in den Arbeiten Schmiers die Kanonistik zunehmend zurück. Sein Interesse gilt in ver-

[37] Kövér, Schmier 177.

[38] Kövér, Schmier 188.

[39] Im Gegensatz zu der sonst üblichen Gepflogenheit, im Amt des Rektors häufigen Wechsel herbeizuführen, befand sich Franz Schmier seit seiner Wahl (1713) bis zu seinem Tode (1728) insgesamt 15 Jahre in dieser Funktion. Sein Rektorat stellt den Höhepunkt in der Geschichte der Alten Benediktineruniversität in Salzburg dar. Die Konsolidierung des Universitätsbetriebes, dazu die Erweiterung um neue Lehrfächer, wie das uns hier interessierende Natur- und Völkerrecht, all das fand sichtbaren Ausdruck in der barocken Universitätskirche Fischers von Erlachs und nicht zuletzt in einem Zunehmen der Hörer bis in die Nähe der 2 000-Hörer-Zahl.

mehrtem Maße dem öffentlichen Recht direkt. So sind es vor allem die Bestrebungen Schmiers, die Systeme eines Grotius und Pufendorf kritisch auf Verwertbares auch im Sinne der katholischen Rechtsüberlieferung durchzuarbeiten, die ihn zum kritischen Natur-, Staats- und Völkerrechtslehrer der Salzburger Juristenschule gemacht haben. Aus deren eigentümlicher Tradition ergab sich die besonders zu betonende Bedeutung der natur-, staats- und völkerrechtlichen Werke Schmiers auch für die Kanonistik: „Dieser Wert beruht einmal in der kritischen Auseinandersetzung eines katholischen Naturrechtslehrers mit den Grundprinzipien des Rechtes überhaupt ..., sodann aber auch in der Darstellung des Reichs- und Territorialstaatskirchenrechts und des Rechts der geistlichen Territorien Deutschlands[40]."

Für die Frage nach den spezifisch völkerrechtlichen Vorstellungen Schmiers ist im Rahmen seines insgesamt sieben Foliobände umfassenden literarischen Nachlasses[41] am aufschlußreichsten seine erstmals 1722 erschienene *Jurisprudentia publica universalis ex jure tum naturali tum divino positivo nec non iure gentium nova et scientifica methodo derivata,* die insgesamt in fünf Bücher zerfällt. Hier soll nun im weiteren untersucht werden, in welchem Umfang Schmiers Ausführungen zum Völkerrecht in Beziehung stehen. Eine Behandlung von Einzelproblemen und Wertungen kann in diesem Zusammenhang nicht erfolgen; nur das kann als gesichert schon diesen unseren weiteren Ausführungen vorangestellt werden, daß hier eine Darstellung des Völkerrechtes vorliegt, die der katholischen Position (vor allem hinsichtlich der naturrechtlichen Prämissen) in gleicher Weise entspricht, wie sie auch die Maximen des Grotius berücksichtigt[42].

---

[40] Muschard, Kirchenrecht 270.

[41] Die Werke des Franz Schmier sind am besten angeführt bei Kövér, Schmier 185 - 187; angegeben sind hier jeweils Ort und Jahr der Erstauflage:

1. Iurisprudentia canonico-civilis seu ius canonicum universum iuxta quinque libros Decretalium nova et facili methodo explanatum ... et in tres tomos distinctum. Salisburgi, 1716.
2. Iurisprudentia publica Universalis, ex iure tum naturali tum divino positivo nec non iure gentium nova et scientifica methodo derivata. Salisburgi, 1722.
3. Consultationes Canonicae de Coadiutoribus et Coadiutoriis Ecclesiasticis Perpetuis pro Ecclesiis Germaniae electivae conscriptae. Salisburgi, 1724.
4. Iurisprudentia publica Imperii Romano-Germanici nova et scientifica methodo concinnata. Salisburgi, 1731 (opus posthumum).
5. Scholasticum personae ecclesiasticae pro foro poli et soli breviarium exhibens universam theologiam moralem controversiis fidei et iuris canonici permixtum. Salisburgi, 1733 (opus posthumum).
6. Iurisprudentia practico-consiliaria ... omnibus Iurisprudentia cultoribus utilissimum. Augustae, 1737 (opus posthumum).

Die Zahl der noch posthum erschienenen Werke sowie die Wiederauflagen der zu Schmiers Lebzeiten veröffentlichten (z. B. Iurisprudentia publica 1742², Iurisprudentia canonico-civilis 1754⁵, Venedig!) zeugen von der anhaltenden Wertschätzung unseres Autors über seinen Tod hinaus.

Den fünf Büchern der Jurisprudentia publica hat der Verfasser eine *Dissertatio praeambula de jurisprudentia publica universali* vorangestellt, die eine durchaus traditionell katholisch gehaltene Einführung in die Grundprinzipien des Rechtes und seine Quellen bildet. Hier begegnen wir bereits mehrfach grundsätzlichen Aussagen Schmiers über den Standort des Völkerrechtes in seinem System des öffentlichen Rechts[43].

Das *erste Buch*[44] der *Jurisprudentia publica* selbst ist vollständig thomistisch-suarezisch konzipiert, zugleich aber unter kritischer Benutzung der damals neueren Literatur und der Pandektenwissenschaft abgefaßt worden. Es enthält Abhandlungen über die verschiedenen „*status*" der Menschen: Voran wird der *status naturalis* erörtert, daran schließen sich Ausführungen zum *status adventicius* (Ehestand, Familienstand, Knechtstand, Bürgerstand und Arten der Staatsgründung). Dem *status civitatum regularium* (Monarchie, Aristokratie, Demokratie) werden die irregularen Gemeinwesen gegenübergestellt. Mehrfach begegnen in diesem ersten Buch, das Muschard mit anderen als einen „literarischen Versuch einer katholischen Soziologie aus dem Anfang des 18. Jahrhunderts" bezeichnet[45], Partien völkerrechtlicher Gedankengänge.

Im *zweiten Buch*[46], in welchem die Lehre von der Souveränität nach thomistisch-suarezischen Gesichtspunkten erörtert wird, verhält es sich genauso: Wesen, Ursprung und Arten der Souveränität werden vorweg behandelt. Schmier bespricht auch die Arten des Erwerbs der Souveränität, handelt über die Lehre vom Träger der Staatsgewalt, dessen Rechten und Pflichten und von der Kassation dieser Gewalt. Erkennbar findet des Verfassers Verbundenheit gegenüber den zu seiner Zeit geltenden staatsrechtlichen Formen mit dem katholischen Traditionalismus zusammen.

Das *dritte Buch*[47] befaßt sich mit den Rechten der souveränen Gewalt bezüglich des Staates; voran steht dabei die Macht des Staates in religiösen Fragen. Eine sehr traditionelle Darstellung der Gesetzeslehre ist mit der Lehre von den Privilegien und vom Strafrecht zu einem eigenen Kapitel verbunden. Ein weiteres ist dem Verhältnis der Untertanen zum Staat gewidmet, in noch einem weiteren werden verschiedene privatrechtliche Erörterungen zusammengefaßt; ein letztes stellt das Beamtenrecht des absolutistischen Staates vor.

---

[42] Muschard, Kirchenrecht 271.

[43] Zitate zur Iurisprudentia publica folgen der zweiten Auflage von 1742. Dissertatio Praeambula, Cf. pp. 1 - 11 belegt bereits einprägsam die gute Kenntnis Schmiers auch der nichtkatholischen Autoren.

[44] Cf. pp. 12 sqq.

[45] Muschard, Kirchenrecht 270.

[46] Cf. pp. 70 sqq.

[47] Cf. pp. 141 sqq.

Im *vierten Buch*[48] endlich finden wir Schmiers Konzeption vom Völkerrecht selbst. Wie schon oben vorweggenommen, ist dieses im Sinne der katholischen Traditionen, aber auch nach den Maximen des Grotius behandelt worden. Um — ohne hier eine meritorische Ausschöpfung dieses vierten Buches vorwegnehmen zu können — wenigstens eine Vorstellung vom alten „Salzburger Völkerrecht" zu vermitteln, soll zum Abschluß dieser Ausführungen aus dem von Schmier verfaßten *Prospectus totius operis* die sehr übersichtliche Durchgliederung dieses vierten Buches wiedergegeben werden.

Das *fünfte Buch*[49], das die *Jurisprudentia publica* abschließt, handelt von der Rechtsstellung von Untertanen und ist für völkerrechtliche Überlegungen ohne Belang.

Die übrigen Werke des Franz Schmier können für die Frage nach seinem und damit nach dem Völkerrecht an der Salzburger Juristenschule hier unerörtert bleiben; sie bringen keine über die *Jurisprudentia publica* hinausführenden Gedanken zum Ausdruck. Insgesamt erweist das Gesamtwerk Schmier als den wohl bedeutendsten deutschen Benediktinerkanonisten des 18. Jh.s[50], dessen Bedeutung nicht zuletzt darin gesehen werden kann, mit welchem Erfolg er den vorgegebenen Bereich seiner kanonistischen Herkunft verlassen hat. Es rundet sich das Bild vom Lebenswerk eines Mannes, der ein umfassendes System des kanonischen Rechtes und des gesamten Rechtes Deutschlands zugleich zu geben vermochte; und der nicht zu Unrecht immer — und das schon von Zeitgenossen — als Universaljurist bezeichnet wurde[50]. Daß diese „Universalität" von Schmier auch bewußt angestrebt wurde, erhellt daraus, daß er erfolgreich für die Aufnahme des Natur- und Völ-

---

[48] Cf. pp. 233 - 395.

[49] Cf. pp. 396 sqq.

[50] Zu diesen Wertungen vgl. mehrfach Muschard, Kirchenrecht, und Kövér, Schmier. Muschard, Kirchenrecht 266 f., wendet sich vehement gegen die Wertung der Salzburger Kanonistik insgesamt und vor allem Schmiers durch E. Landsberg. Auf S. 269, Anm. 20, weist er dessen Kritik an Schmier als unrichtig zurück, wie sie in R. Stintzing - E. Landsberg, Geschichte der deutschen Rechtswissenschaft, Abt. 3., Halbband 1, Text und Noten, insbes. S. 37 (1898) enthalten ist. Schmier wird dort als Vertreter jener katholischen Tendenzen des 18. Jh.s bezeichnet, die den ... „Versuch einer Vermittlung zwischen der neuen, aus den Gebieten des Protestantismus herübergekommenen, und der alten, hauptsächlich in Spanien blühenden, theologisch-scholastischen moralisierenden Wissenschaft" ... unternehmen. „Der bedeutendste Repräsentant dieser Bestrebungen ist der fleißige, auch als Canonist rühmlich zu nennende Benedictiner Franz Schmier, dessen Jurisprudentia publica universalis, ex jure tum naturali tum divino positivo necnon jure gentium nova et scientifica methodo derivata, dort 1722 erschien, ein eigenthümliches Conglomerat aus Grotius und Suarez, wie man treffend von ihr gesagt hat." Gegen diesen etwas abwertenden Nachsatz vor allem führt Muschard ins Treffen, daß bei Schmier nicht nur eine Kompilation, sondern daß sehr wohl eine eigenständige Leistung über die von Schmier ausgewerteten Autoren gegeben sei.

kerrechtes in den Lehrbetrieb an der Salzburger Juristenschule eingetreten ist, und daß er den neuen Disziplinen in seinen Werken gebührenden Platz eingeräumt hat. Signifikant dafür ist die auffällig breit angelegte Darstellung des Völkerrechtes in seinem öffentlich-rechtlichen Hauptwerk: Von den 436 Folioseiten der Jurisprudentia publica wurden 162 (pp. 233 - 396), das ist mehr als 1/4 des Gesamtumfanges, für die Darstellung des Völkerrechts verwendet. Dazu kommen die oben angeführten völkerrechtlichen Partien der übrigen Bücher. Das bedeutet, daß nach quantifizierenden Überlegungen für Schmier das *Jus gentium* mehr als 1/4 des gesamten öffentlichen Rechtes darstellt.

Wie sich nun dieses „gute Viertel" des *Jus Publicum* nach den Lehren des Franz Schmier vorstellt, kann am besten durch die nachstehend wiedergegebene Disposition des vierten Buches der *Jurisprudentia publica* vor Augen geführt werden[51].

JURISPRUDENTIA PUBLICA UNIVERSALIS des Franz Schmier
PROSPECTUS TOTIUS OPERIS

Liber IV

De Juribus Summae Potestatis quoad Civitates exteras.

Caput I.

De Jure Belli.

Sectio I.

De Natura, Diversitate, & Origine Belli.

§ I. Quid sit Bellum?
§ II. Quotuplex sit Bellum?
§ III. Undenam Bellum trahat suam Originem?

Sectio II.

De Bellatoribus.

§ I. De iis, quorum Authoritate Bellum geritur.
§ II. De Ducibus Bellicis.
§ III. De privatis Militibus.

Sectio III.

De Causis Belli.

§ I. De justis Belli Causis.
§ II. De injustis Belli Causis.
§ III. De Causis Belli dubiis.

Sectio IV.

De Effectibus Belli inter Hostes.

§ I. De Jure occidendi Hostes.

[51] Die detaillierte Wiedergabe des Aufbaues des vierten Buches soll es ermöglichen, daß die vergleichbaren Positionen eines Grotius, eines Pufendorf usw. schon anhand der hier gegebenen, informativen Einlassung auf das Schmier'sche Völkerrecht erleichtert angetroffen werden können.

§ II. De Jure circa Res, & Bona Hostium.
§ III. De Jure in Captivos & Victos, & Postliminio.

Sectio V.

De Effectibus Belli quoad Subditos.
§ I. De Jure & modo conscribendi Militem.
§ II. De Jure Sequelae; & Armorum.
§ III. De Jure extruendi vel muniendi Fortalitia, imponendi Praesidia, & imperandi Excubias.

Sectio VI.

De Obligationibus in Bello.
§ I. De Obligatione inter Summam Potestatem, quae Bellum gerit, & Milites.
§ II. De Obligationibus inter Hostes.
§ III. De Obligationibus Hostium quoad Tertios vel Medios.

Sectio VII.

De Repressaliis.
§ I. De Natura & Conditionibus Repressaliarum.
§ II. Quaenam Personae, & quarum Bona sub Repressalias cadant?
§ III. De Vi & Virtute Repressaliarum.

Caput II.
De Jure Pacis.

Sectio I.

De Natura, Varietate, & Origine Pacis.
§ I. Quid sit Pax?
§ II. Quotuplex sit Pax?
§ III. Unde Pax oriatur?

Sectio II.

De Personis, Pacem concludentibus.
§ I. Quinam Jus habeant suo nomine concludendi Pacem?
§ II. De illis, qui Pacem alieno nomine concludunt.
§ III. De Mediatoribus Pacis.

Sectio III.

De Objecto vel Articulis Pacis.
§ I. De Amnistia.
§ II. De Restitutione & Cessione.
§ III. De Satisfactione & Compensatione.

Sectio IV.

De Effectu Pacis.
§ I. De Obligatione servandi Pacem.
§ II. De Pacis Executione.
§ III. De Interpretatione Pacis.

Sectio V.

De iis, quae Paci Contraria sunt.

§ I. De Ruptura Pacis.
§ II. De nova bellandi Causa, Pacem subsequente.
§ III. De Causa, concomitante vel antecedente Pacem.

Sectio VI.

De Accessoriis ad Pacem.

§ I. De Obsidibus.
§ II. De Fidejussoribus & Pignoribus.
§ III. De Commeatu, seu salvo Conductu.

Sectio VII.

De Materiis, affinitatem habentibus cum Pace.

§ I. De Induciis.
§ II. De Arbitrio.
§ III. De Deditione, Sorte, & Singulari Certamine.

Caput III.

De Jure Foederum.

Sectio I.

De Natura, Varietate, & Origine Foederum.

§ I. Quid sit Foedus?
§ II. Quotuplex sit Foedus?
§ III. Quaenam sit Foederum Origo?

Sectio II.

De Personis, inter quas Foedera sanciuntur.

§ I. Quinam Foederis ineundi Potestatem habeant?
§ II. Quibuscum Foedera possint iniri?
§ III. Contra quos Foedus sanciri valeat?

Sectio III.

De Effectu Foederum.

§ I. De Obligatione Foederum.
§ II. De Foederis Interpretatione.
§ III. De Executione & Cognitione Foederis.

Sectio IV.

De Contrariis Foederum.

§ I. De Foederum Renuntiatione.
§ II. De Lapsu Temporis, in Foedere praefixi.
§ III. De Morte Foederatorum, & Foederis non-usu.

Sectio V.

De Sponsionibus.

§ I. Quid & quotuplex sit Sponsio?
§ II. An Summa Potestas ex Sponsione obligetur?
§ III. Ad quid teneantur Sponsores?

Caput IV.

De Jure Legatorum.

Sectio I.

De Natura, Diversitate, & Origine Legatorum.

§ I. Quid sit Legatus.
§ II. Quotuplices sint Legati?
§ III. Ex quo Jure Legatorum Admissio, & Securitas descendat?

Sectio II.

De Personis, ad Legationem concurrentibus.

§ I. De Personis, a quibus mittuntur Legati.
§ II. Ad quos mittantur Legati?
§ III. Quinam & quales mittendi sint Legati?

Sectio III.

De Officio & Obligatione Legatorum.

§ I. De Officio Legatorum.
§ II. De Obligatione Legatorum.
§ III. De Obligatione Mittentis ex facto Legati.

Sectio IV.

De Privilegiis Legatorum.

§ I. De Admissione & Receptione Legatorum.
§ II. De Securitate & Immunitate Legatorum.
§ III. De Honore & Cultu Legatorum.

Sectio V.

De Judicio & Judice Legatorum.

§ I. De Judicio & Judice Legatorum in Causis Civilibus Personalibus.
§ II. De Judicio & Judice Legatorum in Causis Civilibus realibus.
§ III. De Judicio & Judice Legatorum in Causis Criminalibus.

Sectio VI.

De iis, quae cessare faciunt Officium Legati.

§ I. De Morte.
§ II. De Revocatione.
§ III. De aliis modis, quibus Officium Legati cessat.

Das Salzburger Institut für Völkerrecht und ausländisches öffentliches Recht 1969 – 1979

Von *Peter F. Cichocki*

I. Universitätsgründung, Fakultätserrichtung[1]

Die Salzburger Universität wurde am 8. Oktober 1622 von Erzbischof Paris Graf Lodron aufgrund eines Privilegs Kaiser Ferdinands II. vom 9. März 1620 feierlich eröffnet. Im Dezember 1625 folgte ein Privileg Papst Urbans VIII. Der Katholisch-theologischen Fakultät wurde später eine Philosophische hinzugefügt. Erste Anzeichen einer Juridischen Fakultät gab es schon am Anfang des 17. Jahrhunderts, als von P. Thomas Mariani kirchenrechtliche Vorlesungen gehalten wurden. Allgemein wird P. Ludwig Engel aus Melk als Begründer der Salzburger Rechtsschule angesehen. Der berühmteste akademische Lehrer dieser Zeit aber war P. Franz Schmier aus Ottobeuren, der auch die Errichtung eines Lehrstuhles für Allgemeines Staatsrecht und Völkerrecht durchsetzte.

Die klassische Volluniversität wurde dann durch Hinzufügen einer Medizinischen Fakultät im Jahre 1802 erreicht. Im Jahre 1810 wurde die Universität durch ein Edikt der bayerischen Landesregierung vollkommen aufgehoben und kurze Zeit später durch ein königlich-bayerisches Lyzeum ersetzt, das aus einer theologisch-philosophischen Sektion und aus einer medizinisch-chirurgischen Lehranstalt bestand.

Im Zuge der Unterrichtsreform unter Minister Graf Thun-Hohenstein wurde im Jahr 1850 die theologische Sektion zur Theologischen Fakultät außerhalb des Universitätsverbandes erhoben und die philosophische Sektion aufgelassen. Mit kaiserlicher Entschließung vom 20. März 1871 wurde die Auflösung der medizinischen Lehranstalt verfügt, womit in Salzburg seither nicht mehr die Möglichkeit bestand, ein medizinisches Studium zu absolvieren.

Im Jahr 1884 wurde der Katholische Universitätsverein gegründet, der die Errichtung einer freien katholischen Universität anstrebte und durch den österreichischen und deutschen Klerus und den Hl. Stuhl un-

[1] Näheres zur Geschichte der Salzburger Universität siehe etwa bei: Kaindl-Hönig/Ritschel, Die Salzburger Universität 1622 - 1964 (Salzburg, 1964); Probst/Rehrl, Die Wiederherstellung der Gesamtuniversität, in: Universität Salzburg 1622 - 1962 - 1972 Festschrift, hrsg. v. Akademischen Senat der Universität Salzburg 223 ff. (Salzburg, 1972), mit weiteren Anmerkungen.

terstützt wurde. Als Gegengewicht dazu trat im Jahr 1901 der auf nationalliberaler Basis operierende Salzburger Hochschulverein an die Öffentlichkeit, der die Gründung einer staatlichen Universität anstrebte. Nach dem Ende des Zweiten Weltkrieges wurde der Gegensatz zwischen den beiden Hochschulvereinen endlich überwunden. Es wurde ein Proponentenkomitee gebildet, das die Wiedererrichtung der Salzburger Universität, und zwar als ausschließlich staatliche Gründung, bezweckte.

Durch das Bundesgesetz vom 5. Juli 1962 (BGBl. 1962/188) wurde die Universität in Salzburg als staatliche Universität zunächst mit einer Katholisch-theologischen und einer Philosophischen Fakultät formell wiedererrichtet. Durch das Bundesgesetz vom 30. Juni 1965 (BGBl. 1965/195) wurde auch eine Rechts- und staatswissenschaftliche Fakultät eingerichtet.

II. Institutserrichtung

Gemäß § 59 des damals gültigen Hochschul-Organisationsgesetzes stellte die Rechts- und staatswissenschaftliche Fakultät am 13. Mai 1969 (Zl. 820/1969) an das Bundesministerium für Unterricht die Anträge, ein Institut für Völkerrecht und ausländisches öffentliches Recht zu errichten und Univ. Prof. Dr. Herbert Miehsler zum Institutsvorstand zu bestellen. Bereits am 10. Juni 1969 (Zl. 83.112-I/1/69) wurde beiden Anträgen stattgegeben.

Im Dienstpostenplan 1975 wurde der Rechtswissenschaftlichen Fakultät der Universität Salzburg eine Planstelle für einen zweiten ordentlichen Professor für Völkerrecht zugewiesen. Das Professorenkollegium beschloß in seiner Sitzung vom 13. Januar 1976 einen Vorschlag zur Besetzung dieser Lehrkanzel, der primo loco den Münchner Professor Dr. Bruno Simma, secundo loco den Heidelberger Professor Dr. Albert Bleckmann und tertio et aequo loco Professor Dr. Michael Schweitzer aus Mainz und Univ.-Doz. Dipl.-Dolm. Dr. Henn-Jüri Uibopuu aus Salzburg vorsah. Am 22. Januar 1976 (Zl. 31/B/V — 1976) ließ der Dekan diesen Besetzungsvorschlag dem Bundesministerium für Wissenschaft und Forschung zukommen. Bis jetzt wurde von dieser Seite noch nicht zu Berufungsverhandlungen eingeladen.

In der am 30. Oktober 1978 in der Institutskonferenz beschlossenen und vom Bundesministerium für Wissenschaft und Forschung noch zu genehmigenden Institutsordnung wird folgende Organisation des Instituts festgesetzt:

Das Institut gliedert sich in eine Abteilung für das Recht der Internationalen Institutionen, in eine Abteilung für Internationalen Menschenrechtsschutz und in eine Abteilung für Ostrecht.

III. Personelles

A. Derzeitige Mitglieder

Vorstand des Instituts seit seinem Bestehen und Leiter der Abteilung für Internationalen Menschenrechtsschutz ist Univ.-Prof. Dr. Herbert Miehsler.

Weiters gehören dem Institut an: seit 1969 ao. Univ.-Prof. Dipl.-Dolm. Dr. Henn-Jüri Uibopuu, Leiter der Abteilung für Ostrecht; seit 1970 ao. Univ.-Prof. Dr. Christoph Schreuer, LL.B. (Cantab.), Leiter der Abteilung für das Recht der Internationalen Institutionen; seit 1969 Univ.-Ass. Dr. Wolfram Karl, LL.B. (Cantab.); schließlich die Studienassistenten Paul Perterer (1975 bis 1978), Elizabeth Stemberger (seit 1979) und Peter Cichocki (seit 1976).

Im Studienjahr 1978/79 ist am Völkerrechtsinstitut ein Gastprofessor aus Houston, Texas, Prof. Jordan J. Paust, tätig. Die Aufgabe Prof. Pausts ist es vor allem, Einsichten in amerikanische Rechtstheorie und Methoden des Völkerrechts, insbesondere den McDougal-Lasswell Approach, zu vermitteln.

B. Ehemalige Mitglieder

Dr. Friedhelm Frischenschlager von Mai 1969 bis Februar 1971; Dr. Hans-Joachim Schütz von März bis September 1971; DDr. Wahé Balekjian, Ph.D. (Manchester), von Januar bis Juni 1973; Dr. Robert Aspöck von März 1974 bis Juni 1975.

C. Habilitationen

Mit Betreuung von Prof. Miehsler sind aus dem Institut folgende Dozenten hervorgegangen:

Balekjian, Die Effektivität und die Stellung nichtanerkannter Staaten im Völkerrecht.

Uibopuu, Die Völkerrechtssubjektivität der Unionsrepubliken in der Sowjetunion.

Schreuer, Die Behandlung internationaler Organakte durch staatliche Gerichte.

IV. Institutsausstattung

Man darf, will man die Ausstattung des Instituts beschreiben, ein Ereignis aus dem Jahr 1968 nicht übergehen. Es war dies die für die Erstausstattung des völkerrechtlichen Instituts zweckgebundene Spende von ÖS 2 000 000,— von Dr. Helmuth M. Merlin, Verwaltungsratspräsident eines Liechtensteinischen Treuhandunternehmens. Brieflich teilte

Dr. Merlin seinem persönlichen Freund und damaligen Dekan der juridischen Fakultät, Univ.-Prof. Dr. Carl Holböck nach vorangegangener mündlicher Besprechung nochmals einen der Beweggründe mit, die ihn und seine Gemahlin veranlaßt hatten, die Spende dem Ausbau des Völkerrechtsinstituts zu widmen:

„Wir haben uns bei dieser Zweckbestimmung davon leiten lassen, daß das Völkerrecht mehr denn je und immer mehr einer besonderen Aufmerksamkeit bedarf und weitergebildet werden muß und sich daher für einen wissenschaftlich gebildeten Juristen ein großes und erfolgversprechendes Betätigungsfeld bietet."

Dr. Merlin wurde nach einstimmigem Beschluß des Akademischen Senats und nach Genehmigung dieses Beschlusses durch das Bundesministerium für Unterricht die akademische Würde eines Ehrensenators der Universität Salzburg verliehen.

Von diesen Mitteln wurden ausschließlich Bücher angeschafft, so daß es möglich war, den Grundstein für eine völkerrechtliche Bibliothek zu legen. Diese gliedert sich in einen Teil für das allgemeine Völkerrecht und einen Teil für Ostrecht. Ersterer hat Bestände einer normalen völkerrechtlichen Bibliothek, wobei Schwerpunkte auf den Gebieten des Menschenrechtsschutzes und des Europarechts liegen. So ist z. B. eine umfangreiche Dokumentensammlung des Europarats vorhanden. Zusammen mit dem Institut für Österreichisches und Internationales Handels- und Wirtschaftsrecht wird geplant, eine Präsenzbibliothek der Europäischen Gemeinschaften einzurichten. Auch ist versucht worden, einen Schwerpunkt auf ausländisches öffentliches Recht zu legen. Mit Rücksicht auf die begrenzten Entwicklungsmöglichkeiten der Salzburger Universität war es aber bis jetzt nicht möglich, auf diesem Gebiet eine Bibliothek von internationalem Maßstab aufzubauen.

Bei der Ostrechtsbibliothek liegen die Schwerpunkte auf der östlichen Völkerrechtsdoktrin und auf dem öffentlichen Recht der UdSSR. Beim öffentlichen Recht ist das Hauptaugenmerk auf Nationalitätenproblem und Föderalismus, Menschenrechtsschutz und Umweltschutz gerichtet. Die Bücher sind zu 90% in russischer Sprache, der Rest in anderen slawischen Sprachen, in englischer und deutscher Sprache abgefaßt. Die Ostrechtsbibliothek wurde erst in letzter Zeit von Prof. Uibopuu in mühevoller Arbeit zusammengetragen und aufgebaut. Sie ist in ihrer Art in Österreich einzigartig.

Senator Merlin betätigte sich im Mai 1972 nochmals als großzügiger Mäzen, indem er sich bereit erklärte, für die Büroausstattung zusätzlich einen Schreibautomaten anzuschaffen. Im November 1972 genehmigte das Bundesministerium für Wissenschaft und Forschung die Annahme dieses Geschenkes.

V. Forschung und Lehre

A. Lehrtätigkeit des Instituts

In der Lehre bietet das Institut regelmäßig vier zentrale Lehrveranstaltungen sowie eine Reihe von vertiefenden Veranstaltungen. Die vier zentralen Veranstaltungen sind die allgemeine Einführungsvorlesung, welche als Block im ersten Monat jedes Semesters gelesen wird, sowie drei Konversatorien aus den Bereichen Friedensrecht, Internationale Organisationen sowie Kriegsrecht, Neutralitätsrecht und Friedliche Streitbeilegung. An vertiefenden Veranstaltungen werden geboten: Aktuelle außenpolitische Probleme in völkerrechtlicher Sicht, Europäische Menschenrechtskonvention, Organe des völkerrechtlichen Verkehrs, Europarecht, völkerrechtliches Vertragsrecht und internationales Wirtschaftsrecht. Darüber hinaus werden Übungen und Seminare angeboten. Im Bereich des ausländischen öffentlichen Rechts finden regelmäßig Lehrveranstaltungen über sowjetisches Staatsrecht sowie gelegentlich über das Staatsrecht der USA statt. Am Institut für Politikwissenschaften werden die Bereiche Völkerrecht und Sowjetrecht betreut.

B. Publikationen des Instituts für Völkerrecht und ausländisches öffentliches Recht der Universität Salzburg 1969 - 1979

1. Völkerrechtliches Vertragsrecht

Uibopuu: Neue Wendungen im sowjetischen jus-cogens-Konzept, 15 Recht in Ost und West 135 (1971);

—: Interpretation of Treaties in the Light of International Law Art. 31, Para 3 (c) of the Vienna Convention on the Law of Treaties, 40 Yearbook of the A.A.A. 1 (1970);

Schreuer: The Interpretation of Treaties by Domestic Courts, 45 The British Yearbook of International Law 255 (1971).

2. Einwirkungeen der internationalen Zusammenarbeit auf die staatliche Rechtsordnung, insbesondere die Gerichte

Miehsler: Qualifikation und Anwendungsbereich des internen Rechts internationaler Organisationen, Berichte der Deutschen Gesellschaft für Völkerrecht Heft 12 (Müller, Karlsruhe 1973) 47;

Schreuer: The Authority of International Judicial Practice in Domestic Courts, 23 The International an Comparative Law Quarterly 681 (1974);

—: The Implementation of International Judicial Decisions by Domestic Courts, 24 The International and Comparative Law Quarterly 153 (1975);

—: Concurrent Jurisdiction of National and International Tribunals, 13 Houston Law Review 508 (1976);

—: Die Behandlung internationaler Organakte durch staatliche Gerichte, 381 pp. (Duncker & Humblot, Berlin 1977);

—: Beschlüsse internationaler Organe im österreichischen Staatsrecht, 37 Zeitschrift für ausländisches öffentliches Recht und Völkerrecht 468 (1977);

—: The Relevance of United Nations Decisions in Domestic Litigation, 27 The International and Comparative Law Quarterly 1 (1978).

3. Internationale Konfliktlösung

Miehsler: Die Unverletzlichkeit des Diplomaten. Vorläufige Bemerkungen zur Ermordung des westdeutschen Botschafters in Guatemala, 92 Juristische Blätter 337 (1970);

Uibopuu: Die sowjetische Doktrin der friedlichen Koexistenz als Völkerrechtsproblem, 237 pp. (Notring, Wien 1971);

—: Exogene und endogene Verunsicherung, Gedanken zur KSZE, Rechtsfragen der Integration und Kooperation in Ost und West, Referate des Seminars der Deutschen Gesellschaft für Osteuropakunde 1974, Hrsg. Amerongen (Berlin 1977) 321;

Miehsler: The European Convention for the Peaceful Settlement of Disputes. Reflexions on a Swiss Initiative for Amendment, Um Recht und Freiheit. Festschrift für Friedrich August Freiherr von der Heydte (Duncker & Humblot, Berlin 1977) 335.

4. Internationaler Menschenrechtsschutz

Schütz: Das Recht auf Selbstbestimmung und die Verhältnisse in West-Irian, 22 Politische Studien 588 (1971);

Uibopuu: The Soviet Approach to the Right of Asylum, 9 (18) A.W.R. Bulletin 152 (1971);

Schreuer: The Impact of International Institutions on the Protection of Human Rights in Domestic Courts, 4 Israel Yearbook on Human Rights 60 (1974);

Uibopuu: Die Menschenrechte der Vereinten Nationen im Staatsrecht der UdSSR, 21 Osteuropa Recht 1 (1975);

—: International Legal Status of Soviet Minorities Today, Review of Socialist Law 217 (1976);

—: In Search of a Most-Favourable Status for Refugees: A Comparison of International Legal Instruments Dealing with Human Rights, 14 (23) A.W.R. Bulletin 149 (1976);

—: International Legal Obligations of the U.S.S.R. on the Protection of Individuals, Co-Existence 266 (1977);

—: Der Schutz von Individualrechten in sowjetischer Theorie und Praxis, 4 Europäische Grundrechte Zeitschrift 228 (1977);

—: The Human Rights Convenants of the United Nations and the Constitutional Law of the USSR, I Papers on Soviet Law, Institute on Socialist Law, Hrsg. Lipson/Chalidze (New York 1977) 14;

—: Moskau entdeckt die Europäische Menschenrechtskonvention/Echo des Irland-Falles in der sowjetischen Presse, 4 Europäische Grundrechte Zeitschrift 256 (1977);

—: Völkerrechtliche Verpflichtungen der UdSSR zum Schutz von Individuen und Minderheiten, Konferenzpapiere der Third Conference on Baltic Studies in Scandinavia 1975 (Stockholm 1977);

—: Das Recht des Einzelmenschen auf eine Staatsangehörigkeit, Art. 15 der Allgemeinen Erklärung der Menschenrechte, 16 (25) A.W.R. Bulletin 35 (1978);

Miehsler: Internationaler Kommentar zur Europäischen Menschenrechtskonvention, Loseblattkommentar in Zusammenarbeit mit H. Golsong, W. Karl, H. Petzold, T. Vogler und L. Wildhaber (C. Heymanns, Köln), 1. Band, Textausgabe, im Druck.

5. *Raumordnung und Umweltschutz*

Schreuer: Zur verwaltungs- und völkerrechtlichen Problematik des Salzburger Flughafen-Falles, 26 Österreichische Juristen-Zeitung 542 (1971);

Miehsler: Landesplanung als Mittel regionaler Standortpolitik in Österreich, Wohnbauforschung in Österreich 61 (1970);

—: Raumordnungsziele in Österreich (Grundsätze, Katalog, Probleme). Schriftenreihe der Österreichischen Raumordnungskonferenz, Nr. 5 (Wien 1974) 80 pp., (gemeinsam mit R. Unkart und G. Feuerstein);

—: Stadterneuerungsgesetz und Bodenbeschaffungsgesetz. Entstehung, Inhalt und mögliche Auswirkungen, 18 Berichte zur Raumforschung und Raumplanung 33 (1974);

—: Völkerrechtliche Probleme des Umweltschutzes, Umwelt und Gesellschaft. Ergebnisse des Symposiums vom 6. - 13. März 1976 in Wien (Institut für Wissenschaft und Kunst, Wien 1977) 297;

—: Grundsätze und Ziele der Internationalen Raumordnung in bezug auf Österreich. Österreichische Raumordnungskonferenz (ÖROK) Schriftenreihe Nr. 10 (Wien 1977) 126 pp.;

Uibopuu: Umweltschutzrecht in sozialistischen Staaten, dargestellt am Beispiel der Sowjetunion, Jahrbuch der Universität Salzburg 34 (1975 - 77);

—: Länderteil UdSSR, European Environmental Law, Hrsg. Ercman (Bubenberg-Verlag, Bern 1977) 433;

—: The Internationally Guaranteed Right of an Individual to a Clean Environment, The Law in the Protection of the Environment, Hrsg. Bakász/Bárd (Veszprém 1977) 277; dasselbe auch in: 1 Comparative Law Yearbook 101 (1977);

Miehsler: Die Österreichische Raumordnungskonferenz — aus der Sicht der Länder, 4 Zeitschrift für Verwaltung 369 (1978);

—: Institut für Stadtforschung (Hrsg.), Rechtsvorschriften zu Umweltschutz und Raumordnung. Kommentierte Loseblatt-Sammlung der umwelt- und raumrelevanten Rechtsvorschriften Österreichs sowie der wichtigen ausländischen Gesetze und internationalen Vereinbarungen (Springer, Wien/New York). Stichworte „Internationales Recht — Europarat", „Internationales Recht — OECD" und „Internationales Recht — Europäische Gemeinschaften" (Manuskript).

6. *Österreichisches und ausländisches öffentliches Recht*

Miehsler: Ausländergrundverkehr in Österreich, Internationale Festschrift für Alfred Verdroß zum 80. Geburtstag, (Fink, München/Salzburg 1971) 309;

—: Demokratisierung der Bezirksverwaltung in Österreich, Festschrift für Hans Kelsen zum 90. Geburtstag (Deuticke, Wien 1971) 141;

Miehsler: Moderne Formen der Rechtsbereinigung und Verlautbarung von Rechtsvorschriften, dargestellt am Beispiel Niederösterreichs, 32 Zeitschrift für ausländisches öffentliches Recht und Völkerrecht 394 (1972);

Uibopuu: The Estonian Republic in its Constitutional Development 1918 - 1940, Festschrift für Rudolf von Laun zu seinem 90. Geburtstag, Internationales Recht und Diplomatie 233 (1972);

—: The Constitutional Development of the Estonian Republic, 4 Journal of Baltic Studies 11 (1973);

—: Die Völkerrechtssubjektivität der Unionsrepubliken der UdSSR, 341 pp. (Springer, Wien/New York 1975).

7. *Sowjetrecht*

Uibopuu: Völkerrecht und Landesrecht in sowjetischer Theorie und Praxis, XV Jahrbuch für Ostrecht 39 (1974);

—: The International Legal Personality of the Union Republics of the USSR, 23 The International and Comparative Law Quarterly 811 (1975);

—: Sowjetunion, Außenpolitik Teil III, Völkerrechtstheorie und Vertragspolitik, Kapitel „Die Subjekte des Völkerrechts" und „Die Sowjetunion in den Internationalen Organisationen", Hrsg. Geyer/Meissner (Köln, Wien 1976);

—: Soviet Nationality: Privilege or Burden?, 7 Israel Yearbook on Human Rights 3 (1977);

—: Die sowjetische Gesetzgebung zum Gesundheitsschutz 1971 - 1976, 76 Zur Entwicklung und Organisation des Gesundheitswesens in Sowjetrußland, Osteuropäischen Volksdemokratien und in der DDR, Hrsg. H. Harmsen (Hamburg 1977) 99;

—: Kommentar zur Verfassung der UdSSR aus 1977, Kapitel II (Teil 6): Staatsangehörigkeit der UdSSR, Gleichberechtigung der Bürger, Kapitel III (Teile 8 - 11): Der National-staatliche Aufbau der UdSSR, 23 Osteuropa Recht 63 bzw. 80 (1978);

—: Soviet Federalism Under the New Constitution, Review of Socialist Law (1979), im Druck.

8. *Miscellen*

Karl: Konferenz über Rechtsprobleme im Zusammenhang mit dem Festlandsockel, 19 Österreichische Zeitschrift für öffentliches Recht 287 (1969);

Miehsler: Josef Laurenz Kunz zum 80. Geburtstag, 20 Österreichische Zeitschrift für öffentliches Recht 1 (1970);

—: Alfred Verdroß zum 80. Geburtstag, 23 Der Staatsbürger 5/2 (1970);

Schreuer: Unjustified Enrichment in International Law, 22 American Journal of Comparative Law 281 (1974);

Miehsler: Völkerrecht, Rechtskunde. Beiträge zur Lehrerfortbildung Bd. 13, Hrsg. Bundesministerium für Unterricht und Kunst (Österreichischer Bundesverlag, Wien 1975) 50;

—: Die Südtirolfrage vom Ende des Zweiten Weltkrieges bis zum Abschluß des Gruber-Degasperi-Abkommens, Innsbruck-Venedig. Österreichisch-italienisches Historikertreffen 1971 und 1972. Österreichische Akademie der Wissenschaften, Kommission für Geschichte Österreichs Bd. 6 (Verlag der Österr. Akademie der Wissenschaften - Wien 1975) 421;

Balekjian: Der Rechtsstatus permanenter Missionen von Nichtmitgliedstaaten bei Internationalen Organisationen, 27 Österreichische Zeitschrift für öffentliches Recht 67 (1976);

Schreuer: Recommendations and the Traditional Sources of International Law, 20 German Yearbook of International Law 103 (1977);

—: Neue Entwicklungen zur Immunität ausländischer Staaten vor englischen Gerichten, 25 Recht der internationalen Wirtschaft (1979);

—: The Applicability of Stare Decisis to International Law in English Courts, 15 Netherlands International Law Review 234 (1978);

Karl: Zur internationalen Problematik des österreichischen Straßenverkehrsbeitragsgesetzes 1978, 24 Recht der internationalen Wirtschaft 652 (1978);

Schreuer: Some Recent Developments in the Law of State Immunity, 2 Comparative Law Yearbook 215 (1979).

C. Laufende Projekte

Die Autorität von Beschlüssen Internationaler Organisationen (Miehsler);

Internationaler Kommentar zur Europäischen Menschenrechtskonvention (Miehsler, Karl);

Entscheidungen österreichischer Höchstgerichte in Völkerrechtsfragen (Miehsler);

Mitarbeit an der 2. Auflage zum Maurach-Kommentar zur Sowjetverfassung — Teil Sowjetföderalismus (Uibopuu);

Umweltschutzrecht der UdSSR (Uibopuu);

Menschenrechtsschutz in Ost und West (Uibopuu);

Fälle und Materialien zum Recht der Internationalen Organisationen (Schreuer);

Die „spätere Praxis“ als Ursache der Änderung und Beendigung völkerrechtlicher Verträge (Karl).

Mitarbeiterverzeichnis

Balekjian, Wahé H.	Dr. rer. pol., Dr. jur. (Wien), Ph. D. (Manchester), Universitätsdozent (Salzburg), Vorstand der Abteilung für Europarecht, Universität Glasgow.
Cichocki, Peter F.	Studienassistent am Institut für Völkerrecht und ausländisches öffentliches Recht, Salzburg.
Karl, Wolfram	Dr. jur. (Wien), LL.B. (Cambridge), Oberassistent am Institut für Völkerrecht und ausländisches öffentliches Recht, Salzburg.
Merlin, Helmuth M. †	Dr. jur., Verwaltungspräsident der Präsidial-Anstalt in Liechtenstein, Ehrensenator der Paris-Lodron Universität in Salzburg, hat durch eine großzügige Stiftung den raschen Aufbau und die zweckmäßige Ausstattung des Instituts für Völkerrecht und ausländisches öffentliches Recht in Salzburg möglich gemacht.
Miehsler, Herbert	Dr. jur. (Wien), o. Univ.Prof., Vorstand des Instituts für Völkerrecht und ausländisches öffentliches Recht in Salzburg.
Perterer, Paul	Bis Ende 1978 Studienassistent am Institut für Völkerrecht und ausländisches öffentliches Recht in Salzburg.
Putzer, Peter	Dr. jur. (Innsbruck), ao. Univ.Prof. am Institut für Deutsches Recht und österreichische Verfassungs- und Verwaltungsgeschichte in Salzburg.
Schreuer, Christoph	Dr. jur. (Wien), LL.B (Cambridge), J.S.D. (Yale), ao. Univ.Prof. am Institut für Völkerrecht und ausländisches öffentliches Recht in Salzburg.
Schütz, Hans-Joachim	Dr. jur. (Salzburg), Wissenschaftlicher Mitarbeiter am Institut für Internationales Recht an der Universität Kiel.
Simma, Bruno	Dr. jur. (Innsbruck), o. Professor und Vorstand des Instituts für Internationales Recht an der Ludwig-Maximilians-Universität München, steht an erster Stelle des Besetzungsvorschlags der rechtswissenschaftlichen Fakultät der Universität Salzburg für die zweite völkerrechtliche Lehrkanzel.
Uibopuu, Henn-Jüri	Dr. rer. pol. (Graz), Dipl.-Dolm., ao. Univ.Prof. für Völkerrecht und Sowjetrecht am Institut für Völkerrecht und ausländisches öffentliches Recht in Salzburg.

FSC
www.fsc.org
MIX
Papier | Fördert
gute Waldnutzung
FSC® C083411

Kolibri 360 GmbH
Ferdinand-Jühlke-Straße 7
99095 Erfurt, Deutschland
produktsicherheit@kolibri360.de

Druck:
CPI Druckdienstleistungen GmbH
im Auftrag der
Kolibri 360 GmbH
Ferdinand-Jühlke-Str. 7
99095 Erfurt